LA PERSPECTIVE FINALE DE *L'ÉTHIQUE* ET LE PROBLÈME DE LA COHÉRENCE DU SPINOZISME

BIBLIOTHÈQUE D'HISTOIRE DE LA PHILOSOPHIE

LA PERSPECTIVE FINALE DE *L'ÉTHIQUE* ET LE PROBLÈME DE LA COHÉRENCE DU SPINOZISME

L'AUTONOMIE COMME SALUT

par

Bernard ROUSSET

LIBRAIRIE PHILOSOPHIQUE J. VRIN
6, Place de la Sorbonne
PARIS Ve

Imprimé en France

ISSN 0249-7980

ISBN 978-2-7116-0669-6

www.vrin.fr

Il n'y a « aucun danger d'erreur, pourvu que nous ayons la précaution de ne rien conclure que de prémisses pleinement claires » (*Éth.*, V, 31 Sc.).

« La difficulté que vous y trouvez tient, ce me semble, à ce que vous ne dépouillez pas les termes de Spinoza de tout sens qui ne résulte pas de ses définitions » (LAGNEAU : *Lettre à Gentili,* 22 janv. 1884, *R.M.M.*, 1895, 393).

INTRODUCTION

L'EXIGENCE ET LA RIGUEUR

Certaines métaphysiques ont pu exercer une influence considérable sur le devenir de la philosophie, de la connaissance et de la culture, au point de bouleverser parfois les structures de la pensée collective; à cet égard, le spinozisme n'est malheureusement pas comparable au cartésianisme ou au kantisme. Mais aucune doctrine n'a sans doute autant fasciné les autres philosophes [1] : qu'on en ait une connaissance approfondie ou une notion superficielle voisine de l'ignorance, qu'on l'admire ou qu'on la haïsse — Spinoza a le privilège d'être l'un des rares philosophes qu'on ait haï — elle ne laisse jamais indifférent; cette attitude passionnelle s'explique aisément, car les écrits de Spinoza ont un accent de sincérité, une force d'expression, un ton critique et un contenu d'une telle violence, que nous ne pouvons pas ne pas nous sentir concernés au plus profond de nous-mêmes, dans les convictions auxquelles nous sommes le plus attachés : aussi les historiens de la philosophie les plus fidèles à la tradition universitaire d'élégante objectivité se retrouvent-ils alors pleins de véhémence.

Une telle passion, qui est liée au contenu du système, s'exprime d'habitude en des critiques qui portent sur sa forme : il est devenu banal de dénoncer les multiples contradictions dont serait remplie l'*Éthique* [2]. Rien que de normal, dira-t-on, puisque la discussion avec un adversaire consiste à l'amener à la contradiction et que l'art de l'historien des systèmes est le plus souvent de découvrir toutes les difficultés possibles dans la doctrine étudiée : expérience amère et stérilisante pour le philosophe soucieux de pensée rigoureuse et pour l'historien responsable de son objet d'étude, que de voir les incertitudes

1. Comme l'ont montré en particulier les travaux de DELBOS : *Probl. moral.* et de VERNIÈRE : *Spinoza.*

2. Dès 1872, dans un court essai de 89 pages, VOLKELT : *Pantheismus*, a exposé une fois pour toutes l'ensemble de ces antinomies, que les historiens du spinozisme se sont efforcés ensuite de redécouvrir et de dénoncer.

et les conflits fourmiller dans le platonisme, le cartésianisme ou le kantisme... Pour le spinozisme, cependant, le cas est spécial : les contradictions dénoncées sont telles, qu'elles ne mettent pas en cause un point particulier de la doctrine, mais l'essentiel de son intention et de son enseignement, alors même qu'elle se réclame constamment et avant tout de la cohérence déductive, qui est son maître argument contre ses adversaires; en outre, l'interprète ne cherche généralement pas à les résoudre, persuadé qu'il est de l'inutilité d'un recours à ces ressources subtiles de l'érudition et de la dialectique, qui lui permettent de sauver tel autre système « malgré ses difficultés » : n'est-il pas encouragé en cette voie, non seulement par ses propres convictions, mais encore par les déclarations des auteurs qui semblent les plus favorables à Spinoza et les plus proches de lui et qui lui font presque un éloge du « contraste entre la forme et le fond d'un livre comme l'*Éthique*[3] »? Il paraît admis que l'œuvre de Spinoza mérite de retenir notre attention pour sa sévère beauté et sa profondeur, mais que le conflit existant entre sa présentation et l'expérience qu'elle prétend traduire, et la contradiction interne de ses concepts et de ses déductions le condamnent irrémédiablement, si nous l'envisageons du point de vue de la vérité.

***

Héritier de la persécution, victime de l'excommunication en terre d'exil, poursuivi par l'hostilité des sectes et des partis, Spinoza s'affirme « heureux[4] ». Il tient, en conséquence, à faire connaître autant que possible la doctrine qui répond positivement au besoin millénaire de l'homme, à l'exigence de salut : chacun des chapitres du *Court traité*, le titre même et la dernière partie de l'*Éthique* révèlent cette intention initiale, développée avec netteté et vigueur dans les célèbres premières pages du *Traité de la réforme de l'entendement*. Dans un monde qui jouit sans doute de la prospérité économique, de la puissance politique et d'une certaine aisance bourgeoise sûre d'elle-même, mais qui, en vérité, souffre en même temps du déchaînement des passions politiques et religieuses, qui reste asservi aux superstitions, déchiré par les haines et tourmenté par l'angoisse du salut, dans ce monde dont il reconnaît l'aspect positif[5], mais dont il perçoit surtout les difficultés, les problèmes et les misères profondes[6], il s'agit pour lui de montrer ce « dont la découverte et l'acquisition.... procureraient pour l'éternité la jouissance d'une joie continue et souveraine[7] ». Il veut ainsi satisfaire toutes les aspirations de l'homme, ce qui explique l'ampleur singulière de son exigence et l'extension, rare en ce siècle, de son œuvre : il reprend évidemment à son compte l'antique recherche d'une vie humaine libérée des passions et de leur tristesse; mais il se présente aussi comme

3. BERGSON : *L'intuition philosophique*, 123.
4. *Lettre XXI à Blyenbergh* (janv.-fév. 1665), V.L., III, 86, Pl., 1202 (Spinoza emploie le mot « fortunatus », qui signifie plus la chance que la possession de la béatitude).
5. *T.T.P.*, *XX* (ad finem), V.L., II, 311, Pl., 962.
6. *D.I.E.*, §§ 1-11; — *T.T.P.*, Préface.
7. *D.I.E.*, § 1.

l'héritier direct de l'attente traditionnelle, de l'espérance religieuse en une joie parfaite et immuable, en une connaissance et en un amour de l'infini et de l'absolu, en une possession de l'éternité; et il y ajoute le souci moderne et, en tout cas, inhabituel chez les métaphysiciens, de l'affranchissement social et de la liberté politique : son ambition est de répondre à la totalité de l'exigence humaine de salut, telle qu'il avait pu la découvrir autour de lui et l'éprouver en lui-même.

Mais cette exigence est en même temps considérée avec tout le sérieux requis : elle est donc nécessairement méfiance. Il ne saurait être question d'attendre quoi que ce soit d'une « illusion salutaire » : la formule est une contradiction, puisque l'illusoire ne peut nous sauver réellement de rien et qu'il n'a d'autre résultat que la désillusion; seul le vrai est salutaire. Or il n'y a ni vérité assurée, ni salut possible dans la simple croyance, dans la confiance de la foi : en dehors de la vérité rationnelle parfaitement comprise dans son contenu comme dans son fondement, il n'existe que l'affirmation gratuite, qui est capable de poser le faux comme le vrai, le mal comme le bien; même si elle rencontre le vrai et le bien, la croyance en tant que telle, parce qu'elle ne sait pas lucidement ce qu'elle pose ni pourquoi elle le fait, restera toujours instable et inquiète, et cela d'autant plus, qu'elle admettra la présence en son objet du mystérieux, dont elle ne sait quoi attendre : oserions-nous parler de certitude en dehors de la rationalité, que nous ne saurions oublier qu'il existe des certitudes criminelles qui ne méritent pas le salut, ou, plus simplement, des certitudes inquiètes qui ne sont capables que de se tourmenter et de se détruire. Il est aussi illégitime d'espérer le salut d'une réalité extérieure ou transcendante : en effet, loin d'être certains de la possibilité de notre salut, nous dépendrions à cet égard d'un terme dont le décret nous échapperait; qui plus est, l'objet de notre aspiration risquerait de ne pas répondre exactement et pleinement au désir de notre nature, en sorte que sa possession serait encore l'expérience d'un manque; enfin, il ne nous serait donné que sur le mode de l'attente et de l'absence : par rapport à lui, notre vie resterait nécessairement malheureuse. Il est, en outre, indispensable que nous ne placions pas en l'absolu tout ce qui satisfait les caprices et les passions qui nous déchirent, et que nous ne retrouvions pas en Dieu tout ce qui nous gêne en l'homme : l'anthropocentrisme et l'anthropomorphisme sont apparemment des solutions faciles au problème du salut, trop faciles même, dans la mesure où l'on se donne ce qu'on cherche; mais, en réalité, outre la fausseté de ces fictions, l'homme reste alors prisonnier ou, plutôt, se rend encore plus prisonnier de ce dont il prétend vouloir se libérer, le décret arbitraire et le sentiment subjectif portés à l'infini. Parfaitement comprise et fidèlement suivie, *l'exigence initiale détermine donc la rigueur la plus contraignante :* seule la vérité rationnelle objective de l'immanence se possédant elle-même en toute certitude rend le salut possible.

Aussi bien par sa forme que dans son contenu, le système de Spinoza est l'expression achevée de cette rigueur; ses principes caractéristiques, qu'il suffit ici de rappeler, en sont les conséquences nécessaires :

a) C'est d'abord un rationalisme, qui ne suit finalement d'autre méthode que la déduction géométrique et qui n'accepte pour contenu que ce qui est posé par l'activité de l'esprit, lorsqu'il raisonne ou conçoit clairement et distinctement : il rejette, par conséquent, comme privé de valeur et de sens, tout ce qui reste obscur ou confus, tout ce qui, au nom du mystère, prétend à notre adhésion sans satisfaire aux nécessités légitimes de la démonstration et de l'intelligibilité; le spinozisme est ainsi devenu l'exemple privilégié du rationalisme absolu;

b) Il ne peut donc admettre rien de ce qui, insaisissable dans une expérience ou une notion adéquates, n'est accessible que d'une manière indirecte et, en particulier, par la voie négative : par exemple, il refuse les causes finales et il ignore délibérément les définitions et les arguments de la théologie négative; si le terme n'était employé couramment en une autre acception, trop empiriste, nous devrions parler ici d'un « positivisme », qui n'accorde son crédit qu'aux êtres positifs positivement conçus;

c) La même rigueur lui fait exclure toutes les illusions de la subjectivité, dont la moindre n'est pas le privilège communément accordé à la subjectivité elle-même : il critique les définitions et les explications des choses, de la Nature ou de Dieu, qui impliquent des éléments subjectifs trouvés par l'homme en lui-même et, spécialement, des données de son imagination et de ses sentiments; qui plus est, il se propose d'appliquer la même méthode à l'étude de l'homme, et jusque dans l'analyse de ses sentiments, qu'il veut considérer « à la manière des géomètres » ou des physiciens, « comme s'il était question de lignes, de plans ou de corps[8] » : le spinozisme s'affirme donc comme un « objectivisme », qui pense toute réalité — même l'homme — sur le mode déshumanisé et impersonnel de l'objet scientifique;

d) Pour toutes ces raisons, il est un naturalisme et un immanentisme niant toute transcendance : par ses principes, il rejette ce qui pourrait dépasser notre pouvoir naturel de compréhension ou d'action, notre conatus, et, dans ses conclusions, il refuse de voir en Dieu autre chose que la Nature et en l'homme autre chose qu'une partie de cette Nature.

Ces diverses caractéristiques, dont l'origine est proprement philosophique, puisqu'elles résultent d'une réflexion sur la nature de l'Etre et la possibilité du salut, expliquent l'usage fait par Spinoza des méthodes et des résultats de la rationalité et de l'objectivité scientifiques de son temps : pour établir sa doctrine métaphysique de la Nature, il lui faut utiliser la physique cartésienne et, pour élaborer sa conception morale de l'homme et de la société, il doit avoir recours à l'anthropologie hobbienne, même s'il est en désaccord avec la philosophie première de Descartes ou avec les conclusions pratiques de Hobbes, quitte aussi à faire des restrictions sur le contenu même de leur physique ou de leur anthropologie. On le voit, le spinozisme n'est pas un véritable « scientisme », qui déduirait la philosophie de la science, ni même un cartésianisme, qui se contenterait de développer certaines conséquences du *Discours de la méthode,* des *Méditations* ou des *Principes* : c'est

8. *Éth.*, III, Préf.

bien plutôt une philosophie autonome, qui fait appel à la science, à la méthode et à la pensée contemporaines, dans la mesure où elles peuvent contribuer à la réalisation en tout domaine de la rigueur imposée par sa propre exigence.

De tels principes ne sont certes pas l'apanage du spinozisme; mais rares sont les doctrines qui ont su les rassembler, les unifier et les développer systématiquement jusqu'en leurs dernières conséquences, comme le fait l'*Éthique*. En tout cas — et c'est sans doute par là que se distingue cet écrit — le rationalisme absolu, le positivisme, l'objectivisme et le naturalisme ne sont pas habituellement le fait d'une philosophie du salut. Evoquera-t-on l'exemple du panthéisme, notamment de ce panthéisme de la Renaissance qui est l'une des sources de l'inspiration spinoziste ? Sans doute s'agit-il d'un naturalisme de l'immanence, qui accorde un grand prix à notre entendement pour son union salutaire avec l'entendement divin et qui s'appuie souvent sur les mathématiques ou sur la physique — en fait, l'alchimie — pour décrire la vie et l'harmonie de l'être universel et pour expliquer notre correspondance et notre coïncidence avec lui; mais ce n'est pas ainsi que Spinoza procède : il fait appel à une science entièrement rationnelle et objective, pour confirmer une vision uniquement rationnelle et objective de l'Etre, et il s'oppose ainsi directement aux conceptions de ses prédécesseurs qui, au moyen d'images, cherchaient à faire sentir à leurs lecteurs la vie d'une Nature divine animée de sentiments; il est remarquable, à cet égard, que le spinozisme soit le seul panthéisme qui ne s'étende pas en de longues descriptions poétiques et qui n'use pas, pour ses analyses, de ces multiples thèmes perceptifs, imaginatifs ou sentimentaux, voire sexuels, qui sont le lot commun des philosophies de la Nature : il suffit de comparer l'*Éthique* aux ouvrages de Léon l'Hébreu ou de Giordano Bruno pour s'en convaincre. Assurément, c'est là l'effet de la méthode « géométrique » choisie par Spinoza; mais, comme la méthode elle-même, cette originalité dans l'expression est la conséquence la plus apparente de sa rigueur.

Cependant, avec ces principes, qui sont autant de critiques mettant en cause les rêves de l'homme, Spinoza semble se rendre incapable de répondre positivement à tous ses besoins : « Ce que son système contient de plus audacieux, et sans doute de plus discutable, c'est, en éliminant par principe tout ce qui porte la marque de la subjectivité humaine, de prétendre contenter le désir le plus essentiel de l'homme, qui est le désir de vivre, et de vivre heureux[9]. » L'irreligiosité des concepts et l'anti-religiosité du système paraissent devoir s'opposer à la religiosité de l'aspiration[10], « ne pas » pouvoir « répondre à toutes les exigences de la religion[11] », se révéler incapables de traduire l'expérience que le spinozisme prétend expliquer et communiquer[12] : la rigueur de la doctrine semble rendre le salut impossible.

Nous sommes ici en présence d'un conflit qu'on pourrait retrouver

9. DELBOS : *Spinozisme*, 173.
10. FULLERTON : *Immortality*, 153.
11. DARBON : *Études*, 159.
12. ALQUIÉ : *Vie éternelle*, 184.

en bien d'autres systèmes, parce qu'il exprime, en définitive, la nature même de l'entreprise philosophique et de sa difficulté : en effet, celle-ci résulte toujours d'une exigence qui pousse le philosophe à chercher pour son compte et à faire connaître aux autres la réponse aux aspirations de l'homme; mais elle se soucie d'une certaine rigueur dans sa réflexion et son enseignement, sans quoi elle se confondrait avec les illusions, les préjugés et les délires de l'affirmation gratuite, elle ne serait plus la philosophie. Les uns choisiront alors l'abandon de l'exigence, en concevant la philosophie comme la dénonciation systématique de la vanité des prétentions humaines, en particulier dans le domaine métaphysique et religieux; d'autres préféreront l'abandon de la rigueur, n'usant de celle-ci que d'une manière partielle et transitoire, comme d'une simple méthode qui a pour fin de mieux nous renvoyer au vécu immédiat, au sentiment, à l'aspiration primitive et au mouvement spontané de confiance et de croyance : il est même fréquent de voir le philosophe adopter une rigueur hyper-critique à l'égard de la raison et spécialement de la raison scientifique et déductive, afin de pouvoir mieux renoncer à toute critique dans l'ordre pratique et métaphysique; la plupart voudront cependant conserver les deux raisons d'être de la philosophie, selon l'exemple donné par les auteurs classiques, mais évidemment au prix d'une tension interne, qui est d'autant plus grande que l'exigence retenue est plus élevée : il suffirait de comparer de ce point de vue la pensée de Malebranche, avec ses ambitions et ses difficultés, à celle de Descartes, plus modeste et moins complexe, pour en avoir la preuve.

Or le spinozisme est une philosophie du salut qui fait sienne toute l'espérance religieuse; mais il pousse le souci de rigueur jusqu'à ses dernières conséquences : la tension latente en tout système devrait donc s'y trouver portée à l'absolu et éclater en un conflit insoluble. Qui plus est, sa rigueur, nous l'avons vu, n'est que la suite nécessaire de l'exigence telle qu'il la conçoit et la présente, puisque c'est le besoin de la vérité et de la certitude du salut qui détermine un rationalisme, un positivisme, un objectivisme et un naturalisme extrêmes : le conflit apparaît donc ici comme une contradiction interne, la réalisation ne pouvant que s'opposer à l'intention; le spinozisme serait un système nécessairement incohérent et l'*Éthique* une longue antinomie : la dualité de son héritage, partagé entre le mysticisme naturaliste des Romantiques et le scientisme matérialiste, humaniste et athée, ne devrait-elle pas nous en convaincre ?

S'il en est ainsi, l'analyse et la discussion de cette doctrine acquièrent une portée générale : toute philosophie impliquant ce minimum de rigueur dont le développement met en cause la légitimité de l'exigence de bonheur, c'est le problème de la possibilité d'une philosophie du salut qui se trouve ainsi posé; or, la difficulté du spinozisme vient de ce que la rigueur aboutit au rationalisme le plus intransigeant : il s'agit donc plus précisément d'examiner le problème du rationalisme, de savoir s'il est capable de satisfaire les besoins dont il est obligé de reconnaître l'existence en l'homme; si l'*Éthique* était, par ses contradictions et ses insuffisances, un échec, nous aurions la preuve par le fait de l'impuissance de la raison objectiviste, quand elle aborde les interrogations vitales les plus profondes, et cela nous dispenserait peut-être d'une véritable preuve... Comment alors le lecteur et l'interprète de Spinoza pourraient-ils ne pas devenir passionnés ?

***

S'il y a contradiction en cette philosophie, elle ne se situe pas dans l'exposé déductif de l'ontologie et de l'anthropologie dictées par la seule rigueur rationaliste : elle ne saurait apparaître clairement que lorsque Spinoza tient directement compte de l'exigence première et prétend y répondre à partir de ses prémisses. Il serait intéressant d'envisager de ce point de vue sa morale et sa politique, mais la question peut sembler secondaire et la solution trop aisée : en général, nous convenons que la satisfaction des aspirations sociales de l'homme est de la compétence de la raison, même naturaliste, et nous comprenons qu'on puisse compter sur elle seule pour résoudre le problème de ses passions et de ses besoins purement moraux. Il n'en va pas de même, quand on considère ses aspirations proprement « religieuses » : le décalage paraît trop grand, l'opposition trop nette entre l'interrogation et les éléments disponibles pour la réponse, pour que la solution puisse être acceptable; a priori — c'est-à-dire, en fait, à cause de nos propres habitudes de pensée en matière de salut — nous savons que l'antinomie fondamentale du système doit se manifester au moment où Spinoza veut répondre à l'exigence la plus élevée avec, pour seul instrument, les conclusions de la rigueur la plus absolue : autrement dit, dans la cinquième partie de l'*Éthique* et spécialement dans ses vingt-deux dernières propositions; en effet, la fin du scolie de la proposition 20 nous invite à faire une telle coupure : « J'ai ainsi terminé ce qui regarde la vie présente.... Il est donc temps maintenant de passer à ce qui concerne la durée de l'esprit sans relation avec le corps. »

Dans ces quelques pages, Spinoza démontre l'existence d'une autre partie de l'esprit que celle qui est l'idée contingente et périssable du corps, dont l'existence est définie dans la durée; cette nouvelle idée, éternelle, indestructible, indépendante de l'être actuel du corps, est constituée par la connaissance du troisième genre, cette connaissance suprême distincte des autres, qui a Dieu pour objet et qui a été qualifiée d'intuitive; elle donne naissance à un amour particulier, l'amour intellectuel pour Dieu, qui a le privilège de trouver en son objet un amour réciproque, l'amour intellectuel de Dieu pour les hommes, cette réciprocité constituant la Gloire de Dieu; l'esprit jouit en conséquence de la liberté et de la béatitude : ainsi sont assurées la possibilité et la possession du salut.

Le lecteur constate, non sans étonnement, l'apparition d'un accent nouveau : alors que Spinoza avait auparavant donné des définitions et des descriptions réductrices des principaux termes introduits par lui, en expliquant que Dieu n'est rien d'autre que la Nature ou l'être substantiel des choses, l'esprit rien d'autre que l'idée du corps et les sentiments rien d'autre que les modifications du conatus ou essence actuelle[13], il invoque à présent toute la richesse de leur contenu et toute l'étendue des possibilités qu'ils ouvrent pour l'accomplissement de nos aspirations

13. Il n'est pas de formule plus fréquente dans les quatre premières parties de l'*Éthique* que le « nihil aliud quam » utilisé pour définir les différents termes de l'ontologie et de l'anthropologie.

religieuses, la possession de l'éternité et l'établissement d'un nouveau rapport avec l'infini. C'est ce qui apparaît parfois dans l'emploi de nouvelles expressions, qui n'ont pas été analysées dans les précédentes parties : « amor intellectualis », « Gloria Dei », « beatitudo », « libido »[14]; mais, le plus souvent, le vocabulaire est conservé en prenant un *nouveau sens :* il y a désormais, semble-t-il, une autre éternité que celle qui était réservée à Dieu, un autre esprit que celui qui était défini comme l'idée du corps en son existence actuelle, une autre existence du mode que la liaison avec les choses extérieures dans la durée selon l'enchaînement nécessaire des causes, qui était sa contingence et sa servitude; il y aurait aussi une autre connaissance que la simple compréhension rationnelle, un autre amour que l'attachement naturel et égoïste à l'objet extérieur qui accroît notre puissance, une autre joie que le développement de notre être dans le temps; il y aurait surtout un autre Dieu, capable d'aimer et d'aimer le fini, bien différent de la substance impersonnelle privée d'entendement et de volonté. Ainsi s'affirment des thèmes nouveaux, de nature proprement religieuse, « subjective » et même mystique : l'intervention d'une connaissance spéciale de Dieu, déjà définie, certes, mais nullement utilisée jusqu'alors; l'appel à un sentiment, l'amour, dans cette philosophie de la raison; une exaltation de la liberté, en cette doctrine de la nécessité; une invitation à la conversion à une autre existence, hors du temps et loin du corps, dans cette théorie de l'unité de l'être et dans cette conception paralléliste des rapports entre l'esprit et le corps.

Envisagées du point de vue de la rigueur du système établi dans les parties précédentes, ces innovations sont autant de contradictions : il est certain qu'au premier abord la cinquième partie de l'*Éthique*, qui pose comme bien suprême pour l'homme la relation amoureuse du fini et de l'infini, telle qu'elle résulte d'une science intuitive, semble devoir s'opposer à l'ontologisme de l'être substantiel de la Nature soutenu dans la première partie, à la définition de l'esprit comme idée du corps proposée dans la seconde, à l'analyse du sentiment comme devenir de l'essence actuelle développée dans la troisième, ainsi qu'à la conception relativiste du bien et à l'humanisme moral et politique de la quatrième. Mais, dans la mesure où cette cinquième partie s'appuie sur les thèses démontrées dans les parties précédentes, pour user des mêmes mots et pour renvoyer le lecteur à leurs définitions et à leurs démonstrations, ce conflit entre l'ensemble du système et sa perspective finale doit se manifester en une contradiction interne au sein des dernières propositions elles-mêmes : par exemple, si le Dieu, la joie ou l'amour salutaire, si l'esprit sauvé sont autre chose que le Dieu, l'esprit, la joie ou l'amour antérieurement analysés, il y a nécessairement un conflit entre le sens donné à ces mots dans les références aux textes précédents, et le sens donné à ces mêmes mots pour leur contribution à la théorie du salut; cela n'est-il pas évident, quand on voit Spinoza renvoyer à une définition de l'éternité qui exclut toute relation avec la durée, et parler cependant de l'éternité de l'esprit comme d'une durée, comme

14. Cf. 2e partie, chap. 2 & 3, et 3e partie, chap. 1 & 2.

de la présence indestructible de quelque chose qui reste [15] ? En outre, l'emploi des termes antérieurs en des acceptions nouvelles et l'introduction de nouveaux thèmes conduisent à des indécisions et à des obscurités fort graves à propos des notions les plus importantes pour la doctrine du salut : ainsi, la distinction faite entre la béatitude et la joie pose bien des problèmes [16], et il ne nous est donné aucune explication précise sur le rapport entre le mode infini constitué par l'ensemble des esprits finis éternels et le mode infini constitué par l'ensemble des esprits finis actuels [17].

Dans les dernières pages de l'*Éthique,* Spinoza semble donc ne pouvoir se contenter lui-même des définitions et des démonstrations imposées par le rationalisme et le naturalisme : il « semble *regretter* de ne pouvoir donner.... aucune satisfaction à la conscience religieuse, et sans doute à sa propre conscience religieuse [18] »; pour y parvenir quelque peu, pour traduire l'expérience métaphysique qui a inspiré sa recherche et dont il se veut le témoin, « il essaie d'adapter sa philosophie à ce que réclament beaucoup de consciences...., *il se reprend* [19] », « il réintègre [20] » ce qu'il avait condamné : ne tient-il pas à signaler à l'attention de son lecteur ce recours aux idées courantes ou traditionnelles, quand il fait allusion à la croyance en l'immortalité [21] ou qu'il fait état de la Gloire de Dieu [22]. Le spinozisme s'achèverait ainsi sur la preuve de son propre échec : échec apparemment inévitable, puisqu'il a commencé par rejeter la métaphysique, la théologie, la mystique des philosophies traditionnelles du salut. En définitive, ou bien il fallait s'en tenir logiquement aux prémisses, reconnaître que les premières parties de l'*Éthique* offraient une matière bien insuffisante pour la satisfaction de l'espérance religieuse et, par conséquent, renoncer à la perspective du salut, oser condamner l'ambition initiale, autrement dit ne pas être Spinoza; ou bien il fallait tenir compte de cette exigence dès le début, comprendre la vanité et l'impuissance de la rigueur et construire l'ontologie et l'anthropologie rendant possible une théorie du salut : le système développé dans l'*Éthique,* « il faudrait le remanier profondément. Et alors le spinozisme ne serait plus le spinozisme [23]. » L'originalité de Spinoza est, en effet, d'avoir voulu concilier le rationalisme naturaliste et la religiosité : il ne pouvait pas choisir entre ces deux options; dès lors, il se condamnait à ce qu'on peut considérer comme un « heureux illogisme [24] », mais qui n'en est pas moins un illogisme, nullement heureux pour sa philosophie et, en particulier, pour sa prétention à la rigueur et à la cohérence.

15. Cf. 1re partie, chap. 3.
16. Cf. 3e partie, chap. 2.
17. Cf. 1re partie, chap. 3. — Ces difficultés, dont je ne retiens ici que les principales, ont été signalées par la plupart des interprètes; l'exposé le plus complet et le plus précis se trouve dans l'étude de Fullerton : *Immortality;* la synthèse qui dégage le mieux l'essence du problème posé par la théorie spinoziste du salut est la courte *Note sur la vie éternelle* de F. Alquié.
18. Darbon : *Études,* 162 (souligné par moi).
19. Darbon : *Études,* 160 (souligné par moi).
20. Delbos : *Spinozisme,* 174.
21. Cf. 1re partie, chap. 3.
22. Cf. 2e partie, chap. 3.
23. Darbon : *Études,* 162.
24. Balthasar : *Immortalité,* 139.

La tâche de l'historien de la philosophie est alors simple : exposer la contradiction, l'expliquer par ses origines, pour éventuellement s'en réjouir et en tirer argument.

⁂

Il est évident que nous ne pouvons pas nous contenter de ces conclusions. Comment admettre, en effet, une telle dualité entre la doctrine établie dans les premières parties de l'*Éthique* et celle qui est introduite en sa dernière partie, alors que celle-ci est manifestement l'objet constant de la réflexion de Spinoza, le motif qui inspire sa recherche ontologique et anthropologique ? Comment opposer la rigueur et la réponse faite à l'exigence, quand c'est la seconde, telle qu'elle est conçue par lui, qui détermine la première ? S'il est vrai que la liaison entre le rationalisme naturaliste et la religiosité caractérise le spinozisme, il est permis de penser que toute tentative faite pour les disjoindre et les opposer dénature aussi bien son intention que son contenu. Lorsque nous rencontrons dans la fin de l'*Éthique* des thèses qui nous paraissent contredire les conclusions antérieures, nous devons nous demander si nous les comprenons bien dans le sens que leur donnait Spinoza, ou si nous ne les interprétons pas plutôt en fonction de nos propres conceptions du salut, souvent fort éloignées, pour le moins, de la sienne : les incohérences, découvertes avec tant d'ingéniosité, ne viendraient-elles pas de ce que nous ne voulons ou ne pouvons pas voir l'unité du naturalisme rationaliste et d'une certaine religiosité, pour en faire le principe de notre interprétation ? La vraie tâche de l'historien de la philosophie est, au contraire, de ressaisir l'intention première d'un auteur, de comprendre chacun des termes employés par lui et chacune de ses thèses selon le sens qu'il leur donnait, qu'il voulait leur donner dans l'unité et la continuité de sa patiente recherche, afin d'expliquer ainsi l'ensemble de sa doctrine à ceux qui ne voient en elle qu'un tissu de contradictions : il a pour impératif de chercher la cohérence et de dégager la signification réfléchie et voulue, plutôt que de s'abandonner au jeu facile et trop subjectif des antinomies et de leur explication érudite.

Il convient donc d'aborder l'*Éthique* avec, pour seul postulat, celui de la possibilité de sa cohérence. En face de ses apparentes difficultés, plusieurs voies sont alors possibles :

1) Les formules qui font problème, et les parentés avec les conceptions traditionnelles du salut peuvent être tenues pour des concessions faites au lecteur habitué à de telles croyances : « Les dernières propositions de la cinquième partie ont été rédigées — volontairement, pensons-nous — de façon ambiguë, pour que les amateurs, fût-ce d'une immortalité personnelle, ne repoussent pas le livre[25]. » Quelquefois utile, cette méthode d'interprétation ne saurait pourtant être suivie : elle n'explique pas pourquoi Spinoza peut ainsi reprendre quelques thèmes communs à partir de sa propre doctrine, et elle est incapable de rendre compte de l'ensemble des thèses soutenues dans ces propositions; en outre, elle

25. M. Francès : *La liberté politique selon Spinoza. Revue philosophique*, Paris, 1958, 335.

est trop commode, car elle peut être utilisée sans preuves précises à propos de n'importe quelle affirmation, et elle risque de masquer les vraies difficultés dues au contenu; enfin, on ne voit pas pourquoi Spinoza tiendrait à ce point à l'agrément de son lecteur, alors qu'il malmène si souvent ses convictions avec la plus grande vigueur.

2) Pour établir la cohérence du système, on peut chercher à l'interpréter à partir de son objet essentiel, la doctrine du salut qu'il a pour fonction d'expliquer : si l'on donne alors aux concepts et aux thèses de la dernière partie la signification religieuse et mystique traditionnelle qui paraît indispensable, on sera obligé de comprendre les définitions et les démonstrations de l'ontologie et de l'anthropologie des premières parties en ce même sens, fort différent de celui que leur donne le rationalisme naturaliste auquel nous sommes habitués; par-delà l'emploi d'un langage commun, scolastique et cartésien à cette époque, derrière l'expression rationaliste, claire et distincte, imposée par les nécessités de la communication, il serait donc indispensable de reconnaître dans les définitions de Dieu, de l'esprit, du troisième genre de connaissance, de la joie, de l'amour, etc..., la présence masquée d'une pensée infiniment plus profonde et plus riche, de nature proprement religieuse : nous pourrions ainsi discerner la vérité ésotérique et saisir l'expérience métaphysique, dont le discours philosophique constituant l'*Éthique* ne serait que la traduction plus ou moins inadéquate; nous pourrions, en outre, mieux percevoir la continuité existant entre le spinozisme et ses sources historiques, qu'il s'agisse des philosophies et des religions du salut en général ou spécialement du panthéisme de la Renaissance, dont l'inspiration est manifeste dans un écrit comme le *Court traité* : nous pourrions, enfin, voir comment le véritable contenu de la doctrine permet dès le début sa religiosité finale, le seul obstacle venant des insuffisances du langage dont Spinoza ne manque pas de se plaindre[26]. Malgré l'effort méritoire de compréhension qu'elle représente, cette interprétation risque d'être également trop facile, puisqu'on peut toujours lire n'importe quoi dans un texte quand on prend pour principe de ne pas le suivre à la lettre, et qu'une telle lecture se donne dès le début ce qui est nécessaire pour justifier le sens qu'elle donne à la fin; elle risque aussi de ne pouvoir se définir elle-même, dans la mesure où elle fait constamment appel à une signification et à une expérience inexprimables, et de poser, à propos des termes initiaux du système, tout ce qui a été nettement refusé au nom du naturalisme et du rationalisme; et, pour sauvegarder la cohérence de la doctrine, elle tient pour secondaire et superficiel son contenu exprès, clair et distinct, et sacrifie ainsi sa rationalité, en ne voyant en celle-ci qu'un langage : étant donné le souci spinoziste de l'intelligibilité et le rejet absolu du mystérieux qui caractérise cette philosophie, ce n'est qu'une autre manière, plus subtile, indirecte et inconsciente, de reconnaître son incohérence !

3) Si nous voulons être pleinement fidèles au propos de Spinoza et

26. Cf. *C.T.*, II, 16, § 6; — *D.I.E.*, §§ 21 note, 88-9, 96; — *Lettre LVIII à Schuller* (1674), § 1; — *Éth.*, II, 17 Sc., 40 Sc. 1, 47 Sc., 49 Sc. — En définitive, cette interprétation « ésotérique » remonte à Leibniz qui espérait déconsidérer le spinozisme en signalant sa parenté avec l'occultisme mystique, notamment celui de la Cabbale; elle inspire, sans cette intention critique, l'étude de Lagneau, les indications de Bergson et les analyses de Brochard.

découvrir la véritable unité de sa pensée, nous devons, au contraire, partir de la rigueur initiale, c'est-à-dire des affirmations du rationalisme naturaliste prises, conformément à ce rationalisme même, en leur acception expresse, claire et distincte, pour établir le sens des thèses finales. Cette méthode mérite d'être adoptée : c'est la seule qui nous garantisse contre l'intervention de préjugés traditionnels ou personnels dans la lecture de l'*Éthique* : c'est aussi la seule qui soit capable de dégager la signification proprement spinoziste des concepts et des thèmes développés dans cette œuvre, et de révéler la parfaite unité de ses différentes parties et le plein accord entre son fond et sa forme. Mon intention est précisément de démontrer que :

a) Le spinozisme est un système cohérent, parce que la rigueur rationaliste et naturaliste — et elle seule — satisfait entièrement l'exigence de salut, qui a déterminé son adoption;

b) La cinquième partie de l'*Éthique* est l'explication de l'expérience du salut que rend possible le rationalisme naturaliste;

c) Les références faites aux théories traditionnelles ne sont ni des concessions, ni des incohérences, mais des réponses qui permettent à Spinoza d'affirmer que sa philosophie satisfait au moins autant qu'elles les aspirations de la conscience religieuse.

Le problème étant ainsi posé, les limites de cette étude se trouvent nécessairement fixées :

1) En ce qui concerne son objet, j'analyserai exclusivement la doctrine exposée dans les dernières pages de l'*Éthique* : j'admettrai tout le reste du système, quelles que soient les objections qu'on ait pu lui opposer ou les difficultés qu'on y ait trouvées; par exemple, la théorie du conatus ne sera ni expliquée, ni discutée pour elle-même, mais seulement utilisée pour rendre compte des thèses de la cinquième partie, où elle est invoquée.

2) Quant à la méthode, ne cherchant qu'à expliciter le contenu d'un texte dense et abstrait et à montrer son accord avec l'enseignement initial de l'*Éthique*, je m'en tiendrai à l'analyse structurale du texte, de son argumentation et de ses prémisses, qui permettent seules de préciser le sens donné par l'auteur aux mots employés par lui; j'aurai aussi recours à la méthode génétique, quand l'examen des écrits antérieurs de Spinoza paraîtra utile pour saisir la signification propre des thèses soutenues dans l'*Éthique*. Mais je n'userai pas de la méthode historique : comme nous le verrons à de nombreuses reprises, la recherche des sources de la conception spinoziste du salut, souvent tentée, difficile à mener, pourrait masquer le sens proprement spinoziste de cette doctrine et ignorer sa cohérence interne; d'autre part, l'analyse des conditions historiques de son apparition et de son développement relèverait d'une autre étude que celle que j'ai entreprise ici.

PREMIÈRE PARTIE

L'ÉTERNITÉ

Aspirer à l'éternité, établir son existence et montrer ce qui la rend accessible, ce sont là les préoccupations communes à toutes les métaphysiques néo-platoniciennes et aux multiples traditions religieuses dont l'influence avait été décisive pour la formation de la pensée médiévale. Spinoza fait siennes une exigence et une notion, auxquelles bien peu parviendront d'ailleurs à renoncer complètement : il lie constamment salut et éternité. Le *Court traité* expose les conditions et les conséquences de l'union à ce qui est impérissable et inaltérable[1]; les premières pages de la *Réforme de l'entendement* invoquent aussitôt l'éternel, pour définir l'objet de la quête spinoziste : « Je me décidais à rechercher s'il n'existait pas.... quelque chose dont la découverte et l'acquisition me procureraient pour l'éternité la jouissance d'une joie continue et souveraine[2] »; dans l'*Éthique*, l'analyse du salut commence par la définition de ce qui est éternel et par la preuve de cette éternité[3] : c'est en tant qu'éternels que le troisième genre de connaissance et l'amour intellectuel de Dieu se révèlent salutaires[4].

Mais quel sens faut-il donner au mot « éternité », quand nous le rencontrons dans les écrits de Spinoza ? Nous devons évidemment nous en tenir à la définition placée au début de l'*Éthique* : « Par éternité, j'entends *l'existence elle-même*, en tant qu'elle est conçue *comme conséquence nécessaire de la seule définition* de la chose éternelle[5]. » Il est fait ici totalement abstraction de la durée de l'existence de la chose : « Une telle existence.... ne peut être expliquée par la durée ou le temps, même si cette durée est conçue comme n'ayant ni commencement ni fin[6]. » Seul est considéré le mode d'existence, à savoir la manière dont la chose en question est posée dans l'être; à cet égard, l'éternité n'est rien d'autre que la nécessité de l'existence, et Spinoza peut écrire : « *Æternitas seu*

1. *C.T.*, II, 23 & 26.
2. *D.I.E.*, § 1.
3. *Éth.*, V, 21-3.
4. *Éth.*, V, 31 & 33.
5. *Éth.*, I, Déf. 8 (souligné par moi).
6. *Ibid.*, Explic.

necessitas[7] »; encore faut-il préciser qu'il s'agit d'une nécessité interne : n'est éternelle que l'existence qui est « une conséquence nécessaire de la seule définition de la chose » elle-même, non celle qui est une conséquence nécessaire de quelque chose d'autre, car tous les êtres seraient alors immédiatement et également éternels, étant donné le nécessitarisme de Spinoza; or une nécessité interne ainsi définie ne se trouve que dans les êtres dont l'essence implique l'existence : l'éternité est donc l'identité de l'essence et de l'existence[8].

Or une telle nécessité est, dans le spinozisme, la caractéristique de Dieu[9]. L'existence de celui-ci est, en effet, comprise dans sa seule définition : « Son existence et son essence sont une seule et même chose[10] »; Spinoza peut donc affirmer l'éternité de la substance, puisqu'elle est cause de soi[11], de Dieu, qui est substance et qui existe nécessairement[12], et de l'infini qui, à la différence du fini, n'est pas soumis à quelque chose d'autre que lui-même pour être ni pour être ce qu'il est[13]. Au contraire, les choses finies présentent des caractères qui semblent s'opposer directement à l'affirmation de leur éternité : en effet, si leur existence est nécessaire, c'est en vertu de la seule nécessité externe, celle de la subordination aux choses et aux causes extérieures qui constitue leur finitude; elle n'est nullement inscrite dans leur définition, et c'est ce qui fait leur contingence[14]. Aussi comprenons-nous que Spinoza établisse une correspondance entre la substance et l'éternité, d'une part, le mode et la durée, de l'autre, et qu'il oppose ces deux modes d'existence : « Nous concevons l'existence de la substance d'une manière totalement différente de

7. *Éth.*, IV, 62. — Cf. *Éth.*, II, 44, Cor. 2.

8. Cf. *Éth.*, I, 20. — Pour ces êtres dont l'existence est contenue dans leur seule essence, il en est de la première comme de la seconde : elles ont les mêmes caractères; par exemple, si on voit dans les essences des vérités éternelles, comme on le fait couramment, l'existence sera aussi une vérité éternelle : « Une telle existence est conçue comme une vérité éternelle, comme (sicut) l'est l'essence de la chose » (*Éth.*, I, Déf. 8, Explic.; — cf. *Éth.*, I, 20, Cor. 1); un texte montre que cette comparaison ne signifie pas une double affirmation d'éternité portant sur chacun des deux termes, comme le laisseraient croire les traductions, mais sert à exprimer leur identité : « Les mêmes attributs de Dieu, qui expliquent l'essence éternelle de Dieu, expliquent en même temps son existence éternelle, c'est-à-dire : cela même qui constitue l'essence de Dieu constitue en même temps son existence » (*Éth.*, I, 20). Cette identité nous empêche de dire des choses éternelles qu'elles « jouissent de l'existence » comme d'un terme ajouté ou reçu : « Une chose créée peut être dite jouir de l'existence, parce qu'en effet l'existence n'est pas de son essence; mais Dieu ne peut être dit jouir de l'existence, car l'existence de Dieu est Dieu lui-même » (*C.M.*, II, 1, V.L., IV, 205, Pl., 323); cette réserve de vocabulaire faite, Spinoza n'en continue pas moins à définir l'éternité comme « infinita existendi » ou « essendi fruitio » [*Lettre XII à L. Meyer* (20 avril 1663), V.L., III, 39, Pl., 1153]. Comme le prouve l'insistance de ces formules et comme nous le verrons dans le prochain chapitre, l'éternité est la vérité et la nécessité de *l'existence* ou de *l'être*, non de l'essence elle-même.

9. Un des « propres de Dieu », pour reprendre la terminologie du *Court traité* (I, 3), qui désigne ainsi la nécessité de l'action divine (I, 4) : un « propre » est un attribut qui n'est qu'un adjectif, non un substantif : il qualifie l'être d'une chose, sans rien faire connaître de substantiel; l'*Éthique* abandonne ce vocabulaire scolastique, mais sa première partie est tout entière consacrée à l'examen de ces propriétés de Dieu (causalité, nécessité, éternité, etc...), qui ne sont pas ses « attributs ».

10. *Éth.*, I, 20.

11. *Éth.*, I, 7.

12. *Éth.*, I, 19.

13. A l'exception du mode infini médiat (*Éth.*, I, 22-3), tout ce qui est qualifié d'infini est aussi qualifié d'éternel, les deux adjectifs étant presque toujours associés. Et l'éternité est appelée « jouissance *infinie* d'existence » [*Lettre XII à L. Meyer* (20 avril 1663), V.L., III, 39, Pl., 1153 (souligné par moi)], parce que l'être nécessaire exclut la dépendance de la finitude.

14. Cf. *Éth.*, II, 31 & Cor.

l'existence des modes. De là découle la différence entre l'éternité et la durée [15] ». Il paraît donc logique de refuser l'éternité aux choses finies et contingentes, comme le font les *Pensées métaphysiques* : « Cette existence infinie, je l'appelle éternité, et *il ne faut l'attribuer qu'à Dieu, mais non à aucune chose créée,* alors même que sa durée serait illimitée dans les deux sens [16] »; « La durée sans les choses créées et l'éternité sans Dieu ne sont intelligibles en aucune façon [17] ».

La définition stricte de l'éternité, telle qu'elle est posée au début de l'*Éthique,* semblerait ainsi exclure son attribution aux choses finies, telle qu'elle est exigée par l'aspiration spinoziste au salut et telle qu'elle est affirmée dans la cinquième partie. Faut-il conclure à une contradiction du système ? Devons-nous avouer que la notion d'éternité a changé de sens au cours de la déduction ? Mais Spinoza rappelle expressément sa définition première, quand il explique sa doctrine finale : « L'éternité est l'essence même de Dieu, en tant qu'elle enveloppe l'existence nécessaire [18] ». Devons-nous alors comprendre l'éternité salutaire des choses finies comme l'élimination de tout ce qui les distingue de Dieu et de tout ce qui s'oppose en elles à une éternité, qui resterait le privilège exclusif de la substance infinie ? Mais qu'entendre par cette perte et comment y voir notre salut ?

Pour répondre à ces questions, il faut d'abord indiquer avec précision ce qui est posé comme éternel dans le mode fini, et expliquer en quoi consiste cette éternité. Tâche difficile, assurément, car l'analyse spinoziste ne peut manquer d'apparaître insuffisante : pour une doctrine aussi capitale, il n'y a, en effet, que fort peu de textes, trois pages dans le *Court traité,* six ou sept dans l'*Éthique* : encore contiennent-elles surtout des démonstrations, qui laissent peu de place aux explications; en outre, dans les deux cas, cette théorie est présentée d'une manière discontinue [19]. Dans le spinozisme, l'essentiel apparaît obscur, ne serait-ce que par la concision.

15. *Lettre XII à L. Meyer* (20 avril 1663), V.L., III, 39, Pl., 1153.
16. *C.M.*, II, 1, V.L., IV, 205-6, Pl., 323 (souligné par moi).
17. *C.M.*, II, 10, V.L., IV, 224, Pl., 347; — cf. les paragraphes précédents du même chapitre. — Cet écrit, qui constitue un vocabulaire critique de la philosophie de l'époque, prend le point de vue scolastique et cartésien, même quand il aboutit à un refus de ces doctrines au nom de la cohérence; aussi y est-il toujours question de la création et de l'opposition entre le créateur et le créé, entièrement privé d'éternité : dans les prochains chapitres, nous verrons que le refus de la création rend justement possible l'éternité du fini.
18. *Éth.*, V, 30.
19. *C.T.*, II, 23 & 26; — *Éth.*, V, 22-3 (preuve de l'éternité), 29-31 (éternité et connaissance du troisième genre), 33 & 34 Cor. (éternité de l'amour intellectuel de Dieu), 38-40 (détermination de la partie indestructible de l'esprit). .

CHAPITRE PREMIER

QU'EST-CE QUI EST ÉTERNEL ?

« Vous me demandez si les choses réelles et leurs affections sont aussi des vérités éternelles. Je dis qu'elles le sont tout à fait[1]. » Mais en quoi consiste exactement ce « *quelque chose qui est éternel*[2] », substrat requis pour le salut, tel que le conçoit Spinoza ?

Il est évident qu'il nous faut d'abord exclure les modes finis en leur « existence actuelle présente[3] » : celle-ci dépend, en effet, « des dénominations extrinsèques, des relations ou.... des circonstances, toutes choses bien éloignées de l'essence intime des choses[4] », en sorte que « leur existence n'a aucun lien avec leur essence, ou, si l'on veut, comme je l'ai déjà dit, n'est pas une vérité éternelle[5]. » Plus précisément, cette existence est posée par des causes extérieures et elle est ôtée par d'autres causes extérieures[6] : elle est certes « déterminée », en ce sens qu'elle est finie[7], mais elle n'en est pas moins « indéfinie », dans la mesure où sa continuation « ne peut être déterminée à partir de la nature même de la chose existante, ni même par sa cause efficiente[8] »; ainsi envisagées, les choses singulières se caractérisent par leur subordination : c'est ce que Spinoza entend, lorsqu'il fait état de leur contingence[9] et de leur durée[10]; il en résulte nécessairement pour elles une possibilité

1. *Lettre X à de Vries* (mars 1663).
2. *Éth.*, V, 23 (souligné par moi).
3. *Éth.*, V, 29. — Par « existence actuelle », il convient d'entendre l'existence en acte (présente ou non), par opposition à la non-existence (cf. *D.I.E.*, §§ 53, 55, 65 à 67; — *Éth.*, II, 8, etc...).
4. *D.I.E.*, § 101.
5. *D.I.E.*, § 100.
6. *Éth.*, II, Déf. 5.
7. *Éth.*, II, Déf. 7.
8. *Éth.*, II, Déf. 5.
9. *Éth.*, II, 31 Cor., 44 Cor. 1 & Sc., IV, Déf., 3.
10. *Éth.*, II, Déf. 5, 30, 31, 45 Sc. — La *durée* est cette continuation de l'existence que laisse indéterminée l'essence de la chose et qui est tributaire de l'ensemble des causes et conditions extérieures, en sorte que la chose surgit, persiste et s'efface dans l'être en fonction d'autre chose qu'elle-même; le *temps* est la mesure qui permet de définir cette durée par rapport à celle d'une autre chose [cf. *Lettre XII à L. Meyer* (20 avril 1663), passim].

constante de passivité et de destruction[11], de ce que nous appelons la mort, quand nous pensons à la désorganisation de certains êtres composés. Chacune de ces caractéristiques s'oppose directement à celles qui sont posées dans la définition de l'éternité : ce sont autant de raisons qui nous empêchent de tenir pour éternels les êtres finis dans leur existence en acte.

Il va de soi que cette conclusion vaut pour l'homme, qui n'est lui-même qu'un mode fini de la substance. Ne suffit-il pas, d'ailleurs, de confronter la définition de l'éternité et l'évidence de fait, énoncée dans un axiome : « L'essence de l'homme n'enveloppe pas l'existence nécessaire[12] », pour s'assurer qu'il n'est rien moins qu'éternel ? Si nous le considérons dans son corps, le fait de la mort[13] manifeste sans contestation possible sa nature contingente et périssable : simple mode fini, « modification de l'étendue », « combinaison déterminée », « proportion de mouvement et de repos[14] », il est condamné, par définition ou par essence, à périr absolument selon le cours de la nature et le jeu des causes externes. Mais il en est de même, si nous le considérons dans son esprit[15] : d'une part, en effet, il n'est lui aussi qu'un mode de la substance, en un autre de ses attributs, la pensée, et nullement une substance, si bien qu'il ne saurait être plus éternel — en tant que mode fini et dans son existence actuelle — que ne l'est tout mode fini en général[16]; d'autre part, il n'est rien d'autre que « l'idée du corps[17] » : non pas un être substantiel qui penserait le corps et qui en contiendrait l'idée, mais cette idée elle-même, telle qu'elle est contenue dans la Nature ou en Dieu, en tant que partie de la pensée infinie qui a l'étendue infinie pour objet; aussi apparaît-il inséparable, dans son existence, de l'existence du corps dont il est l'idée : « L'élément premier, qui constitue l'être actuel de l'esprit humain, n'est rien d'autre que l'idée d'une chose singulière existant en acte[18] »; nous ne pouvons donc pas accorder l'éternité à l'esprit, considéré comme mode fini existant en acte : en vertu du parallélisme et du fait de la négation de la substantialité de l'âme, l'idée qu'est l'esprit est aussi contingente et périssable que son objet[19]. Et nous devons évidemment refuser aussi l'éternité à tout ce qui dépend de la nature de l'esprit envisagé comme un simple mode fini existant en acte et comme la simple idée du corps en tant que mode fini existant en acte, c'est-à-dire, d'abord, à toute connaissance d'une chose quelconque saisie dans son existence actuelle (imagination, mémoire, connaissance sensible en général), et, par suite, à tous les sentiments qui en résultent, à l'espoir et à la crainte, en particulier, mais aussi à la joie et à la tristesse, à

11. *Éth.*, IV, Ax. et 4 & Cor.
12. *Éth.* II, Ax. 1.
13. A la mort, il faut ajouter le cas de la dénaturation du corps sans mort apparente, à la suite d'une modification excessive des relations entre ses parties (cf. *Éth.*, IV, 39 Sc.).
14. *C.T.*, I, 2, § 22; II, Préf., Note, § 10; Append., II, 2; — *Éth.*, II, 13, Axiomes, Lemmes & Définition.
15. Pour traduire « mens », j'emploie le terme d' « esprit », afin de réserver le mot « âme » pour désigner la réalité substantielle qu'invoquent les métaphysiques spiritualistes critiquées par Spinoza, ou pour traduire « anima », quand Spinoza se sert de ce mot.
16. *Éth.*, II, 10.
17. *Éth.* II, 11 & 13. — Cf. *C.T.*, II, Préf., Note, §§ 11 & 14.
18. *Éth.* II, 11.
19. Cf. *C.T.*, II, 23.

l'amour et à la haine, quand ils sont engendrés par l'idée de l'existence actuelle de leurs objets : « L'esprit ne peut rien imaginer, ni se souvenir du passé, que pendant la durée du corps. — L'esprit n'exprime l'existence actuelle de son corps, et ne conçoit aussi les affections du corps comme actuelles, que pendant la durée de son corps (II, 8 Cor.); par conséquent (II, 26), il ne conçoit aucun corps comme existant en acte, que pendant la durée de son corps; et, par suite, il ne peut rien imaginer (voir la définition de l'imagination : II, 17 Sc.) et ne peut se souvenir du passé (voir la définition de la mémoire : II, 18 Sc.), que pendant la durée de son corps [20] »; « L'esprit n'est soumis aux sentiments qui se rapportent aux passions, que pendant la durée du corps [21]. »

Or, nous l'avons vu, si le mode fini est privé d'éternité dans tout ce qui constitue son existence actuelle, c'est parce que celle-ci n'est pas contenue dans son essence : ce serait donc à l'essence de ce mode que nous pourrions et devrions faire appel, pour isoler ce « quelque chose qui est éternel » en lui; telle est la conclusion généralement admise par les interprètes de Spinoza : « Il y a du corps quelque chose d'impérissable : c'est son essence, qui, comme toute essence, est éternelle [22]. »

Que l'essence soit éternelle, cela peut aisément passer pour une évidence : on peut certes nier la réalité des essences en général ou refuser l'existence d'essences propres pour un plus ou moins grand nombre de choses singulières, mais il semble aller de soi que l'éternité est inscrite dans leur seule définition, puisqu'on entend par ce terme une vérité nécessaire en elle-même et indépendante du cours du temps, des circonstances et même de l'existence de la chose; et, dans sa définition de l'éternité, Spinoza se réfère expressément à cette conception courante : il pose, en effet, qu'une chose est éternelle, quand son existence est « une vérité éternelle, comme l'est son essence [23]. »

Mais ce n'est là justement qu'une comparaison, qui n'est d'aucune utilité pour déterminer ce qui est éternel dans le mode fini : il n'est jamais question, dans le spinozisme, d'une réalité distincte des essences éternelles [24]. Il importe, en effet, de se rappeler que l'éternité est la nécessité de l'existence posée par l'essence et qu'elle est comparable à la nécessité de l'essence, mais qu'elle est précisément *la nécessité de l'existence de la chose, non la nécessité de son essence seule* [25]; que

20. *Eth.*, V, 21. — Cf. *Eth.*, V, 23 (Dém.) & 29.

21. *Eth.*, V, 34.

22. Delbos : *Spinozisme*, 160. — Cf. Lagneau : *Notes*, 393; — Rivaud : *Modes*, 296; — Wolfson : *Spinoza*, II, 292-3; — Darbon : *Etudes*, 155; — Zac : *Interprétation*, 199.

23. *Eth.*, I, Déf. 8, 19 Sc., 20 & Cor. 1.

24. Dans les *Pensées métaphysiques*, l'éternité des essences est présentée comme une doctrine extérieure, admise seulement avec réserves, à la faveur d'une justification indirecte : « L'essence formelle... dépend de la seule essence divine où tout est contenu; *en ce sens, nous approuvons ceux qui disent* que les essences des choses sont éternelles » [I, 2, V.L., IV, 192, Pl., 307 (souligné par moi)]; « Nous avons l'habitude, à *cause de l'insuffisance du vocabulaire*, d'attribuer l'éternité même aux choses dont l'essence est distincte de l'existence (comme lorsque nous disons qu'il n'implique point contradiction que le monde ait été créé de toute éternité); et aussi aux essences des choses, alors que nous ne concevons pas les choses comme existantes : car nous appelons alors les essences éternelles » [II, 1, V.L., IV, 205, Pl., 322 (souligné par moi)].

25. Cf. les pages précédentes. — Dans la *lettre X à de Vries* (mars 1663), Spinoza distingue, sans s'expliquer davantage, l'éternité des choses et celle des propositions communes :

signifierait d'ailleurs pour notre salut une éternité de notre essence extérieure à notre existence ? Il faut, ensuite, avoir présent à l'esprit le contenu même de la notion d'essence : « Je dis qu'appartient à l'essence d'une chose ce qui, étant donné, fait que cette chose est nécessairement posée et qui, étant supprimé, fait que cette chose est nécessairement supprimée; autrement dit, ce sans quoi la chose ne peut ni être, ni être conçue, et qui, inversement, ne peut, sans la chose, ni être, ni être conçu[26] »; l'essence d'une chose n'est donc rien d'autre que l'ensemble des propriétés nécessaires de cette chose, qui existent et qui existent seulement avec et en elle : ce n'est pas un autre être, qui pourrait jouir d'une existence nécessaire et immuable par opposition à l'être contingent et périssable, mais c'est la définition propre de l'être en question, fût-il contingent et périssable; aussi est-il impossible d'attribuer une véritable éternité à ce qui constitue la nature de la chose existante, quand on la refuse à la chose existante elle-même : ce qui me caractérise dans ma nature propre ne possède pas plus — et surtout pas hors de moi — l'existence nécessaire que je ne la possède moi-même. C'est qu'il faut, enfin, tirer toutes les conséquences de la définition spinoziste de la contingence : si une chose n'est pas éternelle parce que son existence n'est pas posée par sa seule essence ou définition, c'est que cette essence ne contient pas l'existence de la chose, autrement dit, qu'elle ne comporte pas la véritable éternité; l'essence constitutive d'une chose donnée, douée de l'existence actuelle, n'est pas une essence éternelle, mais seulement une « essence donnée ou actuelle de la chose elle-même[27] ».

Il est vrai que, dans sa démonstration de l'éternité, Spinoza oppose à « l'existence actuelle présente du corps », « l'essence du corps »,

« Vous me demandez si les choses réelles et leurs affections sont des vérités éternelles. Je dis qu'elles le sont tout à fait. Si vous me demandez alors pourquoi je ne les appelle pas des vérités éternelles, je réponds que c'est pour les distinguer, ainsi que tous ont coutume de le faire, de ces propositions qui n'expliquent ni les choses ni leurs affections : par exemple, rien ne vient de rien. Ces propositions, dis-je, et les semblables sont appelées vérités éternelles absolument : ce par quoi on ne peut rien signifier d'autre que le fait qu'elles n'ont aucun siège hors de l'esprit »; il ne s'agit certes pas ici de l'éternité des essences, mais l'éternité propre des choses existantes se trouve nettement isolée en face de toute autre éternité.

26. *Éth.*, II, Déf. 2. — Cf. *C.T.*, II, Préf., ad finem. — Cette définition a précisément pour but d'établir une distinction absolue entre l'essence propre ou nature intrinsèque d'une chose et son principe nécessaire, quand il s'agit d'une cause extérieure ou d'un constituant universel (Dieu, substance, attributs, modes infinis) (cf. *C.T.*, Append., II, 10; — *Éth.*, II, 10 Cor. Sc.).

27. *Éth.*, III, 7. — La doctrine du *conatus* qui est en cause dans ce texte, peut paraître impliquer qu'en toute chose, même finie et contingente, la définition ou l'essence pose l'existence, sous la forme d'un effort pour persévérer dans l'être : aussi a-t-on vu dans le conatus une causalité de l'essence et une manifestation de son éternité (FULLERTON : *Immortality*, 65-70, 80; — HUAN : *Dieu*, 272-3); mais Spinoza ne prouve ni ne définit le conatus en invoquant l'éternité de l'essence ou son activité productrice d'existence : il démontre seulement que l'essence (*Éth.*, III, 4) ou l'existence (*Éth.*, III, 6) d'une chose quelconque ne saurait être supprimée du fait de ce qui se trouve en elle, de ce qui la définit (*Éth.*, III, 4 & 6), non plus que du fait de sa cause efficiente (*Éth.*, II, Déf. 5, Explic.); tout être, devenant et agissant selon ce qu'il est, ne trouve en lui-même rien qui le supprime, même s'il ne trouve pas en lui-même ce qui peut le produire : il s'ensuit que, *s'il existe*, il n'y a en lui que ce qui pose sa continuation et ce qui engendre des effets conformes à sa nature, c'est-à-dire favorables à sa continuation et à son accroissement d'être, et que seules des causes extérieures peuvent diminuer son être ou supprimer son existence; le conatus n'est donc pas l'essence productrice d'existence pour une chose qui jouirait ainsi de la nécessité ou de l'éternité, mais l'essence de ce qui existe, l'essence existante, « donnée ou actuelle », d'une chose qui reste tout à fait contingente dans sa nature.

telle que l'esprit la « conçoit sous l'aspect de l'éternité[28] » : ne devrions-nous pas alors poser, à côté de l'essence actuelle d'une chose, ce qu'il nous faudrait bien appeler son « essence éternelle[29] » ? Et ne serait-ce pas cette dernière que Spinoza désignerait d'une manière indirecte, quand il fait état d'une « essence idéale », qui « est » toujours « la même », que la chose existe ou non[30] ? Ne retrouverions-nous pas encore cette opposition implicite dans la distinction faite entre « l'être formel », qui est l'être de la chose existante en tant qu'effet de Dieu[31], et « l'essence formelle », qui est la nature de cette chose telle qu'elle est contenue en Dieu et qui peut devenir l'objet d'une idée vraie de cette chose, même lorsqu'elle n'existe pas encore ou qu'elle n'existe plus[32] ? En définitive, nous serions au moins en présence de deux réalités différentes : d'une part, « l'existence actuelle » avec son « essence actuelle », de l'autre, « l'essence » en tant qu' « éternelle » ou « idéale »[33]. Rien ne nous autorise, cependant, à admettre une telle dualité au niveau des essences[34]; en effet, par définition, « l'essence idéale » n'est pas une essence réelle de la chose considérée, et elle ne constitue pas un être distinct de son « essence actuelle » : non seulement elle est cette essence propre de la chose existante, qui fait que celle-ci est et agit en accord avec elle-même[35], mais elle est surtout cette essence en tant qu'elle est simplement conçue d'une manière abstraite dans et par un entendement, qui ne connaît pas cette chose dans la nécessité de son existence actuelle[36], si bien qu'elle est exactement le contraire de ce que Spinoza entend par « vérité éternelle » au sens propre, quand il pense à l'éternité des choses réelles[37]; quant à « l'essence formelle », elle n'est pas plus une réalité séparée qu'on pourrait opposer à la chose et, spécialement, à son « être formel » : alors que la chose est un mode de Dieu et que son « être formel » est ce qui la constitue comme être, c'est-à-dire précisément « le fait d'être un mode de Dieu ayant Dieu pour cause », son « essence formelle » est cette même chose, mais en ce qui constitue sa nature ou l'ensemble de ses propriétés nécessaires, « ce qui fait d'elle tel mode défini de Dieu ». Qui plus est, l'essence invoquée pour fonder l'éternité n'est jamais posée comme différente de l'essence définie comme nature propre de la chose existant en acte : Spinoza est même fort net sur ce point, puisque, traitant de l'objet de la connaissance du troisième

28. *Éth.*, V, 29. — Cf. *Éth.*, V, 21-3. — Dans la suite de cette partie, j'analyserai l'expression « sub specie aeternitatis » : seule convient une traduction littérale, imprécise comme l'est l'expression latine elle-même.

29. Cf. Rivaud : *Essence*, 185. — La plupart des interprètes concluent dans le même sens.

30. *T.P.*, II, § 2.

31. *Éth.* II, 5

32. *Éth.*, I, 17 Sc., II, 8. — Comme nous le verrons dans le chapitre III, cette dernière proposition, en posant l'idée de choses non existantes, prépare justement l'analyse de l'éternité, en sorte qu'elle pourrait bien définir ainsi notre être éternel.

33. Cf. Wolson : *Spinoza*, II, 292-3; celui-ci, recensant tous les textes de Spinoza, rassemble, d'un côté, l'existence, l'être formel et l'essence actuelle ou donnée, et, de l'autre, l'essence, l'essence idéale, l'essence formelle et l'idée de la chose non existante.

34. Dans les deux prochains chapitres, nous verrons que Spinoza attribue aux modes deux manières d'exister, mais ce sont deux actualités de la même chose, avec la même nature ou essence : il ne s'agit jamais de deux essences distinctes.

35. *T.P.*, II, § 2.

36. *T.P.*, II, § 2.

37. Cf. la *Lettre à De Vries* citée dans une note du paragraphe précédent.

genre, c'est-à-dire de l'objet constitutif de l'idée éternelle, il indique expressément qu'il s'agit de « la force par laquelle chaque chose persévère dans l'exister[38] », qui n'est précisément rien d'autre que le conatus ou « essence actuelle[39] ». Il n'y a donc, pour une chose, qu'une seule essence, qui est son « essence actuelle » ou son « essence formelle », et qui peut être simplement pensée par un entendement, abstraction faite de l'existence, sous la forme d'une « essence idéale », ou — nous allons le voir — devenir l'objet d'une idée éternelle, quand elle est considérée « sous l'aspect de l'éternité[40] ».

En fait, dans la cinquième partie de l'*Éthique*, il n'est jamais question de l'éternité de l'essence, contrairement à ce qu'une lecture hâtive pourrait laisser croire : certes, Spinoza fait appel, dans sa preuve de l'éternité, à l'essence du corps et à celle de l'esprit, mais ce n'est pas pour affirmer leur éternité. En effet, quand il parle de l'essence du corps, ce n'est que pour introduire « l'idée qui exprime sous l'aspect de l'éternité l'essence de tel et tel corps humain[41] » : loin d'être posée en elle-même comme éternelle, l'essence du corps doit donc devenir l'objet d'une connaissance qui la considère sous l'aspect de l'éternité; la même constatation vaut évidemment pour l'essence de l'esprit[42]. D'autre part, quand il parle de l'essence de l'esprit, c'est uniquement pour prouver qu'une « idée, qui exprime sous l'aspect de l'éternité l'essence du corps, appartient à l'essence de l'esprit[43] » : non pas, comme on l'a dit, qu'elle « constitue l'essence, pareillement éternelle, de telle ou telle âme humaine[44] », mais simplement qu'elle est nécessairement présente dans la nature de l'esprit, comme un des éléments de sa définition[45]; Spinoza ne fait donc pas état de l'essence éternelle de l'esprit, mais de l'idée éternelle qui fait partie de cette essence : nous pouvons aisément nous en convaincre, si nous nous souvenons d'abord que l'essence de l'esprit n'est rien d'autre que le fait d'être l'idée d'un corps existant en acte[46], chose que nous savons contingente et périssable, et si nous remarquons ensuite que ce n'est qu'une partie de l'esprit, c'est-à-dire non son essence, mais une partie de son essence, qui sera tenue pour éternelle[47]. Sans doute, affirme-t-il l'éternité d'une idée du corps, et il est tentant d'identifier l'esprit, en tant qu'idée du corps, et l'essence du corps, pour soutenir que cette dernière est éternelle[48]; mais, pour Spinoza, l'idée n'est pas l'essence : la première est un mode de la pensée, alors que la seconde est la définition propre de la chose dans l'ordre de l'attribut dont cette chose est un mode;

38. *Éth.*, II, 45 Sc.
39. *Éth.* III, 7 .
40. Spinoza parle d'une « essence actuelle », non pour l'opposer à une autre essence réelle, qui serait « l'éternelle », mais pour la distinguer de « l'essence idéale » ou, encore, de « l'essence universelle », extérieure à la chose existant en acte, à laquelle faisait spontanément penser le poids de la tradition philosophique.
41. *Éth.*, V, 22, etc...
42. *Éth.*, V, 30.
43. *Éth.*, V, 23 & Sc.
44. Delbos : *Spinozisme*, 161.
45. Comme ce fut démontré dans la seconde partie de l'*Éthique* (en V, 23, Spinoza renvoie à II, 13).
46. *Éth.*, II, 11-3.
47. Cf. la suite du présent chapitre.
48. Rivaud : *Essence*, 181; — Darbon : *Études*, 155.

« l'idée » ou « être objectif » d'une chose est seulement parallèle à son « essence formelle[49] » : la meilleure preuve en est que l'éternité est accordée à une idée *de* l'essence du corps, non à l'idée *ou* essence du corps[50]. Ce ne sont donc ni l'essence du corps, ni l'essence de l'esprit, ni encore moins l'esprit comme essence du corps, qui sont posés comme éternels.

Qu'il s'agisse du corps ou de l'esprit, nous ne pouvons ainsi attribuer l'éternité au mode fini, ni en son existence actuelle, ni en son essence : d'ailleurs, l'esprit n'étant que l'idée du corps, et l'essence que la nature de la chose existante, nous ne sommes pas alors en présence de plusieurs refus successifs et différents, mais d'une négation unique, conclusion imposée par la confrontation entre l'éternité, entendue comme existence nécessaire, et la nature du mode fini, caractérisé par l'existence contingente, la durée et la destruction toujours possible et menaçante[51].

***

Il serait légitime de penser que, dans la recherche de notre éternité, nous avons épuisé toutes les possibilités. « *Cependant*[52] », ajoute aussitôt Spinoza, « *Il reste quelque chose qui est éternel*[53]. »

En effet, si nous considérons une chose singulière quelconque, corps ou esprit, nous devons avouer qu'il existe une autre réalité que la chose elle-même envisagée seulement dans le fait qu'elle existe en acte et qu'elle possède telle essence : « *Il y a nécessairement en Dieu une idée* » de cette chose[54]. Spinoza le démontre en faisant appel à ce qu'il a établi dans les deux premières parties de l'*Éthique* : s'il est vrai que « Dieu est chose pensante[55] », « qu'il y a nécessairement en Dieu une idée tant de son essence que de tout ce qui suit nécessairement de son essence[56] », et que tout ce qui est, est en Dieu et résulte nécessairement de ce qu'il est, c'est-à-dire de son essence[57], il est évident que tout ce qui est, est également conçu par Dieu dans une idée. Ajoutons qu'il n'éprouve pas le besoin de se justifier ni de s'expliquer plus longuement, puisqu'il ne fait que reprendre ici un thème qui a été constamment développé par les philosophes et les théologiens à la suite du Néo-platonisme, et qui est bien connu de son lecteur : l'existence d'un entendement infini comprenant les idées des choses existantes.

Mais, dans le spinozisme, l'idée d'une chose ne fait qu'un avec l'esprit de cette chose. En effet, comme l'a prouvé la seconde partie de l'*Éthique*,

49. *C.T.*, Append., I, 4 (Dém.); — *D.I.E.*, §§ 33-5; — *Éth.*, II, 8. — Cf. *C.M.*, I, 2, V.L., IV, 192, Pl., 307 : « *L'être de l'essence* n'est rien d'autre que le mode selon lequel les choses créées sont comprises dans les attributs de Dieu; *l'être de l'idée* se dit en tant que toutes choses sont contenues dans l'idée de Dieu sous la forme d'objet (objective) ».

50. *Éth.*, V, 23 & Sc.

51. Il faut noter que Spinoza ne consacre qu'une seule proposition (V, 21) pour déterminer ce qui n'est pas éternel.

52. *Éth.*, V, 22 (souligné par moi).

53. *Éth.*, V, 23 (souligné par moi).

54. *Éth.*, V, 22 (souligné par moi). — Cf. *C.T.*, II, Préf., note, § 10 & 11, 23, § 1.

55. *Éth.*, II, 1.

56. *Éth.*, II, 3.

57. *Éth.*, I, 15, 16 & 25.

l'esprit, d'une part, n'est pas une substance distincte accouplée au corps, mais la simple idée de ce corps, le fait que cette partie de l'étendue existe aussi en tant qu'objet conçu dans la pensée; d'autre part, pour ce monisme qui refuse la création, cette idée n'est rien d'autre qu'un mode de la pensée infinie de Dieu, en sorte qu'il n'existe aucune différence entre l'idée du corps qui est dans l'entendement divin, et celle qui constitue l'être même de l'esprit [58]. Pour les doctrines qui voyaient dans l'âme une réalité substantielle extérieure à Dieu et plus ou moins séparée du corps, l'idée en Dieu du corps restait entièrement en dehors de l'âme, même si elle pouvait devenir pour celle-ci un objet connu; mais, pour une philosophie qui fait de l'esprit l'idée d'un être étendu fini contenue dans l'être pensant infini, l'idée du corps, qui est nécessairement présente en Dieu, « *est nécessairement quelque chose* » qui ne peut ni être, ni être conçu sans l'esprit, et sans lequel l'esprit ne peut ni être, ni être conçu [59], c'est-à-dire « *qui appartient à l'essence de l'esprit* [60] » : l'idée de mon corps en Dieu, c'est cela même qui me définit en tant qu'esprit, *c'est moi.*

Or « toutes les idées, en tant qu'elles sont rapportées à Dieu, sont vraies [61] », puisqu'en vertu du parallélisme des attributs, elles sont en correspondance exacte ou adéquate avec leurs objets; donc, l'idée de mon corps, qui est également en Dieu et en moi, est vraie. Mais il n'y a pas dans mon esprit une idée vraie de l'existence en acte et de la durée de mon corps [62] : c'est un fait, qu'on peut aisément constater et même démontrer, puisqu'une telle idée implique des idées adéquates de tous les autres corps et de l'ordre total de la Nature dont dépend cette existence, et qu'elle suppose, par conséquent, ce qui est en dehors de moi, à savoir les idées qui constituent les autres esprits que le mien et, surtout, l'idée infinie qui constitue l'entendement divin [63]; il faut en conclure que l'idée de l'existence de mon corps, qui est en moi, n'est pas celle qui vient d'être reconnue en Dieu, et qu'inversement cette dernière n'appartient pas à l'essence de mon esprit : il s'ensuit que l'idée de mon corps qui est également en Dieu et en moi, ne peut être que « *l'idée qui exprime.... l'essence* » *de ce* « *corps* [64] ». D'une manière plus précise, « percevoir les choses selon la vérité » comme le fait cette idée, c'est — d'après la seconde partie de l'*Éthique* — les concevoir « comme elles sont en elles-mêmes, c'est-à-dire non pas comme contingentes, mais comme nécessaires [65] » : étant donné que « cette nécessité des choses est la nécessité même de l'essence éternelle de Dieu [66] », c'est donc les saisir comme des conséquences nécessaires contenues dans l'essence de Dieu qui est l'éternité, indépendamment de la contingence de ce qui résulte en elles de leur subordination aux autres modes finis de Dieu extérieurs à elles, c'est les « percevoir sous l'aspect de l'éternité [67] »; remarquons, d'ailleurs,

58. *Éth.*, II, 3-13.
59. Nous l'avons vu, c'est ainsi que se définit l'appartenance à l'essence.
60. *Éth.*, V, 23 (souligné par moi).
61. *Éth.*, II, 32.
62. *Éth.*, II, 30.
63. Cette démonstration repose sur l'analyse topographique des parties de l'infini, dont traitera le prochain chapitre.
64. *Éth.*, V, 22 (souligné par moi).
65. *Éth.*, II, 44.
66. *Éth.*, II, 44, Cor. 2, & 45.

qu'une idée qui exprime seulement l'essence d'une chose, sans relation avec son existence actuelle développée dans une durée, est nécessairement une idée qui l'exprime « sous l'aspect de l'éternité » : inversement, et pour la même raison, une idée qui l'exprime sous cet aspect, ne peut la saisir que dans son essence; par conséquent, l'idée de mon corps qui est également en Dieu et en moi, ne peut être que « *l'idée qui exprime sous l'aspect de l'éternité l'essence* » *de ce* « *corps*[68] ».

Nous obtenons ainsi l'énoncé suivant, qui résume toute cette déduction faite a priori à partir des seules définitions de Dieu et de l'esprit : « *Cette idée qui exprime sous l'aspect de l'éternité l'essence du corps, est un certain mode de penser qui appartient à l'essence de l'esprit*[69] ». Il y a donc bien quelque chose en moi, qui n'est pas une simple essence, mais un être réel, et qui est néanmoins différent de ce que je suis, comme corps et comme esprit, dans mon existence en acte, telle qu'elle est définie par la durée et mesurée par le temps, et telle qu'elle est déterminée par les choses extérieures à moi d'une manière toute contingente pour moi : « Et » c'est cela « qui est éternel[70]. »

Mais, avant d'analyser les raisons et la nature de cette éternité, il importe de définir avec plus de précision et d'une façon plus complète l'essence et le contenu de cette réalité éternelle. Les termes employés par Spinoza sont assez nets : comme pour tout le reste de l'*Ethique*, il suffit ici de les considérer avec attention et de les prendre à la lettre, pour comprendre ce dont il s'agit. Nous l'avons vu, il fait sans cesse état d'une « idée » : le mot pourrait apparaître vague et nous savons qu'il a permis bien des confusions, celle, notamment, qui a conduit les interprètes à faire de Spinoza le théoricien de l'éternité des essences; mais, quand il écrit « conceptus seu idea[71] », il fait une allusion fort claire à la définition posée dans la seconde partie : « Par idée, j'entends un concept de l'esprit que l'esprit forme du fait qu'il est chose pensante », c'est-à-dire « une action de l'esprit[72] »; de même, lorsqu'il affirme que « cette idée est un certain mode de penser[73] », une manière définie de penser, il reprend de toute évidence un thème sur lequel il avait insisté avec force dans la même partie : « Avoir une idée vraie ne signifie rien d'autre que connaître une chose parfaitement ou excellemment; et certes, personne n'en peut douter, à moins de penser que l'idée est quelque chose de muet comme une peinture sur un tableau, et non un mode de penser, à savoir l'acte même d'entendre (ipsum intellegere)[74] ». Ce qui doit être tenu pour éternel, ce n'est ni une chose conçue, ni un concept en tant que contenu inerte situé dans l'esprit qui conçoit : c'est l'acte de

67. *Éth.*, II, 44, Cor. 2 (pour l'analyse du sens et de la portée de cette expression célèbre, cf. le prochain chapitre).
68. *Éth.*, V, 22 (souligné par moi).
69. *Éth.*, V, 23 Sc. (souligné par moi). — La suite de ce scolie confirme cette déduction en invoquant l'expérience que nous faisons de notre éternité, quand nous sommes conscients de la présence d'une telle idée en nous et de son indépendance par rapport à l'existence contingente (sur cette « expérience », cf. 2e partie, chap. 1).
70. *Ibid.*
71. *Éth.*, V, 23, Dém.
72. *Éth.*, II, Déf. 3 & Explic.
73. *Éth.*, V, 23 Sc.
74. *Éth.*, *II*, 43 Sc.

concevoir en tant qu'il constitue l'être même de l'esprit, c'est l'activité productrice d'une connaissance[75].

Quelle connaissance ? Celle, nous dit Spinoza, qui saisit son objet « sous l'aspect de l'éternité ». La seconde partie de l'*Éthique* nous indique clairement ce qu'il faut entendre par là : « Contempler les choses sous l'aspect de l'éternité », c'est les « percevoir comme nécessaires, non comme contingentes », c'est les connaître « selon la vérité, comme elles sont en elles-mêmes[76] », et ce sont là les caractéristiques de la connaissance du deuxième et du troisième genre[77]; c'est donc la connaissance du deuxième et du troisième genre qui est la chose éternelle en nous. Seule, il est vrai, la connaissance du troisième genre peut nous procurer le salut[78]; c'est même en elle que nous concevons, de manière éminente et parfaite, les choses sous l'aspect de l'éternité[79] : aussi croit-on souvent qu'elle seule nous rend éternels; mais la connaissance du second genre, si elle ne donne pas la béatitude[80], n'en est pas moins une conception des choses sous l'aspect de l'éternité, quoique d'une autre façon[81] : elle est donc également capable de réaliser notre éternité. La cinquième partie de l'*Éthique* nous en donne la confirmation expresse : « Plus l'esprit entend de choses par le deuxième et le troisième genre de connaissance, moins il pâtit...., plus grande est la partie qui reste de lui...., plus grande est la partie qui, en lui, demeure indemne[82]. »

Il faut cependant se rappeler qu'il n'a d'abord été question que de « l'idée qui exprime sous l'aspect de l'éternité l'essence de tel et tel corps » : ce qui est originairement éternel, ce n'est donc pas la connaissance du deuxième et du troisième genre en général, mais la seule connaissance du deuxième et du troisième genre de l'essence de notre

75. Une connaissance est le développement d'une idée, qui pose d'autres idées (cf., en particulier, 2e partie, chap. 1).

76. *Eth.*, II, 44 & Cor. 2.

77. *Eth.*, II, 41.

78. Cf. 2e et 3e parties.

79. *Eth.*, V, 30 (cf. 2e partie, chap. 1).

80. Pour expliquer sa nature éternelle, mais non salutaire, il faudra disposer d'une définition exacte de l'éternité (cf. le chapitre suivant) et du salut (cf. 2e et 3e parties).

81. *Eth.*, II, 44 Cor. 2.

82. *Eth.*, V, 38 (notons que, dans cette démonstration qui traite de la connaissance du deuxième et du troisième genre, Spinoza renvoie aux propositions 23 et 29, consacrées précisément à ce qui est éternel en nous). — On ne peut tirer parti de la distinction faite entre la *Raison* et l'*Entendement*, pour mettre en cause une attribution aussi nette de l'éternité à la connaissance du second genre. Certes, le *Court traité* ne tient pour éternelle que la connaissance du dernier genre, appelée Entendement (I, Second Dialogue, §§ 11 & 12; — II, 26, §§ 2, 5, 8 & 9), mais on sait qu'il ne fait pas de la Raison une connaissance vraie, présentant les caractéristiques de l'idée éternelle, puisqu'il ne voit encore en elle que la simple faculté de raisonner ou de calculer, privée de ce fondement de vérité, de nécessité et d'éternité, qui sera fourni par les « notions communes » (II, 1 & 2). Si l'*Éthique* affirme que « la partie éternelle de l'esprit est l'entendement, par lequel seul nous sommes dits actifs » (V, 40 Cor.), le mot d'entendement est alors opposé à celui d'imagination, en sorte qu'il est pratiquement certain qu'il sert pour désigner les deux derniers genres de connaissance en ce qu'ils ont de commun : l'activité de l'esprit. Enfin, il faut constater que les textes consacrés à la connaissance du troisième genre renvoient à ceux qui définissaient la Raison (référence de *Eth.*, V, 31 à *Eth.*, II, 40) et que c'est « la nature de la raison », qui est invoquée pour établir la nature propre de ce qui « conçoit l'essence du corps sous l'aspect de l'éternité » (*Eth.*, V, 29 Dém.) : qui plus est, Spinoza écrit que « la félicité ou béatitude suprême » est de « parfaire, autant que nous pouvons, l'entendement ou la raison (intellectum seu Rationem) » (*Eth.*, IV, Append., 4). S'il appelle « Raison » la connaissance du second genre en tant qu'elle est toujours discursive, il désigne de la même manière celle du troisième genre quand il songe à son aspect discursif, et il appelle « Entendement » toute activité de l'esprit formant un concept, en quelque genre de connaissance que ce soit (cf. 2e partie, chap. 1).

corps[83], c'est-à-dire ce qui s'oppose exactement à la connaissance du premier genre, à l'imagination et à la mémoire, à cette idée de l'existence actuelle de notre corps, dont la nature destructible avait fait l'objet d'une démonstration préliminaire; ne doit-il pas, d'ailleurs, en être ainsi, s'il est vrai que l'esprit n'est rien d'autre que l'idée de son corps et qu'il ne perçoit aucune chose, en quelque genre de connaissance, si ce n'est à partir de l'idée de l'existence, des affections et de l'essence de ce même corps[84] ?

Mais l'éternité est aussitôt étendue à tout ce qui suit de cette première connaissance, à ce que le *Court traité* appelait « *les effets de l'entendement* », « nécessairement éternels, puisque leur cause est éternelle[85] ». Il suffit donc de passer en revue ces conséquences de l'idée qui exprime sous l'aspect de l'éternité l'essence du corps, pour définir en son entier ce que le spinozisme considère comme éternel; c'est là l'objet des propositions 29, 31 et 33 de la cinquième partie de l'*Éthique* :

a) Spinoza commence par démontrer que toute connaissance sous l'aspect de l'éternité est un effet de la connaissance du corps sous l'aspect de l'éternité : « Tout ce que l'esprit entend sous l'aspect de l'éternité, il ne l'entend pas de ce qu'il conçoit l'existence actuelle présente du corps, mais de ce qu'il conçoit sous l'aspect de l'éternité l'essence du corps. — Ce n'est qu'en tant qu'il conçoit l'existence présente de son corps, que l'esprit conçoit la durée qui peut être déterminée par le temps, et qu'il a la puissance de concevoir les choses en relation avec le temps (21 et II, 26). Mais l'éternité ne peut être expliquée par la durée (I, Déf. 8). Ce n'est donc pas dans cette mesure-là que l'esprit a la puissance de concevoir les choses sous l'aspect de l'éternité; mais, puisqu'il est de la nature de la raison de concevoir les choses sous l'aspect de l'éternité (II, 44 Cor. 2), qu'il appartient aussi à la nature de l'esprit de concevoir sous l'aspect de l'éternité l'essence du corps (22) et qu'en dehors de ces deux conceptions du corps, il n'y a rien d'autre qui appartienne à l'essence de l'esprit (II, 13), cette puissance de concevoir les choses sous l'aspect de l'éternité n'appartient donc à l'esprit qu'en tant qu'il conçoit sous l'aspect de l'éternité l'essence du corps[86] »;

83. La connaissance sous l'aspect de l'éternité ne pouvant être pour nous qu'une connaissance de l'essence, il est permis de simplifier cette formule et de ne faire ici état que de la connaissance du deuxième et du troisième genre de notre corps.

84. *Éth.*, II, 11-3, 26, 38-9, 45.

85. *C.T.*, II, 26, § 8 (souligné par moi). — La preuve repose sur un principe constamment admis par Spinoza, celui de *l'identité de nature entre la cause et l'effet* (*Éth.*, I, Ax. 3 & 4), en particulier quand il s'agit d'une causalité adéquate et immanente, comme c'est ici le cas : le prochain chapitre analysera cette thèse dans ses rapports avec la démonstration et la définition de l'éternité.

86. *Éth.*, V, 29. — Cette démonstration reprend exactement le mode de preuve adopté dans la proposition 23 à propos de la connaissance du corps sous l'aspect de l'éternité : elle procède par élimination, tout ce qui comporte une conception de la durée se trouvant rejeté hors de la connaissance sous l'aspect de l'éternité; j'analyserai cet argument dans le prochain chapitre, car il permettra de définir l'éternité, mais l'identité de la preuve suffit ici pour faire comprendre que ce qui a été affirmé d'une connaissance peut l'être de l'autre. En définitive, Spinoza se contente de reproduire ce qu'il a déjà établi (II, 38-9, 45) : l'origine dans une certaine idée du corps de toute connaissance du même genre que cette idée, l'esprit n'étant que l'idée du corps et un genre de connaissance ne pouvant résulter que d'une idée qui se situe déjà dans le même genre.

b) Il démontre ensuite que la connaissance du troisième genre est un des effets de la connaissance du corps sous l'aspect de l'éternité, tout en rappelant que cette dernière connaissance a constitué l'éternité de l'esprit : « Le troisième genre de connaissance dépend de l'esprit comme de sa cause formelle, en tant que l'esprit lui-même est éternel. — L'esprit ne conçoit rien sous l'aspect de l'éternité, si ce n'est en tant qu'il conçoit sous l'aspect de l'éternité l'essence de son corps (29), c'est-à-dire (21 et 23) si ce n'est en tant qu'il est éternel; aussi (Prop. préc.), est-ce en tant qu'il est éternel qu'il a la connaissance de Dieu.... et.... qu'il est apte.... à connaître les choses par le troisième genre de connaissance, dont l'esprit est ainsi (III, 1) la cause adéquate ou formelle, en tant qu'il est éternel[87] »;

c) Il peut alors déduire, avec une rapidité exemplaire, l'éternité de cet effet de l'idée éternelle qu'est la connaissance du troisième genre, et aussi celle de ce qu'il a défini entre temps comme l'effet de cet effet, l'amour intellectuel de Dieu[88] : « Le troisième genre de connaissance (31 et I, Ax. 3) est éternel; par suite (même axiome), l'amour qui en naît est aussi nécessairement éternel[89]. » Il est évident que la même déduction vaut encore pour les effets ou, plutôt, pour les propriétés de cet amour, la béatitude, la liberté et le salut, qui sont donc autant de choses éternelles[90].

***

Nous devons le constater, Spinoza, faisant peu de cas de nos illusions et de nos espérances, ne nous accorde qu'une *éternité partielle.* Dans l'*Éthique,* il ne prend même pas la peine de démontrer que notre corps n'est éternel ni dans son existence en acte, ni dans son essence, tant la chose semble aller de soi[91] ! Mais il tient à poser expressément et à démontrer que notre esprit lui-même, en tant qu'idée de l'existence en acte et des affections de ce corps, en tant que mémoire et imagination, ne saurait pas plus être tenu pour éternel[92]. Que reste-t-il alors ? Car il s'agit d'un simple *reste,* obtenu à la suite d'une soustraction aussi rigoureuse que méthodique[93]. « *Une partie de l'esprit* » qui « est *l'entendement*[94] ».

87. *Éth.*, V, 31.
88. Cet amour a été déduit dans la proposition 32 (cf. 2e partie, chap. 2).
89. *Éth.*, V, 33. — Cf. *Éth.*, V, 32 Cor., 34 Cor., 36 Sc.
90. *Éth.*, V, 33 Sc., 36 Sc., 42 Sc.
91. Nous l'avons vu, le *Court traité* prenait soin de rappeler le caractère périssable du corps et d'en rendre compte en faisant appel à la contingence de la proportion de mouvement et de repos qui constitue son essence; l'*Éthique* est à ce point une « méditation de la vie », qu'elle parle de la mort comme d'un fait évident, qui n'exige ni explication, ni démonstration propres.
92. *Éth.*, V, 21, 23 Sc., 40 Cor.
93. Tel qu'il est employé par Spinoza (*Éth.*, V, 23), le verbe « rester » (remaneo) comporte une signification temporelle (cf. 1re partie, chap. 3); mais, venant après la preuve de la non-éternité de l'idée de l'existence actuelle du corps, il a d'abord une signification logique, au sein d'une démonstration qui procède toujours par élimination.
94. *Éth.*, V, 40 Cor. (souligné par moi). — Cette doctrine de l'*éternité partielle* n'est certes pas originale : volontiers hostiles aux croyances vulgaires, philosophes, théologiens et mystiques avaient souvent affirmé que seule une partie de l'âme accède à l'éternité, celle-là même qui nous permet d'entrer en rapport avec l'éternel et qui constitue, par suite, un « facteur d'éternité »; le reste, qui est solidaire de l'union avec le corps, du commerce avec le monde et de l'attachement aux créatures, tout ce qui est images, souvenirs, désirs sensibles, devait, selon les uns, être détruit avec la mort du corps et la libération de l'âme, ou, selon les autres, être peu à peu éliminé au cours du lent progrès permettant, après la

Or il est évident que celui-ci peut être plus ou moins développé selon les individus : l'expérience montre, sans discussion, que la connaissance du deuxième et du troisième genre n'est pas égale en tous. Certes, Spinoza a prouvé qu'il y avait nécessairement dans l'esprit de chaque être cette partie éternelle qu'est l'idée exprimant l'essence de son corps sous l'aspect de l'éternité : il a pris soin d'établir que la connaissance du second et du troisième genre est « enveloppée » dans chaque idée et, par suite, dans n'importe quelle pensée d'un corps quelconque [95]. Mais n'est-il pas d'abord possible que cette idée reste implicite, présente, sans doute, dans l'esprit, sans devenir pour autant une connaissance explicite, c'est-à-dire une activité effectivement développée de l'esprit [96] ? N'est-ce pas là l'état de l'ignorant, « qui vit *presque inconscient* de lui-même et de Dieu et des choses », bien qu'il y ait aussi en lui une idée éternelle [97] ? Nous savons, en outre, que cette connaissance du corps sous l'aspect de l'éternité est le principe de toute la connaissance du second et du troisième genre prenant pour objet autre chose que son propre corps, à savoir toutes les choses et Dieu [98] : aussi pouvons-nous comprendre que cette idée éternelle, même lorsqu'elle n'est plus implicite, soit capable de développements plus ou moins grands, selon le déploiement de l'activité de l'esprit qui en tire plus ou moins de conséquences; on parvient de cette manière à l'état de perfection du Sage, qui « est conscient de lui-même et de Dieu et des choses [99] ». Il y a donc une éternité variable de l'esprit, qui résulte du degré d'approfondissement (« Quo magis res.... intelligimus [100] ») et d'extension (« Quo plures res.... mens intelligit [101] ») de la connaissance

mort du corps, à l'âme de se transformer en une pure contemplation de l'éternel; la partie éternelle, opposée au sensible et capable de cette élévation et de cette contemplation, était, en général, identifiée à l'entendement : selon les doctrines, l'on invoquait la partie intellectuelle de l'âme individuelle — celle qui est éclairée passivement par l'entendement divin ou celle qui s'acquiert activement au cours de la vie — ou l'entendement universel, unique agent de la connaissance de l'éternel. Aussi a-t-on pu, non sans raisons, rapprocher cette théorie spinoziste de la plupart des doctrines de l'Antiquité, du Moyen Age et de la Renaissance : en premier lieu, des Néo-platonismes et des philosophies de la Renaissance qui s'en sont inspirées, des conceptions de Plotin, Léon l'Hébreu, Bruno, Telesio, qui ont tous opposé l'âme immortelle à l'âme sensible; ensuite, de certains Scolastiques aristotéliciens, des Averroïstes et des Padouans, qui ont soutenu l'éternité de la partie impersonnelle de l'âme, l'intellect agent, de Maïmonide (dont se réclamait le maître de Spinoza, Manasseh ben Israël) et de Levi ben Gerson, qui ont affirmé l'immortalité de l'entendement actif, acquis par l'individu; enfin, des mystiques proprement religieuses, relativement indépendantes des écoles philosophiques, de la Cabbale, d'Eckart, de Tauler, de Ruysbroeck, qui ont exalté la présence du principe incréé de l'âme dans l'essence ou dans la pensée de Dieu, ou de saint Jean de la Croix, qui a insisté sur le nécessaire dépouillement progressif de l'âme après la mort. Ces multiples rapprochements sont devenus classiques (cf. RICARDOU : *De aeternitate*, 23-7; — BROCHARD : *Études*, 371; — DELBOS : *Spinozisme*, 162-4; — LÉVY : *Maïmonide*, 215-6, 240; — CHARBONNEL : *Pensée italienne*, 592; — WOLFSON : *Spinoza*, II, 290-2, 320-1, 323-5) : leur diversité prouve qu'ils ne suffisent pas pour définir et expliquer le contenu original de cette théorie au sein de la doctrine spinoziste.

95. *Éth.*, II, 37-9, 45.

96. Je préciserai le sens de cette présence implicite dans le chapitre III de cette 1re partie.

97. *Éth.*, V, 42 Sc. (souligné par moi). — Cette présence explique la croyance universelle en l'immortalité : « Si nous avons égard à l'opinion commune des hommes, nous verrons qu'ils sont certes conscients de l'éternité de leur esprit, mais qu'ils la confondent avec la durée et qu'ils l'attribuent à l'imagination et à la mémoire, qu'ils croient rester après la mort » (*Éth.*, V, 34 Sc.).

98. *Éth.*, II, 37-9, 45, V, 24, 26, 28.

99. *Éth.*, V, 42 Sc.

100. *Éth.*, V, 24.

101. *Éth.*, V, 38.

constitutive de sa partie éternelle : « Plus l'esprit connaît de choses par le second et le troisième genre de connaissance, plus grande est la partie qui reste de lui...., plus grande est la partie qui demeure indemne en lui [102] ».

L'importance de cette thèse, qui nous donnera la clé de la doctrine de l'éternité et du salut, apparaît pleinement, dès qu'on en tire toutes les conséquences :

1) Il s'ensuit, en effet, que nous jouissons d'une éternité immédiatement proportionnée au développement de notre activité mentale [103] : c'est ainsi, nous venons de le voir, que se distinguent le sage et l'ignorant, ce dernier étant privé de l'éternité par sa seule ignorance [104]; dans la mesure où l'éternité produit le salut, chacun trouve donc son châtiment ou sa récompense dans la vie qu'il mène et dans les efforts qu'il déploie : une existence d'imagination ou d'entendement, de passivité ou d'activité, de renoncements ou de réalisations est en soi mort ou éternité, si bien que la sanction est immanente de la façon la plus stricte [105]. En outre, ce développement de l'entendement est lui-même subordonné au degré de la puissance du corps : la faiblesse de celui-ci engendre, en effet, une passivité qui se traduit en passions dans l'esprit, et constitue un obstacle pour l'acquisition des habitudes, la mise en ordre des affections du corps, la discipline indispensable pour que nous résistions aux assauts des causes extérieures et que nous puissions déployer librement notre activité spontanée [106]; c'est pourquoi l'éternité est médiatement proportionnée au développement de la puissance du corps comme à sa condition : « Qui a un corps apte au plus grand nombre de choses, a un esprit dont la plus grande partie est éternelle [107] »; aussi pouvons-nous admettre une inégalité pour la possession de l'éternité entre l'homme qui jouit de la santé, et celui qui est faible ou malade [108]; mais nous le devons, quand nous comparons l'adulte et l'enfant [109] et, surtout, l'homme et l'animal [110] : la faiblesse et le manque d'aptitudes rendent, en effet, l'enfant et l'animal passifs dans leurs corps et esclaves des passions dans leurs esprits, s'opposant de cette manière

102. *Ibid.* — Cf. *Éth.*, V, 38 Sc., 39, 40 & Cor. (dans ce dernier texte, la partie éternelle est littéralement traitée comme une grandeur variable : « Quantacunque ea sit »).

103. *Éth.*, V, 40 Cor.

104. *Éth.*, V, 42 Sc. — Cf. *Lettres XIX à Blyenbergh* (5 janv. 1665), V.L., III, 65, Pl., 1182, *XXIII à Blyenbergh* (13 mars 1665), V.L., III, 100, Pl., 1218, et *LXXVIII à Oldenburg* (7 fév. 1676), V.L., III, 237, Pl., 1351.

105. *Ibid.* et *Lettre XLIII à Osten* (1671), V.L., III, 160, Pl. 1274.

106. Ce fut l'objet des premières propositions de la cinquième partie de l'*Éthique* (cf. 3e partie, chap. 1), auxquelles la démonstration de V, 39 renvoie précisément : « Qui a un corps apte à faire le plus grand nombre de choses, est le moins tourmenté par les sentiments qui sont mauvais (IV, 38), c'est-à-dire (IV, 30) par les sentiments qui sont contraires à notre nature et a, pour cela (10), la puissance d'ordonner et d'enchaîner les affections du corps suivant un ordre conforme à l'entendement et, par conséquent (14), de faire que toutes les affections du corps soient rapportées à l'idée de Dieu; de là, il se fera (15) qu'il sera affecté envers Dieu d'un amour, qui (16) doit occuper ou constituer la plus grande partie de l'esprit, et, par suite (33), il a un esprit dont la plus grande partie est éternelle. »

107. *Éth.*, V, 39.

108. *Éth.*, V, 39 Sc. — Cf. *Éth.*, IV, 39 Sc. — Cette inégalité due à la santé est évidemment de peu d'importance en comparaison des suivantes, dues à la nature.

109. *Éth.*, V, 39 Sc.

110. *Ibid.* : après avoir parlé, dans la proposition, des différences d'aptitudes corporelles, Spinoza précise dans ce scolie qu'il pense au « corps humain », spécialement doué à cet égard.

à la réalisation de l'activité, qui est la partie éternelle de l'esprit; la différence physique — la seule qui définisse, pour Spinoza, la distinction des individus et la particularité de l'homme — devient donc une différence mentale, celle du développement de l'activité de l'esprit, c'est-à-dire, en même temps, une différence métaphysique d'éternité.

2) Mais nous ne devons pas seulement comparer des êtres différents : il nous faut aussi nous souvenir que, dans un même être, la connaissance du second et du troisième genre est capable de progrès, lorsque l'idée éternelle se fait conscience explicite et qu'elle s'approfondit et s'étend pour devenir conscience de Dieu et des choses; ne pouvons-nous pas constater ce progrès dans le passage de l'enfance à l'état adulte [111] ou de l'ignorance à la sagesse [112] ? Spinoza n'invoque-t-il pas constamment l'effort qui anime la connaissance et l'amour intellectuel, et qui rend possible la sagesse salutaire, fruit d'un « grand travail [113] » ? Bien que l'expression soit paradoxale [114], il faut avouer que l'idée d'un progrès de la partie éternelle de l'esprit implique l'affirmation de son éternité progressive : ainsi se trouve défini le sens de notre vie, cet effort qui cherche à accroître l'activité de l'entendement et la puissance du corps qui en est la condition [115]; la sanction immanente qu'est notre quantité d'éternité, apparaît alors comme l'effet, non de ce que la nature extérieure et antérieure à nous a fait de nous, mais de ce que nous nous faisons nous-mêmes.

3) Nous pouvons donc envisager un tel développement de cette partie éternelle de notre esprit, qu'elle en constitue presque la totalité : « L'esprit humain peut être d'une telle nature, que cette partie de lui que nous avons montré périr avec le corps, ne soit d'aucun poids en face de ce qui reste de lui [116] »; « Qui a un corps apte au plus grand nombre de choses, a un esprit dont la plus grande partie est éternelle [117] », « de telle sorte que tout ce qui se rapporte à sa mémoire et à son imagination ait à peine d'importance en face de l'entendement [118] » : de toute façon, cette partie éternelle, parce qu'elle est activité, « quelle que soit sa grandeur, est plus parfaite [119] ». Tout en restant partielle, l'éternité se fait alors dominante, et cela, en vertu du seul accroissement de notre puissance, sans même qu'il soit besoin d'une quelconque mutilation, sans qu'il faille détruire ce qui n'est pas éternel [120]. Tel est l'état du Sage [121]; tel est le

111. *Éth.*, V, 39 Sc.

112. Selon les premières pages de la *Réforme de l'entendement*, c'est là ce que nous devons attendre de la *philosophie*, de la *politique* et de la *pédagogie*, de la *médecine* et de la *mécanique*.

113. *Éth.*, V, 42 Sc. — Cf. *Éth.*, V, 25, 28, 39 Sc.

114. Cf. 1re partie, chap. 3.

115. « Dans cette vie, nous faisons donc avant tout effort pour que le corps de l'enfance se change, autant que sa nature l'admet et que cela lui convient, en un autre qui soit apte à un très grand nombre de choses et qui se rapporte à un esprit, qui soit le plus possible conscient de soi, de Dieu et des choses, en sorte que tout ce qui se rapporte à sa mémoire et à son imagination ait à peine de poids en face de l'entendement » (*Éth.*, V, 39 Sc.).

116. *Éth.*, V, 38 Sc.

117. *Éth.*, V, 39.

118. *Éth.*, V, 39 Sc.

119. *Éth.*, V, 40 Cor.

120. Cf. *Éth.*, V, 42. — Ajoutons seulement que ce développement de l'activité ne fait pas que diminuer la part relative de la passivité dans un esprit, dont l'être total s'accroît : il réduit aussi la passivité d'une manière absolue, la connaissance de ce par quoi nous sommes passifs étant elle-même une activité qui nous rend moins passifs (*Éth.*, V, 3 & 5; cf. 3e partie, chap. 1).

121. *Éth.*, V, 42 Sc. : remarquons que le Sage n'est pas entièrement actif et éternel, mais qu'il ne l'est que « presque » totalement *(ibid.)*.

modèle idéal que nous pouvons contempler et, par suite, désirer[122] : tel est le but de nos efforts.

La définition de l'éternité et l'analyse de son rapport avec le salut nous feront comprendre ce que nous sentons déjà suffisamment, après avoir déterminé ce qui est éternel : partielle et proportionnée, progressive et éventuellement dominante, l'éternité présente immédiatement une signification éthique, puisqu'elle concerne le devenir d'une partie de nous-mêmes, notre activité dans cette vie, la réalisation de notre être, de notre puissance.

***

Quelle que soit finalement la nature de l'éternité, qu'il faudra définir dans les prochains chapitres, cette détermination de ce qui est éternel en nous, laisse apparaître un incontestable *privilège de l'esprit* au sein d'une philosophie, qui nous a appris à ne voir en celui-ci rien d'autre que l'idée du corps[123]. Sans doute n'est-il pas impossible d'estimer que la doctrine, qui faisait de la pensée un attribut infini capable de contenir l'idée de tous les autres attributs, accordait déjà implicitement une certaine prééminence à la pensée sur l'étendue et à l'esprit sur le corps; mais on n'interprète ainsi la seconde partie de l'*Éthique*, que si l'on commence par admettre que penser une chose comporte plus de réalité et de dignité qu'être simplement pensé, et que le sujet dépasse son objet par le seul fait qu'il se le représente; or, ce n'est pas là une évidence : pour Spinoza, au moins, l'idée d'une chose dans l'ordre de la pensée n'est pas une réalité supérieure à l'être même de cette chose dans son ordre propre, et l'esprit n'est justement rien d'autre que cette idée[124]; de toute manière, même si l'esprit qui pense le corps s'affirmait par là supérieur à celui-ci, il n'y aurait encore dans cette conception rien qui contredît la définition de l'esprit comme idée du corps. Au contraire, avec la théorie de l'éternité, nous sommes en présence d'une telle différence de propriétés entre les deux termes, que cette définition paraît remise en cause et que la liaison entre l'esprit et le corps semble même s'évanouir : comme nous l'avons vu, en effet, l'éternité est affirmée du premier, alors qu'elle n'est pas attribuée au second; qui plus est, elle est même refusée à l'esprit, en tant qu'il est imagination et mémoire, c'est-à-dire idée de l'existence en acte de son corps; la formule employée par Spinoza pour introduire la seconde moitié de la cinquième partie de l'*Éthique* ne saurait donc nous surprendre vraiment : « Il est temps maintenant que je passe à ce qui concerne la durée de *l'esprit sans relation avec le corps*[125]. »

Le spinozisme se montrerait ainsi fidèle à une tradition métaphysique et religieuse, qui avait le plus souvent mis en valeur l'immortalité de l'âme, en l'opposant à la corruptibilité d'un corps condamné à la destruction

122. Cf. 3e partie, chap. 1.
123. Cf. *Éth.*, II, 13.
124. Pour les prédécesseurs de Spinoza, pour les Scolastiques et Descartes, l'être d'une chose en idée ou comme objet d'un entendement, c'est-à-dire sa « réalité objective », était même un moindre être en face de son être « en effet », de sa « réalité formelle » : la valeur éminente de l'âme ne tenait qu'à sa substantialité, que rejette précisément Spinoza.
125. *Éth.*, V, 20 Sc. (souligné par moi).

totale, et qui en avait parfois conclu que tout ce qui se trouvait en elle du fait de son union avec le corps devait aussi disparaître progressivement à la suite de la perte de son compagnon. Et il est certain que le *Court traité,* alors même qu'il fait de l'âme l'idée du corps, exprime en quelques passages une telle conception, puisque l'éternité y est présentée comme le fruit d'une conversion, qui détourne l'âme d'un objet trop périssable et qui l'affranchit d'une correspondance trop rigoureuse avec son objet primitif : « Si l'âme est unie seulement au corps et que ce corps périsse, elle doit aussi périr ;.... si l'âme est unie à une autre chose qui est et reste inaltérable, elle doit aussi demeurer inaltérable [126] »; « Tel le corps, telle aussi l'âme.... *Toutefois,* puisqu'elle est un mode dans la substance pensante, elle a pu aussi la connaître et l'aimer en même temps que ce mode de l'étendue et, en s'unissant aux substances qui demeurent toujours les mêmes, se rendre elle-même éternelle [127]. » Mais le *Court traité* ne propose pas une doctrine des relations entre l'esprit et le corps aussi complète et systématique que l'est la théorie paralléliste qui dirige la construction de l'*Éthique* [128] : on pourrait donc aisément comprendre que l'éternité appartînt encore en propre à l'âme, comme résultat de son détachement par rapport au corps; mais comment expliquer que ce privilège subsiste, une fois tirées toutes les conséquences de la définition paralléliste de l'esprit ?

Evidemment, il serait facile d'invoquer ici une évolution de la pensée spinoziste, qui rendrait compte des tensions du système et qui montrerait l'incohérence de ses conclusions : l'apparition, puis l'extension progressive de la théorie paralléliste irait à l'encontre du privilège accordé à l'esprit par une affirmation initiale de l'éternité héritée de la tradition; la perspective finale de l'*Ethique* ne serait alors qu'une survivance, qui contredirait le reste de l'ouvrage [129]. Mais, aussi commode soit-elle, cette interprétation repose sur une erreur de méthode : insister sur les inconséquences d'une doctrine, c'est, en effet, risquer de se réfuter plutôt soi-même, en prouvant par les faits qu'on reste incapable de la comprendre et de l'expliquer. Ainsi, en présence d'une philosophie qui fait de l'éternité un privilège de l'esprit dans le cadre d'un parallélisme rigoureux, n'est-il pas préférable de justifier ce privilège, de définir l'éternité et préciser le statut de l'éternel en fonction de ce parallélisme, plutôt que d'admettre une conception de l'éternité construite sans référence au parallélisme, pour pouvoir ensuite mieux l'y opposer ? Malgré les apparences, les précédents ne comptent pas ici pour l'historien de la philosophie : s'il y a eu, avant le spinozisme, une théorie de l'éternité de l'esprit conçue en dehors de toute définition paralléliste de celui-ci, si Spinoza l'a connue,

126. *C.T.*, II, 23, § 2.

127. *C.T.*, II, Préf., Note, §§ 11 & 15 (souligné par moi).

128. Cf. Delbos : *Spinozisme*, 7e leçon. — Nous allons cependant voir que le *Court traité* ne sépare pas entièrement l'âme, en tant qu'immortelle, de l'âme, en tant qu'idée du corps, bien au contraire : si le parallélisme n'y est pas toujours affirmé, ni complètement développé, rien ne s'y oppose vraiment, du moins en ce qui concerne la définition de l'âme comme idée du corps.

129. Cf. Fullerton : *Immortality*, 110-5. — Les nombreuses références au parallélisme, dont je ferai état dans les prochains paragraphes, ne seraient alors que des tentatives — vaines — en vue d'adapter une croyance religieuse à un système philosophique. Delbos, Rivaud, Darbon et Hubbeling concluent aussi en ce sens.

s'il en a subi l'influence et s'il a même commencé par l'adopter en partie, ce n'en est pas moins l'éternité dans le parallélisme qu'il s'agit de définir et d'expliquer ! Et c'est loin d'être impossible.

Si nous nous en tenons à l'objet du présent chapitre, la détermination de ce qui est éternel, nous pouvons constater que chacun des textes cités dans les pages précédentes révèle une fidélité parfaite à la définition paralléliste de l'esprit : ou bien d'une manière implicite, dans la mesure où Spinoza renvoie constamment à la seconde partie [130]; ou bien d'une manière expresse, puisqu'il précise le plus souvent le sens du mot « esprit », en y apposant ou en lui substituant l'expression « idée du corps [131] ». Et il insiste sur ce point : il prend soin d'affirmer que « l'idée qui exprime l'essence du corps humain.... est, *pour cette raison* (propterea), nécessairement quelque chose, qui appartient à l'essence de l'esprit humain [132] »; il tient encore à rappeler qu' « en dehors de ces deux choses » (l'idée de l'existence en acte du corps et l'idée de son essence), « il n'y a rien d'autre, qui appartienne à l'essence de l'esprit [133] » : autant dire que faire état de « l'esprit sans relation avec le corps », c'est parler d'un pur néant, si nous prenons cette expression à la lettre dans sa signification absolue [134]; aussi va-t-il jusqu'à soutenir, comme nous l'avons vu, que l'éternité de l'esprit s'accroît en fonction du développement des aptitudes corporelles [135]. S'il y a donc, dans le spinozisme, un privilège de l'esprit quant à l'éternité, c'est le privilège de ce qui n'est rien d'autre que l'idée du corps : ce n'est assurément pas un privilège qu'il posséderait du seul fait qu'il est esprit, puisque, nous le savons, seule une partie en est éternelle, partie qui est tout autant une idée du corps que l'autre, et que cette autre partie, à laquelle l'éternité est refusée, n'en est pas moins esprit [136].

La meilleure preuve en est que l'esprit reste toujours défini comme l'idée du corps, même quand il est l'idée de Dieu. Le *Court traité* et la *Réforme de l'entendement* présentent sans doute la démarche par laquelle il parvient à la connaissance de Dieu et se rend éternel, comme un

130. *Éth.*, V, 21, 23, 29, 31, 32, 34, 35, 36, 38.
131. *Éth.*, V, 21, 22, 23, 29, 30, 31, 34, 38, 39.
132. *Éth.*, V, 23 Dém. (souligné par moi).
133. *Éth.*, V, 29 Dém.
134. Cette formule (*Éth.*, V, 20 Sc.) est évidemment impropre; par la suite, elle est remplacée par une expression plus exacte : « Voilà ce que je m'étais proposé de montrer sur l'esprit, en tant qu'il est considéré sans relation avec l'existence du corps » (*Éth.*, V, 40 Sc.); aussi a-t-on voulu corriger le premier texte en faisant appel au second, et lire, en *Éth.*, V, 20 Sc., au lieu de « sine relatione ad corpus », « sine relatione ad corporis existentiam » (SIGWART, MEIJER, APPUHN); étant donné le contexte, on pourrait également lire « quae ad mentis durationem sine relatione ad corporis durationem », une erreur de rédaction ou de copie étant alors aisément compréhensible : cette correction s'accorderait avec le contenu des propositions suivantes (cf. 1re partie, chap. 3). Mais la correction n'apparaît pas utile : il est normal que dans une introduction, avant de traiter personnellement le problème, Spinoza use d'une formule traditionnelle, « sine relatione ad corpus », comme il l'avait déjà fait au début du même scolie : « ad solam mentem »; mais il est nécessaire qu'ensuite, une fois sa réponse établie, il la remplace par une formule qui résume sa doctrine, « sine relatione ad corporis existentiam ».
135. *Éth.*, V, 39 & Sc.
136. Aussi Spinoza ne parle-t-il pas de l'éternité de l'idée qui exprime l'essence de l'esprit; cette idée existe et elle est éternelle : « Notre esprit, dans la mesure où il se connaît lui-même.... sous l'aspect de l'éternité.... » (*Éth.*, V, 30); mais l'essence de l'esprit ne consiste que dans une idée du corps : l'idée qui exprime cette essence n'est donc que l'idée de l'idée du corps, produit de l'explicitation de l'idée du corps; Spinoza pouvait donc ne parler que de cette dernière (*Éth.*, V, 22-3).

mouvement de conversion qui le fait se détacher du corps et du monde sensible[137]; mais ce n'est pas le dernier mot de Spinoza. En effet, si l'on voit en Dieu la substance unique et dans le corps un mode de substance, l'idée du corps est « ipso facto » idée de Dieu : l'immanentisme total, qui inspire la première partie et les premières propositions de la seconde partie de l'*Éthique*, exclut toute opposition, toute alternative entre les deux, et permet de faire l'économie d'un détachement et d'une conversion; c'est ce que la seconde partie avait établi, dans ses définitions de l'esprit et de la connaissance; c'est ce que la cinquième partie reprend d'une manière expresse, quand elle détermine ce qui est éternel :

a) En tant que mode de la substance, l'esprit est évidemment idée de Dieu, c'est-à-dire idée possédée par Dieu, contenue en lui (génitif subjectif), même s'il est idée du corps; la chose va de soi : elle a été posée dans la seconde partie[138]; elle joue un rôle fondamental dans la cinquième : « Il y a nécessairement en Dieu un concept ou idée, qui exprime l'essence du corps humain et qui, pour cette raison, est nécessairement quelque chose qui appartient à l'essence de l'esprit humain[139] ».

b) Mais en tant qu'idée du corps, il est aussi idée de Dieu, c'est-à-dire idée ayant Dieu pour objet (génitif objectif), puisque ce corps est un mode de Dieu : formulée dans la seconde partie[140], cette thèse est directement invoquée dans la cinquième, quand il s'agit de prouver l'existence de l'idée éternelle du corps[141].

c) Il est vrai que cette idée du corps n'est pas toujours explicitement l'idée de Dieu : ne serait-ce pas en ce sens qu'il faudrait parler d'une conversion, d'un passage de l'une à l'autre, comme le fait le *Court traité*[142] ? Mais, dans le panthéisme, ce passage ne peut être qu'un approfondissement et, dans le spinozisme, cet approfondissement reste toujours idée du corps et conséquence de cette idée. La seconde partie de *l'Éthique* avait déjà montré que la connaissance du deuxième et du troisième genre n'est que le développement de l'idée du corps[143]; la cinquième partie le dit à nouveau, lorsqu'elle analyse l'éternité de la connaissance du troisième genre : « Notre esprit, dans la mesure où il connaît lui-même et le corps sous l'aspect de l'éternité, a nécessairement connaissance de Dieu[144] »; « Le troisième genre de connaissance dépend de l'esprit comme de sa cause formelle, en tant que l'esprit est lui-même éternel », c'est-à-dire « en tant qu'il conçoit sous l'aspect de l'éternité l'essence de son corps[145] ». Et, malgré quelques formules, qui ne sont que les présentations extérieures et traditionnelles de cet approfondissement de l'objet sous la forme d'une

137. *C.T.*, II, Préf., Note, §§ 11 & 15; II, 23, § 2 (textes déjà cités); — *D.I.E.*, §§ 1-10.
138. *Éth.*, II, 8-9.
139. *Éth.*, V, 23 Dém.
140. *Éth.*, II, 3.
141. *Éth.*, V, 22 Dém., qui renvoie précisément à *Éth.*, II, 3.
142. « Le corps étant la première chose que perçoit notre âme (puisque.... l'âme est l'idée de cette chose), il doit être nécessairement la première cause de cette idée.... Toutefois cette idée ne peut trouver le repos dans la connaissance du corps, sans passer à la connaissance de l'être sans lequel ni le corps, ni l'idée elle-même ne peuvent exister, ni être conçus » (*C.T.*, II, 22, § 5).
143. *Éth.*, II, 37-9, 45.
144. *Éth.*, V, 30.
145. *Éth.*, V, 31 & Dém.

conversion à un autre objet, telle est déjà, en fait, la doctrine du *Court traité*, et dans l'un de ses passages vraisemblablement les plus anciens : « Pour produire en nous l'idée de Dieu, il n'est besoin d'aucune chose particulière possédant ce qui est produit en nous : il faut seulement qu'il y ait dans la nature un corps tel que, par l'idée de ce corps, Dieu soit manifeste immédiatement [146] ».

L'idée du corps étant une idée qu'a Dieu de Dieu en l'une de ses parties, et contenant implicitement une connaissance de Dieu dans laquelle elle peut se développer et s'approfondir, c'est donc bien toujours la seule idée du corps qui est éternelle.

Mais ce n'est pas toute idée du corps, puisque l'éternité est réservée à une partie de l'esprit : il a fallu insister sur la différence entre l'esprit « en tant qu'il conçoit l'existence actuelle présente de son corps », et l'esprit en tant qu'il conçoit « sous l'aspect de l'éternité l'essence de son corps ». Nous serions donc amenés à distinguer deux réalités dans le corps, son existence et son essence : la première serait le fondement de l'esprit en tant qu'idée destructible du corps, objet des seconde, troisième et quatrième parties de l'*Éthique*, qui font abstraction de la perspective du salut, tandis que la seconde serait le fondement de l'esprit en tant qu'idée éternelle du corps, objet des dernières propositions de cet ouvrage. Mais nous avons vu que l'essence d'un être ne constitue pas un être distinct de l'être existant : l'essence et l'existence du corps ne sont pas deux modes distincts comme le sont, par exemple, deux corps, deux idées ou un corps et une idée; ce sont deux « aspects » du même mode, et il n'y a, en définitive, pour l'esprit, dans sa partie éternelle et dans l'autre, qu'un seul objet, un corps unique perçu en deux idées distinctes.

N'est-il pas à craindre, cependant, que nous ne perdions ainsi l'unité du « sujet », c'est-à-dire de l'esprit ? En effet, si l'idée est un mode et s'il y a deux idées, il y a réellement deux modes : plus précisément, si l'esprit est une idée du corps et si cette idée est double, l'une périssable et l'autre éternelle, il existe apparemment deux esprits, aussi distincts dans leur être que différents par leurs caractéristiques [147]. Remarquons néanmoins que Spinoza ne parle pas de deux esprits, mais de deux « parties de l'esprit [148] »; loin de soutenir que l'idée éternelle « constitue un esprit », comme il l'avait affirmé de l'idée du corps en général [149], il pose seulement qu'elle « appartient à l'essence de l'esprit [150] », c'est-à-dire qu'elle en est un des éléments constitutifs. Elle peut n'être qu'implicite; explicite, elle peut varier en grandeur; mais, si elle est, à l'intérieur de l'esprit, absolument distincte de l'idée non éternelle, elle n'est pas extérieure à l'être constitué par l'esprit : comment comprendre autrement que moi,

146. *C.T.*, I, Second dialogue, § 12.

147. Les mystiques rhénans et flamands, Eckart, Tauler et Ruysbroeck, tendaient à distinguer ainsi de l'âme que je suis, dans la vie mondaine, corporelle ou psychologique, une autre âme, qui est le Moi incréé, situé en Dieu de toute éternité, lieu de la vie spirituelle (cf. E. GILSON : *La philosophie au Moyen Age*, Paris, Payot, 3e éd., 1947, 698-703) : il est plus que probable que ces doctrines n'étaient pas restées sans écho dans les cercles fréquentés par Spinoza.

148. *Éth.*, V, 40 Cor.

149. *Éth.*, II, 13.

150. *Éth.*, V, 23 Dém.

avec et dans mon esprit existant en acte, je sois aussi une connaissance du deuxième et du troisième genre, en sorte que je sache, je sente et j'expérimente que je suis éternel, que l'idée constitutive de mon éternité soit présente en moi et me soit donnée, qu'elle devienne une connaissance en moi et qu'elle puisse être connue de moi ? Et comment comprendre autrement que la connaissance du troisième genre, qui est l'explicitation de l'idée éternelle, ait pour cause déterminante de son développement cette « essence actuelle » de l'esprit, qu'est le conatus [151] ? Il n'y a qu'un seul esprit, composé, certes, de multiples idées, dont les unes sont actives et éternelles, les autres passives et condamnées à périr, mais dont toutes constituent un « sujet » unique, doué d'une seule essence, cette « essence actuelle » qui est la cause et la loi de leur développement; une telle unité est possible, malgré la multiplicité : d'une part, en effet, toutes ces idées se rapportent à un seul et même objet, le corps, et toutes les idées d'un même objet définissent un même « sujet »; d'autre part, toutes ces idées s'impliquent et s'enchaînent réciproquement, pour former un seul système d'idées, qui n'est rien d'autre que la nature même, « l'essence actuelle » ou le conatus définissant l'esprit dans son existence : en chaque genre de connaissance, la multiplicité des idées ne contredit pas l'unité de l'esprit qui imagine, raisonne ou conçoit, puisqu'alors celui-ci pense toujours le même objet — son corps — et pense toujours en vertu d'un mouvement unique et continu d'association ou de déduction à partir de la même idée; de même, entre les divers genres de connaissance, la diversité n'est pas telle que ce ne soit pas le même système d'idées du même corps, c'est-à-dire le même esprit, qui se réalise et se développe selon les diverses modalités possibles de la connaissance de soi [152].

S'il y a donc un privilège de l'esprit quant à l'éternité, ce n'est jamais d'un « esprit sans relation avec le corps », ni d'un esprit extérieur à l'être constitué par l'idée du corps, qu'il est question : il s'agit toujours de ce que je suis moi-même, en ce qui fait de moi un esprit, c'est-à-dire dans l'idée d'un certain corps, quand celle-ci devient une certaine idée de ce corps, parce qu'elle le saisit sous un autre « aspect » [153]. La détermination de ce qui est éternel en nous ne vient donc pas contredire la définition paralléliste de l'esprit.

Mais la vraie difficulté n'est-elle pas justement d'attribuer l'éternité à une certaine idée du corps, alors qu'on la nie d'une autre idée de ce

151. « La vertu suprême de l'esprit, c'est-à-dire (IV, Déf. 8) la puissance ou la nature de l'esprit, ou (III, 7) son suprême effort (conatus), est d'entendre les choses par le troisième genre de connaissance » (*Éth.*, V, 25).

152. Un texte de Spinoza confirme et illustre fort bien cette interprétation : il y est dit qu'un changement excessif du corps ou qu'une rupture dans l'enchaînement des idées entraîne la destruction de l'esprit et son remplacement par un autre esprit (*Éth.*, IV, 39 Sc.); l'unité et l'identité du moi résultent donc bien, non de la présence d'une seule idée, mais de l'enchaînement continu de multiples idées. — La multiplicité des idées ne s'opposerait à l'unité de l'esprit que dans le cas où on les tiendrait pour des substances indépendantes, ce que Spinoza refuse expressément en en faisant des modes qui sont liés entre eux et qui s'impliquent réciproquement. — N'oublions pas, en outre, que Spinoza rejette la transcendance accordée à Dieu par les mystiques rhénans et flamands : notre esprit ou idée en Dieu n'est donc pas une réalité extérieure à nous-mêmes, à notre esprit ou idée dans le monde.

153. Cf. Guzzo : *Spinoza*, 166.

corps contenue dans le même esprit, et, surtout, de ce corps lui-même ? N'est-ce pas précisément à cause de sa fidélité à la définition paralléliste de l'esprit, que la doctrine spinoziste devient obscure, dès qu'elle voit en lui une « chose éternelle » ? Pour résoudre ce problème, il faut savoir en quoi consiste l'éternité et quel est le statut du mode éternel : car, si nous n'ignorons plus ce qui est éternel pour Spinoza, nous ne savons pas encore pourquoi, ni en quel sens une telle propriété, dont le salut est l'enjeu, peut être reconnue à cette « idée qui exprime sous l'aspect de l'éternité l'essence du corps » et à cette connaissance « de soi et de Dieu et des choses ».

CHAPITRE II

QU'EST-CE QU'ÊTRE ÉTERNEL ?

Pour Spinoza, l'éternité est un « propre » de Dieu; mais il faut ajouter aussitôt que toute chose singulière n'est rien d'autre qu'un mode de Dieu : aucune distinction substantielle ne vient la tenir à distance de l'éternité; alors que les philosophies de la création affirment cette distance, pour, le plus souvent, insister sur la séparation et, parfois, exalter la rupture [1], le panthéisme pose une liaison de tous les êtres avec l'éternité d'autant plus stricte et certaine, qu'elle est à la fois nécessaire et immanente et qu'en dehors d'elle, il n'y a que le néant. Telle est la vérité fondamentale, qu'il faut analyser en l'envisageant sous tous ses aspects.

La première partie de l'*Éthique* a prouvé que l'éternité divine est la cause unique et complète de tous les êtres, qu'on les considère dans leur essence ou dans leur existence, dans leur être ou dans leur action : causa essentiae, causa existendi, causa essendi, causa operandi [2]; nous devons donc reconnaître que « notre esprit est une conséquence de la nature divine quant à l'essence et quant à l'existence, et dépend continuellement de Dieu [3] ». Mais le spinozisme ne se contente pas de poser, avec toute une tradition métaphysique et théologique, que tout être est un effet de l'éternité : il précise qu'entre le principe et la conséquence, l'éternité et le mode, le lien de causalité est lui-même nécessaire ou éternel. Le mode fini est, en effet, produit en vertu de ces lois universelles et nécessaires de la Nature que sont les modes éternels [4] : une pierre, une table, le corps d'un

1. Nous avons vu que les *Pensées métaphysiques* refusent absolument l'éternité aux effets de Dieu : dans cet écrit, en effet, Spinoza prend le point de vue traditionnel des théories de la création et tire toutes les conséquences logiques des notions dont elles usent, quitte à soutenir parfois le contraire de ce qu'elles admettent, quand elles manquent de cohérence déductive; il peut donc poser que les créatures, substantiellement distinctes de l'éternel, sont privées de l'éternité : ce n'est que la contrepartie de sa doctrine personnelle, presque sa preuve par l'absurde, l'éternité des effets de Dieu devenant possible et même nécessaire, si ces effets sont ses modes et non ses créatures.

2. *Eth.*, I, 24 & Cor., 26, 36, etc...

3. *Eth.*, V, 36 Sc.

4. *Eth.*, I, 22-3. — C'est par cette nécessité de la causalité des modes que le spinozisme s'oppose à toute philosophie de la création et qu'il rattache le contingent à l'éternel.

homme et l'idée qui constitue son esprit, n'existent et ne sont ce qu'ils sont, que du fait des modalités de la causalité infinie de Dieu ou de la Nature dans l'ordre de l'étendue ou dans celui de la pensée; quelles que soient la contingence de leur existence par rapport à leur essence et leur subordination à des conditions extrinsèques, les modes finis ne s'en trouvent donc pas moins inscrits, quant à l'essence et quant à l'existence, dans la nécessité éternelle qui les définit et qui les engendre : « Les essences des choses singulières soumises au changement ne doivent pas être tirées de cette succession, c'est-à-dire de leur ordre d'existence, lequel ne nous donne rien d'autre que des dénominations extrinsèques, des relations ou, au plus, des circonstances, toutes choses bien éloignées de l'essence intime des choses. Cette essence, au contraire, doit être cherchée du côté des choses fixes et éternelles, en même temps, des lois inscrites dans ces choses, comme dans leurs vrais codes, suivant lesquelles arrivent et s'ordonnent toutes les choses singulières; bien plus, ces choses singulières soumises au changement dépendent si intimement et si essentiellement (pour ainsi dire) de ces choses fixes, qu'elles ne peuvent être ni être conçues sans elles[5]. » La cinquième partie de l'*Éthique* fait précisément de cette nécessité l'argument essentiel et même unique en faveur de l'éternité de l'esprit : c'est parce qu'elle « existe *nécessairement* », que « l'idée qui exprime sous l'aspect de l'éternité l'essence du corps humain » et qui « appartient à l'essence de l'esprit humain », peut être tenue pour « éternelle[6] »; et, dans le portrait du Sage, Spinoza ne manque pas de nous le rappeler, en écrivant qu'il est « conscient de lui-même et de Dieu et des choses par une certaine nécessité éternelle[7] ». Tout mode apparaît donc comme un effet nécessairement inscrit dans l'éternité de la cause unique et de ses modes de causalité : c'est suffisant pour qu'on puisse affirmer « sans restriction (omnino) » que « les choses réelles et leurs affections sont aussi des vérités éternelles[8]. »

Mais l'éternité n'est pas seulement la cause des choses singulières : elle en est aussi la substance, puisqu'il n'existe qu'une seule substance et que les choses finies ne sont que ses modes. L'essence et l'existence de l'effet ne sont donc pas seulement inscrites dans la nature de ce qui est éternel : c'est l'effet dans tout son être qui reste contenu dans l'éternité. Spinoza rappelle constamment que le fini existe dans l'infini : il le faut bien, pour que le fini soit réellement quelque chose de défini, de délimité à l'intérieur d'autre chose, et pour que l'infini soit vraiment l'infini, ce qui ne laisse rien en dehors de lui; c'est ce qu'il exprime, tantôt d'une manière générale, quand il affirme que les modes sont compris dans la substance, tantôt d'une manière plus précise, lorsqu'il pose qu'ils sont compris dans ses attributs, dans ses ordres d'existence; c'est ce qu'il reprend dans la cinquième partie de l'*Éthique,* pour démontrer l'éternité de l'esprit, lorsqu'il établit qu' « il y a nécessairement en Dieu », dans l'idée de Dieu ou dans l'entendement divin, « une idée qui exprime sous l'aspect de l'éternité l'essence du corps[9]. » Nous devons alors reconnaître que tout

5. *D.I.E.*, § 101.
6. *Éth.*, V, 22 & 23 (souligné par moi).
7. *Éth.*, V, 42 Sc.
8. *Lettre X à De Vries* (mars 1663).
9. *Éth.*, V, 22, 23, 36 & Sc., 40 Sc. — Cf. *C.T.*, Append., II, § 17.

mode est fait de quelque chose qui est éternel, qu'il est constitué, pour user d'un terme traditionnel, d'une « matière » éternelle, même si la « forme », qui définit son individualité propre, est contingente et périssable[10]; le *Court traité* insiste spécialement sur ce point : « Quand nous disons que l'homme périt ou est anéanti, nous parlons de l'homme uniquement en tant qu'il est une combinaison déterminée et un certain mode de la substance, non de la substance même dont il dépend[11] »; « Si cette modification est anéantie,.... l'attribut.... demeure inaltérable[12] » : « Dans l'homme,.... on ne peut trouver d'autres attributs que ceux qui étaient auparavant dans la nature[13] »; une *lettre* de 1661 conclut dans le même sens : « Les hommes ne sont pas créés, mais engendrés, et leurs corps existaient antérieurement, quoique formés d'autre manière[14]. » Mais le terme de « matière » ne traduit qu'imparfaitement la conception spinoziste de la substance : le mode n'est pas seulement une forme particulière et transitoire ayant l'être éternel pour matière; il est, nous l'avons vu, défini dans sa nature même et, par conséquent, dans sa forme, dans son « être formel[15] », par la causalité et les modes de causalité de l'être éternel : celui-ci le constitue donc tout entier; aussi les choses singulières doivent-elles être conçues comme des parties de l'éternité[16].

Les êtres finis sont donc « intimement et essentiellement[17] » liés à l'éternité, dans la mesure où ils sont à la fois ses effets et ses parties, c'est-à-dire les différentes manières, les différents « modes » par et dans lesquels elle se réalise et se manifeste : ses expressions[18]. En tant qu'effets immédiats et immanents de l'être éternel, ils ne peuvent pas, semble-t-il, être privés de l'éternité : dans le *Court traité,* Spinoza écrit au sujet de l'entendement que, « puisque Dieu l'a produit immédiatement et que Dieu est seulement une cause intérieure,.... il est lui aussi éternel[19] »; « L'entendement humain est immortel, parce qu'il est un effet que Dieu a produit en lui-même.... aussi bien que toutes les autres choses dépendant de Dieu immédiatement[20] ».

10. L'éternité des êtres, notamment des âmes, par leur matière universelle était un lieu commun du panthéisme de la Renaissance : cette théorie avait été soutenue avec vigueur par Bruno (cf. Namer : *Bruno,* 46; — Charbonnel : *Pensée italienne,* 534).

11. *C.T.*, I, 2, § 22.

12. *C.T.*, Append., II, §§ 1 & 2. — Cf. *Ibid.*, § 8.

13. *C.T.*, II, 20, § 4 note.

14. *Lettre IV à Oldenburg* (sept.-oct. 1661).

15. *Éth.*, II, 5 .

16. Cf. *Éth.*, V, 36 & Sc., 40 Sc. — Les *Pensées métaphysiques* montrent que les essences des choses, en tant que comprises dans l'entendement divin, ont une certaine éternité, même dans une philosophie de la création (I, 2; II, 1); il suffit donc d'être en Dieu pour être éternel; or, pour Spinoza, c'est le cas de tous les modes. Il reprend ainsi, grâce au panthéisme et après l'avoir refusée dans le cadre du créationnisme, la théorie traditionnelle de la coéternité des êtres finis, coéternité due à la présence de leur idée en Dieu pour les doctrines antérieures, à la présence en Dieu de ces choses elles-mêmes pour le spinozisme.

17. *D.I.E.*, § 101.

18. *Éth.*, I, 25 Cor. — Cf. *C.M.*, II, 7 (ad finem); — *T.T.P.*, IV, V.L., II, 136, Pl., 725; etc... — Spinoza emploie constamment le verbe « exprimere », qu'il emprunte aux métaphysiques et aux théologies néo-platoniciennes et, très probablement, à la pensée de Boehme, qui avait eu un grand écho dans les pays néerlandais.

19. *C.T.*, II, 26, § 8.

20. *C.T.*, I, Second dialogue, § 11 (ce sont les formules dont se sert Érasme, pour résumer, avant de la discuter, la thèse de Théophile, qui représente Spinoza). — Dans l'*Ethique,* la déduction des modes infinis et éternels repose sur la même argumentation (I, 21-2).

Mais une objection surgit aussitôt : s'il est vrai que les modes infinis sont des effets immédiats de la substance et de ses attributs, il n'en est pas de même pour les modes finis, car ils seraient alors infinis comme leur cause immanente et il n'y aurait aucune cause de leur finitude; l'*Éthique* établit fort nettement que « Tout ce qui est singulier, c'est-à-dire toute chose qui est finie et qui a une existence déterminée, ne peut exister ni être déterminée à produire un effet, si elle n'est déterminée à exister et à produire cet effet par une autre cause, qui, elle aussi, est finie et a une existence déterminée.... et ainsi à l'infini[21] » : elle en déduit que « L'idée d'une chose singulière existant en acte a pour cause Dieu, non pas en tant qu'il est infini, mais en tant qu'il est considéré comme affecté par une autre idée d'une chose singulière existant en acte.... et ainsi à l'infini[22] »; le mode fini n'apparaît donc plus comme un effet immédiat et absolu de l'être éternel, mais comme un effet médiat, toujours situé dans la substance, mais dépendant de ses autres modes finis : c'est précisément cela qui constitue sa contingence, c'est-à-dire son absence d'éternité[23]. Dans le *Second dialogue* du *Court traité*, Spinoza présente lui-même cette objection, par le truchement de son adversaire supposé : « Comment Dieu peut-il encore être cause interne de toutes choses, alors que beaucoup d'entre elles périssent ? Je dirais bien.... que Dieu est proprement cause de ces seuls effets qu'il a produits immédiatement par ses seuls attributs, sans autres circonstances.... Cela cependant ne me satisfait pas; car je vois que tu conclus que l'entendement humain est immortel, parce qu'il est un effet que Dieu a produit en lui-même. Il est impossible alors que, pour la production d'un tel entendement, quelque chose de plus soit nécessaire que les seuls attributs de Dieu[24] ». La dépendance réciproque des parties de l'éternité devrait donc les priver de l'éternité.

Sans doute, mais elle ne suffit pas pour les priver de leur relation avec l'éternité; c'est ce que répond Spinoza, par la bouche de Théophile : « Il est à observer que, même s'il est nécessaire, pour l'existence d'une chose, que quelque modification particulière soit requise et ainsi quelque chose de plus que les attributs de Dieu, Dieu ne laisse pas cependant pour cela de pouvoir la produire immédiatement. Car, parmi les choses qui sont requises pour faire qu'une chose soit, quelques-unes le sont pour produire la chose et d'autres pour qu'elle puisse être produite[25]. » Bien qu'elle soit déterminée à exister et à produire ses effets par les autres modes finis, une chose singulière n'en reste pas moins une partie et un effet, une expression de la substance éternelle; même soumis à des conditions extrinsèques, son être et sa puissance n'en sont pas moins être et puissance de Dieu, dans ses attributs et selon ses modes infinis et éternels, ainsi que le soutient l'*Éthique* : « Les choses singulières ne peuvent être conçues sans Dieu.... Elles ont Dieu pour cause.... Leurs idées », les concepts qui expriment leur nature, « doivent nécessairement envelopper l'essence éternelle et infinie de Dieu[26] »; « Ici, je n'entends pas la durée.... Je parle, en effet, de la nature

21. *Éth.*, I, 28.
22. *Eth.*, II, 9.
23. Cf. *Eth.*, I, 29, 31 Cor., 33 Sc. 1, etc...
24. *C.T.*, I, Second dialogue, §§ 10-1.
25. *C.T.*, I, Second dialogue, § 12.
26. *Éth.*, II, 45.

même de l'existence, que nous attribuons aux choses singulières, du fait qu'une infinité de choses suivent de la nécessité éternelle de Dieu en une infinité de modes. Je parle, dis-je, de l'existence elle-même des choses singulières, en tant qu'elles sont en Dieu. Car, bien que chacune soit déterminée à exister d'une certaine manière par une autre chose singulière, la force cependant, par laquelle chacune persévère dans l'exister, suit de la nécessité éternelle de la nature de Dieu[27] »; et le *Traité politique* précise : « La puissance des choses naturelles, par laquelle elles existent et, par conséquent, produisent des effets, ne peut être aucune autre que la puissance éternelle de Dieu elle-même[28] ».

Nous devons donc considérer le mode fini selon une double relation, « *une double loi* », dit le *Court traité :* « Ces lois ont pour cause, l'une la communauté qu'il a avec Dieu, et l'autre la communauté qu'il a avec les modes de la nature.... La première de ces lois est nécessaire, mais non la seconde[29] »; l'*Éthique* reprend ce thème : « Les choses sont conçues par nous comme actuelles selon deux modes : ou bien en tant que nous concevons qu'elles existent en relation avec un certain temps et un certain lieu, ou bien en tant que nous concevons qu'elles sont elles-mêmes contenues en Dieu et qu'elles suivent de la nécessité de la nature divine[30]. »

Cette distinction et la doctrine de l'être qu'elle implique, apparaissent fort claires, dès qu'on adopte une représentation « topographique » des relations constitutives de la Nature, telle que la pense le spinozisme : autrement dit, nous devons envisager tous les êtres et tous leurs rapports en termes d'intériorité et d'extériorité, d'emboîtement et de coïncidence, de juxtaposition, de séparation et d'assemblage. En effet, chaque mode fini, en tant que tel, est une partie de la Nature ou de Dieu, ou, plus exactement, de l'attribut dont il est un mode[31]; il comporte lui-même un emboîtement infini de parties intrinsèques[32] et il se trouve entouré et délimité par une infinité de parties extrinsèques[33]; entre les différents attributs — la pensée et l'étendue, par exemple — il existe une correspondance instituée par leur unité qu'est la substance, en sorte que telle partie de l'un — disons : une idée — est l'homologue de telle partie de l'autre — en l'espèce, un corps — mais qu'elle ne coïncide ni avec les parties qui sont extérieures à celle-ci, ni même avec celles qui lui sont intérieures en tant que subdivisions de son être[34]. Ce qu'est ou ce que devient une partie du fait de sa seule nature ou du fait de la seule nature de la partie qui lui correspond en un autre attribut, est une détermination intrinsèque, qui définit son adéquation à elle-même

27. *Éth.*, II, 45 Sc.
28. *T.P.*, II, 2 (repris textuellement en *T.P.*, II, 3).
29. *C.T.*, II, 24, §§ 7-8 (souligné par moi). — Dans ce texte, il est essentiellement question des deux attitudes spirituelles que peut prendre l'homme : se tourner vers les choses extérieures ou se tourner vers l'être immanent, infini et éternel; mais les deux attitudes spirituelles correspondent à deux types de relations ontologiques.
30. *Éth.*, V, 29 Sc.
31. *Lettre XXXII à Oldenburg* (20 nov. 1665), V.L., III, 120, Pl., 1235; — *Éth.*, I, 28, II, 9, 11 Cor., III, 51 Sc. note, IV, 4, V, 36.
32. *Lettre XXXII à Oldenburg* (20 nov. 1665), V.L., III, 120, Pl., 1235; — *Éth.*, II, 15, 27, IV, 68 Sc.
33. *Éth.*, II, 25, etc...
34. *Éth.*, II, 9 & Cor., 11 Cor., 13, 19, 20, V, 1. — Cf. *C.T.*, II, 20, § 4 (et note, § 10).

et son activité[35]; au contraire, ce qu'elle est ou ce qu'elle devient en fonction d'autres parties de son attribut qu'elle-même ou en fonction d'autres parties de l'autre attribut que celle à laquelle elle correspond, est pour elle une détermination extrinsèque, qui définit son inadéquation et sa passivité et qui reste une chose contingente par rapport à sa nature propre : il faut ajouter que cette détermination extrinsèque pour elle est en même temps une détermination intrinsèque pour cette autre partie de la Nature, plus ample et plus composée, qui comprend à la fois cette première partie et toutes celles avec lesquelles elle est en commerce[36]; notons encore que ce qui est adéquat à une partie d'un tout, n'est pas adéquat à ce tout, mais qu'il est simplement contenu en lui d'une manière implicite et confuse[37] : c'est ainsi que ce qui coïncide adéquatement à l'être d'un organisme est inadéquat et extrinsèque par rapport à l'être d'un organe, et n'est qu'un élément interne inadéquat, parce que partiel et mêlé, confondu avec d'autres, par rapport à l'être d'une société. Dès lors, nous comprenons que chaque chose singulière, en tant que mode fini, soit déterminée par d'autres choses singulières et que cette détermination, extrinsèque et contingente, la prive de l'éternité, qui est nécessité interne; mais nous comprenons aussi, d'une part, que cette détermination peut fort bien être l'effet des lois constitutives des relations existant entre ces parties, des lois de la Nature, des modes infinis et des notions communes, « qui sont également dans la partie et dans le tout[38] » : les modes finis relèvent donc déjà de quelque chose, qui est éternel; d'autre part, nous voyons surtout que l'être même de la partie reste toujours l'être même de la Nature ou de Dieu, en l'une de ses parties : cela ne suffit-il pas pour faire du mode fini, dans sa réalité intrinsèque, un effet immédiat et immanent de la cause éternelle et de la substance infinie, pour établir entre lui et l'éternité une relation directe[39] ? Cela ne suffit-il pas pour nous amener à reconnaître la présence de quelque chose d'éternel en lui[40] ?

35. *Éth.*, II, 32, 33, 36, 43, III, 1, 3 & Sc., IV, 1 & Sc., 23, Append., § 1, V, 31. — Cf. *C.T.*, II 26, §§ 7 & 9; — *D.I.E.*, § 108; — *Lettres XXXII à Oldenburg* (20 nov. 1665), V.L., III, 122, Pl., 1237, et *XXXVII à Bouwmeester* (juin 1966); — *T.T.P.*, III, V.L., II, 123-4, Pl., 709-10; — *T.P.*, II, § 11.

36. *Éth.*, II, 25, 27, 28, 30, 31, 36, III, 1, 3 & Sc., IV, 1 Sc., 2, 4, 5, 23, Append., § 1; — *T.T.P.*, III, V.L., II, 123-4, Pl., 709-10; — *T.P.*, II, § 5. — Cf., surtout, *D.I.E.*, § 73 : « Nos idées inadéquates ont pour unique origine que nous sommes une partie de l'être pensant dont certaines pensées dans leur intégrité, certaines seulement par partie, constituent notre esprit. »

37. *Éth.*, II, 24.

38. *Éth.*, II, 38. — Cf. *C.M.*, II, 3; — *T.T.P.*, IV, V.L., 136-7, Pl., 726-7; — *Éth.*, II, 39, 40, III, 27, IV, 29, 35 : c'est là l'objet de la connaissance du second genre.

39. *Éth.*, II, 45 : c'est là l'objet de la connaissance du troisième genre (cf. 2e partie, chap. 1). — Déjà, dans une philosophie de la création, l'enchaînement réciproque des créatures laisse place à une autre liaison, celle des créatures au créateur : dans l'immanentisme panthéiste, cette dernière relation devient celle de la partie au tout, du mode à la substance.

40. « Nous nous fondons en Dieu, comme une conséquence éternelle d'une prémisse éternelle.... L'actualité éternelle du corps est d'être contenu en Dieu, non comme une partie distincte d'une autre partie, mais comme une partie immédiatement fondée sur le tout. Le corps est éternel en tant qu'il participe à l'éternité de Dieu, comme la conséquence d'une démonstration participe à la vérité du principe » (BRUNSCHVICG : *Spinoza*, 194 & 368); « L'infini, c'est l'affirmation absolue d'une chose; le fini est une négation non pas totale, qui équivaudrait au néant, mais partielle. Par suite, dans chaque chose finie, si infime soit-elle, doit subsister un élément de réalité indestructible. Une chose finie, un mode, a nécessairement une essence, qui, conformément à la loi générale des essences, est éternelle et immuable » (RIVAUD : *Modes*, 296).

Cette présence immanente de l'éternité divine dans l'être même de chaque chose est précisément l'objet de ce qui est tenu pour éternel, de l'idée de l'essence des choses « *sous l'aspect de l'éternité* ». Cette expression, la plus célèbre du spinozisme, peut apparaître obscure : quel sens faut-il, en effet, donner au mot « species » et que faut-il entendre par « species æternitatis » ? La question est d'autant plus complexe, que Spinoza parle tantôt d'une « species æternitatis[41] », tantôt d'une « species quædam æternitatis[42] ». On peut être tenté d'accorder au mot « species » le sens, si fréquent dans la langue philosophique[43], d' « espèce » : la « species æternitatis » et la « species quædam æternitatis » seraient alors, par opposition à l' « æternitas » qui n'appartient qu'à Dieu, différentes espèces dérivées et inférieures d'éternité, qui appartiendraient aux modes éternels et, en particulier, aux essences éternelles des modes finis, dans la mesure où ces êtres sont à la fois distincts de la nécessité divine et de la contingence des modes finis en leur existence actuelle; il s'agirait donc ici des multiples niveaux intermédiaires posés par tout émanatisme entre le Premier Principe et les choses singulières[44]. Mais on peut d'abord se demander si, dans le spinozisme, l'éternité est un « genre » admettant diverses « espèces »; on peut aussi douter qu'il faille reconnaître une ou plusieurs espèces d'éternité réservées à l'être éternel des modes et aux essences éternelles des choses singulières, puisque, nous l'avons vu, ce n'est pas par leurs essences, mais par eux-mêmes et en eux-mêmes que certains modes finis sont éternels : il n'y a ni être, ni essence, ni existence sub specie æternitatis, qui diffèrent de l'être, de l'essence et de l'existence de ces modes finis; en outre, on doit noter que, dans tous les textes de Spinoza où elle apparaît, cette expression sert à qualifier, non pas un être, ni même une manière d'être, mais une idée ou une connaissance, la manière dont elles expriment l'essence des choses. C'est qu'en vérité, « sub specie » est une formule habituelle dans la langue latine, quand il s'agit d'indiquer la manière dont une chose se présente, quand elle est considérée sous un certain aspect ou d'un certain point de vue[45]. Lequel, dans le cas présent ? Du point de vue de ce genre de connaissance, qui ne porte pas son attention « sur le nombre ni sur la durée », qui ne « perçoit pas sub duratione[46] », « sous l'aspect de la quantité[47] », mais qui conçoit les choses « selon une certaine (quadam) nécessité éternelle[48] », « comme nécessaires[49] », c'est-à-dire dans leur relation avec la nécessité immanente

41. *Éth.*, V, 22, 23 Sc., 29, 30, 31, 32 Sc., 36.
42. *D.I.E.*, § 108; — *Éth.*, II, 44 Cor. 2.
43. Cf., à propos d'autres questions, *Éth.*, III, 30 Sc., 56.
44. Cf. Matthes : *Unsterblichkeitslehre*, 60; — Baensch : *Ewigkeit*, 72-4 note; — Robinson : *Kommentar*, 359; — Rivaud : *Essence*, 179 note; — Appuhn : Notes à la traduction de l'*Éthique*. — Boehme et ses disciples hollandais, tel Werdenhagen, avaient ainsi employé les mots « species » et « Gestalt » pour désigner les niveaux successifs de la manifestation de l'Eternel et du passage de la Deitas au Deus (cf. Dyroff : *Amor*, 4-5, 9, 20).
45. Il est évident que cet aspect n'est en rien une apparence illusoire et qu'il ne s'agit pas d'un point de vue subjectif, mais d'un point de vue vrai, et même le seul vrai : cette remarque suffit pour échapper au reproche de relativisme, que font à l'emploi de ces mots Appuhn et Caillois dans leurs traductions.
46. *D.I.E.*, § 108. — Cf. *Éth.*, V, 23 Sc., 29 & Sc., qui ne font qu'expliciter l'opposition de V, 22 à V, 21.
47. *Éth.*, II, 45 Sc.
48. *Éth.*, V, 22, 42 Sc.
49. *Éth.*, II, 44 Cor. 2.

ou éternité de Dieu[50]. Spinoza est fort explicite sur ce point : « Il est de la nature de la raison de contempler les choses comme nécessaires.... Or, elle perçoit cette nécessité selon la vérité, c'est-à-dire comme elle est en elle-même. Mais cette nécessité des choses est la nécessité même de la nature éternelle de Dieu. Il est donc de la nature de la raison de contempler les choses sous cet aspect de l'éternité[51] »; « Les choses sont conçues par nous comme actuelles selon deux modes : ou bien en tant que nous concevons qu'elles existent en relation avec un certain temps et un certain lieu, ou bien en tant que nous concevons qu'elles sont elles-mêmes contenues en Dieu et qu'elles suivent de la nécessité de la nature divine. Or, celles qui sont conçues comme vraies ou réelles selon ce second mode, nous les concevons sous l'aspect de l'éternité et leurs idées enveloppent l'essence éternelle et infinie de Dieu[52] » : « Concevoir les choses sous l'aspect de l'éternité, c'est donc concevoir les choses en tant qu'elles sont conçues comme des êtres réels à partir de l'essence de Dieu ou qu'elles enveloppent l'existence en vertu de l'essence de Dieu[53] ». Cette relation avec l'éternité de tous les modes, quelle que soit leur finitude, peut elle-même être considérée de deux manières : ou bien on pense les modes comme des parties de la substance et de ses attributs, qui sont l'éternité même de Dieu, ou bien on les conçoit comme des conséquences inscrites dans les lois éternelles de l'activité de cette substance, les modes infinis; dans le premier cas, il s'agit de la connaissance du troisième genre, alors que le deuxième cas relève de celle du second genre : les deux sont des connaissances sub specie æternitatis, mais à des titres différents, l'une étant l'idée du rattachement direct du mode à Dieu, l'autre, l'idée de son rattachement indirect; parfois, la différence entre « sub specie æternitatis » et « sub specie quadam æternitatis » se laisse ainsi comprendre[54], mais il est certain qu'il n'y a, ici, distinction ni nette, ni constante[55]. Quoi qu'il en soit, si on désirait rendre la traduction littérale : « sous l'aspect de l'éternité », plus explicite en usant d'une paraphrase, il conviendrait de choisir : « du point de vue du rattachement direct » ou « indirect à l'éternité », ou, de préférence : « d'un point de vue qui est celui du rattachement à l'éternité » et « d'un certain point de vue qui est celui du rattachement indirect à l'éternité[56] ».

***

50. Cf. l'excellente formule de Bréhier (*Etudes de philosophie antique*, 291) : « Se connaître dans sa relation à Dieu et sub specie aeternitatis. »

51. *Eth.*, II, 44 Cor. 2 (ce texte prouve que la species aeternitatis se rapporte bien à l'aeternitas elle-même).

52. *Eth.*, V, 29 Sc.

53. *Eth.*, V, 30.

54. Cf. Delbos : *Probl. moral*, 62.

55. D'une part, Spinoza ne fait jamais expressément une telle distinction; d'autre part, la démonstration de *Eth.*, V, 29, renvoie au texte de *Eth.*, II, 44 Cor. 2, en l'écourtant du mot « quadam », et, en *Eth.*, V, 22, « sub specie aeternitatis » reprend « aeterna quadam necessitate ».

56. En définitive, je croirais volontiers que seule compte l'expression « sub specie aeternitatis », telle qu'elle est employée dans la cinquième partie de l'*Ethique* pour qualifier ce qui est éternel, la connaissance du deuxième et du troisième genre; Spinoza ajoute un pronom : « sub hac specie » (*Eth.*, II, 44 Cor. 2) ou « sub quadam specie » (*ibid.* & *D.I.E.*, § 108), quand il met expressément en parallèle « cet » ou « un certain » aspect de l'éternité avec un certain autre aspect des choses, celui qu'elles ont du point de vue de la durée et de la détermination extrinsèque.

Mais n'avons-nous pas alors trop prouvé ? En effet, si l'éternité du mode consiste dans cette liaison à la substance, aux attributs et aux modes infinis, qui en fait une partie de l'éternité divine, ne s'ensuit-il pas que tous les modes devraient être également éternels, dans la totalité de leur être[57] ? Or nous savons que Spinoza affirme le contraire : seuls sont éternels des modes de penser, et seulement dans une partie de ce qui les constitue; s'il est constamment question de la liaison des choses à l'éternité, ce n'est que la pensée de cette liaison, « l'idée qui exprime sous l'aspect de l'éternité l'essence des choses », qui est tenue pour éternelle.

Il faut, d'ailleurs, remarquer que la relation du mode avec l'éternité, aussi « intime et essentielle » qu'elle puisse être, permet à ce mode d'être fait d'éléments éternels, matière, causes, lois, mais qu'elle ne suffit pas pour conférer l'éternité à ce qu'il est en lui-même, à son « être formel » : sa dépendance par rapport aux autres modes, cette détermination extrinsèque qui est sa contingence et sa privation d'éternité, n'en subsiste pas moins, même s'il s'agit d'une dépendance d'une partie de l'éternité et d'une dépendance réglée par des lois éternelles. Pour être lui-même éternel, le mode devrait s'affranchir de cette subordination : s'il est vrai qu'il est actuel selon une « double loi », par sa relation avec les autres parties de l'éternité et par sa relation avec l'éternité, il lui faudrait, semble-t-il, coïncider tout entier avec la seconde et se ramener à ce rapport avec Dieu, qui fait de lui une partie de l'éternité, en se rendant indépendant de ce rapport avec les choses extérieures, qui fait qu'il n'en est qu'une partie non éternelle. Spinoza expose lui-même, avec la plus grande précision, cette démarche de sa pensée, qui implique une transformation du problème et de sa solution; en effet, dans le *Second dialogue* du *Court traité,* après avoir montré comment la chose finie pouvait dépendre immédiatement de Dieu, tout en dépendant des autres parties de la Nature, il tient à faire cette remarque complémentaire et restrictive : « Je te le dis cependant : aussi longtemps que nous n'avons pas de Dieu une idée qui soit d'une telle clarté et qui nous unisse à lui de telle façon, qu'elle rende impossible que nous aimions quelque chose en dehors de lui, nous ne pouvons pas dire que nous soyons vraiment unis à Dieu et que nous dépendions de lui immédiatement[58]. »

Le rattachement à l'éternité ne s'accomplit donc que dans l'union à Dieu, seule capable de conférer l'éternité. Quelle est cette union, qui fait de nous quelque chose de plus qu'une simple partie et qu'un simple effet de l'être éternel ? Ce ne peut être qu'une connaissance et un amour, puisque la connaissance et l'amour sont précisément une certaine union avec leurs objets, que ceux-ci peuvent être soit les choses extérieures, soit Dieu[59] et qu'on ne voit rien d'autre qui remplisse cette fonction. Ainsi retrouvons-nous les diverses caractéristiques de ce qui a été posé comme éternel :

a) Ce sont une connaissance et un amour, qui sont éternels;

57. Nous venons de voir que des interprètes aussi pénétrants que Brunschvicg concluaient à l'éternité de l'essence de tous les modes, notamment à l'éternité de l'essence du corps : un examen attentif des textes prouve que Spinoza n'y a jamais songé.
58. *C.T.*, I, Second dialogue, § 13.
59. *C.T.*, II, Préface et note, 1, 5, 15, 16, 17, 19, 22, 23, 24, 25, 26; Append. II.

b) L'éternité est donc un privilège de l'esprit;

c) Il ne peut évidemment s'agir que de la connaissance et de l'amour qui sont union à Dieu, c'est-à-dire de la connaissance du dernier genre et de l'amour qui en résulte;

d) L'éternité n'est donc possible qu'à la suite d'une conversion nous détournant des choses extérieures et du corps, qui en est solidaire;

e) C'est donc bien une éternité partielle, acquise et proportionnée au développement de cette connaissance.

Telle est la doctrine exposée dans le *Court traité* : « Puisqu'elle » (l'âme) « est un mode de la substance pensante, elle a pu aussi *la connaître et l'aimer* en même temps que ce mode de l'étendue et, *en s'unissant aux substances qui demeurent toujours les mêmes, se rendre elle-même éternelle*[60] »; « Si l'âme est unie seulement au corps et que ce corps périsse, elle doit aussi périr.... Mais.... si l'âme est unie à une autre chose qui est et reste inaltérable, elle doit aussi demeurer inaltérable[61] » : « La subsistance ou la durée d'un mode dans la chose pensante est causée uniquement par l'union qu'a ce mode avec Dieu, union produite par l'amour[62] ». Dans cette analyse, Spinoza suit fidèlement la tradition néo-platonicienne, que théologiens et mystiques avaient si souvent mise à contribution : la connaissance et l'amour nous donnent notre éternité. Mais il est légitime de se demander pourquoi il en est ainsi; la justification traditionnelle se fonde sur la théorie de la *participation :* connaître et aimer ce qui est éternel nous rend éternels, parce que connaître et aimer, c'est participer de la nature de l'objet connu et aimé. Le thème et le vocabulaire de la participation sont maintes fois présents dans les écrits de Spinoza[63], ce qui ne saurait nous étonner : nous avons vu, en effet, que chaque mode était une partie de la substance et de ses attributs; mais nous avons également vu qu'il ne suffisait pas d' « être une partie » de l'éternité pour être éternel : il fallait, en plus, par une relation supplémentaire, faite de connaissance et d'amour, y « prendre part ».

***

Quels que soient l'autorité et le prestige dus à une antique tradition, une doctrine peut fort bien apparaître obscure et requérir des explications.

60. *C.T.*, II, Préf., note, § 15 (souligné par moi).

61. *C.T.*, II, 23, § 2. — Cf. *C.T.*, II, 19, § 14 : « Si nous commençons une fois à connaître Dieu, du moins d'une connaissance aussi claire que celle que nous avons de notre corps, nous lui serons aussi unis plus étroitement qu'à notre corps et nous serons détachés de celui-ci ». — Cf. *C.T.*, II, 14, § 4; 22, § 6; 26, § 5.

62. *C.T.*, II, 25, § 3. — Cf. *C.T.*, II, 24, § 1 : « Nous croyons avoir montré jusqu'ici ce qu'est notre amour de Dieu, comme aussi ses effets, savoir : notre propre durée éternelle »; — *C.T.*, Append., II, § 17 : « Par tout cela » (la nature de la connaissance) « (comme aussi par le fait que *notre âme est unie à Dieu et est une partie de l'idée infinie, naissant immédiatement de lui*), on peut voir très distinctement l'origine de la connaissance claire et de l'immortalité de l'âme » (souligné par moi).

63. « Divinae naturae esse participes » (*Éth.*, II, 49 Sc.); — « De natura divina participare » (*T.T.P.*, I, V.L., II, 93-4 & 94, Pl., 674 & 675; — *Éth.*, IV, 45 Cor. 2 Sc., Append., 31); — « De Deitate participare » (*Lettre XIX à Blyenbergh* (5 janv. 1665), V.L., III, 65, Pl., 1182). — Cf. : « De essentia ideali filii participare » [*Lettre XVII à Balling* (20 juill. 1664)] et « De summa beatitudine participare » (*T.T.P.*, IV, V.L., II, 136, Pl., 725), ces deux dernières formules ne se rapportant pas à la participation à la nature divine comme les précédentes. — Cf. : « Menti nostrae suam essentiam communicat » (*T.T.P.*, I, V.L., II, 98, Pl., 680), cette expression reprenant le thème de la participation avec un autre verbe.

Ainsi en est-il de la participation : pourquoi la connaissance et l'amour d'un être éternel nous font-ils participer de son éternité ? Il est incontestable que Spinoza a senti la nécessité de justifier ce qui pouvait facilement passer pour une évidence; le chapitre 23 de la seconde partie du *Court traité* en est la preuve :

« *De l'immortalité de l'âme.* — Si nous considérons une fois avec attention ce qu'est l'âme et d'où viennent son changement et sa durée, nous verrons aisément si elle est mortelle ou immortelle. Puisque nous avons déjà dit que l'âme est une idée qui est dans la chose pensante et qui naît de l'existence d'une chose qui est dans la nature, il s'ensuit que *tels le changement et la durée de la chose, tels aussi doivent être le changement et la durée de l'âme :* en outre, nous avons remarqué que l'âme peut être unie ou bien au corps dont elle est l'idée, ou bien à Dieu, sans lequel elle ne peut ni être, ni être conçue.

» On peut voir aisément par là :

» 1) Que si l'âme est unie seulement au corps et que ce corps périsse, elle doit aussi périr; car *si elle est privée du corps qui est le fondement de son amour, elle doit aussi périr avec lui.* Mais

» 2) Que si l'âme est unie à une autre chose qui est et reste inaltérable, elle doit aussi demeurer inaltérable. *Par quoi,* en effet, *serait-il possible qu'elle fût anéantie ? Non par elle-même :* car, pas plus qu'elle ne pouvait commencer d'être alors qu'elle n'était pas, elle ne peut, maintenant qu'elle est, s'altérer ni périr. De sorte que *ce qui est la seule cause de son essence, doit aussi, lorsqu'elle vient à périr, être la cause de sa non-essence, par le fait qu'il vient lui-même à s'altérer et à périr*[64]. »

Dans cette démonstration, l'élément premier est constitué par la définition de la nature de l'esprit : celui-ci n'est rien d'autre que l'idée d'un objet; son sort est donc lié à celui de cet objet. Evidemment, si l'âme était une substance et si l'idée, la connaissance, l'amour étaient des états ou des contenus de cette substance, ni la nature de l'objet connu et aimé, ni même celle de la connaissance et de l'amour ne pourraient lui apporter quelque chose comme l'indestructibilité; mais l'esprit n'est pas un être ayant telle idée de telle chose : il est cette idée elle-même, cette union à telle chose; la participation est donc inscrite dans la définition même de l'esprit, et il est nécessairement — quant à la possibilité d'une destruction, par exemple — comme l'être dont il est l'idée.

En ce qui concerne l'indestructibilité de l'esprit en tant qu'idée de Dieu, l'argumentation se développe, dans ce texte, selon deux thèmes :

a) D'abord, une telle idée est indestructible par elle-même : c'est, en effet, la doctrine constante de Spinoza qu'une chose ne saurait être détruite que par des causes externes, l'action d'un être étant définie par

64. *C.T.*, II, 23 (souligné par moi). — La dernière phrase doit être ainsi comprise : ce qui est la seule cause de l'essence de l'âme — à savoir : soit le corps, soit Dieu, selon ce dont elle est l'idée — doit aussi, quand elle vient à périr, être la cause de son anéantissement, du fait de son propre changement ou de son propre anéantissement. Or, cela se conçoit dans le cas du corps, mais est impossible dans celui de Dieu. Donc l'âme, en tant qu'idée de Dieu, n'est pas altérable par son objet.

sa nature et ne pouvant donc la contredire[65]; c'est là le point de départ de la théorie du conatus et de la vis in existendo; or, nous avons vu dans les pages précédentes que cet effort et cette force se laissent déduire du fait que chaque être est une partie de l'essence divine : en définitive, c'est donc le simple fait d'être une partie de l'éternité qui rend la connaissance et l'amour de l'éternité indestructibles par eux-mêmes.

b) Mais cette idée est également indestructible par son objet, puisqu'il est nécessaire et éternel, indestructible et immuable. Tel est l'argument décisif, qui distingue la connaissance et l'amour de Dieu de la connaissance et de l'amour des choses finies : en effet, qu'il s'agisse des choses extérieures ou du corps, l'objet est alors trop contingent, variable et destructible, en sorte que la connaissance et l'amour peuvent, à tout instant, être troublés ou niés; au contraire, s'il s'agit de Dieu, l'objet est d'une telle nature que rien ne peut venir contredire la connaissance et l'amour, et même que tout vient les confirmer et les renforcer : « Il n'y a rien dans la nature », dira l'*Éthique,* « qui soit contraire à cet amour ou qui le puisse ôter. — ....S'il y avait quelque chose qui fût contraire à cet amour, cela serait contraire au vrai, et, par conséquent, ce qui pourrait ôter cet amour, ferait que ce qui est vrai fût faux, ce qui (comme il est connu de soi) est absurde[66] »; « Plus nous connaissons par l'entendement les choses singulières, plus nous connaissons par l'entendement Dieu[67] »; « L'esprit peut faire en sorte que toutes les affections du corps, c'est-à-dire les images des choses, soient rapportées à l'idée de Dieu[68]. »

La participation du « sujet » connaissant et aimant à l'éternité de l'objet connu et aimé est donc matière à une double justification : l'impossibilité générale, pour un être, de se détruire lui-même, et l'impossibilité spéciale, due à la nature de l'objet, pour une telle connaissance et un tel amour, d'être détruits ni par leur objet, ni par aucune chose extérieure. Le second thème peut, néanmoins, ne pas nous satisfaire pleinement : en effet, si la connaissance et l'amour de l'éternel sont indestructibles parce qu'ils sont l'union d'une âme, incapable de se détruire elle-même, et d'un objet, qui ne saurait être cause de destruction, il est permis de se demander si cette union elle-même est indestructible; n'est-il pas à craindre qu'une cause quelconque ne nous arrache à cette participation et ne nous laisse privés de l'éternité ? Nous venons de voir que cette

65. Cf. le chapitre précédent. — L'argument est repris dans le chapitre 26 de cette même partie du *Court traité,* analysé dans les prochaines pages; c'est la raison déterminante avancée par Spinoza, quand il tente de prouver l'immortalité de l'âme dans le cadre d'une conception de l'âme et de la nature, qui n'est pas la sienne (*C.M.*, II, 12). Il l'invoque à nouveau dans l'*Éthique,* pour établir que le conatus de l'esprit produit nécessairement le progrès du dernier genre de connaissance (V, 26).

66. *Éth.*, V, 37. — Cf. C.T., II, 26, §§ 7-8 (texte cité dans les prochains paragraphes). — C'est en vertu du même principe que Spinoza peut affirmer, sur un thème connexe : « Si nous aimons les choses qui par leur propre caractère ou nature sont périssables, il s'ensuit nécessairement *(l'objet étant sujet à tant d'accidents et même à la destruction)* de la haine, de la tristesse, etc., après qu'un changement est survenu dans l'objet aimé... Mais si l'homme parvient à aimer Dieu qui est et demeure toujours immuable, alors il lui est impossible de tomber dans la boue des passions » [*C.T.*, II, 14, § 3 ou 4 selon les éd. (souligné par moi)].

67. *Éth.*, V, 24.

68. *Éth.*, V, 14. — Dans la seconde partie, je préciserai la nature de cette connaissance et de cet amour, ce qui justifiera plus complètement ces affirmations.

cause ne saurait être ni dans l'âme, ni en Dieu[69] : elle ne pourrait donc être que dans une chose extérieure, qui établirait une distance et susciterait une rupture entre les deux. Pour assurer la démonstration précédente, il faut, par conséquent, prouver que la rupture est impossible, que la distance n'existe pas et qu'aucune chose extérieure ne peut briser cette union; pour ce faire, il suffit de rappeler que Dieu est immanent : dès lors, en effet, l'union à Dieu apparaît comme une union à soi-même, affranchie de toute extériorité et, par suite, garantie contre tout risque de destruction. Dans cette argumentation nouvelle, les thèmes déjà développés se regroupent autour d'un thème unique, celui de l'indestructibilité de l'immanence : la seconde justification de la preuve précédente (l'indestructibilité par l'objet) se ramène ainsi à la première (l'indestructibilité par soi-même), et ce, grâce à la thèse initiale, selon laquelle l'âme, comme tout être, est une partie de Dieu. Certes, en tant que partie de l'éternité, je n'étais pas encore éternel; mais, en tant que partie de l'éternité, je suis, dans mon union à l'éternité, uni à moi-même, d'une manière indestructible, parce qu'immanente. Telle est la doctrine qui inspire la longue démonstration proposée dans le chapitre 26 de la seconde partie du *Court traité*[70] :

« 1) *Plus une chose a d'essence, plus aussi elle a d'activité et moins elle a de passivité.* Car il est certain que l'agent agit par ce qu'il a et que le patient pâtit par ce qu'il n'a pas.

» 2) Toute passion, qu'elle soit un passage du non-être à l'être ou de l'être au non-être, doit avoir pour origine un *agent extérieur.* Car aucune chose considérée en elle-même n'a en elle de cause lui permettant de se détruire si elle est ou de se produire si elle n'est pas.

» 3) *Tout ce qui n'est pas produit par des causes extérieures* ne peut non plus rien avoir de commun avec elles et, par conséquent, *ne peut être changé ni transformé par elles.*

» De la seconde et de la troisième propositions, je conclus la quatrième :

» 4) *Aucun des effets d'une cause intérieure ou immanente* (c'est tout un pour moi) *ne peut périr ou s'altérer aussi longtemps que cette cause demeure.* Car de même qu'un tel effet ne peut être produit par des causes extérieures, il ne peut non plus (suivant la troisième proposition) être altéré par elles; et puisqu'aucune chose ne peut être détruite que par des causes extérieures, il n'est donc pas possible que cet effet périsse aussi longtemps que sa cause dure, d'après la seconde proposition.

» 5) La cause la plus libre et la plus conforme à Dieu est l'immanente. Car *de cette cause l'effet produit dépend de telle sorte* qu'il ne peut sans elle ni être ni être conçu et *qu'il n'est soumis à aucune autre cause : à quoi s'ajoute qu'il lui est uni de façon à faire un tout avec elle.*

69. Le divorce d'avec l'éternel ne peut donc venir ni d'une chute de l'âme, ni d'un abandon de Dieu, comme le feraient justement craindre les théories du péché et de la grâce.

70. Ce chapitre est-il postérieur au chapitre 23, précédemment cité ? On peut le supposer, puisque les thèmes de celui-ci sont repris et systématisés grâce à une idée supplémentaire, celle d'immanence, et que l'exposé prend la forme d'une déduction géométrique, toutes choses qui caractériseront l'*Éthique*. Mais il ne s'agit pas d'un changement de doctrine, puisque les même thèmes sont repris : il n'y a qu'une évolution de l'exposé, due à une explicitation et à une systématisation des principes de la même doctrine.

» Voyons maintenant ce que nous avons à conclure de ces propositions :

» 1) Puisque l'essence de Dieu est infinie, il y a en lui une activité infinie et une négation infinie de toute passivité (d'après la première proposition); et, par conséquent, *dans la mesure où, ayant plus d'essence, elles sont plus étroitement unies à Dieu, les choses ont aussi plus d'activité et moins de passivité et sont aussi plus affranchies du changement et de la corruption.*

» 2) L'entendement vrai ne peut jamais périr; car il ne peut avoir en lui-même, d'après la seconde proposition, aucune cause de destruction. Et *puisqu'il n'est pas produit par des causes extérieures, mais par Dieu,* il ne peut avoir à souffrir d'elles aucune altération, d'après la troisième proposition, et, *puisque Dieu l'a produit immédiatement et que celui-ci est seulement une cause intérieure,* il suit de là nécessairement que l'entendement ne peut périr, aussi longtemps que cette cause demeure, d'après la quatrième proposition. Or cette cause est éternelle; donc lui aussi est éternel.

» 3) Tous les effets de l'entendement qui lui sont unis...., *puisque ce sont des effets intérieurs....,* sont nécessairement éternels, puisque leur cause est éternelle.

» 4) Tous les effets que nous produisons hors de nous sont d'autant plus parfaits, qu'ils sont plus capables de s'unir à nous pour former avec nous une seule et même nature, car c'est ainsi qu'ils se rapprochent le plus des effets intérieurs....

» Par tout ce qui a été dit, on peut aisément concevoir la liberté humaine : je la définis en disant qu'elle est *une existence stable qu'obtient notre entendement par son union immédiate avec Dieu* pour produire *en lui-même* et tirer *de lui-même* des effets qui *s'accordent avec sa nature, sans que ces effets soient soumis à aucune cause extérieure, par laquelle ils puissent être altérés et transformés....* En même temps, nous avons démontré la durée éternelle et constante de notre entendement.... [71] ».

Dans cette démonstration, fort complexe et riche d'arguments très divers, l'union à Dieu n'est plus analysée en termes de participation, mais d'immanence. Nous ne devons donc pas nous étonner de voir apparaître dans cette page deux thèmes, dont les textes précédemment cités ne faisaient pas état : l'activité d'un être et son essence ou, plus exactement, le degré de développement de son essence : en effet, si l'union à Dieu se ramène à une coïncidence avec soi-même, ainsi que l'exigeait une démonstration complète de l'éternité, elle devient ipso facto une activité de l'esprit, qui développe la connaissance qu'il a de lui-même et qui s'enrichit par là de nouvelles déterminations intrinsèques, ce qui lui donne plus de réalité, d'essence ou de perfection [72].

***

71. *C.T.*, II, 26, §§ 7-9 (souligné par moi).

72. Cf. *C.T.*, II, 25, § 3 : « Toute la durée d'une chose provient de sa perfection et.... plus il y a en elle d'essence et de divinité, plus elle subsiste ».

Et c'est précisément sur l'affirmation de cette thèse fondamentale, que s'achève l'exposé de la doctrine de l'éternité dans la cinquième partie de l'*Éthique :* « Plus chaque chose a de perfection, plus elle agit et moins elle pâtit, et, inversement, plus elle agit, plus elle est parfaite. — Plus chaque chose est parfaite, plus elle a de réalité (II, Déf. 6) et, par conséquent (III, 3 & Sc.), plus elle agit et moins elle pâtit; et certes cette démonstration procède de la même manière si l'on renverse l'ordre des termes, d'où il s'ensuit qu'inversement une chose est d'autant plus parfaite, qu'elle agit plus. — ....La partie éternelle de l'esprit est l'entendement, par lequel seul nous sommes dits agir [73] ». On ne saurait mieux dégager le principe invoqué d'une manière plus ou moins explicite et à deux niveaux différents dans la plupart des démonstrations qui précèdent cette conclusion :

1) Nous venons de voir que, dans le *Court traité,* Spinoza avait fini par insister surtout sur l'indestructibilité de l'âme par elle-même, sur l'indestructibilité de la connaissance et de l'amour de l'éternel du fait des causes externes et sur l'éternité des effets immanents de l'entendement; dans l'*Éthique,* il fait abstraction de tout autre argument : il se contente d'établir que la nature de l'esprit ne peut que le maintenir et le faire progresser dans la connaissance qui est son éternité [74], que l'esprit, dans cette connaissance, est incapable de pâtir du fait des choses et des événements externes [75], et que tout ce qui résulte de l'idée éternelle qui appartient à son essence — connaissance du troisième genre, amour intellectuel de Dieu, Béatitude, Liberté, Salut — est nécessairement éternel, en tant qu'effet de l'activité immanente constitutive de l'entendement [76]; et n'est-ce pas justement parce que l'éternité n'est plus rien d'autre que le fruit de l'immanence de l'activité, que la connaissance du second genre, l'immanence du raisonnement actif à partir des notions communes, peut désormais être aussi tenue pour éternelle, alors que le *Court traité* n'accordait ce privilège qu'au dernier genre de connaissance [77] ? Le nerf de la preuve se trouve même parfois clairement indiqué : « Il n'y a rien dans la nature qui soit contraire à cet amour ou qui le puisse ôter », parce que « Cet amour intellectuel est *une conséquence nécessaire de la nature de l'esprit....* [78] ».

2) « *....En tant qu'il est considéré lui-même au moyen de la nature de Dieu comme une vérité éternelle* [79] ». En effet, si l'on réduit la preuve de l'éternité à la mise en évidence de l'indestructibilité extrinsèque de l'activité immanente, on peut craindre que des effets immanents ne restent privés d'éternité, pour peu qu'ils ne soient pas les conséquences d'une

73. *Éth.*, V, 40 & Cor.
74. *Éth.*, V, 26
75. *Éth.*, V, 37, 38 & Sc., 39 Sc.
76. *Éth.*, V, 29, 31, 33 (cf. le chapitre précédent).
77. Cf. le chapitre précédent.
78. *Éth.*, V, 37 (souligné par moi). — De même, Spinoza insiste sur le fait que l'esprit est la « cause adéquate ou formelle », c'est-à-dire active et interne de la connaissance du troisième genre (*Éth.*, V, 31, avec référence à *Éth.*, III, 1).
79. *Éth.*, V, 37 (souligné par moi). — Cf. *Éth.*, V, 31 : « Le troisième genre de connaissance dépend de l'esprit comme de sa cause formelle, *en tant que l'esprit lui-même est éternel* » (souligné par moi).

prémisse elle-même éternelle : par exemple, un raisonnement, qui est acte de l'esprit, peut fort bien tirer des conclusions à partir d'une donnée simplement contingente, d'une sensation ou d'un souvenir; dans la mesure où le *Court traité* ne faisait, le plus souvent, appel qu'à la participation de l'esprit à l'éternité de son objet, il suffisait de prouver cette dernière, mais, dès que le problème est posé en termes d'immanence, il faut commencer par établir que le point de départ de l'activité immanente est quelque chose d'éternel en l'esprit : effectivement, dans l'*Éthique*, il est d'abord démontré qu' « Il y a une idée qui exprime sous l'aspect de l'éternité l'essence du corps...., qui appartient à l'essence de l'esprit.... et qui est éternelle[80]. » Pourquoi l'est-elle ? Simplement parce que cette première idée est elle-même le produit d'une nécessité purement immanente, parce que concevoir sous l'aspect de l'éternité — c'est-à-dire comme partie et comme effet de l'éternité divine — l'essence de son propre corps appartient nécessairement à l'essence de l'esprit en tant que partie de l'entendement divin, sans faire intervenir aucune existence extérieure, aucune détermination extrinsèque, aucune durée limitée mesurable par le temps, parce qu'il n'existe donc rien qui soit capable de contredire et de détruire ce concept, dont la présence — au moins implicite — en nous est garantie par le fait que nous sommes une partie de cette pensée infinie qui, concevant tout, conçoit nécessairement en elle-même et par elle-même un tel objet : « Il y a nécessairement en Dieu un concept ou idée qui exprime l'essence du corps humain et qui, pour cette raison, est nécessairement quelque chose qui appartient à l'essence de l'esprit humain. Mais nous n'attribuons à l'esprit humain aucune durée qui puisse être définie par le temps, si ce n'est en tant qu'il exprime l'existence actuelle du corps, laquelle s'explique par la durée et peut être définie par le temps; c'est-à-dire que nous ne lui attribuons la durée que pendant la durée du corps. Comme cependant ce qui est conçu avec une certaine nécessité éternelle au moyen de l'essence de Dieu n'en est pas moins quelque chose, ce quelque chose qui appartient à l'essence de l'esprit sera nécessairement éternel[81] »; « Notre esprit, en tant qu'il enveloppe sous l'aspect de l'éternité l'essence du corps, est éternel et cette existence ne peut être définie par le temps ou expliquée par la durée. Notre esprit ne peut donc être dit durer et son existence être définie par un certain temps, qu'en tant qu'il enveloppe l'existence actuelle du corps[82] »; en un mot, cette idée première est vraie, sans considération de durée, ni subordination à des données extrinsèques : privée de toute contingence et présente dans l'esprit en ce qu'il est en lui-même et par lui-même, elle possède donc l'éternité, qui est nécessité interne; c'est à ce titre qu'elle est éternellement vraie, qu'elle constitue une « *vérité éternelle*[83] » et, puisqu'une idée (ou une vérité) est un être, un mode de la substance comme les autres, un être éternel.

80. *Éth.*, V, 22, 23 & Sc.
81. *Éth.*, V, 23 Dém.
82. *Éth.*, V, 23 Sc.
83. *Éth.*, V, 37 (souligné par moi). — Cette affirmation rappelle le fameux « Habemus ideam veram » de la *Réforme de l'entendement* (§ 33), qui signifie simplement qu'en tant qu'esprit concevant le corps et les choses sous l'aspect de l'éternité, comme effets et parties de Dieu, « sumus idea vera », nous sommes une idée nécessairement vraie, que rien ne peut rendre fausse.

Dans l'*Éthique*, l'éternité est donc démontrée en deux étapes : d'abord, à propos d'une certaine idée présente dans l'esprit, parce qu'elle résulte, selon une nécessité toute immanente, de ce qu'il est en tant que partie de l'entendement divin pensant le corps; ensuite, à propos des conséquences de cette idée, parce qu'elles sont les fruits d'une activité purement immanente. Selon cette démonstration, il ne suffit toujours pas d'être une partie de l'éternité pour être éternel; mais ce n'est plus par participation à un objet de connaissance et d'amour, qu'on le devient, comme le laissait comprendre le *Court traité* : la seule immanence de l'être de l'esprit et de son développement se révèle nécessaire et suffisante. Cette notion, à laquelle il avait fallu recourir pour expliquer et garantir la participation, permet donc de reprendre et d'approfondir la représentation « topographique » des parties de la Nature : en effet, si tout être — corps ou idée, perception adéquate ou confuse — est une partie de l'éternité, tout être ne l'est pas avec le même degré d'immanence et d'activité, avec la même quantité de déterminations intrinsèques, c'est-à-dire d'essence, de réalité ou de perfection; certaines choses peuvent fort bien n'être que des parties passives de l'éternité, des lieux de rencontre ou des « carrefours » pour des déterminations extrinsèques : ainsi en est-il de l'esprit en tant qu'imagination; certes, une sensation, un souvenir, un ouï-dire sont aussi des parties de la substance éternelle et infinie, qui ont place dans l'entendement divin en tant qu'idées actives et adéquates, mais, s'ils sont immanents du point de vue de la partie constituée par le « sujet » affecté et l'objet qui l'affecte, ils sont inadéquats et extrinsèques du point de vue de la partie constituée par le seul « sujet » affecté, puisqu'ils comportent de ce point de vue plus restreint beaucoup d'extériorité et de passivité et fort peu d'intériorité et d'activité, et que ce sont alors des « conséquences sans les prémisses[84] »; d'autres choses, au contraire, peuvent être des parties actives de l'éternité, par et dans lesquelles celle-ci s'affirme d'une manière directe, adéquate et positive : c'est le cas de l'esprit, quand il est conscient de son corps, des choses, de Dieu et de lui-même uniquement par et en lui-même, exactement comme le fait l'entendement divin en tant qu'il pense ces mêmes objets dans sa partie constitutive de cet esprit, ou plutôt parce qu'il est alors cette partie parfaitement adéquate à elle-même de l'entendement éternel; de telles choses « participent » donc bien à l'éternité, non qu'elles y « prennent part » comme on peut emprunter ou assimiler une réalité étrangère, opération aussi mystérieure qu'incertaine, mais parce qu'elles « sont ses parties » réelles et vraies, celles qui la réalisent ou dans lesquelles elle se réalise : « En effet », écrit Spinoza dans une *lettre* de 1665, « plus une chose a de perfection, plus elle participe aussi de la Divinité et plus elle exprime la perfection de Dieu[85] »; certes, dans le *Traité politique*, il affirmera que « l'homme, qu'il soit sage ou ignorant, est une partie de la Nature et » que « tout ce par quoi chacun est déterminé à agir doit être rapporté à la puissance de la Nature », mais il précisera que c'est « en tant que celle-ci peut être définie au moyen de la nature

84. *Éth.*, II, 28.
85. *Lettre XIX à Blyenberg* (5 janv. 1665), V.L., III, 65, Pl., 1182.

de tel ou tel homme[86] » : ainsi qu'il le soutient dans une *lettre* de 1665, « Quoique les œuvres des justes...., des méchants.... et enfin de tous ceux qui existent, découlent nécessairement des lois et décrets éternels de Dieu et dépendent continuellement de Dieu, elles diffèrent néanmoins les unes des autres, non seulement en degré, mais aussi en essence[87] »; il importe, avant tout, de comprendre que l'activité immanente est la réalisation du conatus et de la vis in existendo, qui sont la partie de l'être éternel constitutive de notre être propre ou la partie constitutive de l'être éternel en notre être propre : « La puissance », lisons-nous dans l'*Éthique*, « par laquelle les choses singulières et, par conséquent, l'homme conservent leur être, est la puissance même de Dieu ou de la Nature, non en tant qu'elle est infinie, mais en tant qu'elle peut s'expliquer par une essence humaine actuelle. Aussi la puissance de l'homme, en tant qu'elle s'explique par son essence actuelle, est-elle une partie de la puissance infinie, c'est-à-dire de l'essence, de Dieu ou de la Nature[88] »; nous devons donc avouer que « *Nous participons de la nature divine, et ce d'autant plus que nous agissons en des actions plus parfaites*[89] », et c'est précisément en cela que nous sommes éternels.

Ainsi fondée sur l'immanence active, l'éternité présente toutes les caractéristiques reconnues à notre être éternel dans le chapitre précédent :

a) C'est évidemment une éternité partielle, variable, acquise et proportionnée, puisqu'elle concerne la seule activité immanente;

b) Elle apparaît aussi comme un privilège de l'esprit : en effet, le corps, comme mode de l'étendue, semble incapable de cette indépendance par rapport aux déterminations extrinsèques, alors que l'esprit en semble capable, en tant qu'idée de l'essence du corps en dehors de ces déterminations et en tant qu'idée de l'idée, dans la conscience de soi et la réflexion;

c) Il s'agit donc bien de l'éternité d'une connaissance et d'un amour.

Mais le passage d'une preuve par la participation à son explication par l'immanence ne concerne pas le seul modus probandi : il implique des conséquences nouvelles quant à ce qui est démontré :

a) L'accent se porte nécessairement sur le caractère immanent et actif de ce qui est éternel en nous et de ce qui nous permet de le devenir de plus en plus;

b) Dans la mesure où elle est désormais tenue pour une activité adéquate, la connaissance du second genre se trouve également éternelle, bien qu'elle ne soit pas la connaissance de Dieu;

c) L'éternité n'est plus, comme dans le *Court traité*[90] ou dans la *Réforme de l'entendement*[91], un effet de la connaissance et de l'amour, mais la propriété de l'idée qui est leur condition, la connaissance et l'amour ne faisant que développer cette première donnée éternelle;

d) C'est toujours dans son essence propre en tant qu'idée du corps,

86. *T.P.*, II, 5
87. *Lettre XXIII à Blyenbergh* (13 mars 1665), V.L., III, 100, Pl., 1218.
88. *Eth.*, IV, 4.
89. *Eth.*, II, 49 Sc. (ad finem) (souligné par moi).
90. *C.T.*, II, 14, § 4; 23, § 2; 24, § 1; 25, § 3; 26, §§ 3 & 9; Append. II, § 17.
91. *D.I.E.*, §§ 8-10.

que l'esprit trouve ce qui le rend éternel : l'éternité n'est donc plus le fruit d'une conversion substituant l'idée de Dieu à l'idée du corps, mais le résultat de l'approfondissement de cette idée du corps en idée de Dieu;

e) Le progrès de l'activité immanente de l'esprit étant conditionné par celui des aptitudes et des activités du corps, l'éternité est nécessairement liée à la perfection de celui-ci : ce qui pouvait passer pour un effort en vue de sauvegarder le parallélisme est donc, en vérité, une conséquence de la mise en valeur de l'activité immanente.

Ces modifications dans la preuve et dans les conclusions exigeaient une transformation de la doctrine sur certains points, qui constituent précisément les innovations de l'*Éthique* par rapport au *Court traité :*

a) Il fallait définir la vérité ou l'adéquation de l'idée, non plus seulement par l'accord avec l'objet, c'est-à-dire par une certaine participation impliquant de la passivité, mais par l'activité immanente, par le développement des déterminations intrinsèques données dans l'essence de l'esprit : c'est là l'innovation de la *Réforme de l'entendement* et le principe qui inspire la seconde partie de l'*Éthique;*

b) Il fallait donc décrire la connaissance, non plus comme une union avec l'objet, mais comme l'acte par lequel l'esprit se réalise lui-même, non plus comme une relation du « sujet » pensant avec l'être, mais comme l'être même du « sujet » pensant : c'est ce que Spinoza répète presque à chaque page dans la seconde partie de l'*Éthique;*

c) De même, il fallait concevoir l'amour comme le fait la troisième partie de l'*Éthique*[92] : non plus comme une union avec l'objet[93], mais comme une joie immanente, c'est-à-dire un accroissement d'être et d'activité, quand l'idée d'une cause s'y joint; il fallait donc analyser toute l'affectivité à partir de l'idée d'une variation de la puissance, qui forme l'être de l'esprit, c'est-à-dire du conatus : les troisième et quatrième parties de l'*Éthique* dépendent entièrement de ce principe;

d) Il fallait, en outre, montrer comment toute connaissance vraie des choses et même de Dieu est une simple conséquence inscrite dans l'idée du corps : c'est ce que fait la seconde partie de l'*Éthique;*

e) De même, il fallait prouver que tout amour résulte de la seule réalisation de soi-même, et que l'amour de Dieu naît de l'amour des choses et de soi-même : telle est la tâche réservée à de nombreuses propositions de la troisième partie de l'*Éthique* et aux propositions 14 à 20 de sa cinquième partie[94].

Comme la démonstration de l'éternité qu'ils rendent possible, ces divers éléments ne font que développer les conclusions des thèmes fondamentaux qui caractérisent l'*Éthique :*

1) Une topographie des parties de la Nature, qui sont considérées tantôt dans leurs relations extérieures et leurs déterminations extrinsèques, productrices de leur inadéquation et de leur contingence, tantôt

92. Cf. *Eth.*, III, 13 Sc. & Append., Déf. 6.
93. Cf. *C.T.*, II, 3, §§ 5-6; 5, etc., & *D.I.E.*, §§ 8-10.
94. Cf. 2ᵉ partie, chap. 2 & 3.

dans leurs déterminations intrinsèques et leur activité propre, fondement de leur adéquation et de leur éternité;

2) Un immanentisme complet, qui fait de la Nature le tout dont nous sommes la partie ou de Dieu la substance dont nous sommes le mode, qui conçoit la vérité, la connaissance et l'affectivité en fonction des seules déterminations internes de notre être, et qui voit dans tout savoir et dans tout amour — Dieu en fût-il l'objet — les fruits de l'approfondissement de notre conscience de nous-mêmes, de notre idée de notre corps;

3) Un ontologisme achevé, qui considère la connaissance et l'amour, non comme des relations avec l'être, mais comme des êtres, non comme des participations à la perfection variable des objets, mais comme des variations positives de la perfection du « sujet », non comme des contenus, des qualités ou des propriétés de l'esprit, mais comme des actes constitutifs de son essence; certes, ce ne sont que des modes de la substance en tant qu'elle est pensante, mais, l'esprit n'étant lui-même rien d'autre qu'un mode, la connaissance et l'amour peuvent fort bien définir tout son être et le rendre éternel, quand ils le sont eux-mêmes.

⁂

Seule la détermination rigoureuse des arguments et des thèmes qui justifient l'attribution de l'éternité à l'esprit, permet de définir avec exactitude ce que prouve une telle déduction : aussi est-il désormais possible de savoir en quoi consiste cette éternité démontrée par Spinoza, quand il traite du mode fini. Elle est essentiellement l'immanence d'une partie de la Nature, qui, par son être et son développement, est une partie active de l'éternité divine, dans la mesure où elle est, grâce à cette activité immanente, une expression, une réalisation positive, directe et adéquate à elle-même de la nécessité de l'être infini; en effet :

a) Par son immanence parfaite et son adéquation totale, cette activité s'avère indestructible : aucune chose externe ne peut la mettre en danger, puisqu'elle en est indépendante; elle ne se laisse donc pas comprendre par la durée ni définir par le temps, puisque le temps n'est que la mesure de la durée et que la durée n'est que la dépendance aux conditions et aux forces externes[95]; ainsi se trouve réalisée une « existence stable[96] », délivrée de toute crainte des choses extérieures, notamment de la crainte de la mort[97];

b) Rien ne pouvant donc la contredire, l'existence immanente, qui est l'existence d'une idée, d'une connaissance et de ses effets, constitue une « vérité éternelle[98] »;

95. Ce n'est là qu'une *définition négative;* mais les textes qui établissent l'éternité (*Éth.*, V, 23 & 29) ne comportent précisément qu'une *démonstration négative*, fondée sur l'opposition à la durée et à la destruction.

96. *C.T.*, II, 26, § 9. — Spinoza parle également de « repos » (*C.T.*, II, 26, §§ 2, 3 & 5).

97. « Plus l'esprit entend de choses par le second et le troisième genres de connaissance, moins il pâtit de ces sentiments qui sont mauvais et moins il craint la mort » (*Éth.*, V, 38 & Sc). : notons qu'il est alors question de ne pas craindre la mort et non de ne pas mourir.

98. *Cf. Éth.*, V, 37.

c) En raison de cette immanence, enfin, l'existence d'un tel être résulte de sa seule nécessité interne : tout son être et tout son devenir ne viennent que de son essence propre, ce qui est la définition même de l'éternité, en ce qu'elle a de plus positif, l'indestructibilité n'étant que son aspect négatif et relatif.

Par éternité, il faudra donc désormais entendre *la nécessité immanente, indestructible de l'extérieur, que confère à une partie de l'éternité, indestructible par elle-même, le fait de se concevoir elle-même, en et par elle-même, comme partie de l'éternité*[99] : pour Spinoza, le salut n'exige rien d'autre.

99. Remarquons que la seule expérience d'une activité entièrement immanente en nous-mêmes suffirait pour nous faire découvrir une telle éternité, même si nous ignorions qu' « il y a nécessairement en Dieu une idée qui exprime sous l'aspect de l'éternité l'essence de tel et tel corps humain », pourvu que nous sachions que cette idée, si nous la trouvons en nous, est parfaitement interne et active et qu' « elle est nécessairement en Dieu » comme une partie de l'éternité : le célèbre : « *Sentimus experimurque nos aeternos esse* » (*Éth.*, V, 23 Sc.) définit une connaissance démonstrative (cf. 2e partie, chap. 1), mais peut être compris, en première approximation, comme la simple constatation d'une immanence nécessaire, qui serait ipso facto la découverte empirique de notre éternité.

CHAPITRE III

LE STATUT DU MODE FINI ÉTERNEL

Avant de chercher ce qui rend salutaire une telle éternité de notre esprit, nous nous sentons obligés de nous en donner une représentation plus précise et plus concrète : en effet, l'expérience que nous faisons de notre existence est d'abord et reste surtout la conscience de notre existence actuelle et individuelle, telle qu'elle se développe dans la durée et se laisse mesurer par le temps : nous sommes donc conduits à nous interroger sur la relation de l'éternité, définie et prouvée a priori, avec cette donnée immédiate et coutumière, et ce d'autant plus que nous sommes habitués, en vertu de la même expérience, à penser notre salut comme la durée indéfinie de notre existence individuelle, comme une immortalité[1] : quel est donc le rapport entre l'éternité et cette immortalité dont nous rêvons, qu'on nous promet ou dont on nous menace ? Ces questions ne sont pas directement abordées par Spinoza : aucune proposition de l'*Éthique* ne leur est réservée; mais elles s'imposent si naturellement qu'il est impossible de ne pas les soulever, dès qu'il s'agit de préciser la manière dont nous devons penser l'éternité spinoziste par rapport à notre expérience immédiate et par rapport aux conceptions religieuses traditionnelles : nous ne pouvons donc pas nous étonner de les voir revenir constamment sous la plume des interprètes du spinozisme, à la faveur, d'ailleurs, des expressions employées et des remarques faites par Spinoza lui-même[2]. En général, ces questions constituent à leurs yeux autant de mystères et donnent prétexte à autant d'objections : aussi est-il indispensable de les examiner et de les résoudre, afin d'élucider

1. Spinoza évoque expressément cette idée : « Si nous avons égard à l'opinion commune des hommes, nous verrons qu'ils sont certes conscients de l'éternité de leur esprit, mais qu'ils la confondent avec la durée et qu'ils l'attribuent à l'imagination ou à la mémoire, qu'ils croient rester après la mort » (*Eth.*, V, 34 Sc.).

2. Sur ces « difficultés », l'ouvrage le plus complet et le plus systématique, qui rassemble le mieux toutes les critiques faites à Spinoza, est assurément celui de FULLERTON : *Immortality*.

la conception spinoziste de l'éternité, d'éliminer des difficultés trop avidement recherchées et trop facilement découvertes, et de confirmer les résultats des analyses précédentes, en montrant leur parfaite cohérence.

Expression et signification temporelles de l'éternité

Si nous la considérons dans son acception positive, en tant que nécessité immanente, nous ne trouvons dans l'éternité aucune référence à la durée ni au temps : caractérisée par l'existence nécessaire découlant de la seule essence de la chose, opposée à la contingence, elle est un simple mode d'existence de cette chose, abstraction faite de toute question de durée, celle-ci fût-elle « sans commencement ni fin », ainsi que Spinoza prend soin de le rappeler dès les premières pages de l'*Éthique*[3]; le problème de la signification temporelle de l'éternité du mode fini semblerait donc a priori dépourvu de sens[4].

Mais une telle absence de relation entre l'éternité et la durée ne peut manquer d'apparaître comme un certain rapport d'une autre nature, comme une opposition : ce qui existe sans que la temporalité intervienne dans la détermination de son existence ne doit-il pas exister hors du temps et, par suite, être tenu pour une réalité intemporelle ? Effectivement, l'éternité ne saurait être conçue comme une durée finie, dont le temps serait la mesure, puisque la durée en général et la finitude en particulier signifient une contingence de l'existence par rapport à l'essence et une subordination de cette existence à des données extrinsèques, la chose se trouvant alors à la fois soumise aux conditions antérieures qui suscitent son apparition et aux conditions extérieures qui entraînent sa disparition : tout le temps où cette chose n'existait pas encore et celui où elle n'existera plus ne montrent-ils pas d'ailleurs clairement que son existence n'est nullement inscrite dans son essence[5] ? Mais elle ne saurait, non plus, être conçue comme une perpétuité, puisque l'illimitation de la durée, l'absence de commencement et de fin ne constituent jamais, à elles seules, qu'une contingence indéfinie, toute négative, qui reste absolument distincte de la nécessité positive[6]. Et il n'est pas question de la penser sous la forme de l'instant, car celui-ci reste un terme de l'ordre de la durée,

3. *Eth.*, I, Déf. 8 & Explic.

4. Cf. Malapert : *Amour*, 255; — Ricardou : *De aeternitate*, 5; — Grzymisch : *Ewigkeit*, 33.

5. C'est l'argument invoqué pour prouver l'éternité des modes infinis immédiats : « Ce qui suit de la nécessité de la nature d'un attribut *ne peut avoir une durée déterminée.* Si vous le niez, supposez qu'il y ait en quelque attribut de Dieu une chose qui suive de la nécessité de la nature d'un attribut, par exemple : l'idée de Dieu dans la pensée, et qu'elle n'ait pas existé ou doive ne pas exister à un certain moment du temps (aliquando).... Donc, *au-delà des limites de la durée* de l'idée de Dieu....., la pensée devra être sans l'idée de Dieu. Or, cela est contre l'hypothèse, puisqu'on suppose que, cette pensée étant donnée, l'idée de Dieu en suit nécessairement. Donc l'idée de Dieu dans la pensée ou, en général, ce qui suit nécessairement de la nature absolue d'un attribut de Dieu, *ne peut avoir de durée déterminée* : mais, du fait du même attribut, cette chose est *éternelle* » [*Eth.*, I, 21 (souligné par moi)].

6. Cf. *C.M.*, II, 1 & 10 : dans ce dernier chapitre, Spinoza critique l'expression « de toute éternité », « car nous voulons signifier par là tout autre chose que ce que nous avons expliqué auparavant, quand nous avons parlé de l'éternité de Dieu : nous n'entendons rien ici que la durée.... ».

en ce qu'elle a de plus fini et de plus contingent, et il n'est ni plus, ni moins proche de la nécessité interne que ne l'était la persistance limitée ou illimitée[7]. Rien de la durée ne convient donc pour expliquer l'éternité de certaines choses singulières, puisque le problème n'est pas de l'ordre de la quantité, finie ou indéfinie, ni de l'ordre de la distance, étirée dans la succession ou annihilée dans l'instant, mais de l'ordre de la qualité ou de la modalité, l'immanence et la nécessité s'opposant à toutes ces formes de la subordination et de la contingence.

Cette opposition, qui semble placer l'existence éternelle hors de l'existence temporelle, est si nette et si importante, qu'elle est l'unique argument dans la cinquième partie de l'*Éthique*, l'éternité de l'esprit étant alors prouvée à partir de la seule indépendance de cette idée par rapport à la durée : « Nous n'attribuons à l'esprit humain aucune durée qui puisse être définie par le temps, si ce n'est en tant qu'il exprime l'existence actuelle du corps, laquelle s'explique par la durée et peut être définie par le temps; c'est-à-dire, nous ne lui attribuons la durée que pendant la durée du corps. Comme cependant ce qui est conçu avec une certaine nécessité éternelle au moyen de l'essence même de Dieu n'en est pas moins quelque chose, ce quelque chose qui appartient à l'essence de l'esprit sera nécessairement éternel[8] »; « Notre esprit, en tant qu'il enveloppe sous l'aspect de l'éternité l'essence du corps, est éternel et *cette existence ne peut être définie par le temps ou expliquée par la durée*[9]. »

Une telle existence intemporelle s'oppose évidemment à ce qui est l'objet habituel de notre souci, espoir ou crainte, à cette immortalité, qui n'est qu'une opinion commune sans vérité[10]. Distinction d'autant plus justifiée, semble-t-il, que l'immortalité, en tant que futur illimité, est incapable de vraiment satisfaire notre besoin de salut : loin de nous affranchir de la durée et du temps, elle nous maintient dans leur contingence; loin de nous libérer des passions, elle les entretient, ne serait-ce que par l'espoir et la crainte; loin de nous épargner la tristesse et la souffrance de la distance et de l'absence, elle nous y retient définitivement : en particulier, elle rejette le salut au-delà de notre vie présente et le rend impossible « hic et nunc ». En fait, ainsi qu'on l'a fait remarquer, « Que nous importe de subsister ou non ? La longueur de l'existence n'a qu'un rapport incertain avec la richesse de l'essence. Des êtres médiocres durent sans fin. Qu'avons-nous besoin de l'immortalité des pierres[11] ? » Ce dont nous désirons et devons nous sauver, c'est précisément de la temporalité, même indéfinie, en ce qu'elle comporte de subordination, de perte et d'attente, de contingence et d'absence : l'éternité salutaire ne pourrait donc être, selon la formule de Bergson, qu'une « brusque suppression du temps[12] ».

7. Contrairement à un grand nombre de penseurs mystiques et même d'interprètes du spinozisme (cf. A. TUMARKIN : *Zur Spinozas Attributenlehre, Arch. für Geschichte der Philos.*, Berlin, 1907, 326), Spinoza ne réserve en fait aucun sort particulier à la notion d'instant, ni pour expliquer par elle l'éternité et le salut, ni pour seulement la définir.

8. *Éth.*, V, 23. — Cf. *Éth.*, V, 29.

9. *Éth.*, V, 23 Sc. (souligné par moi).

10. *Éth.*, V, 34 Sc.

11. COUCHOUD : *Spinoza*, 273.

12. BERGSON : *La pensée et le mouvant*, 124. — Cf. COUCHOUD : *Spinoza*, 272 : « Son effort singulier nous apparaît.... : chasser de la morale l'image du temps. » — Cf. RICARDOU : *De aeternitate*, 62-5.

Mais, dès qu'on oppose ainsi l'éternité à la durée, on établit une confrontation entre ces deux termes et l'on introduit nécessairement dans la définition de la première une référence à la temporalité. C'est ce qui apparaît spécialement, lorsqu'il s'agit de distinguer l'éternité de la durée finie; alors, en effet, la première ne peut manquer d'être conçue comme une continuation illimitée, admettant un « avant » et un « après » par rapport à la durée limitée servant de terme de comparaison : quelles que soient les précautions prises contre une confusion de l'éternité avec la perpétuité, c'est à celle-ci qu'on se trouve obligé de faire appel, quand on veut penser l'opposition de celle-là à la durée finie, comme le prouvent d'ailleurs les arguments utilisés pour établir l'éternité des modes infinis [13]. Et c'est bien à cette opposition entre une persistance indéfinie et une existence finie que nous conduit nécessairement la recherche du salut : il s'agit toujours, en effet, de trouver une solution au problème de la mort, de la finitude temporelle du corps et de l'esprit, ainsi que le montre le point de départ de la déduction spinoziste de l'éternité [14]; le *Court traité* et la *Réforme de l'entendement* ne prétendent-ils pas nous mener jusqu'à « l'objet impérissable », qui puisse nous procurer une « joie continue » ? N'est-ce pas l'indestructibilité d'une idée, d'une connaissance et d'un amour que « rien dans la nature ne peut ôter », qui se révèle être le principal objet de la déduction menée dans l'*Éthique* et qui constitue la caractéristique la plus évidente de l'éternité ?

En fait, dans les dernières pages de l'*Éthique*, Spinoza se sert constamment d'expressions temporelles pour définir ou décrire l'éternité :

a) Il oppose la vie éternelle à « *la vie présente* [15] » et la partie éternelle de l'esprit à ce qu'il est « *pendant la durée du corps* [16] », comme idée de son « existence actuelle *présente* [17] »;

b) Il en conclut qu'il « *reste (remanet)* [18] » quelque chose de cet esprit, qui « ne peut être entièrement détruit avec le corps [19] »; et il précise qu'il s'agit bien d'une *existence antérieure et postérieure* à celle du corps et de l'imagination : « Nous avons existé avant le corps [20] »; « Cet amour pour Dieu n'a pas eu de commencement [21] » et « Le Sage ne cesse jamais d'être [22] »;

c) Il est donc conduit à parler de l'éternité comme d'une « *durée* [23] »

13. *Éth.*, I, 21 (texte cité dans la note d'un des paragraphes précédents).
14. *Éth.*, V, 21.
15. *Éth.*, V, 20 Sc. (souligné par moi).
16. *Éth.*, V, 21, 23 Dém., 34 (souligné par moi).
17. *Éth.*, V, 29 (souligné par moi).
18. *Éth.*, V, 23 Dém., 40 Cor. (souligné par moi).
19. *Éth.*, V, 23.
20. *Éth.*, V, 23 Sc.
21. *Éth.*, V, 33 Sc. — Cf. *Eth.*, V, 31 Sc.
22. *Éth.*, V, 42 Sc. — Cf. *C.T.*, II, Préf., Note, § 10 : « Il n'y en avait pas moins et il n'y en aura pas moins.... » — On pourrait aussi interpréter en ce sens le « erit aeternum » de *Éth.*, V, 23 Dém., mais c'est plus probablement un futur de déduction, exprimant la conséquence d'une prémisse antérieurement admise.
23. *Éth.*, V, 20 Sc. — Cf. *C.T.*, I, Second dialogue, § 11 : « De toute éternité », II, 26, § 7 : « Aucun des effets d'une cause.... immanente.... ne peut périr.... aussi longtemps que cette cause demeure », et II, 25, § 3, qui parle de « durée » et de « subsistance » proportionnées à la perfection immanente.

et à employer à son sujet des mots comme « *semper* » et « *nunquam*[24] »; cette « durée éternelle et constante », dont faisait état le *Court traité*[25] et à laquelle fait songer l'*Éthique*, quand elle décrit « l'amour constant et éternel[26] », paraît alors se confondre avec la simple perpétuité : comme l'éternité attribuée aux modes infinis[27], elle est bien plus immutabilité qu'intemporalité;

d) Mais elle est encore plus temporelle que ne l'est l'immutabilité : elle est devenir et transition, s'il est vrai que Spinoza pose une éternité acquise et progressive, liée au développement de notre connaissance et de notre amour[28], et que la joie, qui fonde cet amour et la béatitude, correspond à une variation de notre puissance[29].

Il est donc certain que Spinoza « temporalise » l'éternité. Et ne semble-t-il pas retrouver ainsi toutes les caractéristiques de l'immortalité[30] ? Remarquons que, dans sa rapide critique de l'opinion commune sur ce point, s'il dénonce la confusion faite entre l'éternité et la durée, il ne s'en prend qu'à la croyance au maintien de l'imagination et de la mémoire après la mort[31] : en vérité, si nous dépouillons l'idée d'une durée indéfinie de tout ce que la durée comporte habituellement de contingence, de distance et d'absence, d'imagination, de mémoire et de passion, de tristesse, d'espoir et de crainte, pour ne retenir que la constance immuable de ce qui est intrinsèquement nécessaire, nous parvenons, semble-t-il, à une notion épurée de l'immortalité qui correspond fort bien à la description spinoziste de l'éternité, si nous en retenons les notes temporelles.

Comment pouvons-nous cependant concevoir ce qui reste de l'immortalité, quand nous en avons purifié la notion ? Par quelle définition de l'éternité nous est-il possible de concilier des indications aussi contradictoires, que l'opposition à la durée et au temps et l'emploi d'expressions temporelles et du mot même de durée ? Nous sommes évidemment amenés à songer à une autre temporalité, distincte à la fois de l'éternité initialement définie comme une intemporalité propre à Dieu, et de la durée dont nous devons nous affranchir pour notre salut : il nous faudrait entendre ici, non plus une nécessité absolue située hors du temps, mais une « éternité de second rang », une perpétuité et une immutabilité immanentes, qui ne seraient donc pas totalement étrangères à la durée, mais qui seraient dépouillées des éléments de contingence, de distance

24. *Éth.*, V, 42 Sc. [ce texte s'oppose mot pour mot à la preuve de notre destructibilité (*Éth.*, IV, 4)].
25. *C.T.*, II, 26, § 9.
26. *Éth.*, V, 36 Sc.
27. *Éth.*, I, 20 Cor. 2 & 21.
28. Cf. le chapitre précédent.
29. Cf. 2e partie, chap. 2 & 3, et 3e partie, chap. 2.
30. Wolfson (*Spinoza*, II, 323-5) a montré que chacune des déterminations de l'éternité posées dans la cinquième partie de l'*Éthique* reprend les formules employées par Uriel da Costa pour réfuter l'immortalité, les affirmations se substituant simplement aux négations; Spinoza pouvait d'autant moins ignorer cette tragique victime de l'orthodoxie juive, réduite au suicide en 1647, que c'étaient ses propres maîtres, Samuel da Silva et Manasseh ben Israël, qui avaient attaqué les thèses de cet hérétique (cf. J.-S. Revah : *Spinoza et les hérétiques de la communauté judéo-portugaise d'Amsterdam*, *Revue de l'histoire des Religions*, Paris, 1958, 207). — On pourrait aussi invoquer la présence constante du mot « immortalité » dans le *Court traité;* mais il n'est pas permis de faire sans réserve état du vocabulaire d'un texte, qui n'est qu'une traduction.
31. *Éth.*, V, 34 Sc.

et d'absence, que comporte la durée en son acception ordinaire[32]; il s'agirait donc bien d'une temporalité, nullement privée de succession, ni même de transition, puisque la partie éternelle de notre esprit a existé, existe et existera et qu'elle est capable de développements progressifs, mais ignorant la rupture, la divisibilité et l'indépendance de ses parties et, par suite, la contingence de son devenir : d'une « durée indivisible », qui serait continuité et constance[33].

L'idée d'une temporalité intermédiaire entre l'éternité intemporelle et la temporalité contingente peut séduire[34] : elle n'en devient ni plus certaine, ni plus claire. D'une part, en effet, Spinoza ne fournit à ce sujet ni définition, ni explication, ni preuve : il n'indique jamais en quoi elle consisterait exactement, ni par quoi elle se distinguerait de la durée mesurée par le temps et, surtout, de l'éternité de la substance; il ne pose même pas d'une manière expresse l'existence d'un semblable troisième mode d'être en face des deux autres, qui sont, quant à eux, parfaitement signalés et distingués; au contraire, s'il emploie des termes empruntés à la durée pour décrire l'éternité de l'esprit, il paraît bien confondre cette dernière avec l'éternité même de l'infini[35] : n'avait-il pas d'ailleurs déjà présenté l'infini lui-même comme immuable[36], ce qui le plaçait hors de la stricte intemporalité pour le situer dans l'ordre de la continuation ? D'autre part, cette « autre temporalité » qui est une « autre éternité », ne peut manquer d'apparaître comme une notion mixte et, par suite, obscure et confuse, née de la confrontation, c'est-à-dire de l'opposition et du mélange, de deux termes aussi irréductibles que l'éternité et la durée : elle serait, en effet, tour à tour et selon le point de vue choisi, chacune des deux, empruntant à l'autre certaines de ses caractéristiques, pour rester toujours différente de celle avec laquelle on risquerait de la confondre; il y aurait donc contamination d'éléments opposés dans l'élaboration d'un concept aussi essentiel pour la théorie du salut[37].

Mais pourrait-il en être autrement ? Notre imagination n'est-elle pas, en effet, soumise à la loi de la durée, en sorte qu'il nous est impossible d'imaginer l'éternité sans la rendre temporelle ? Dira-t-on que nous pouvons la concevoir sans la dénaturer ainsi ? Mais, quand on écrit l'*Éthique*, le problème n'est pas de la concevoir : c'est d'en parler et le langage, originairement lié à l'imagination[38], contient d'inévitables expressions temporelles; Spinoza précise bien parfois que certaines de ses formules ne sont que des manières de parler, inadéquates à la vérité qu'il veut faire entendre[39]. Les expressions temporelles seraient donc un simple

32. Cf. Busse : *Essentia*, 297-8; — Matthes : *Unsterblichkeitslehre*, 60; — Rivaud : *Essence, passim;* — Baensch : *Ewigkeit*, 72-4; — Wolfson : *Spinoza*, I, 362-3, 376; — dans sa traduction et dans ses notes, Appuhn interprète de cette manière l'éternité des modes infinis et la « species aeternitatis » des modes finis.

33. Bréhier : *Études*, 291. — Cette durée indivisible serait comparable à l'étendue indivisible invoquée par Spinoza contre Descartes et s'opposerait à la durée discontinue et à la contingence des instants posées par celui-ci.

34. Elle rattacherait le spinozisme à l'émanatisme traditionnel.

35. En particulier à propos de l'amour intellectuel de Dieu (*Éth.*, V, 36). — Cf. *Éth.*, V, 40 Sc.

36. Cf. *Éth.*, I, 20 Cor. 2 & 21.

37. Cf. Bastide : *Temps*, 77-8.

38. *Éth.*, II, 17 Sc., 40 Sc. 1 & 2.

39. « Bien que nous soyons certains que l'esprit est éternel...., nous le considérons cependant, pour expliquer plus aisément et faire mieux entendre ce que nous voulons montrer,

langage réfractant l'éternité dans la durée, sans que nous puissions en déduire ni la temporalité de l'éternité, ni l'existence d'une autre temporalité de l'éternité, ni l'existence d'une autre temporalité intermédiaire [40].

Remarquons, toutefois, que ce langage ne fait que traduire la vérité d'une certaine situation métaphysique, qui est la nôtre : nous durons, en effet, et nous sommes des êtres d'imagination; les formules temporelles apparaissent donc légitimes, dès qu'on y voit l'indication de ce que l'éternité devient, quand elle est considérée du point de vue du mode fini et contingent. Qui plus est, la contingence de l'existence du mode fini par rapport à son essence, sa finitude et sa durée ne sont pas de pures illusions : si le temps n'est qu'un auxiliaire de l'imagination, un instrument subjectif de comparaison et de mesure, la durée est, au contraire, quelque chose de réel et d'objectif, tout autant que le mode et les relations entre les modes; la connaissance qui envisage les choses de son point de vue est partielle et inadéquate, mais nullement fausse d'une manière absolue : la temporalité est réellement le statut des choses singulières réelles, comme le corps et l'imagination; la « temporalisation » de l'éternité provient donc d'une confrontation entre celle-ci et la durée, qui n'est pas une représentation arbitraire et subjective, mais qui ne peut être qu'une relation nécessaire et vraie : le langage de la temporalité exprimerait ainsi la véritable nature de l'éternité de Dieu et de notre entendement, dans son rapport avec la durée contingente qui appartient vraiment à l'existence en acte du mode fini que nous sommes. Si Spinoza présente certaines de ses formules comme un simple langage, il ne le fait pas à propos de toutes les expressions temporelles qu'il emploie, mais seulement lorsqu'il parle de l'éternité comme d'une chose qui aurait un commencement, et il le fait justement pour rappeler qu'elle est perpétuité sans commencement [41] : ses réserves sont donc loin de mettre en cause ce qu'a de vrai un tel langage [42].

Mais que peut signifier une telle relation dans le spinozisme ? Comment entendre une confrontation de l'éternité et de la temporalité dans un monisme ? J'ai relaté diverses interprétations : l'éternité comme intemporalité opposée à la durée mesurée par le temps, l'éternité du mode

comme nous l'avons fait jusqu'ici, comme s'il commençait maintenant d'être et comme s'il commençait maintenant d'entendre les choses sous l'aspect de l'éternité; il nous est permis de le faire sans aucun danger d'erreur, pourvu que nous ayons la précaution de ne rien conclure que de prémisses pleinement claires » (*Éth.*, V, 31 Sc.).

40. Cf. Ricardou : *De aeternitate*, 13; — Taylor : *Immortality*, 155; — Fullerton : *Immortality*, 101; — de même, Wolfson (*Spinoza*, I, 363) pense que l'éternité, qui est tantôt intemporalité, tantôt omnitemporalité, ne devient préexistence et subsistance postérieure qu'au niveau du langage. — Hallett (*Aeternitas*, 55-7 & 77) estime qu'il faut voir dans les formules temporelles employées par Spinoza des transpositions servant à exprimer des rapports logiques : dans la preuve de l'éternité, « remanet » ne signifierait pas « subsiste après », mais « reste » comme éternel, une fois faite la soustraction du contingent, quand on isole la partie immanente de l'esprit; quant à la transition impliquée dans l'affirmation d'une éternité progressive, d'un amour et d'une béatitude, elle ne serait pas un devenir dans le temps, mais la relation de la prémisse à ses conséquences, la connaissance et l'amour de Dieu sortant de l'idée éternelle de soi-même, sans nul écart chronologique : cette simple transition logique suffirait pour fonder la joie, l'amour et la béatitude (cf. 2e & 3e parties).

41. *Éth.*, V, 31 Sc. (texte cité dans une note précédente).

42. Il faut ajouter qu'un langage pourrait fort bien éviter les formules temporelles : Spinoza pouvait facilement ne parler que de nécessité, sans recourir aux mots « toujours », « jamais », « durée », etc., et il aurait même pu, s'il en avait éprouvé le besoin, parler d'intemporalité ou d'existence hors de la durée !

comme temporalité particulière en face de l'éternité de Dieu et de la durée du mode, l'éternité considérée comme temporalité du fait du langage et de sa liaison avec la durée; mais aucune de ces tentatives ne tient compte des exigences du monisme, qui interdisent non seulement tout appel à une autre temporalité différente de l'éternité et de la durée, mais aussi toute distinction entre l'éternité et la durée et toute prétention à sortir du temps : les métaphysiques de la transcendance et de la création pouvaient faire état de telles oppositions [43]; les émanatismes pouvaient encore multiplier les niveaux de l'être; mais un panthéisme qui voit dans les choses singulières de simples modes ou parties de la substance éternelle, un monisme aussi rigoureux que le spinozisme ne pouvait séparer l'éternité de la temporalité. D'ailleurs, on n'a pas manqué de le noter, pour en faire une critique contre la doctrine [44]; mais quand donc Spinoza a-t-il présenté l'éternité comme une existence intemporelle [45] ? L'eût-il fait, qu'il n'y aurait aucune raison de ne pas voir dans de telles formules un simple langage, ainsi qu'on le fait volontiers pour les formules qui la présentent comme une temporalité : on le devrait bien, pourtant, puisque l'intemporalité n'est qu'une autre forme de la relation avec la durée, qui repose sur la même confrontation que celle qui était responsable de la présentation temporelle de l'éternité ! En vérité, dans une philosophie qui ne connaît qu'un être, qu'une seule substance, et qui voit en toute chose une partie plus ou moins grande et plus ou moins active de cet absolu, il n'y a pas place pour une distinction entre une existence éternelle et une existence temporelle : s'il est vrai qu'il y a une existence qui est succession et transition, l'éternité est en elle et non pas ailleurs, car il n'y a pas d'ailleurs. C'est pourquoi *ce qui est éternel,* Dieu, ses attributs, ses modes infinis, nos entendements, *dure vraiment,* est immutabilité et perpétuité, existe avant, pendant et après telle chose singulière réelle existant en acte que nous pouvons prendre comme terme de comparaison. Il ne s'agit pas d'expressions temporelles plus ou moins adéquates et légitimes : dans le monisme, l'éternité a nécessairement une signification temporelle : si on parvient à reconnaître que, pour Spinoza, Dieu est « chose étendue », pourquoi ne pas accepter qu'il soit aussi « chose qui dure » ?

Demandera-t-on quel sens donner alors à la distinction faite entre l'éternité et la durée mesurée par le temps ? Souvenons-nous que l'éternité n'est pas un ordre d'existence réservé à des choses différentes, telles que des essences, ni une autre existence des choses, mais leur mode d'existence : c'est le fait d'exister en vertu d'une nécessité interne échappant à l'action destructrice des causes extérieures [46]; il n'y a là rien qui s'oppose au fait de durer, car la nécessité immanente n'exclut pas a priori la succession et la transition : l'éternité s'oppose seulement au fait de posséder une existence qui s'explique par la durée et se mesure par le temps [47]. Autrement dit, elle est une existence intrinsèquement

43. C'était précisément le point de vue de Spinoza dans les *Pensées métaphysiques,* seul ouvrage où l'éternité et la durée soient nettement opposées comme deux êtres différents.
44. Cf. Bergson : *La pensée et le mouvant,* 124; — Bidney : *Ethics,* 357.
45. Sauf, évidemment, dans les *Pensées métaphysiques.*
46. Cf. le chapitre précédent.
47. *Éth.,* V, 23 & Sc., 29.

nécessaire, qui s'oppose à la contingence des choses dont l'existence n'est produite que par une nécessité extérieure : dans le second cas, la présence en acte de ce qui dure s'explique uniquement par la durée, par la succession par rapport à d'autres choses qui l'engendrent et peuvent la supprimer, et elle est donc mesurable par cette quantité comparative qu'est le temps; dans le premier cas, au contraire, cette même présence en acte de ce qui dure ne s'explique pas par une telle dépendance et ne se définit pas au moyen d'une telle comparaison, parce qu'elle est nécessité interne, quelles que soient les causes et les conditions extérieures et en quelque temps que ce soit [48]. C'est pourquoi l'éternité est temporalité continue et constante [49], « sans relation à un certain temps [50] », immutabilité et perpétuité admettant quelques-unes des caractéristiques de l'immortalité traditionnelle; elle peut l'être, comme Dieu peut être une chose étendue, dans la mesure où la durée est nettement distinguée du temps et où elle doit être tenue, comme l'étendue divine, pour une réalité continue et indivisible [51]; et s'il est vrai que Spinoza a refusé de définir l'éternité par la perpétuité, ce n'est pas que l'éternel ne soit pas perpétuel : c'est que la perpétuité peut être simple contingence et qu'alors, elle n'est pas éternité; en effet, si tout ce qui est intrinsèquement nécessaire dure toujours, tout ce qui dure toujours peut fort bien ne devoir cette permanence qu'aux contingences de la nécessité externe. L'éternité n'est donc pas la durée; mais elle n'en est pas non plus le contraire : elle est *l'un des deux modes d'existence de l'être qui dure, sa nécessité interne, par opposition à cette existence dans la durée qui s'explique par la durée et se mesure par le temps :* en outre, elle a pour conséquence une durée infinie [52], une indestructibilité et une immutabilité, qui est perpétuité nécessaire, non perpétuité contingente.

Tel est le statut privilégié dont jouit notre entendement :

I. — L'élément essentiel en est la nécessité interne, l'activité dans laquelle l'esprit est entièrement et uniquement lui-même, comme partie positive et expression directe de Dieu : avec l'amour et la béatitude qui en résultent, cela suffira pour assurer un salut « hic et nunc », qui soit pleine possession de l'éternité.

II. — 1° Mais la première conséquence en est une durée constante et indestructible, qui

a) Laisse la place à un devenir, à une transition et à un développement au sein de ce qui est éternel, autant de conditions nécessaires à l'existence d'un amour, d'une béatitude et d'un progrès de ce qui nous confère l'éternité;

48. Selon le point de vue adopté pour démontrer l'éternité des modes infinis [*Eth.*, I, 21 (texte déjà cité)].

49. Je reprends donc l'essentiel de la théorie de « l'autre temporalité », mais sans poser une temporalité réellement « autre », qui détruirait le monisme.

50. *Eth.*, V, 37 Sc. : on voit que ce texte n'exclut pas toute temporalité de l'éternité, mais seulement la « relation à un *certain* (*certus* = défini, limité) temps ».

51. *Lettre XII à L. Meyer* (20 avril 1663), V.L., III, 41, Pl., 1155; — *D.I.E.*, §§ 83 & note, 108.

52. Je dis bien « infinie » et non indéfinie, l'illimitation tenant alors à la nature même de la chose [cf. *Lettre XII à L. Meyer* (20 avril 1663), V.L., III, 42, Pl., 1157].

b) Garantit le maintien de ce qui nous sauve pour toute la durée de la vie, sans risque de perte : n'est-ce pas essentiel, pour que notre éternité soit aussi notre salut, c'est-à-dire un bonheur dont nous ne soyons jamais privés ?

2° La seconde conséquence en est une durée infinie, qui fait songer à l'immortalité, à condition que cette idée commune soit purifiée de toute illusion, de tout ce qui est contingence, distance ou absence, de toute source d'attente, d'espoir ou de crainte : ce n'est là qu'un résultat secondaire, sans importance pour le salut, puisque celui-ci n'est pas une consolation cherchée dans la pensée de notre être futur, mais une jouissance trouvée dans notre être présent; mais ce n'en est pas moins une donnée nécessaire de notre éternité : l'activité purement immanente d'une partie de l'éternité divine reste quelque chose de vrai en tout temps, elle est toujours un élément positif et actif de la réalisation de l'être et de la manifestation de la nécessité universelle; présente, passée ou future, peu importe, elle est toujours contenue dans l'être, elle est toujours, par elle-même et en elle-même, quelque chose qui fait que la Nature est ce qu'elle est : *elle est inscrite en Dieu de manière ineffaçable.*

Mais sous quelle forme ?

Le mode d'existence de l'idée du mode inexistant[53]

Comment devons-nous et même pouvons-nous concevoir cette subsistance infinie ? En effet, si l'éternité est reconnue à une partie de l'esprit qui est toujours une certaine idée du corps, et si elle implique la permanence indestructible de cet être, mais si le corps n'est qu'un mode destructible dont l'existence en acte s'explique par la durée et se trouve mesurée par le temps, nous arrivons à cette conclusion surprenante : une idée d'un mode subsiste, alors que ce mode n'existe pas ! N'est-ce pas alors que nous trouvons en défaut la conception paralléliste des rapports entre l'esprit et le corps ? Le premier ne possède-t-il pas ainsi une existence indépendante de celle du second et son privilège ne finit-il pas par se manifester ?

Ces questions ne concernent pas directement notre salut « hic et nunc » : notre libération dans l'activité, l'amour et la béatitude n'a que faire de la subsistance de notre esprit avant ou après l'existence de notre corps; elles ne sont donc pas traitées dans la cinquième partie de l'*Éthique.* Mais elles s'imposent, dès qu'il s'agit d'élucider toutes les conséquences de la définition de l'esprit comme idée du corps : c'était donc dans la seconde partie qu'il convenait d'analyser déjà l'être de l'idée du mode inexistant; notons seulement que si cette difficulté met en cause la conception paralléliste de l'esprit, ce n'est ni à l'occasion, ni à cause de la théorie de l'éternité : bien au contraire, c'est au sein même de l'exposé de ce parallélisme ! Soyons donc prudents avant d'accuser le spinozisme d'incohérence et restons sans crainte pour la doctrine de l'éternité nécessaire au salut.

Le parallélisme semble exiger que l'idée d'un mode inexistant soit

53. Le mode spinoziste n'étant qu'une manière d'exister de la substance, la répétition du même mot se justifie pleinement.

elle-même privée d'existence; telle est exactement la doctrine de Spinoza : « *Aussi longtemps que les choses singulières n'existent pas...., leur être objectif c'est-à-dire leurs idées n'existent pas* : et dès que les choses singulières sont dites exister,.... en tant qu'elles sont dites durer, leurs idées enveloppent aussi l'existence par laquelle elles sont dites durer[54] »; « L'élément premier qui constitue l'être de l'esprit humain est une idée. Mais non pas l'idée d'une chose non existante. Car alors l'idée elle-même ne pourrait être dite exister; ce sera donc l'idée d'une chose existant en acte.... Donc l'élément premier qui constitue *l'être actuel de l'esprit humain,* est *l'idée d'une chose singulière existant en acte*[55]. »

Nous devons cependant *constater* que « *Nous pouvons avoir des idées vraies des modifications non existantes*[56] »; en effet, « Toute chose naturelle peut être conçue adéquatement, qu'elle existe ou non[57] » : même si Socrate, César ou mes arrière-petits-neveux n'existent plus ou n'existent pas encore, ni en leurs corps, ni dans les idées de ces corps qui constituent l'être de leurs esprits, il y a place pour une idée ou une connaissance vraie, parfaitement distincte de la fiction ou de l'erreur, au sujet de leur existence et de leur essence passées ou futures; n'est-il pas, en effet, possible de connaître leur actualité en un certain temps et de définir leur caractère[58] ? Nous devons donc admettre une existence des idées des modes inexistants, qui est différente de l'existence en acte des idées constitutives de l'être actuel des esprits de ces modes.

Comment concevoir cette existence ? Nous pouvons évidemment songer à la présence de l'idée du corps en Dieu, dans la Pensée ou, plus exactement, dans l'entendement divin : « Quand ce corps était un enfant non encore né et, par la suite, après notre mort...., il n'y en avait pas moins dès lors et il n'y en aura pas moins alors, aussi bien que maintenant, une idée ou connaissance de notre corps dans la chose pensante[59] »; « Il y a nécessairement en Dieu une idée....[60] ». Il y aurait donc dans l'infini une subsistance antérieure et postérieure à l'existence actuelle en un temps donné[61]; mais cette réponse ne peut nous satisfaire pleinement : en effet, dans le monisme spinoziste, l'existence en acte n'est pas extérieure à Dieu et l'idée existant en acte n'est pas différente de celle qui est contenue dans l'entendement infini[62]; quand il est question de la subsistance non actuelle de l'idée d'un mode inexistant, il ne saurait donc s'agir d'une existence semblable d'une autre chose que l'esprit qui est doué de l'existence actuelle, mais d'une autre existence de cette même chose.

54. *Éth.*, II, 8 Cor. (souligné par moi).

55. *Éth.*, II, 11 Dém. (souligné par moi). — Cf. *Éth.*, I, & Sc. 2 : « Les idées.... des modifications non existantes.... n'existent pas en acte ». — Cf. *C.T.*, Append. II, §§ 7, 9 & 12.

56. *Éth.*, I, 8 Sc. 2 (souligné par moi).

57. *T.P.*, II, 2.

58. Dans le déterminisme universel, tel que le soutient Spinoza, c'est aussi vrai du futur que du passé.

59. *C.T.*, II, Préf., Note, § 10.

60. *Éth.*, V, 22, etc...

61. Cf. Ricardou : *De aeternitate*, 74-6. — Wolfson (*Spinoza*, II, 27-31) montre que cette doctrine vient des Scolastiques, notamment de Maïmonide et de Lévy ben Gerson : Spinoza se réfère à eux dans les *Pensées métaphysiques* (1, 2).

62. Cf. 1re partie, chap. I. — Une fois encore, le monisme implique une telle modification de la pensée par rapport aux conceptions médiévales, que les rapprochements, quel que soit leur intérêt, ne peuvent servir d'explication ou de définition.

Pour résoudre cette difficulté, il faut reprendre l'exemple de l'idée vraie que je peux former de Socrate : c'est bien une idée du mode de l'étendue et de la pensée qu'a été Socrate, et une idée qui possède l'existence en acte, bien que Socrate n'existe plus en acte; en effet, elle existe dans mon esprit ou, plutôt, elle constitue l'être actuel de mon esprit, quand je suis connaissance de cette chose inexistante : l'idée d'un mode inexistant peut donc jouir de l'existence en acte, dans la mesure où elle est présente dans l'idée ou l'esprit d'un corps existant en acte. D'une manière générale, l'idée de l'essence d'un être — son essence en idée ou « essence idéale[63] » — peut ou bien constituer l'esprit de cet être, ou bien exister dans l'esprit d'un autre être qui pense le premier; et il en est de même pour l'idée de son existence, qu'on pourrait aussi bien appeler son « existence idéale[64] » : de toute manière, quand l'idée de l'essence ou de l'existence d'une chose existe en acte sans constituer l'esprit même de cette chose, nous avons affaire à l'existence actuelle de l'idée de cette chose en une autre chose[65].

Mais ce n'est pas encore là ce que nous cherchons : d'une part, en effet, une telle existence actuelle en autrui reste fort contingente, alors que la subsistance de l'idée éternelle a été posée comme nécessaire; d'autre part, c'est une existence en acte, alors que cette subsistance correspond, nous l'avons vu, à l'abolition de l'être actuel. Demandons-nous, cependant, comment est possible l'existence actuelle en moi de l'idée de Socrate : mon esprit, qui est l'idée de mon corps, forme cette idée dans la mesure où il y a entre mon corps et celui de Socrate un tel enchaînement de causes et d'effets que la manière dont mon corps est actuellement affecté par des causes extérieures enveloppe l'existence d'objets qui s'expliquent par l'existence du corps de Socrate — des documents, des témoignages, des traces, des influences, des héritages, etc. — et enveloppe, par conséquent, l'existence et l'essence de Socrate lui-même; et il peut s'agir d'une idée vraie, nécessaire et éternelle, dans la mesure où l'enchaînement rigoureux des idées adéquates, dans la connaissance du deuxième et du troisième genre, conduit mon esprit de l'idée de mon corps à celle de Socrate[66]. Il va de soi que, si

63. *T.P.*, II, 2.

64. L'expression n'est pas de Spinoza, mais celui-ci envisage bien l'existence de l'idée de l'existence de Pierre dans l'esprit d'un autre, tel un enfant (*Éth.*, II, 44 Sc.).

65. Nous retrouvons ici l'analyse « topographique » des parties de la Nature (cf. le chapitre précédent) : dans un cas, l'idée de Socrate, qui est son esprit même, est une pensée adéquate qui correspond exactement à l'être en acte de Socrate; dans l'autre cas, l'idée de Socrate, qui est la connaissance que j'ai de lui, reste toujours une pensée extrinsèque, la partie pensante de l'entendement divin (= moi) ne correspondant pas alors d'une manière adéquate à la partie pensée de l'étendue divine (= lui), même quand elle devient une connaissance adéquate du second et du troisième genre grâce à ce qu'il y a de commun entre lui et moi. — On comprend qu'on ait pu voir dans cette doctrine la croyance en la *transmigration des âmes* : il est inutile de discuter cette interprétation, qui ne repose sur aucun texte de Spinoza, mais sur le seul témoignage de Leibniz, dont la bienveillance et la fidélité sont douteuses. Je noterai simplement que la topographie des parties de la Nature s'oppose à la transmigration des âmes : ce n'est pas l'esprit même de Socrate qui est en moi quand je le pense, car il s'agit d'une idée extérieure à son être, présente en une partie de la Pensée correspondant à mon corps, non au sien. Si l'on tient aux comparaisons, il vaut mieux évoquer « l'immortalité subjective » de certains philosophes modernes : l'idée de Socrate est détruite en tant qu'elle a été son esprit, mais subsiste en d'autres esprits, en raison de sa perfection propre.

66. Toute la théorie de la connaissance des choses extérieures — présentes, passées ou futures — est construite sur ce principe (*Éth.*, II, 16-8, 26, 29-31, 36, 38-40, etc...).

mon esprit n'était pas fini, il envelopperait de la même façon tout ce qui a existé et tout ce qui existera : l'idée d'un être peut donc trouver une existence actuelle en autrui, alors même que cette idée et cet être sont désormais ou sont encore privés d'une existence en acte propre, parce que cette idée est nécessairement enveloppée ou comprise en tout esprit, c'est-à-dire en toute idée de l'être, en raison de l'unité de l'être et de la nécessité universelle : l'idée de Socrate n'existe plus en elle-même depuis que son corps a péri, mais cette existence en acte a laissé la place à une *présence implicite,* à une *existence impliquée* de cette idée au sein de toute idée existant en acte. Telle est bien la réponse de Spinoza : « Nous pouvons avoir des idées vraies des modifications non existantes; en effet, bien qu'elles n'existent pas en acte hors de l'entendement » (de celui qui les pense), « leur essence est cependant *comprise en autre chose,* en sorte qu'elles peuvent être *conçues au moyen de cette même chose*[67] »; « Les idées des choses singulières ou modes n'existant pas doivent être *comprises dans l'idée infinie de Dieu,* de la même façon que les essences formelles des choses singulières sont contenues dans les attributs de Dieu[68] »; « Il s'ensuit qu'aussi longtemps que les choses singulières n'existent pas, si ce n'est *en tant qu'elles sont comprises dans les attributs de Dieu,* leur être objectif c'est-à-dire leurs idées n'existent pas, si ce n'est *en tant qu'existe l'idée infinie de Dieu*[69] » : « Si on veut prendre un exemple pour expliquer plus amplement ce point, je ne pourrai certes en donner aucun qui explique adéquatement la chose dont je parle ici, vu qu'elle est unique; je m'efforcerai cependant de l'illustrer autant que possible. On le sait, un cercle est de telle nature, que les produits des segments formés par toutes les droites qui se coupent en un même point, sont égaux entre eux; aussi, dans le cercle, *sont contenus* des produits égaux entre eux en nombre infini; cependant, aucun de ces produits ne peut être dit exister, si ce n'est en tant que le cercle existe, et, de même, l'idée d'un de ces produits ne peut être dite exister, si ce n'est en tant qu'elle *est comprise dans l'idée* du cercle. Que maintenant, parmi cette infinité, deux seulement, soient E et D, soient conçus comme existants. Assurément, leurs idées existent alors aussi, non seulement en tant qu'elles seraient simplement comprises dans l'idée du cercle, mais aussi en tant qu'elles enveloppent l'existence de ces produits[70]. »

Que devons-nous entendre exactement par cette « présence implicite »,

67. *Éth.*, I, 8 Sc. 2 (souligné par moi).

68. *Éth.*, II, 8 (souligné par moi) : cette proposition est démontrée à partir du seul parallélisme, c'est-à-dire de l'identité de la chose s'exprimant en divers attributs.

69. *Éth.*, II, 8 Cor. (souligné par moi).

70. *Éth.*, II, 8 Sc. (souligné par moi). — Cet exemple mathématique, repris de Lévy ben Gerson (cf. WOLFSON : *Spinoza,* II, 31), n'a pas pour fin de montrer comment il peut y avoir une connaissance vraie de ce qui n'existe pas dans la nature, le cercle; il sert à montrer que les segments et leurs produits sont contenus implicitement dans le cercle, même s'ils n'existent pas en acte, et que la connaissance de ces segments et de ces produits est également contenue dans l'idée du cercle, même si ceux-ci n'existent pas en acte et si cette connaissance n'est pas explicitée ou actualisée pour elle-même. — Cf. *C.T.*, Append. I, 4 Dém. : « L'essence vraie d'un objet est quelque chose qui.... est ou bien réellement existant, ou bien *contenu dans une autre chose qui existe réellement* » (souligné par moi); — cf. *C.T.*, Append. II, § 11 : « Ces modes, considérés en tant que n'existant pas réellement, sont néanmoins tous *compris dans* leurs attributs » (souligné par moi).

qui est un « comprehendi » ou un « contineri » distinct de l' « existere » ? L'exemple du cercle, de ses segments et de leurs produits, nous fait immédiatement penser à l'être spécial du possible, qui n'est pas le réel, mais qui n'est pas rien : le cercle ne comprend-il pas une infinité de sécantes possibles, et l'idée du cercle ne contient-elle pas l'idée de ces sécantes, des segments qu'elles définissent et des produits de ces segments sous la forme de la possibilité [71] ? Que signifie, cependant, le possible dans le spinozisme ? On sait, en effet, que, pour Spinoza, tout le possible est réel [72] : il n'y aurait donc pas place, dans son système, pour une existence possible différente de l'existence en acte. Mais n'allons-nous pas alors trop loin dans la voie de la déduction ? En effet, il va de soi que tout n'existe pas en acte simultanément : le passé et le futur ne jouissent pas d'une telle existence; ils n'en sont pas moins réels : ils sont simplement inactuels dans le présent. En vérité, il faut préciser le sens de la critique spinoziste du possible : d'une part, tout ce qui est réel n'est pas actuel au même moment, en sorte qu'il faut admettre un mode d'existence distinct de l'existence en acte; d'autre part, il n'y a pas de possible condamné à rester irréel, car ce serait avouer qu'il est impossible : en effet, pour qu'une chose soit effectivement possible, il faut qu'existent ses conditions d'existence, il faut que ce qui lui permet d'exister en acte existe lui-même en acte [73]; et, si nous nous éloignons dans le temps de la présence de cette chose, il faut que les conditions d'existence de ses conditions d'existence soient existantes, etc.; ou, si nous considérons des choses passées, il faut qu'existent en acte dans le présent ce qui est lié, en tant qu'effet selon les lois de la causalité, à l'existence de cette chose ou à l'existence de ses conditions d'existence : Socrate et mes arrière-petits-neveux ne sont réellement possibles que si leur réalité est contenue ou impliquée dans ce qui a été, est ou sera réel, c'est-à-dire, tout étant lié à travers le temps en vertu du déterminisme universel, dans ce qui est présentement réel; n'est donc possible que le réel, actuel ou non, impliqué dans le réel actuel : l'on voit que, si le rejet déterministe de tout possible irréel semble d'abord exclure la position d'une réalité de l'inactuel, il assure, en fait, à cause de ce déterminisme même qui enchaîne tout au présent, la réalité de l'inactuel dans l'actuel sous la forme d'une présence implicite [74]. C'est une telle *implication dans l'existant en acte*

71. Cf. RIVAUD : *Essence*, passim.

72. Cf. *Eth.*, I, 16, 17 Sc., 33 Sc. 1 & 2.

73. Une telle justification n'est pas sans annoncer la distinction kantienne du possible réel et du possible logique.

74. « Toutes les idées vraies de la totalité des choses doivent nécessairement se référer à une réalité actuelle » (MAC KEON : *Spinoza*, 173). — Nous avons vu que c'était sur ce principe que reposait la possibilité de la connaissance du passé et du futur. — Une telle présence de l'inactuel dans l'actuel, le premier étant lié au second par les lois de la causalité, ne se retrouve pas dans le cas du cercle, de ses sécantes et de leurs produits : en effet, les segments inexistants ne sont ni les causes, ni les effets, ni les conditions des causes ou des effets des segments existant en acte dans le cercle; c'est pourquoi Spinoza présente lui-même son exemple comme inadéquat et la vérité qu'il veut illustrer comme une « chose unique ». — Cette doctrine fait évidemment penser à la grande théorie de l'*emboîtement des êtres*, à laquelle Leibniz devait accorder une grande importance; mais, si Spinoza affirme aussi un emboîtement des êtres actuels selon les divers niveaux de l'individuation dans le tout (*Eth.*, II, Lemmes et Déf. après la Prop. 13), il n'admet pas un emboîtement réel d'êtres actuels pour les choses avant leur apparition et après leur destruction : il ne songe qu'à une implication causale dans l'actuel de ce qui est entièrement inactuel; en outre,

qui définit le mode d'existence de l'inexistant, que ce soit d'ailleurs un mode de l'étendue ou un mode de la pensée.

Il faut néanmoins faire ici une différence entre la pensée et l'étendue, probablement la seule dans tout le spinozisme : si je fais une statue avec un bloc de marbre, l'existence de la statue exclut l'existence du bloc de marbre brut; au contraire, si l'idée de l'existence en acte de la statue exclut également l'idée de l'existence en acte du bloc de marbre, l'idée de la statue implique l'idée du bloc de marbre passé; de même, si tout l'être actuel de la nature exclut l'existence du corps de Socrate et, par suite, de son esprit, l'idée de l'être actuel de la nature inclut nécessairement, si nous l'explicitons assez, l'idée de l'existence passée et de l'essence de Socrate. Autrement dit, par opposition aux modes de l'étendue qui s'excluent réciproquement, lorsqu'ils sont composés de la même matière à travers le temps, les modes de la pensée, s'il est fait abstraction de leur existence en acte, s'impliquent réciproquement, comme le font les prémisses et les conséquences dans le déterminisme; cette présence implicite de l'idée dans l'idée constitue le seul privilège de l'idée : elle suffit pour rendre compte de la subsistance de toute idée, c'est-à-dire de tout esprit, en dehors de sa propre existence actuelle, en toute idée ou dans l'idée du tout, l'entendement divin ou l'idée de Dieu.

Cette analyse de la seconde partie de l'*Éthique* explique fort bien le mode d'existence de l'idée éternelle du mode inexistant, dont traite la cinquième partie : cette idée éternelle n'est-elle pas, en effet, présente implicitement, en dehors même de son existence actuelle, à l'intérieur de toute idée, comme l'est n'importe quelle idée ? En particulier, cette doctrine permet de comprendre la présence, dans mon propre esprit existant en acte, de l'idée éternelle qui appartient à l'essence de mon esprit et qui en constitue la partie éternelle, lorsque cette idée n'existe pas elle-même en acte : en effet, nous savons qu' « il y a (datur) » une telle idée, mais qu'elle est loin d'être toujours explicite, consciente en elle-même et développée dans toutes ses conséquences, la connaissance du deuxième et du troisième genre, l'amour intellectuel de Dieu et la béatitude, qu'elle est loin, en un mot, de toujours posséder jusqu'en moi-même une existence actuelle (existere)[75]; c'est que l'idée qui exprime sous l'aspect de l'éternité l'essence de mon corps, est contenue d'une manière implicite dans mon esprit existant en acte, quand je ne suis pas cette connaissance-là, exactement comme elle l'est dans toute pensée de l'être, lorsque ni mon corps, ni, par suite, mon esprit n'existent en acte.

Mais n'avons-nous pas alors trop prouvé ? En effet, si la subsistance de l'idée éternelle en dehors de son existence actuelle s'explique par la présence implicite de toute idée en toute idée, ne laissons-nous pas échapper cette subsistance privilégiée de l'idée éternelle, qui est seule indestructible, à la différence de toute autre idée ? Nullement. D'une part, en effet, l'idée éternelle est une idée vraie et adéquate qui ne cesse pas

comme nous allons le voir dans les prochains paragraphes, il ne le fait que pour les idées, non pour les modes de l'étendue : le spiritualisme de Leibniz permet d'étendre cette propriété à tous les êtres, et sa doctrine de la composition de l'infini avec une infinité de parties actuelles lui fait accorder l'existence en acte à l'implicite.

75. Cf. 1re partie, chap. 1. — Il est certain qu'il faut donner un sens particulier au verbe « dari » en face d' « existere », qui est l'équivalent moins accentué d' « actu existere ».

d'être vraie et adéquate, même si elle n'a qu'une présence implicite ou si elle jouit de l'existence actuelle seulement en autrui : si les idées illusoires de l'imagination de Socrate ont été détruites avec ce point de vue inadéquat sur les choses et sur lui-même qu'étaient son corps et son imagination, la connaissance vraie qu'il pouvait avoir des choses et de lui-même était et reste une vérité indestructible, même quand il ne l'actualisait pas, même si elle existe actuellement en moi et non plus en lui, et même si elle n'est qu'implicitement présente en moi [76]. D'autre part, une idée ne peut être impliquée dans une autre qu'en raison de son degré de perfection, de réalité et d'activité, c'est-à-dire d'éternité : si je suis passivité et inadéquation, simple lieu de rencontre des forces extérieures, si je ne suis proprement rien, il n'y a aucune idée de moi inscrite dans aucune idée de l'être, puisque la connaissance de la nature peut se développer et s'expliciter à l'infini dans la recherche des êtres et des causes actives qui ont fait, font ou feront la nature existant en acte dont elle est l'idée, sans jamais me découvrir, sans jamais devenir l'idée de mon être; au contraire, si je suis actif grâce à mon activité immanente ou adéquate, si je suis quelque chose de positif dans la nature, quand bien même l'idée de mon être ne serait jamais actualisée en aucun esprit, je suis nécessairement présent dans l'idée de l'être à cause de mon activité et proportionnellement à elle, puisqu'alors l'être ne se laisse pas pleinement concevoir sans moi : la subsistance implicite de l'idée, actualisable en autrui, coïncide donc bien avec l'adéquation, la vérité et l'activité de cette idée, c'est-à-dire avec son éternité.

L'indestructibilité de la partie éternelle de l'esprit, en dehors de son existence en acte, loin de constituer une autre existence en acte, n'est que *sa présence implicite nécessairement contenue en toute pensée de l'être, du fait de sa vérité et de son activité propres et en raison de l'unité de l'être et de la nécessité universelle.* Telle est la solution spinoziste du problème de l'immortalité : il s'agit donc bien d'une subsistance, qui s'oppose aux négations absolues d'un Uriel da Costa, par exemple; mais il ne s'agit que d'une présence implicite actualisable en autrui, non d'une existence actuelle en elle-même, comme le voulaient les partisans de l'immortalité. Mais qu'est-ce que cette présence peut bien signifier pour moi ? En quoi est-elle une consolation et une cause de joie ? En quoi contribue-t-elle à mon salut ? En rien. En effet, nous avons vu, dans les pages précédentes, que la question du salut concernait l'existence en acte d'une béatitude indestructible maintenant et durant toute notre vie, et qu'elle restait étrangère à de telles préoccupations au sujet de notre être avant la naissance et après la mort : et même, s'il est vrai que la « sagesse est méditation de la vie », se sauver, c'est se sauver de ces interrogations et de ces inquiétudes.

L'entendement éternel et infini de Dieu

En vertu de l'unité de la Nature et de l'enchaînement déterministe des causes et des effets, les idées actives ou positives s'impliquent donc

76. C'était ainsi que se prouvait l'indestructibilité de la partie éternelle du moi (cf. le chapitre précédent).

réciproquement, chacune renvoyant à toutes les autres, présentes ou non, comme à ses prémisses ou à ses conséquences; aussi l'ensemble des modes éternels finis forme-t-il un tout lié, un monde, qu'il est permis d'appeler le monde des idées singulières éternelles [77]. Comment devons-nous concevoir ce monde apparemment original ? Où devons-nous le situer à l'intérieur de l'ontologie et de la cosmologie exposées dans la première partie de l'*Éthique* ? Spinoza avait alors distingué, en effet, divers types d'êtres ou, plutôt, différents niveaux de l'être :

1) La substance, Nature ou Dieu;

2) Les attributs, qui sont ses ordres d'existence, dont nous ne connaissons, en tant qu'idées de nos corps, que la pensée et l'étendue;

3) Les modes, qui sont les manières d'exister de la substance en ses attributs, et qui se divisent eux-mêmes en :

a) Modes infinis éternels et immédiats, manières d'être universelles qui déterminent tout ce qui existe en un attribut donné : il en donne deux exemples, correspondant aux deux attributs connus de nous, le Mouvement et le Repos [78], d'une part, l'Entendement divin ou Idée de Dieu, de l'autre [79];

b) Modes infinis médiats, manières d'être universelles posées par les déterminations précédentes [80] : il n'en donne qu'un seul exemple, la « Facies totius universi », qui est l'individu unique constitué par l'emboîtement de tous les individus plus ou moins composés qui sont présents dans la Nature [81];

c) Modes finis ou choses singulières, résultant de l'universel enchaînement des causes qui produisent leur détermination réciproque et extrinsèque, source de leur finitude et de leur contingence [82].

Or, dans la cinquième partie de l'*Éthique*, avec la théorie de l'éternité, de nouveaux termes font, semble-t-il, leur apparition : d'une part, les

77. On ne peut parler ici du « monde intelligible des essences éternelles » (HUAN : *Dieu*, 259-66), car ce ne sont pas les essences des choses qui sont éternelles, mais leurs esprits (cf. 1re partie, chap. 1); ce n'est pas plus « l'ordre des possibles », le monde irréel de ce qui est pensable par un entendement infini (RIVAUD : *Essence, passim*), car il n'y a de possible que le réel, passé, présent ou futur, et ce n'est pas le pensé, mais la pensée qui possède l'éternité (cf. 1re partie, chap. 1); il ne s'agit donc bien que du monde des idées ou esprits, de ce que Delbos appelle « l'ordre total des âmes éternelles » (*Spinozisme*, 61).

78. Dans la conception relativiste qu'impose la mécanique moderne adoptée par Spinoza, le Mouvement et le Repos constituent un seul et même mode de détermination des choses étendues.

79. L'entendement divin et l'idée de Dieu ne diffèrent que par l'accent : avec les Scolastiques, Spinoza parle de l' « Idée de Dieu », quand il désigne le fait que Dieu se pense lui-même; il parle de l' « Entendement divin », quand il songe plus particulièrement au fait que Dieu conçoit tout ce qui a été, est et sera, suivant encore en cela la terminologie scolastique : il va de soi que, dans le monisme spinoziste, les deux choses ne font qu'un, la seconde n'étant que l'explicitation de la première (cf. *C.T.*, II, 20, § 4 note; 22, § 4 note; Append. II, §§ 3, 4 & 10; — *Éth.*, I, 16 & II, 3-4).

80. Je n'emploie le pluriel qu'à titre provisoire. — Ces modes médiats ne sont pas qualifiés d'éternels (*Éth.*, I, 22), parce que leur nécessité est dérivée : résultats de ce qui est éternel, ils n'existent pas par leur seule nature, alors que les modes immédiats, bien qu'ils n'existent que dans la substance et ses attributs, existent par leur propre nature, en tant que manières d'être nécessaires des attributs (cf. *T.P.*, II, 2).

81. Cf. la *Lettre LXIV à Schuller* (29 juill. 1675), V.L., III, 206, Pl., 1319, avec référence à *Éth.*, II, Lemme 7 après Prop. 13.

82. Je me suis contenté de résumer les indications données par Spinoza : cf. *C.T.*, I, 9; — *Lettre LXIV à Schuller* (29 juill. 1675), V.L., III, 206, Pl., 1319; — *Éth.*, I, 16, 21-3, 28, II, 1-4. — Cf. DELBOS : *Spinozisme*, 5e leçon.

modes finis éternels, qui sont des entendements; de l'autre, le tout formé par ces idées éternelles, qui ne peut être qu'un entendement infini : « Notre esprit, en tant qu'il connaît par l'entendement, est un mode éternel du penser, qui est déterminé par un autre mode éternel du penser, et celui-ci encore par un autre, et ainsi à l'infini, en sorte que tous ensemble constituent l'entendement éternel et infini de Dieu[83] »; il faudrait encore tenir compte des amours intellectuels pour Dieu, qui sont finis et éternels, et du tout qu'ils forment, l'amour infini de Dieu et sa Gloire[84] : s'il est vrai, en effet, que l'amour est un mode de penser subordonné et postérieur à la présence de l'idée d'un objet, celui-ci pouvant exister sans ce mode supplémentaire[85], il semble constituer un mode distinct de l'entendement et, lorsqu'il est éternel, un mode éternel autre que l'entendement éternel. N'apparaît-il pas alors nécessaire de compléter le tableau précédent, en ajoutant aux modes déjà déduits les nouveaux modes introduits par la déduction de l'éternité ?

Il le semblerait, ne serait-ce que pour nous permettre d'établir une distinction entre deux choses que nous ne saurions apparemment confondre : l'entendement infini éternel, qui est le tout des idées éternelles, et l'entendement infini actuel, qui est le tout des seules idées existant en acte. Or, dans l'énumération précédente, il n'était question que d'un seul entendement, mode infini immédiat; en même temps, un seul mode infini médiat se trouvait cité, la Facies totius universi. Ne serons-nous pas ainsi amenés à poser un autre mode infini médiat ? Cela nous permettrait d'abord d'assigner une place distincte à l'un des deux entendements infinis; cela nous permettrait surtout d'échapper au paradoxe d'un parallélisme, dont l'universalité se trouverait mise en défaut au niveau d'une Facies totius universi privée de correspondant dans l'ordre de la pensée. Mais deux hypothèses sont alors possibles :

a) Nous pouvons juger que l'entendement infini éternel est beaucoup plus étendu que l'entendement infini actuel, puisqu'il contient tout ce qui existe en tout temps, et, surtout, qu'il est plus immédiatement rattaché à Dieu, en raison de sa perfection, du fait de son éternité[86] : nous devrions donc voir en lui le mode infini immédiat de la pensée, et dans l'entendement infini en acte son mode infini médiat parallèle à la Facies totius universi[87];

b) Nous pouvons, au contraire, remarquer que l'être actuel de l'esprit a été présenté comme une partie de l'idée de Dieu, qui est, de toute évidence, le mode infini immédiat[88]; en outre, nous devons constater que ce qui est éternel n'est qu'une partie de ce qui constitue l'être actuel de l'esprit, quelque chose qui en reste et en résulte; l'entendement infini actuel serait alors le mode infini immédiat et l'entendement infini éternel représenterait le second mode infini médiat : « Il est permis de supposer

83. *Éth.*, V, 40 Sc. : il s'agit bien ici de modes éternels « finis », puisqu'ils sont présentés comme « déterminés » les uns par les autres, Spinoza reprenant mot pour mot les formules dont il s'était servi pour décrire les modes finis (*Éth.*, I, 28).
84. *Éth.*, V, 36 et Cor. & Sc. — Cf. 2e partie, chap. 2 & 3. — Cf. Rivaud : *Modes*, 288.
85. Cf. *C.T.*, II, 2, § 4, 14, § 2, Append. II, § 5; — *Éth.*, II, Ax. 3.
86. Cf. le chapitre précédent (cf. *C.T.*, I, Second dialogue, §§ 10-12).
87. Cf. Rivaud : *Essence*, 167 note.
88. Cf. *Éth.*, II, 3-13.

que c'est l'ordre total des âmes éternelles, cet ordre où elles constituent une unité antérieure à leurs déterminations singulières, qui forme dans la Pensée le mode infini et éternel médiat, symétrique de la Facies totius universi[89]. »

Aucune de ces deux interprétations n'est pourtant recevable. La seconde est, sans conteste, la plus erronée, qui ignore que la partie éternelle de l'esprit se rattache immédiatement à Dieu, que son éternité repose précisément sur l'immédiateté de cette relation et qu'elle se réduit à n'être qu'une partie adéquate de l'entendement divin[90] : la spécificité du spinozisme ne réside-t-elle pas dans ce monisme, qui identifie absolument « l'ordre des âmes éternelles » et l'entendement éternel de Dieu, et qui fait dépendre le salut de cette identification[91] ? Spinoza ne nous fait-il pas comprendre que l'entendement humain ne diffère pas de l'entendement divin par sa nature, mais seulement par sa grandeur[92] ? Dans le texte où il parle du tout des idées éternelles, il ne fait état de rien d'autre que de « l'entendement éternel et infini de Dieu » et il se réfère expressément au passage où il avait déduit les modes infinis immédiats[93]. Mais la première interprétation ne peut pas plus être retenue : Spinoza prend la peine de préciser qu'il n'existe pour lui d'autre entendement qu'en acte[94], si bien que le mode infini immédiat de l'ordre de la pensée est lui-même déjà l'entendement infini actuel; et nous savons que l'idée éternelle ne possède pas une existence séparée : son être en acte n'est que l'être d'une partie de l'esprit existant en acte[95] et, en dehors de cette existence actuelle, elle n'est que par sa présence implicite au sein des idées existant en acte[96]. Il est donc impossible de distinguer deux entendements infinis et éternels et d'indiquer lequel pourrait être le mode infini médiat parallèle à la Facies totius universi.

Est-il d'ailleurs besoin de trouver un correspondant dans l'ordre de la Pensée à cette Facies totius universi ? Sans doute, quand il introduit cette expression, Spinoza renvoie à un passage de l'*Éthique* qui est consacré aux principes de la physique, et, plus précisément, à un texte qui décrit « la nature entière » comme « un individu unique dont les parties, c'est-à-dire tous les corps, varient en une infinité de modes, sans

89. DELBOS : *Spinozisme*, 61. — Cette interprétation est évidemment inspirée par des rapprochements implicites avec les doctrines religieuses traditionnelles, pour lesquelles l'ordre des esprits sauvés reste distinct de l'esprit divin qui les sauve, et notre être éternel extérieur à notre être actuel.

90. Cf. le chapitre précédent.

91. On voit ici à nouveau que le rapprochement avec l'émanatisme et la tradition théologique laisse échapper la nature propre du spinozisme, en se laissant abuser par le vocabulaire et l'expression.

92. A. Koyré (*Le chien constellation céleste et le chien animal aboyant, R.M.M.*, 1950), a fort bien montré l'identité de l'entendement humain et de l'entendement divin dans le spinozisme : en *Éth.*, I, 17 Sc., Spinoza, loin d'affirmer leur hétérogénéité, veut prouver par l'absurde que l'admission d'un entendement et d'une volonté propres à Dieu conduirait à poser une telle distinction de nature entre cet entendement et cette volonté et les nôtres, qu'il s'agirait d'une simple homonymie, qui ne nous permettrait pas de conclure à l'existence d'un Dieu créateur.

93. *Éth.*, V, 40 Sc., avec référence à *Éth.*, I, 21. — En outre, il conviendrait de rappeler que les modes infinis médiats n'ont pas pas été présentés comme éternels.

94. *Éth.*, I, 31 Sc. : « La raison pour laquelle je parle ici d'un entendement en acte n'est pas que j'accorde qu'il y ait quelque entendement en puissance ».

95. Cf. 1re partie, chap. 1.

96. Cf. la précédente partie du chapitre présent.

qu'il y ait aucun changement de l'individu total[97] »; aussi devons-nous reconnaître qu'il s'agit d'un mode infini médiat de l'étendue[98]. Mais ne s'agit-il que de cela ? Oui, si nous voyons dans cette Facies totius universi une constante physique, comme la conservation de la quantité de mouvement[99]; une telle notion ne fait-elle pas cependant plutôt partie des lois du mouvement et du repos, mode infini immédiat, et se laisse-t-elle si aisément présenter comme un individu unique dont les corps finis seraient les composants ? En réalité, dès qu'on se reporte au contexte[100], on voit qu'il est ici question de l'individu unique et constant formé par le tout et produit par les lois de ce tout, à l'intérieur duquel les parties s'unissent et se séparent, sont constituées de parties plus simples et prennent place dans des parties encore plus composées[101]; or il y a une telle correspondance entre l'étendue et la pensée, que ce qui est décrit ici à propos des corps vaut exactement de la même manière à propos des esprits : ceux-ci sont des individus qui s'unissent, se séparent et s'emboîtent comme le font leurs corps, si bien que l'individu unique constitué par la nature dans l'ordre de l'étendue est ipso facto l'individu unique constitué par la même nature dans l'ordre de la pensée; Spinoza avait tenu à nous en avertir : « Un mode de l'étendue et une idée de ce mode sont *une seule et même chose*.... Que nous concevions la nature sous l'attribut de l'étendue ou sous l'attribut de la pensée ou sous un autre quelconque, nous trouverons *un seul et même ordre* ou une seule et même connexion des causes, c'est-à-dire les mêmes choses, se suivant de part et d'autre (invicem sequi = formant des séries parallèles)[102]. » Il n'y a donc, en vérité, qu'un ordre et qu'un individu résultant, dans l'étendue et dans la pensée, du mouvement et du repos, d'un côté, de l'entendement, de l'autre : autrement dit, il n'y a qu'*un seul mode infini médiat pour tous les attributs possibles*, comme résultat unique de la substance en ses différents ordres d'existence et suivant ses divers modes de détermination; c'est pourquoi Spinoza ne pouvait à ce propos faire état d'autre chose que de la Facies totius universi, « visage » ou mode de présentation de l'univers tout entier en tant qu'individu unique, composé, en chaque attribut, d'une infinité de modes finis emboîtés les uns dans les autres et variant chacun constamment[103].

Dès lors, nous comprenons qu'il n'ait pas été prévu d'entendement au niveau des modes infinis médiats et qu'il n'ait pas été possible de distinguer deux entendements infinis, ni d'indiquer lequel était le mode

97. *Lettre LXIV à Schuller* (29 juill. 1675), V.L., III, 206, Pl., 1319, & *Éth.*, II, Lemme 7 après Prop. 13.

98. Cf. Rivaud : *Essence*, 167; — Huan : *Dieu*, 281; — Delbos : *Spinozisme*, 60; etc...

99. Cf. *Lettre XXXII à Oldenburg* (20 nov. 1665), V.L., III, 121, Pl., 1236. — Cf. Delbos : *Spinozisme*, 60. — On pourrait également penser à toute autre quantité posée par la physique comme constante, telle que la force ou la matière; on sait que la physique était à cette date à la recherche de la constante qui lui permettrait de poser ses équations.

100. *Éth.*, II, Lemmes, Axiomes et Définition après la Proposition 13 (notamment la Définition et l'Axiome 3).

101. Nous retrouvons ici la topographie des parties de la Nature et la théorie de l'emboîtement des êtres, dont j'ai traité dans le chapitre précédent et dans les premières pages du chapitre présent.

102. *Éth.*, II, 7 Sc. (souligné par moi). — Cf. *Éth.*, III, 2 Sc.

103. Cf. Matthes : *Unsterblichkeitslehre*, 51-9; — Schmitt : *Modi*, passim; — Wolfson : *Spinoza*, 247; etc...

infini immédiat. Il nous suffisait, d'ailleurs, de nous reporter aux affirmations de Spinoza lui-même : « *L'idée de Dieu* » ou « *l'entendement infini.... ne peut être qu'unique*[104] », et ce ne peut être, comme nous l'avons vu, qu'un « *entendement en acte*[105] », qui est la conséquence « *immédiate* » du fait que la substance existe dans l'ordre de la pensée[106]. Dans ces conditions, les esprits finis ne sont que des parties de cet entendement infini et, s'ils se produisent et se limitent, s'ils se déterminent réciproquement en tant que finis, ils n'en sont pas moins, si nous considérons leur rattachement à l'infini, des modes « immédiats » de la pensée[107] : ce sont des parties d'un mode infini immédiat, sans qu'il faille invoquer ici un quelconque mode infini médiat[108].

Mais, demandera-t-on, où placer alors les idées éternelles et le tout qu'elles forment, en face des idées actuelles ? Nulle part, sinon dans ce même entendement. En effet,

a) Si nous les considérons dans leur existence en acte, les idées éternelles ne sont qu'une partie des idées actuelles, puisque l'entendement n'est qu'une partie de l'esprit; aussi leur tout infini n'est-il qu'une partie de l'entendement infini en acte, celle qui reste, quand on ne retient que les idées adéquates présentes en chacun;

b) Si nous les considérons en dehors de leur existence en acte, nous retrouvons la même réponse. Nous avons vu, en effet, que ces idées n'ont alors d'existence que par leur présence dans les idées existant en acte : la subsistance indestructible de l'idée ou de l'esprit de Socrate se réduit au fait que la pensée de Socrate est nécessairement comprise dans la pensée de l'être en acte, c'est-à-dire dans la pensée en acte de l'être, qui n'est rien d'autre que l'entendement infini actuel; c'est pourquoi « l'ordre des âmes éternelles » reste toujours une partie du mode infini immédiat de la pensée, celle qui reste, quand on ne retient que les idées adéquates nécessairement présentes dans l'idée de l'être, même si elles sont privées de l'existence actuelle.

En vérité, nous aboutissons à de pures tautologies : seul existe ce qui existe en acte; l'éternel ne peut être réel que par sa présence dans

104. *Éth.*, II, 4, Enoncé et Dém. (souligné par moi).

105. *Éth.*, I, 30 & 31 Sc. (souligné par moi).

106. *Éth.*, II, 3-4. — Il est hors de mon propos de discuter l'interprétation selon laquelle il faudrait distinguer un entendement absolument infini, mode immédiat comprenant l'idée de tout ce qui suit de Dieu en tous ses attributs, et un entendement infini en son genre, mode médiat comprenant l'idée de tout ce qui suit de Dieu en l'un de ses attributs, telle l'étendue (HUAN : *Dieu*, 284-6) : cela ne met pas en cause la théorie de l'éternité; je noterai seulement que l'esprit, en tant qu'idée de l'étendue, est présenté comme une partie du mode immédiat de la pensée; en fait, l'idée de l'étendue est une partie du mode immédiat qu'est l'idée de tous les attributs, non un autre mode qui en serait dérivé.

107. Cf. *C.T.*, Append. II, § 7. — Il est utile de remarquer que, dans ce texte, l'idée est présentée comme un mode immédiat de la pensée, comme l'avait été l'entendement immortel dans le Second dialogue (§§ 10-11) (cf. le chapitre précédent).

108. Seul ferait donc problème *l'amour intellectuel*, qui peut aisément passer pour un mode infini médiat, puisque dérivé du mode immédiat qu'est l'entendement; mais si l'amour est bien un mode de penser qui s'ajoute à l'idée de l'objet, mode premier de penser, rien ne permet d'affirmer qu'il soit un terme distinct de cette idée, comme l'est le mode médiat par rapport au mode immédiat; au contraire, ce n'est qu'une manière d'être de l'idée elle-même, une conséquence immanente de l'entendement (cf. 1re partie, chap. 1 & 2e partie, chap. 2) : fini ou infini, l'amour intellectuel n'est pas un mode médiat s'ajoutant au mode immédiat qu'est l'entendement comme un terme extérieur à lui, mais une détermination intrinsèque supplémentaire de ce mode immédiat, exactement comme l'amour est une détermination supplémentaire de l'idée ou de l'esprit, qui lui reste intérieure.

l'actuel; ce qui est éternel, qu'il s'agisse des modes finis ou de leur tout infini, ne peut donc être qu'une partie, actuelle ou implicite, de l'entendement infini en acte ou idée de Dieu, qui est le mode unique et immédiat de l'être pensant l'être.

Individualité de l'éternel

Il est difficile de ne pas éprouver ici quelque inquiétude : trouvons-nous, en effet, dans le statut assigné au mode éternel cela même qui constitue notre être propre et nous distingue des autres, ce par quoi nous sommes nous-mêmes et non pas n'importe quoi ? Retrouvons-nous dans notre éternité notre individualité, en ce qu'elle comporte de coïncidence avec soi-même, de différenciation et de séparation par rapport aux autres modes de la Nature ? Ne sommes-nous pas, au contraire, invités à renoncer à cette individualité, qui semble bien faire partie de nos exigences les plus élémentaires et, peut-être, les plus légitimes ? Ce ne serait là que l'une des conséquences de la rigueur spinoziste; mais le salut se trouverait-il, dans cette philosophie, au terme d'un renoncement ?

On a souvent mis en doute l'existence et même la possibilité d'une réelle individuation des êtres dans la métaphysique de Spinoza : Dieu n'y est certes pas conçu comme un individu défini, mais comme la Nature infinie dans sa totalité; quant aux choses singulières, elles ne sont que des modes privés de substantialité propre et elles ne se distinguent les unes des autres que par des caractères fort relatifs et transitoires, comme l'unité de mouvement [109] : aucune détermination ontologique ne viendrait donc fonder leur individualité. Mais, quoi qu'il en soit de cette métaphysique, la théorie de l'éternité n'implique-t-elle pas une négation supplémentaire de toute individualité, même relative ? En effet, nous le savons, nous sommes éternels dans notre entendement, en tant qu'il conçoit sous l'aspect de l'éternité l'essence du corps; or, il n'est rien de moins distinct ni de moins séparé, rien de moins individuel que cette connaissance vraie, que cette idée, identique à tous, de ce qui est commun à tout, le rattachement à l'éternité : l'idée éternelle semble bien être ce qui, en chacun, est le moins propre à chacun, ce par quoi il se confond, au contraire, avec les autres [110]. Ensuite, si nous sommes éternels, c'est grâce à notre existence en Dieu, à notre union avec l'infini, à ce que nous sommes comme simples parties du tout [111] : n'est-ce pas là le contraire de ce qui pourrait nous distinguer du tout et nous différencier des autres ? Et cette disparition de l'individualité dans l'éternité paraît encore plus évidente, dès que nous considérons le statut réservé aux idées éternelles des modes inexistants : comme nous l'avons vu dans les pages précédentes, il se

109. Cf. *Eth.*, II, Lemmes, Déf. & Ax. après Prop. 13.

110. Cf. 1re partie, chap. 1. — Sur ce point, on n'a pas manqué de rapprocher le spinozisme de l'Averroïsme et du Padouanisme, tels, du moins, qu'ils étaient habituellement présentés et critiqués. — Nous avons vu *(ibid.)* que c'est l'idée et non l'essence qui est éternelle : je laisse donc de côté l'argumentation qui nie l'individualité de l'éternel en raison du caractère non individuel de l'essence [thèse d'ailleurs fausse (cf. *ibid.*)] (cf. RICARDOU : *De aeternitate*, 56; — BRUNSCHVICG : *Spinoza*, 206; — FULLERTON : *Immortality*, 77-83).

111. Cf. le chapitre précédent.

réduit à la seule présence implicite dans l'idée infinie de l'être, d'idées qui ne recouvrent l'existence actuelle qu'en d'autres idées existant en acte, dans la mesure où elles sont les esprits d'autres modes existant en acte; tout ce qui fondait encore notre individuation dans la seconde partie de l'*Éthique,* la proportion de mouvement et de repos, la combinaison déterminée de l'étendue, est aussitôt abandonné à la mort[112]; or le parallélisme fait qu'avec la dissolution du corps dans l'étendue, l'être distinct de l'esprit doit également se dissoudre dans l'entendement universel, conclusion que Spinoza ne semble pas hésiter à tirer dans le *Court traité :* « En tant que l'essence est conçue sans l'existence, l'idée de l'essence ne peut être considérée comme quelque chose de particulier; cela n'est possible que lorsque l'*existence* est donnée avec l'*essence*[113] »; « Ces modes, considérés en tant que n'existant pas réellement, sont néanmoins tous compris dans leurs attributs; ....Mais si quelques-uns de ces modes revêtent leur existence particulière et se distinguent ainsi en quelque manière de leurs attributs...., alors une distinction se produit entre les essences de ces modes et, par suite, aussi entre leurs essences objectives qui sont nécessairement contenues dans l'idée[114] » : avant la naissance et après la mort, « Il n'y en avait pas moins dès lors et il n'y en aura pas moins alors, aussi bien que maintenant, une idée.... de notre corps dans la chose pensante; non du tout la même, cependant, parce qu'il possède maintenant une autre proportion de mouvement et de repos[115] »; et l'*Éthique* reproduit les mêmes thèmes : « L'idée d'une chose singulière existant en acte est un mode singulier du penser, distinct des autres[116] »; « Que, parmi cette infinité » (de segments et de produits possibles dans un cercle), « deux seulement soient conçus comme existants. Assurément, leurs idées aussi existent alors, non seulement en tant qu'elles seraient comprises dans l'idée du cercle, mais aussi en tant qu'elles enveloppent l'existence de ces produits, ce qui fait qu'elles se distinguent des autres idées des autres produits[117]. » L'individuation semble donc se faire dans l'existence en acte et par le corps, en sorte que l'individualité paraît condamnée à périr, ainsi que le pensent la plupart des interprètes : « L'individu aura disparu sans retour, faisant place à la pure essence éternelle[118] »; « Tout en nous est éternel, sauf nous[119]. » Ce ne serait là que la conséquence nécessaire de la distinction faite entre l'éternité et l'immortalité, la seconde préservant l'individualité grâce à la permanence substantielle de l'âme, alors que, dans la première, l'esprit s'universaliserait pour se résorber dans l'entendement infini, pour se perdre dans la nécessité universelle de la substance unique : « Nous

112. Cf. 1re partie, chap. 1.
113. *C.T.*, II, 20, § 4 note, § 8. — Cf. *C.T.*, II, Préf. note, §§ 11 & 14.
114. *C.T.*, Append. II, § 11.
115. *C.T.*, II, Préf., note, § 10.
116. *Éth.*, II, 9 Dém.
117. *Éth.*, II, 8 Sc. — Dans le même esprit, Spinoza pose qu'un simple changement de proportion dans le corps suffit, malgré la persistance de la même matière, pour entraîner un changement d'individualité et une rupture de personnalité (*Éth.*, IV, 39 Sc.).
118. Brunschvicg : *Spinoza*, 206.
119. Ricardou : *De aeternitate*, 79.

nous fondons en Dieu », a-t-on pu écrire, « comme une conséquence éternelle dans une prémisse éternelle[120]. »

Il serait évidemment facile de chercher à nous convaincre de renoncer à notre individualité. Mais cela pourrait surprendre au sein du spinozisme : quel que soit, en effet, le fondement métaphysique de la réalité et de la distinction des individus[121], il est incontestable que les conceptions morales et politiques de Spinoza, les définitions qu'il donne du bien et de la vertu, de la société et des rapports entre l'État et ses sujets, loin de nous inviter à un moment quelconque à renoncer à notre force, à notre utilité et à notre puissance propres, expriment le plus exigeant — et parfois le plus discutable — des individualismes[122]; rien ne lui est plus étranger que l'inspiration néo-platonicienne, qui tient l'individualité

120. Brunschvicg : *Spinoza*, 194. — Le spinozisme s'inscrirait donc dans la tradition néo-platonicienne, qui tient souvent l'individualité pour un fardeau et même un mal : il n'est pas étonnant que cette interprétation soit défendue par Brunschvicg, le Néo-kantisme partant souvent du criticisme pour retrouver le Néo-platonisme; telle avait été la démarche de Fichte, qui avait donné le même sens aux formules de Spinoza dans son *Cours de morale de 1813* et dans l'*Introduction à la vie bienheureuse*.

121. Il n'est pas de mon propos d'examiner *la théorie de l'individualité et le principe de l'individuation* dans le spinozisme; je me contenterai des remarques suivantes :

1) Il n'y a jamais substantialité ni séparation absolue pour aucune partie de la nature; qui plus est, chaque être n'est qu'une partie transitoire dans le devenir sans fin et une partie relative à l'intérieur de la hiérarchie infinie de l'emboîtement des êtres, simple partie d'un ensemble plus large, comprenant elle-même une infinité de parties ou d'individus; mais, si la distinction de l'individu reste toute relative, elle est suffisante, dans la mesure où une différenciation relative par rapport à ce qui est extérieur et autre est déjà une différenciation : n'est-ce pas ce dont nous nous contentons en fait dans notre vie quotidienne au sein de la société et de la nature ?

2) Or, chacun de ces êtres est un être relativement défini, possédant une essence ou un conatus propre, doué d'une activité immanente et constituant une certaine unité distincte à travers les changements et en face des autres êtres du même attribut :

a) Pour le corps, il s'agit de *l'unité mécanique*, définie par l'unité de mouvement et le maintien de la configuration à travers les éventuelles variations des constituants et de la grandeur et en face d'autres unités mécaniques extérieures, tantôt présentes, tantôt absentes, tantôt proches, tantôt lointaines; on ne peut apprécier cette doctrine que si l'on voit la différence existant entre une unité mécanique, faite de mouvements conspirants, et une unité géométrique, qui reste une simple juxtaposition : Spinoza précise bien qu'il faut concevoir la matière tout autrement que l'étendue cartésienne [*Lettre LXXXIII à Tschirnhaus* (15 juill. 1676)] et l'indivisibilité de l'étendue spinoziste nous dispense de nous demander comment ses parties sont capables d'un certain degré d'unification; une véritable physique de la continuité et de la composition des forces — généralement ignorée des métaphysiques trop soucieuses des esprits et des monades — permettrait de donner un statut fort satisfaisant à l'individualité mécanique;

b) Pour l'esprit, il s'agit de *l'unité de l'idée*, qui est, d'abord, l'unité de l'idée d'un seul et même corps et qui est, ensuite, l'unité de toutes les idées impliquées dans cette idée première, par opposition à toutes les idées qui restent extérieures aux conséquences tirées de cette idée par la réflexion : je suis le concept de mon corps et le concept de ce que ce corps et de ce que ce concept impliquent, et cela suffit pour constituer une unité distincte en face des autres esprits, qui sont les concepts de leurs corps et qui le restent, même lorsqu'ils conçoivent, à partir du concept de leur corps, la même chose que moi à partir du concept du mien; on ne peut comprendre cette analyse que si l'on reconnaît la différence qui existe entre « l'unité logique » présente dans l'acte de concevoir et de développer les implications d'un concept, et la simple permanence d'une représentation unique et inerte : en opposant l'idée active à l'image muette comme un tableau (*Éth.*, II, 43 Sc., 49 Sc.), Spinoza fonde aussi l'individualité d'un système d'idées au sein de l'entendement infini unique, comme il avait fondé l'individualité d'un système mécanique au sein de l'étendue continue.

D'une manière générale, l'individuation est donc la séparation relative, qui est différenciation suffisante, d'un système plus ou moins lié de mouvements ou d'idées dans l'étendue ou dans la pensée infinies.

122. Cet individualisme s'affirme notamment dans les troisième et quatrième parties de l'*Éthique* et dans le *Traité politique :* rien ne le laissant deviner dans le *Court traité*, il vient peut-être de la rencontre entre la pensée de Spinoza et celle de Hobbes ?

pour un défaut ou un mal, dont il faudrait nous sauver. En ce qui concerne la seule théorie de l'éternité, il suffit de constater la nature individuelle de ce qui est éternel et de ce qui rend éternel : l'*Éthique* ne s'achève-t-elle pas par la confrontation du Sage et de l'ignorant, le premier se distinguant du second en ce qu'il est « conscient de lui-même » et qu'il « ne cesse jamais d'être », préservant ainsi son être individuel grâce à l'éternité de cet être, alors que l'ignorant est condamné à l'inexistence presque absolue [123] ? C'est une partie de notre esprit, celle par laquelle « nous, nous sommes dits agir », qui est éternelle [124]; cette partie est une idée, qui appartient à l'essence de « notre esprit » et qui exprime « l'essence de tel et tel corps humain », avec, pour effets, une connaissance et un amour, qui sont les réalisations du conatus, de la puissance et de la vertu de notre esprit et qui sont fondamentalement connaissance et amour de nous-mêmes [125]; et cette éternité s'est révélée variable, acquise par l'individu du fait de sa propre démarche et proportionnée à son degré d'activité et de réalité [126]. Spinoza s'exprime avec assez de clarté sur ce point : « L'amour intellectuel de l'esprit envers Dieu est l'amour même de Dieu, par lequel Dieu s'aime lui-même, *non en tant qu'il est infini, mais en tant qu'il peut s'expliquer par l'essence de l'esprit humain,* considérée sous l'aspect de l'éternité; c'est-à-dire l'amour intellectuel de l'esprit envers Dieu est une partie de l'amour infini par lequel Dieu s'aime lui-même [127] »; « Notre esprit.... est un mode éternel du penser, qui est *déterminé par un autre mode* éternel du penser [128] » : « Cette idée.... est *un certain mode* du penser [129] ». Les thèmes développés comme les expressions employées par Spinoza dans l'*Éthique* prouvent assez que l'éternité est individuelle [130].

Devons-nous en conclure que les exigences de salut l'emporteraient, une fois encore, sur la rigueur initiale et qu'elles feraient poser l'individualité de l'éternel, alors que l'éternité exclut l'individualité [131] ? Nullement, car l'éternité n'est en rien une universalisation, une fusion ou une confusion, dans lesquelles l'individu périrait en tant que tel. En premier lieu, si c'est l'entendement qui est éternel, et s'il est une connaissance objective, identique en tous, il n'en s'agit pas moins de l'entendement de chacun et

123. *Éth.*, V, 42 Sc.

124. *Éth.*, V, 40 Cor. (ici, j'ai traduit par un redoublement du « nous » le « nos dicimur » du texte).

125. Cf. *Éth.*, V, 23 & Sc., 25, 26, 27, 30, etc... — Cf. 1re partie, chap. 1 & 2e partie. — Dans l'énoncé et la démonstration de *Éth.*, V, 22, Spinoza parle de l'idée « quae hujus et illius corporis humani essentiam.... exprimit » : il est probable que « hujus et illius » marque déjà l'individualité de l'objet de l'idée et, par suite, celle de l'idée éternelle; mais « humani » suffit pour cela, car l'idée du corps humain est elle-même fort distincte à l'intérieur de l'idée du tout, qu'est l'entendement divin.

126. Cf. 1re partie, chap. 1 & 2. — Cf. Wolfson : *Spinoza*, II, 318-9.

127. *Éth.*, V, 36 (souligné par moi) : ce texte correspond exactement à la description du mode fini individuel (*Éth.*, I, 28).

128. *Éth.*, V, 40 Sc. (souligné par moi) : ce texte reprend également les caractéristiques de l'individualité finie.

129. *Éth.*, V, 23 Sc. (souligné par moi) : le mot « certus », employé dans cette phrase, signifie « défini » et implique, par suite, la présence d'une détermination qui s'oppose à la pure infinité.

130. « C'est bien, quoi qu'on en ait dit, à affirmer l'individu que tend l'œuvre philosophique de Spinoza », concluait Delbos dans sa première étude (*Probl. moral*, 201).

131. Cf. Fullerton : *Immortality*, 149-51; — Couchoud : *Spinoza*, 177: — Darbon : *Études*, 158-9.

en chacun : c'est toujours originellement une idée du corps, de son corps, à partir de laquelle se développe la connaissance commune à tous de ce qui est commun à tout[132]; et c'est toujours une activité adéquate et immanente qui se développe en celui-ci ou en celui-là : la nature active de la connaissance, telle qu'elle a été mise en valeur par Spinoza depuis la *Réforme de l'entendement,* suffit pour assurer l'individuation de notre entendement éternel[133]. Ensuite, ne serait-ce qu'en raison de cette activité immanente, l'éternité, ainsi que nous l'avons vu dans le chapitre précédent, ne consiste pas — au moins après le *Court traité,* qui reste plutôt indécis sur la question — dans le fait de prendre part à la divinité, de s'unir au tout et de se fondre dans l'entendement infini : elle résulte de ce que nous sommes des parties de cette éternité divine, de ce que nous l'exprimons et la réalisons dans notre propre réalité positive, par notre propre adéquation; or, être une partie de quelque chose, surtout d'une manière aussi définie et active, c'est exactement le contraire de perdre son individualité : il ne s'agit pas de se dissoudre dans l'infini, il s'agit d'y être en tant que partie adéquate; il n'est pas question d'un abandon de soi-même : il ne faut qu'être soi-même; l'immanentisme absolu, esquissé dans le *Court traité,* mais développé dans la seule *Éthique,* fonde autant qu'on peut le désirer cette individualité de notre éternité, que seule, précisément, l'*Éthique* affirme avec une netteté indiscutable[134].

Et la meilleure preuve en est que l'éternité est aussi le mode d'existence — la nécessité interne — de ce qui est en acte, c'est-à-dire de ce qui possède sans conteste l'existence individuelle : nous avons même vu, dans les pages précédentes, que c'était du point de vue de cette existence actuelle que l'éternité importait pour le salut. Mais, dira-t-on, en est-il de même en dehors de l'être actuel, pour la subsistance qui se réduit à la présence implicite dans l'entendement infini et à une éventuelle existence en acte en d'autres idées ? Il n'est pas nécessaire de répondre qu'une telle perspective ne concerne pas le salut, car la simple présence implicite et même l'existence actuelle en autrui ne sont pas moins individuelles que l'existence actuelle en soi-même : n'existe-t-elle plus en acte, que l'idée de Socrate n'en est pas moins l'idée de Socrate, distincte, dans l'entendement infini, de l'idée de Périclès ou de l'idée qui constitue mon esprit, même lorsque je pense Socrate; pour avoir perdu l'existence, elle n'a pas perdu l'individualité, puisqu'elle ne se confond pas avec les autres idées; pour reprendre l'exemple donné par Spinoza, l'idée de tel segment d'une droite coupant un cercle ne se distingue pas moins des autres par son essence, par les propriétés caractéristiques de ce segment qu'elle exprime, même si elle ne s'en distingue pas par le fait d'exister[135] : même alors, il subsiste, ainsi qu'on l'a fait remarquer,

132. Cf. 1re partie, chap. 1. — Cf. Ricardou : *De aeternitate,* 23, et Darbon : *Études,* 158-9, qui estime que la référence au corps n'est qu'un artifice destiné à sauvegarder apparemment l'individualité de l'éternel.

133. On voit que le corps n'est pas la seule source d'individuation : l'entendement est l'activité adéquate de l'esprit, non un simple ordre universel des idées, comme le soutient Delbos dans sa seconde étude sur Spinoza (*Spinozisme,* 163-4).

134. On pourrait ajouter, avec Brunschvicg, qui refuse pourtant l'éternité individuelle, que le nominalisme interdit de poser un tout qui serait la négation du singulier (*Spinoza,* 190).

135. Quand Spinoza dit que « les idées » des segments et de leurs produits « se distinguent des autres idées des autres produits.... en tant qu'elles enveloppent l'existence » (*Éth.,*

« une individualité irréductible », « une distinction rigoureuse des esprits en Dieu[136]. »

Le spinozisme ne nous promet pas l'immortalité, l'existence en acte perpétuelle; mais il garantit l'individualité de notre éternité, qu'il s'agisse de l'existence éternelle hic et nunc indispensable au salut ou de la présence implicite perpétuelle dans l'idée de l'être, conséquence secondaire, sans importance pour le salut. Dira-t-on que ce dernier cas montre à quel point il ignore la vraie nature de l'individualité, en ce qu'elle comporte de différenciation, de séparation, de désir de distinction ? Peut-être... Mais nous venons de voir que l'éternité, actuelle ou non, n'est en rien une disparition de l'individualité : elle est, au contraire, la nécessité interne, le mode d'existence de la vraie réalité propre, de la seule nature immanente de la chose. En tant que simple partie, non séparée absolument, de l'infini ? Oui, car être une partie active d'un tout, ce n'est pas perdre son individualité, sauf pour les passionnés de la distinction et de la séparation, qui ne peuvent effectivement que se perdre dans le tout, puisqu'ils ne sont rien en eux-mêmes ni par eux-mêmes.

Éternité et personnalité

Si nous préservons ainsi notre individualité en notre éternité, ne pouvons-nous pas craindre, cependant, que la nature même de ce qui a été posé comme éternel n'implique une véritable « dépersonnalisation » de notre être individuel ? Or la notion d'un salut impersonnel est-elle capable de satisfaire nos exigences, tant du point de vue logique que du point de vue psychologique et moral ?

Il est certain que l'ensemble du système spinoziste, qui, a-t-on dit, « consiste à absorber le sujet dans l'objet[137] », « éliminant par principe de la vérité et de l'être tout ce qui porte la marque de la subjectivité humaine[138] », pour ne faire état que de la nécessité rationnelle et naturelle et pour tout ramener à un Dieu auquel sont refusés dès l'abord volonté et sentiments[139], constitue un contexte fort peu favorable pour la mise en valeur de ce que nous pouvons appeler « personnalité » : l'objectivisme qui inspire les théories de l'idée et du conatus, dans l'anthropologie de la seconde et de la troisième parties de l'*Éthique*, en est une illustration parfaite; mais, paradoxe ou contradiction par rapport à nos habitudes de penser et à nos souhaits, la même impression se dégage nécessairement, semble-t-il, de la théorie du salut, dès que nous portons notre attention sur ce qui est éternel en nous. L'éternité

II, 8 Sc.), il ne faut pas comprendre, je crois, que c'est par l'existence que les idées acquièrent l'individualité qui les différencie des autres idées, mais que, déjà différentes des autres au niveau de leur nature individuelle en tant que simples possibles, elles s'en distinguent alors par le fait qu'elles existent, alors que les autres restent inexistantes.

136. Rivaud : *Modes*, 303.

137. Lachelier *apud* Boutroux : *Liberté*, 525 note.

138. Delbos : *Spinozisme*, 173.

139. Dans la prochaine partie (chap. 3), nous verrons que la cinquième partie de l'*Éthique* introduit cependant une certaine personnalisation de Dieu, grâce à l'amour intellectuel.

est, en effet, le privilège de « l'idée qui exprime sous l'aspect de l'éternité l'essence du corps » et de l'entendement qui développe les conséquences de cette idée; or, il n'y a là rien qui corresponde à l'intériorité et à la subjectivité vécue, que nous croyons inhérentes à la vraie personnalité : une telle idée semble n'être qu'une « vérité scientifique impersonnelle [140] » et, si nous remarquons qu'elle n'est pas un objet connu ou connaissable, mais une connaissance constitutive de l'esprit, elle n'en paraît pas moins être une connaissance impersonnelle, épurée de tout ce qui caractérise la vie subjective; même si elle est individuelle, comme nous venons de le voir, n'est-elle pas, en définitive, identique en tous ? Je suis sans doute encore l'idée singulière d'un corps singulier, mais je n'en suis plus qu'une idée anonyme, sans particularité réelle : n'ai-je pas d'ailleurs perdu cette subjectivité propre à moi-même, en abandonnant l'imagination et les passions hors de mon être éternel [141] ? Et je me trouve surtout privé de ce qui passe pour le fondement subjectif de la personnalité : l'unité et la continuité du « Je » à travers la durée et les changements; en effet, l'éternité ne contenant aucune référence à l'existence en acte du corps et à la durée [142], elle n'est pas mémoire, puisque celle-ci est « un enchaînement d'idées enveloppant la nature des choses extérieures au corps humain, qui se produit dans l'esprit selon l'ordre et l'enchaînement des affections du corps humain [143] » et qu'elle est pensée de la durée et même de l'absence [144] : c'est pourquoi « Il ne peut se faire que nous nous souvenions d'avoir existé avant le corps, puisqu'il ne peut y en avoir aucune trace dans le corps, que l'éternité ne peut être définie par le temps et qu'elle ne peut avoir aucune relation avec le temps [145] »; or Spinoza n'a-t-il pas lui-même parlé de changement absolu de nature et de perte d'identité personnelle, de mort effective du sujet, à propos de ces maladies qui nous plongent dans un oubli total de notre vie passée [146] ? Nous devrions donc conclure de ses propres affirmations que l'éternité, dépouillée de la mémoire, est nécessairement privée de la conscience de l'identité personnelle [147].

140. TAYLOR : *Immortality*, 161. — Cf. RICARDOU : *De aeternitate*, 78-80.

141. *Éth.*, V, 21 & 34 : pour Spinoza, les sujets se particularisent et s'opposent dans leur imagination et par leurs passions (cf. *Éth.*, IV, 33). — Il est honnête de remarquer que ce reproche vaudrait également contre toute théorie de l'éternité et du salut, qui n'y admet autre chose que la contemplation et l'amour de l'absolu, celui-ci fût-il personnel.

142. *Éth.*, V, 21 & 23 Sc.

143. *Éth.*, II, 18 Sc.

144. Cf. *D.I.E.*, § 83 : la mémoire « n'est rien d'autre que la sensation des impressions du cerveau avec, en même temps, une pensée relative à une durée déterminée de la sensation ».

145. *Éth.* V, 23 Sc.

146. « La mort du corps, telle que je l'entends, se produit quand ses parties sont disposées de telle sorte qu'un autre rapport de mouvement et de repos s'établisse entre elles. Je n'ose nier, en effet, que le corps humain, alors que la circulation du sang continue, ainsi que les autres fonctions qui font estimer que le corps vit, puisse néanmoins changer sa nature contre une autre entièrement différente. Nulle raison ne me force à admettre que le corps ne meurt que s'il est changé en cadavre; l'expérience semble même persuader le contraire. Il arrive, en effet, parfois qu'un homme subisse de tels changements, qu'*il serait difficile de dire qu'il reste le même :* j'ai entendu parler d'un certain poète espagnol atteint d'une maladie et qui, bien que guéri, demeura *dans un tel oubli de sa vie passée qu'il ne croyait pas siennes les nouvelles et tragédies qu'il avait composées* » [*Éth.*, IV, 39 Sc. (souligné par moi)].

147. Cf. TAYLOR : *Immortality*, 154; — RICARDOU : *De aeternitate*, 78-80; — FULLERTON : *Immortality*, 148.

Craignons, cependant, de faire intervenir ici une conception de la personnalité, qui reste, peut-être, trop particulière et discutable : qui nous dit, en effet, que personnalité et subjectivité soient identiques ? Pour Spinoza, la subjectivité, qu'il s'agisse des passions, de l'imagination et même de la mémoire, dans la mesure où elle est l'effet de causes extérieures et où elle est inséparable de ce qui est extrinsèque ou absent, est la chose la moins personnelle : en être privé, c'est être débarrassé de l'inadéquat, de ce qui n'exprime pas et ne constitue pas notre être propre; l'entendement, au contraire, qui est notre activité adéquate, la réalisation de notre essence propre dans le savoir de notre seule essence propre, est notre vraie personnalité : quelle que soit son « objectivité », une idée ou une connaissance n'est pas anonyme ou impersonnelle : si je ne me distingue pas d'autrui en pensant autre chose que lui, il n'en reste pas moins que, dans le savoir « objectif », contrairement à ce qui se passe dans le cas de l'imagination, c'est moi et non le hasard des rencontres externes qui pense et qui pense par moi-même [148]. Car ce qui est éternel, ce n'est pas du connu, c'est le connaître même qui nous fait esprit [149] : c'est un acte de l'esprit, qui est le développement de son être, avec ce que cela suppose de démarche personnelle [150] et avec ce que cela engendre de conséquences affectives, c'est-à-dire vécues : l'amour et la béatitude, qui correspondent exactement à ce que nous avons coutume d'appeler la vie intérieure [151]; et « l'objectivité » de cette connaissance ne l'empêche pas d'être essentiellement connaissance de soi [152]. Loin d'être impersonnelle ou inconsciente, l'éternité est la conscience de soi elle-même, puisqu'elle est l'acte par lequel nous concevons notre être sous l'aspect de l'éternité et comme éternel, et Spinoza ne manque pas de le préciser clairement : « Notre esprit.... se sait être en Dieu et être conçu par Dieu [153] »; « Le Sage » est « conscient de lui-même et de Dieu et des choses [154] » : cette conscience est même sentiment et expérience, s'il est vrai que « sentimus experimurque nos æternos esse [155]. »

Mais est-il permis de parler de vraie conscience de soi, quand la mémoire fait défaut ? Rappelons-nous d'abord ce qu'est la mémoire : elle est idée de la durée, c'est-à-dire de la distance et de l'absence; elle n'est nécessaire à la conscience de l'identité personnelle que lorsque cette identité doit être perçue malgré l'éloignement et la disparition; or, dans le développement des idées adéquates, par opposition à l'enchaînement des idées inadéquates qui sont inséparables des causes extérieures, il n'y

148. La raison « prend conscience de ce qu'il y a en elle de subjectivité profonde et de liberté vraie », affirmait Delbos dans sa première étude (*Probl. moral*, 201). — On pourrait même soutenir qu'un savoir est d'autant plus personnel que son objet est impersonnel et que son développement ne dépend pas d'un être personnel extérieur ou transcendant, puisqu'il n'exprime alors que l'être propre de la personne qui connaît.

149. Cf. 1re partie, chap. 1. — Je reprends ici le « ipsum intelligere » qui sert à définir l'idée (*Éth.*, II, 43 Sc.).

150. Cf. 1re partie, chap. 1.

151. Cf. 1re partie, chap. 1, 2e partie, chap. 2, & 3e partie, chap. 1. — Cf. Ricardou : *De aeternitate*, 9-11; — Taylor : *Immortality*, 161.

152. Cf. 1re partie, chap. 1.

153. *Éth.*, V, 30.

154. *Éth.*, V, 42 Sc. — Cf. *Éth.*, V, 31 Sc.

155. *Éth.*, V, 23 Sc. (je préciserai le sens de cette phrase dans le premier chapitre de la 2e partie). — Cf. Brochard : *Études*, 374; — Wolfson : *Spinoza*, II, 297.

a jamais d'éloignement véritable, il n'y a jamais cette abolition qu'il faudrait surmonter par le souvenir du passé : « L'enchaînement des idées qui se fait selon l'ordre de l'entendement » n'est pas la mémoire[156]; en effet, l'idée explicitée dans ses conséquences logiques est toujours présente en elles : le lien logique, qui unit la prémisse et la conclusion, fait que la première n'est jamais un passé qu'il faudrait retrouver au moyen d'un souvenir, quand la seconde est posée; en outre, l'idée vraie, connue comme telle, l'est en tout temps, en sorte que la concevoir, ce n'est pas concevoir un terme distant dans la perspective de la durée. En vérité, il y a dans le savoir une conscience de l'unité et de l'identité de l'esprit connaissant ou de l'idée connue — cela revient au même pour Spinoza — incomparablement supérieure à la conscience de l'unité plus ou moins décousue et de l'identité plus ou moins déchirée, que la personnalité puise dans le souvenir : telle qu'elle est réalisée dans la connaissance du deuxième et du troisième genre, c'est-à-dire dans ce qui est éternel en nous, l'unité « logique » de la conscience de soi, parce qu'elle constitue une unité plus parfaite et plus intérieure et parce qu'elle est une véritable unité autonome, qui développe la même essence, la sienne propre, fonde la personnalité infiniment mieux que ne pourrait le faire l'unité mnémique, faite de simples associations entre des termes extrinsèques.

Pour Spinoza, l'éternité est donc bien personnelle, dans la mesure où elle est l'activité immanente, par laquelle l'esprit devient conscience de soi dans cette identité avec soi-même, qu'est l'unité logique du développement adéquat des idées. Mais, demandera-t-on, la personnalité n'est-elle pas alors réservée à la seule activité qui explicite en connaissance, en conscience et en amour, le contenu de l'idée éternelle originaire[157] ? Ne doit-elle pas être refusée à cette dernière, lorsqu'elle ne constitue pas le point de départ d'une activité intellectuelle effective ? Peut-on dire, par exemple, que l'idée, qui exprime un mode inexistant et qui n'existe donc pas elle-même en acte, soit vraiment personnelle ?

a) Il est certain qu'en dehors de son existence en acte, la partie éternelle de l'esprit est individuelle, sans être personnelle. Sans doute est-elle toujours l'esprit d'un mode de l'étendue; sans doute est-ce toujours en tant que pensée de ce mode qu'elle est présente dans l'entendement infini et qu'elle s'actualise éventuellement en un autre esprit : nous avons même vu qu'elle jouit de ce statut privilégié en fonction de l'activité personnelle qui s'est développée ou se développera au sein de ce mode, si bien que la présence implicite et l'actualisation extérieure dépendent de la personnalité de l'existence en acte. Mais il manque alors à l'idée, avec l'existence en acte, le développement de l'activité immanente, qui

156. *Eth.*, II, 18 Sc. — Cf. *D.I.E.*, §§ 82-3 : « A l'égard de l'entendement considéré en lui-même, *il n'y a ni mémoire ni oubli*.... Dans la *réminiscence*, l'âme a la pensée de la sensation, mais non sous la forme de la durée continue; et ainsi l'idée de la sensation n'est pas la durée même de la sensation, c'est-à-dire qu'elle n'est pas proprement la mémoire.... Bien que les idées elles-mêmes aient aussi leur durée propre dans l'esprit, comme nous sommes cependant habitués à déterminer la durée au moyen d'une mesure du mouvement, ce qui se fait aussi au moyen de l'imagination, nous n'observons jusqu'ici aucune mémoire appartenant à l'esprit pur » (souligné par moi).

157. Sur la distinction entre l'idée éternelle et son développement en savoir et en amour éternels, cf. 1re partie, chap. 1.

serait unité logique avec soi-même, conscience effective de soi et amour, c'est-à-dire personnalité : la présence de l'idée de Socrate dans la conscience de l'être est le produit de son existence personnelle, elle n'est pas, avant sa naissance et après sa mort, son existence personnelle [158].

b) Du point de vue de l'esprit pendant son existence en acte, sa présence implicite antérieure ou postérieure à cette existence ne saurait pas plus constituer une donnée vraiment personnelle. Il est vrai que l'existence en acte de la part d'éternité de l'esprit et sa présence implicite dans l'être, quand elle n'existe pas, sont deux choses inséparables, constitutives de cette unité « logique », qui caractérise la personnalité véritable; il est même vrai que la conscience actuelle de soi inclut le savoir de cette présence implicite passée ou future [159]. Mais, dans la mesure où il s'agit ici de penser une préexistence ou une subsistance hors du présent, il faudrait une conscience de soi qui fût accompagnée de l'idée de la durée antérieure ou postérieure, c'est-à-dire une mémoire ou une prévision : au lieu de la seule unité « logique », il faudrait donc l'unité mnémique de la conscience de soi, laquelle s'est trouvée précisément exclue, comme nous avons pu le constater; dans l'unité « logique » du développement de la conscience de soi, le Sage a le savoir de sa préexistence et de sa subsistance implicites dans l'entendement infini, mais il n'y a rien en lui qui fonde une conscience temporelle de la continuité et de l'identité à travers la durée entre l'existence actuelle présente et le passé antérieur ou le futur postérieur à cette existence : si l'activité de l'entendement est la saisie de sa propre unité dans l'enchaînement des idées adéquates, elle ne comporte pas le lien mnémique qui ferait saisir l'unité chronologique de soi-même dans une durée perpétuelle distincte de l'existence actuelle et éloignée du présent [160].

c) Mais, au sein même de l'esprit existant en acte, sa partie éternelle peut fort bien n'être qu'implicitement présente : il suffit pour cela que l'idée éternelle ne soit pas développée dans l'activité immanente, que sont la connaissance et ses effets; en ce cas, s'il y a dans le sujet quelque chose d'éternel, il n'en sort aucune conscience effective de soi, aucune unité se percevant dans sa continuité et son identité grâce à l'enchaînement d'idées adéquates : la partie éternelle d'un esprit existant en acte reste impersonnelle, tant qu'elle n'est pas actuellement explicitée en connaissance et en amour. Telle est la situation de *l'ignorant,* dont Spinoza nous dit qu'il « vit presque inconscient de lui-même [161] ».

Car la différence entre le Sage et l'ignorant apparaît désormais plus précise et plus claire : si nous les considérons dans leur existence en acte, nous voyons que le premier possède la personnalité refusée au second; si nous les considérons dans leur présence implicite au sein de

158. C'est peut-être en ce sens qu'il faut comprendre la phrase du *Court traité* déjà citée : « Il n'y en avait pas moins dès lors et il n'y en aura pas moins alors.... une idée...., *non du tout la même,* cependant » [II, Préf. note, § 10 (souligné par moi)].

159. *Éth.,* V, 23 Sc.

160. C'est d'autant moins possible que le rapport entre la présence implicite et l'existence en acte, le passage de l'une à l'autre, qu'il s'agisse de naissance ou de mort, est un fait purement contingent, dû à des causes extérieures : il n'y a donc pas place pour un lien logique fondant une conscience de continuité définie. — Ricardou a bien montré l'impersonnalité de la préexistence et de la subsistance future (*De aeternitate,* 53-62, 76-80).

161. *Éth.,* V, 42 Sc.

l'être en dehors de leur existence actuelle, nous voyons que le premier, bien que privé alors de la personnalité, subsiste individuellement par la plus grande partie de lui-même, en fonction de la personnalité de son existence en acte, alors que le second sombre presque tout entier, privé d'individualité dans l'être comme il est privé de personnalité dans sa vie; et n'allons surtout pas confondre l'impersonnalité de la présence implicite du Sage avec l'impersonnalité de l'existence actuelle de l'ignorant : la première n'est, en effet, qu'un manque, la simple inexistence en acte, alors que la seconde est un fait, toute la misère effective d'une existence actuelle qui est servitude.

La personnalité de la partie éternelle de l'esprit et, avec elle, de tout l'esprit est donc le fruit de sa seule activité immanente dans son existence en acte : elle est précisément la « vie éternelle », le développement de l'idée éternelle en savoir et en amour éternels, condition nécessaire et suffisante de la béatitude et du salut hic et nunc et durant toute notre vie. Que la simple présence implicite dans le tout hors de l'existence en acte soit, pour elle-même et pour cette existence, une manière d'être impersonnelle, ce n'est qu'une nouvelle conséquence de la distinction entre l'éternité et l'immortalité : nous ne devons pas nous en inquiéter, car nous savons que ce n'est pas de ce côté-là que se trouve le salut; que, dans l'existence en acte elle-même, la présence seulement implicite de notre être éternel soit aussi impersonnelle, c'est une indication capitale qui circonscrit exactement le domaine du salut possible : cela nous avertit, en effet, que nous ne saurions nous sauver en dehors de la pure immanence réalisée au moyen d'une activité effective de connaissance et d'amour, et nous devons en tenir compte.

CONCLUSION

L'éternité est donc cette identité de l'essence et de l'existence, cette manière d'être en et par soi-même, qui est le propre de la substance infinie, mais qui appartient aussi à certains de ses modes finis, aux esprits en l'une des deux idées qui constituent leur être comme idées de leurs corps, dans la mesure où ils sont positifs et actifs, adéquats à eux-mêmes et à leurs objets : alors, en effet, ce sont des parties de l'éternité divine, qui en « participent » spécialement ou qui, plutôt, l'expriment et la réalisent d'une manière immédiate par leur propre perfection, au lieu d'en être des parties inconsistantes, qui ne se laissent expliquer que par d'autres parties extérieures à elles et qui n'ont, par conséquent, aucune réalité spécifique dans le tout. Il n'est pas ici question d'une autre existence, qui se situerait plus ou moins hors du temps et qui resterait éloignée de la vie : l'éternité est simplement, pour une idée et toutes ses conséquences, une manière d'être au sein de la pensée de l'être, c'est-à-dire dans le mode infini immédiat de la pensée qu'est l'entendement divin; elle est cette manière d'exister soi-même en acte pendant une certaine durée et d'être toujours implicitement contenu dans l'idée du tout (pour éventuellement s'actualiser à un autre moment en autrui), qui appartient à l'idée d'une chose finie, quand elle possède telle de ses déterminations en vertu de sa nécessité interne, indestructible de l'extérieur. Ainsi est-elle bien une propriété individuelle d'une partie plus ou moins développée de l'esprit, qui devient personnelle dans son existence en acte, dès qu'elle se fait activité consciente d'elle-même.

DEUXIÈME PARTIE

LA VIE ÉTERNELLE

Nous savons désormais que nous jouissons de l'éternité en cette idée qui exprime sous l'aspect de l'éternité l'essence de notre corps et dans cette partie de nous-mêmes qui développe une telle idée en connaissance du deuxième et du troisième genre et en amour. Mais ce n'est encore là qu'une vérité abstraitement déduite : comment réussit-elle à devenir l'objet d'une conscience plus concrète et plus vivante ? Et quels sont exactement ce savoir et cet amour, qui doivent réaliser et développer dans notre existence en acte cette éternité individuelle en une éternité vraiment personnelle ? Et nous avons vu que, dans le spinozisme, l'éternité n'est pas encore le salut, puisque la première peut se réduire à la simple présence implicite d'une idée de nous-mêmes en nous ou dans le tout hors de nous, alors que le second doit être une jouissance effective, « une béatitude ou une liberté » qui « consiste en un amour » engendré par un savoir [1] : la meilleure preuve de cette distinction, c'est que le salut est présenté comme un effet de la seule connaissance du troisième genre, tandis que l'éternité est également reconnue à la connaissance du second genre [2]. Il nous reste donc à savoir comment notre éternité se transforme en « joie continue et souveraine pour l'éternité [3] », en vie éternelle, personnelle et salutaire [4]; tel est l'ordre suivi par Spinoza dans l'*Éthique :* après avoir prouvé notre éternité [5], il établit les conditions successives du salut : la connaissance du troisième genre et l'amour intellectuel pour Dieu et de Dieu [6], avant de décrire ce salut lui-même et de déduire ses caractéristiques [7].

1. *Éth.*, V, 36 Sc.
2. Cf. 1re partie, chap. 1.
3. *D.I.E.*, § 1.
4. Sur cette idée de *vie*, cf. ZAC : *Vie, passim.*
5. *Éth.*, V, 21-3.
6. *Éth.*, V, 24-31 & 32-6.
7. *Éth.*, V, 36 Sc.-40 & 42.

CHAPITRE PREMIER

LA CONNAISSANCE DU TROISIÈME GENRE

L'importance donnée dans le spinozisme à la connaissance du troisième genre[1] ne prête pas à discussion : « *Le suprême effort de l'esprit et sa suprême vertu est d'entendre les choses par le troisième genre de connaissance*[2]. » C'est qu'il s'agit d'une connaissance de Dieu[3] et que Dieu est « un être absolument infini, sans lequel rien ne peut être ni être conçu », c'est-à-dire « l'objet suprême que puisse entendre l'esprit[4] » : il n'y a pas de terme plus élevé que l'infini en tout genre et la cause première; et, s'il est vrai que chaque chose est un mode de Dieu, il est évident que l'activité de connaissance, qui est pour l'esprit la réalisation de son essence, de son effort et de son utilité, autrement dit de sa vertu, ne peut s'accomplir et se parfaire que dans cette connaissance du troisième genre. Ce privilège n'apparaît pas tant dans ses propriétés, car, si elle est vraie, adéquate et éternelle, elle n'est pas la seule à l'être, la connaissance du second genre ayant les mêmes qualités, au moins selon l'*Éthique*[5] : tout au plus pouvons-nous dire qu'elle atteint plus de perfection que toute autre connaissance dans la possession de la vérité et de l'éternité, dans la mesure où elle complète et achève toute connaissance vraie et éternelle; mais sa dignité particulière et sa vertu exceptionnelle se révèlent en ses effets : elle seule produit le savoir, le contentement, l'amour et la béatitude qui constituent la vie éternelle et

1. Dans la *Réforme de l'entendement* et en quelques passages du *Court traité*, la connaissance se trouve divisée en quatre genres, par subdivision du premier : pour simplifier et unifier le vocabulaire, je parlerai toujours de « connaissance du troisième genre » ou, à la rigueur, de « connaissance du dernier genre », même quand Spinoza parle de connaissance du quatrième genre.

2. *Éth.*, V, 25 (souligné par moi).

3. *Ibid.*

4. *Éth.*, IV, 28.

5. Cf. 1re partie, chap. 1. — Selon le *Court traité* et la *Réforme de l'entendement*, seule la connaissance du dernier genre jouit pleinement de la vérité, de l'adéquation et de l'éternité; dans l'*Éthique*, elle perd ce privilège de nature, pour ne conserver qu'un privilège de fonction.

le salut; elle seule procure donc ce pour quoi le système a été élaboré et l'*Éthique* rédigée.

Aussi notre curiosité se trouve-t-elle immédiatement éveillée : nous sentons bien qu'il nous sera impossible de traiter du spinozisme, tant que nous ne comprendrons pas parfaitement en quoi consiste la connaissance du troisième genre. Mais son importance et ses privilèges la rendent aussitôt fort mystérieuse : en donnerons-nous une définition trop simple et trop claire, que nous aurons l'impression de laisser échapper la nature propre de ce qui est capable d'engendrer l'amour intellectuel et la béatitude, c'est-à-dire l'essentiel pour notre vie et notre réflexion, et que nous nous dirons : « Cela doit être autre chose encore... »; mais cette « autre chose », qui serait ainsi au-delà de toute définition précise et de tout concept clair, resterait nécessairement une réalité insaisissable et inexprimable : ce serait un mode de connaissance fort obscur du point de vue de notre raison commune. Nous serions d'autant plus enclins à lui reconnaître ce caractère exceptionnel et mystérieux, qu'elle nous fait penser à l'intuition irrationnelle, à l'expérience cachée et à la connaissance ineffable, dont nombre de philosophes, de théologiens et de mystiques, avant et surtout après Spinoza, ont fait l'instrument privilégié pour la possession de la vérité absolue et pour le salut, en précisant, comme le fait Spinoza, qu'il s'agissait d'un savoir intuitif ayant pour objets Dieu et le rattachement de toutes choses à Dieu : par sa nature et par sa fonction, la connaissance du troisième genre semble donc fort parente de la connaissance mystique. Et il est certain que les indications données par Spinoza ne s'opposent pas nettement à cette interprétation et à de tels rapprochements : quelle que soit sa précision, la définition de la connaissance du troisième genre est d'une telle concision qu'une assez grande liberté d'exégèse paraît laissée au lecteur; Spinoza ne nous donne pas ces longues explications que nous serions en droit d'attendre d'un philosophe en une matière aussi essentielle : il ne nous propose qu'un seul exemple, celui du calcul intuitif de la quatrième proportionnelle, mais sans le commenter, ni expliquer son rapport avec la connaissance métaphysique dont il doit être l'illustration; qui plus est, il est évident que cet exemple mathématique, pour être fort à la mode, reste très inadéquat, dans la mesure où rien de ce qui caractérise la connaissance de Dieu et de ce qui fonde un amour et une béatitude ne s'y retrouve clairement[6]. En outre, cette connaissance est d'abord présentée, dans le *Court traité*, comme une « union immédiate » avec Dieu[7], puis, dans l'*Éthique*, comme un « sentiment » et une « expérience »[8] : elle semblerait donc impliquer une relation du sujet avec l'objet, qui serait plutôt de l'ordre de l'intuition métaphysique ou mystique que du domaine de la démonstration rationnelle communicable par le langage[9]; d'ailleurs, le *Traité théologico-politique* fait souvent allusion à une connaissance de Dieu qui serait

6. Spinoza use souvent de tels exemples mathématiques, dont il affirme lui-même le caractère insuffisant : cf. *D.I.E.*, § 95 (la définition du cercle comme exemple de définition génétique); — *Eth.*, II, 8 Sc. (les segments du cercle et leurs produits comme exemples de termes contenus dans un objet donné, même en dehors de leur existence en acte).
7. *C.T.*, II, 22, §§ 2-3.
8. *Eth.*, V, 23 Sc. : « Sentimus experimurque », etc...
9. Cf. ZAC : *Société*, 281.

distincte de la connaissance naturelle, notamment lorsqu'il évoque la science de Moïse et surtout celle du Christ[10]; quant à l'*Éthique*, ne s'achève-t-elle pas sur l'affirmation de la rareté et de la difficulté du savoir qui fait le Sage[11] ? La connaissance du troisième genre serait ainsi une intuition mystérieuse et exceptionnelle, plus ou moins étrangère à la raison et relativement proche de l'expérience mystique, dépositaire de la connaissance de Dieu qui est le point de départ du système, et de la possibilité du salut qui en est la fin : tout, dans l'*Éthique*, nous y renverrait, sans que nous fussions pourtant capables de saisir ni d'exprimer adéquatement sa nature; par suite, l'*Éthique* elle-même, en tant que discours logique fait de définitions et de démonstrations qui se prétendent communicables, resterait en-deçà de cette intuition et de cette expérience, dont elle n'est même pas le récit : elle se tiendrait donc au niveau de la seule connaissance du second genre, conçue alors comme le savoir philosophique rationnel qui prépare et qui éveille l'esprit en vue du vrai savoir métaphysique, instrument de sa béatitude[12].

Il est à craindre qu'une telle interprétation ne soit erronée, dans la mesure où elle s'accorde mal avec le rationalisme intransigeant, qui est, pour Spinoza, une exigence impérative de la philosophie et une condition absolue de la possibilité du salut : « J'use de la raison et je me repose sur ce véritable verbe de Dieu, qui est dans l'esprit et qui ne peut jamais être déformé ni corrompu.... Reconnaissez la raison que Dieu vous a donnée et cultivez-la, si vous ne voulez compter parmi les brutes[13] »; l'acceptation de tout irrationnel — fût-il « supra-rationnel » — réduirait le système à l'incohérence. Qui plus est, si la connaissance du troisième genre était une intuition et une expérience mystérieuses, ineffables et incommunicables, le spinozisme et le salut qu'il propose seraient nécessairement hors de notre portée, car nous ne pourrions alors ni les comprendre, ni les discuter : il se peut que nous souhaitions aboutir à une telle conclusion; mais l'historien de la philosophie ne saurait se permettre de poser aussi facilement ce qui rend vaine sa tâche et vide son objet : dans le rationalisme, il doit chercher la rationalité. Ce n'est pas une entreprise impossible, s'il est vrai que rien n'apparaît moins mystérieux que la connaissance du troisième genre, dès qu'on s'efforce de définir clairement son objet, son fondement et sa nature.

***

Dans le *Court traité*, Spinoza n'assigne pas à la connaissance du dernier genre un objet spécifique : certes, il précise que c'est elle « qui est la connaissance de Dieu[14] », mais il laisse nettement entendre qu'elle prend aussi pour objets d'autres réalités, puisqu'il pose qu'elle « diffère

10. *T.T.P.*, I & II. — Cf. *Lettres LXXII & LXXV à Oldenburg* (1675). — Cf. Zac : *Christianisme*, 491; — I. Seligman : *Some Aspects of Spinozism, Proceedings of Aristotelician Society*, London-Oxford, 1960-1, 127. — Sur cette question, cf. 3e partie, chap. 3.
11. *Éth.*, V, 42 Sc. — Cf. *D.I.E.*, § 22. — Cf. Wolfson : *Spinoza*, II, 159.
12. Cf. Huan : *Dieu*, 19; — Zac : *Société*, 281, et *Christianisme*, 491.
13. *Lettre LXXVI à Burgh* (1775), V.L., III, 234, Pl., 1348.
14. *C.T.*, II, 22, § 3.

selon les objets qui se présentent à elle et » qu'elle est « d'autant meilleure qu'est meilleur l'objet auquel elle s'unit[15] »; la connaissance de Dieu n'est donc qu'une application particulière, parfaite en raison de la perfection de son objet[16], d'une connaissance claire qui peut porter sur tout objet.

Il en est apparemment de même dans la *Réforme de l'entendement :* Spinoza fait état de « la perception, dans laquelle une chose est perçue par sa seule essence ou par la connaissance de sa cause prochaine[17] » et qui « saisit l'essence adéquate d'une chose[18] », sans désigner cette chose d'une manière plus précise; s'il réserve une place privilégiée à « l'idée la plus parfaite », qui est l'idée de l'objet le plus parfait, c'est-à-dire de Dieu[19], il n'en affirme pas moins que nous pouvons alors partir « d'une idée vraie quelconque[20] ». Nous retrouverions donc la doctrine du *Court traité,* s'il n'était vrai qu'une chose ne peut être adéquatement conçue « par sa seule essence », que lorsqu'elle « existe en soi ou.... est cause de soi », et qu'elle ne peut être adéquatement conçue « par sa cause prochaine », que lorsqu'elle « requiert une cause pour exister[21] » : dans le premier cas, il s'agit évidemment de Dieu; dans le second, nous sommes, en définitive, renvoyés au rattachement des choses à Dieu : par ce biais, la connaissance du dernier genre trouve donc son objet propre en Dieu et dans l'existence des choses comme effets de Dieu.

Dans l'*Éthique,* Spinoza retient le résultat de cette analyse pour isoler parfaitement l'objet de la connaissance suprême : « *Ce genre de connaissance procède de l'idée adéquate de l'essence formelle de certains attributs de Dieu à la connaissance adéquate de l'essence des choses*[22]. » Cette définition est suffisamment précise, mais sa concision impose un examen détaillé de ses divers éléments :

a) Spinoza nous dit que cette connaissance part « de l'essence formelle de certains attributs de Dieu ». L'expression d' « essence formelle » ne présente aucune difficulté, car c'est la formule normalement employée pour désigner la nature propre, l'ensemble des caractéristiques nécessaires et suffisantes qui constituent l'être d'une chose, en l'espèce d'un attribut de Dieu. Mais il importe de remarquer qu'il est question de « certains attributs de Dieu » : Spinoza ne parle évidemment pas d'une idée de tous les attributs de Dieu, dont il nie l'existence en nous[23]; mais il ne fait pas plus état, ici, de l'idée de Dieu lui-même : la prémisse du savoir parfait n'est pas la notion de substance, de cause de soi ou de cause première unique, mais celle des attributs connus de nous, de la pensée ou de l'étendue, de l'étendue surtout, qui

15. *C.T.*, II, 4, § 10. — Cf. *C.T.*, II, 22, § 1.
16. En vertu du principe de la participation du sujet à la nature de l'objet connu (cf. 1re partie, chap. 2).
17. *D.I.E.*, § 19.
18. *D.I.E.*, § 29.
19. *D.I.E.*, §§ 38-40, 42, 46-7, 49.
20. *D.I.E.*, § 49.
21. *D.I.E.*, § 92.
22. *Éth.*, II, 40 Sc. 2 (souligné par moi).
23. *Éth.*, II, Ax. 5; — *Lettre LXIV à Schuller* (29 juill. 1675).

est pour nous le fondement premier de l'être de la pensée, telle que nous la saisissons en notre esprit. La connaissance du troisième genre n'est donc pas la science de Dieu directement et absolument, ni celle de ses attributs, ni en totalité, ni en partie : elle est la connaissance qui prend pour prémisse l'idée de l'essence qui constitue l'être propre de la pensée ou, d'une manière plus radicale, de l'étendue infinies.

b) Le terme en est « la connaissance adéquate de l'essence des choses » : cette dernière formule doit retenir notre attention. Le mot « choses » est au pluriel : il s'agit ici des modes finis, envisagés en eux-mêmes comme des choses singulières, ainsi que le précise Spinoza dans la cinquième partie de l'*Éthique,* en écrivant que « La connaissance des choses singulières, que j'ai appelée intuitive ou du troisième genre », a pour objet « l'essence de chaque chose singulière[24] », par opposition à la connaissance du second genre, qui a pour objets « les notions communes[25] ». Mais le mot « essence » est au singulier : nous savons pourtant que « ce qui appartient à l'essence d'une chose » est entièrement réciprocable avec cette chose, en sorte que chaque être singulier doit avoir une essence qui lui soit propre[26]; nous savons même qu'il s'ensuit que « Dieu n'appartient pas à leur essence », puisqu'il peut exister sans qu'existe telle ou telle chose finie et que son être n'est donc pas réciprocable avec le leur[27]; or, dans la définition de la connaissance du troisième genre, il est précisément question de Dieu en ses attributs : nous ne pouvons donc pas songer ici à l'essence propre constituant l'être de chaque chose singulière en sa particularité[28]; nous devons plutôt penser à cette « *essence intime des choses* », dont la *Réforme de l'entendement* nous disait qu'il fallait « la rechercher du côté des choses fixes et éternelles », puisque « ces choses singulières soumises au changement dépendent si intimement et si essentiellement.... des choses fixes, qu'elles ne pourraient sans ces dernières ni être ni être conçues[29] » : les formules employées dans ce texte annoncent d'ailleurs aussi clairement que possible celles dont se sert Spinoza dans l'*Éthique* pour définir la connaissance du troisième genre. Qu'est-ce donc exactement que cette essence unique des multiples choses finies, qui est à la fois l'être propre de chacune et un terme « *commun à toutes*[30] » ? Il va de soi qu'il ne s'agit pas des propriétés communes dont traite le second genre de connaissance, telles les lois du mouvement et du repos; aussi ne reste-t-il que l'être commun ou, pour reprendre la formule de Darbon, « la commune dépendance à l'égard de Dieu[31] », c'est-à-dire, ainsi que le précise

24. *Eth.*, V, 36 Sc. — Dès qu'il assigne un objet précis à la connaissance du troisième genre, Spinoza fait toujours état des choses singulières (cf. *Eth.*, II, 45 & 46, V, 24 & 25).

25. *Eth.*, V, 40 Sc. 2. — Ces notions communes sont les idées qui ont les modes infinis pour objets.

26. *Eth.*, II, Déf. 2 (cf. 1re partie, chap. 1).

27. *Eth.*, II, 10 Cor. Sc.

28. On pourrait aussi tirer parti de ce que Spinoza ne parle pas de l'essence formelle des choses, alors qu'il vient de parler de l'essence formelle de certains attributs, ce qui prouverait qu'il ne songe pas à ce qui définit l'être propre de chaque chose en tant que distincte des autres; mais il paraît difficile de faire de l'absence d'un adjectif un argument positif.

29. *D.I.E.*, § 101 (souligné par moi).

30. *Eth.*, II, 46 (souligné par moi).

31. DARBON : *Études*, 103.

Spinoza, le simple fait que « toutes choses dépendent de Dieu selon l'essence et l'existence...., lorsque cela même est conclu de l'essence elle-même de chaque chose singulière, que nous disons dépendre de Dieu [32]. » Objectera-t-on que « ce qui est commun à toutes choses.... ne constitue l'essence d'aucune chose singulière [33] » ? Mais dans ce dernier texte il était question des modalités et des lois communes; dans le cas présent, au contraire, il s'agit de l'existence de chaque chose singulière en tant que mode, partie et effet de Dieu, existence qui est bien commune à toutes, tout en constituant l'être propre de chacune : « Je parle de *la nature même de l'existence* qui est attribuée aux choses singulières du fait qu'une infinité de choses suivent de la nécessité éternelle de la nature de Dieu en une infinité de modes. Je parle, dis-je, de *l'existence elle-même des choses singulières en tant qu'elles sont en Dieu.* Car.... *la force par laquelle chacune persévère dans l'exister* suit de la nécessité éternelle de la nature de Dieu [34] »; or, nous savons que cette force, c'est le conatus, c'est-à-dire l'essence actuelle de la chose elle-même [35] : nous pouvons ainsi comprendre que l'être en Dieu et par Dieu soit une essence unique, commune à toutes choses, qui n'en constitue pas moins l'essence propre de chaque chose singulière, dans la mesure où ce n'est pas simplement une de ces déterminations universelles qui les produisent et les définissent, mais l'existence même qu'elles ont ou, plutôt, qu'elles sont [36].

c) Contesterait-on cette interprétation de la formule « essentia rerum », qu'on aboutirait à la même conclusion, en considérant la définition de la connaissance du troisième genre en son ensemble. En effet, le savoir qui « procède de l'idée adéquate de l'essence formelle de certains attributs de Dieu à la connaissance adéquate de l'essence des choses » ne peut être que la connaissance du rattachement des modes à Dieu comme parties de ses attributs : du corps ou de l'esprit, par exemple, comme modifications finies de l'étendue ou de la pensée infinies. Dans le paragraphe précédent, j'ai cité plusieurs textes qui le prouvent amplement; mais Spinoza l'affirme de la manière la plus nette : « Puisque toutes choses sont en Dieu et sont conçues au moyen de Dieu, il s'ensuit que nous pouvons déduire de cette connaissance quantité de conséquences que nous connaissons adéquatement, et former ainsi ce troisième genre de connaissance [37] ». Nous avons donc ici affaire à une *connaissance ontologique*, qui a pour objet propre l'être des choses finies dans les attributs de Dieu, en tant qu'il constitue leur existence et leur essence actuelle propres [38]. Ainsi retrouvons-nous cette connaissance par la cause, dont parlait la *Réforme de l'entendement :* en effet, comme

32. *Éth.*, V, 36 Sc. — Cf. *Éth.*, II, 47 Sc.
33. *Éth.*, II, 38. — Cf. Delbos : *Spinozisme*, 111.
34. *Éth.*, II, 45 Sc. (souligné par moi).
35. Cf. 1re partie, chap. 1.
36. On ne peut s'empêcher de penser ici à l'expression employée par les Boehmistes à propos du savoir suprême : « cognitio essentiae essentiarum rerum » (cf. Dyroff : *Amor*, 20).
37. *Éth.*, II, 47 Sc. — Cf. *Lettre XII à Meyer* (20 avril 1663), V.L., III, 41, Pl., 1155 : nous commettons une erreur au sujet des modes, quand « nous les séparons de la substance et de la manière dont ils découlent de l'éternité, sans lesquelles ils ne peuvent cependant être correctement entendus. »
38. Cf. Lachelier, *apud* Boutroux : *Liberté*, 531 note.

dans le cas de la définition génétique en mathématiques[39], il s'agit de la connaissance de ce qui produit l'être même des choses; et c'est en ce sens qu'il faut comprendre l'exemple de la quatrième proportionnelle : par opposition au calcul (ratio) qui s'appuie sur les règles générales de l'arithmétique, sur « la propriété commune des nombres proportionnels », nous pouvons, en effet, « conclure le quatrième nombre lui-même », individuellement et dans sa valeur propre, « de la relation (ratio) elle-même » qui existe entre le premier et le second; notre savoir d'un terme donné repose bien alors sur la saisie de la relation génératrice de ce terme[40].

Cette définition de l'objet précis de la connaissance suprême nous montre qu'elle n'est en rien une science infinie, qui nous rendrait capables de procéder à une déduction universelle des modes finis à partir de l'idée de l'être infini. On a souvent voulu voir dans le monisme rationaliste de Spinoza l'ambition d'un tel savoir exhaustif de la nature : il était alors facile de le critiquer, voire de le ridiculiser; mais Spinoza lui-même rejette une prétention de cet ordre : « Connaître la manière dont les parties sont véritablement liées entre elles et dont chaque partie s'accorde avec son tout, voilà ce que j'ai dit ignorer dans ma précédente lettre, puisqu'il faudrait, pour connaître cela, connaître la nature entière et toutes ses parties[41] »; il prouve même a priori l'impossibilité d'une telle science : « Quant au principe de la constitution des choses, une connaissance adéquate en est donnée en Dieu, en tant qu'il a les idées de toutes ces choses, mais non pas en tant qu'il a seulement l'idée du corps humain », c'est-à-dire en tant qu'il est l'esprit fini d'un homme[42]. Ce n'est pas là un renoncement, ni l'aveu d'un échec de la part de Spinoza : la connaissance du troisième genre n'est pas, en effet, l'achèvement idéal de la science de la nature qu'est la connaissance du second genre, comme on a pu le soutenir[43]; loin de développer totalement la détermination des relations existant entre les choses finies, pour rendre compte de l'essence et de l'existence propres de chacune prise séparément, ce qui constituerait une tâche infinie, ainsi que Spinoza l'a démontré[44], elle détermine seulement la relation existant entre le fini et l'infini, pour définir l'être propre de toutes les choses singulières, tâche parfaitement délimitée, qui s'avère, par conséquent, tout à fait possible : connaissance ontologique, elle est d'un autre ordre que la connaissance « scientifique »[45].

39. *D.I.E.*, §§ 93-8.

40. *Eth.*, II, 40 Sc. 2. — Cet exemple de la quatrième proportionnelle n'était pas déplacé dans le *Court traité* et dans la *Réforme de l'entendement*, la connaissance du dernier genre pouvant alors avoir un autre objet que l'être en Dieu; dans l'*Éthique*, il ne vaut plus que si l'on retient seulement ce rapport de production d'un terme à partir d'un autre, la vraie connaissance du troisième genre se situant en un tout autre domaine.

41. *Lettre XXXII à Oldenburg* (20 nov. 1665), V.L., III, 119-20, Pl., 1234-5, avec référence à la *lettre XXX au même*.

42. *Éth.*, II, 30.

43. Cf. Huan : *Dieu*, 19.

44. *Éth.*, I, 28.

45. Dans la *lettre XXXII à Oldenburg* (20 nov. 1665), citée dans les lignes précédentes, Spinoza poursuit : « Je m'efforcerai donc de montrer la raison qui me contraint à affirmer cela », à savoir le lien et l'accord des parties dans le tout (V.L., III, 120, Pl., 1235); si elle n'est donc pas la connaissance « scientifique » universelle de toutes les liaisons existant entre

Mais, si elle n'est donc pas un savoir du fini en tant que tel, dans sa réalité limitée et dans ses rapports avec les choses extérieures, elle n'est pas plus un savoir de l'infini en tant que tel : elle n'est pas directement l'idée de la substance ou de la cause première, puisque, nous le savons, elle ne s'appuie que sur « l'idée adéquate de l'essence formelle de certains attributs de Dieu », et cela, pour aller d'abord, non pas à la connaissance de tous les attributs ni de la substance elle-même, mais à « la connaissance adéquate de l'essence des choses »; la connaissance du troisième genre n'est donc pas immédiatement la connaissance de Dieu : distincte de la connaissance « scientifique », la connaissance ontologique est aussi différente d'une connaissance « théologique » centrée uniquement sur l'infini.

Mais elle n'en reste pas à cette seule relation du fini et de l'infini; elle se développe nécessairement en une connaissance des deux termes de ce rapport :

I. — D'un côté, elle est par définition source d'une connaissance des choses singulières, qu'elle nous fait saisir dans leur être même, comme parties de l'infini; cela vaut :

1) Bien entendu, pour toutes les choses finies que nous pouvons rencontrer dans notre expérience[46];

2) Mais spécialement pour nous-mêmes, puisque nous sommes chacun une chose finie[47] : elle est donc la parfaite connaissance ou conscience de soi comme partie de Dieu, ce qui, nous le savons, permet le développement de la partie éternelle de notre esprit et fonde surtout le caractère personnel de notre éternité[48].

II. — De l'autre côté, s'il est vrai que concevoir le fini dans l'infini, c'est concevoir ipso facto l'infini, elle est source d'une idée et d'une connaissance de Dieu : « Les choses singulières ne peuvent être conçues sans Dieu; mais, puisqu'elles ont Dieu pour cause, en tant qu'il est considéré sous l'attribut dont ces choses elles-mêmes sont les modes, leurs idées doivent nécessairement envelopper le concept de leur attribut, c'est-à-dire l'essence éternelle et infinie de Dieu[49] »; il en résulte « une connaissance de l'essence éternelle et infinie de Dieu[50] » : nous disposons même alors de la meilleure connaissance possible de Dieu, puisque celui-ci est ainsi perçu, non pas comme un infini isolé, ce qui nous conduirait aisément aux doctrines erronées de la transcendance et de la création, mais comme un infini comprenant le fini, ainsi que le veut le panthéisme et que l'exige la possibilité du salut. Spinoza peut donc écrire : « Nous connaissons d'autant mieux Dieu...., que nous connaissons mieux les choses naturelles et que nous entendons plus clairement comment elles dépendent de leur cause première et comment elles opèrent

toutes les choses, la connaissance ontologique, dans la mesure où elle prouve par l'être du fini dans l'infini l'unité nécessaire qui constitue la nature, fonde une connaissance « scientifique » qui reste partielle, en posant les principes d'unité et de nécessité du réel.

46. *Éth.*, II, 40 Sc. 2, V, 24-5.

47. *Éth.*, V, 30.

48. Cf. 1re partie, chap. 1 & 3.

49. *Éth.*, II, 45 : cette preuve s'insère dans le passage consacré au troisième genre de connaissance et invoque la relation du mode avec l'attribut, objet précis de cette connaissance.

50. *Éth.*, II, 46-7.

selon les lois éternelles de la nature[51] »; « Plus nous connaissons les choses naturelles, plus grande et plus parfaite est la connaissance de Dieu que nous acquérons, ou (puisque la connaissance de l'effet par la cause n'est rien d'autre que connaître quelque propriété de la cause) plus nous connaissons les choses naturelles, plus parfaitement nous connaissons l'essence de Dieu (qui est la cause de toutes choses)[52] » : « *Plus nous entendons les choses singulières, plus nous entendons Dieu*[53]. » Il est, en effet, possible de tirer des conséquences plus ou moins nombreuses et profondes de l'insertion du fini dans l'infini : nous pouvons nous arrêter à la simple connaissance des corps comme parties de l'étendue ou aller jusqu'à les connaître comme des choses douées d'une essence actuelle ou d'un conatus qui est partie de la puissance de Dieu, et comme des êtres liés à une idée qui leur correspond dans la pensée et qui est même une idée éternelle; nous pouvons aussi percevoir plus ou moins clairement toutes ces conséquences, en nous contentant de l'idée confuse de notre immortalité ou en progressant jusqu'à l'idée distincte de notre éternité[54], en nous arrêtant à la pensée vide de la substance infinie et de la cause première ou en parvenant à découvrir l'amour intellectuel et la Gloire de Dieu[55] : toute la question est d'aller plus ou moins loin dans la lecture de l'*Éthique*, et il est évident qu'à chaque fois nous approfondissons notre connaissance de Dieu, puisque la nature et les propriétés de l'infini se trouvent explicitées en des propositions plus nombreuses et avec plus de netteté.

On ne saurait mieux résumer ces divers aspects de la connaissance du troisième genre, ni mieux exprimer leur unité, que ne le fait Spinoza lorsqu'il décrit l'état du Sage, dont il nous dit qu'il est « *conscient de lui-même et de Dieu et des choses*[56] ».

S'il acquiert ainsi une extension universelle, l'objet de cette connaissance n'en reste pas moins, dans l'*Éthique*, très précis : c'est toujours l'être du fini dans l'infini au niveau des attributs. Ce n'est même que l'insertion de notre corps dans l'étendue, s'il est vrai que notre esprit,

51. *T.T.P.*, VI, V.L., II, 160, Pl., 754.

52. *T.T.P.*, IV, V.L., II, 136, Pl., 725.

53. *Éth.*, V, 24 (souligné par moi) : repris en *Éth.*, V, 25, avec référence expresse à la connaissance du troisième genre. — Dans ces textes, contrairement à ce que laisseraient supposer les traductions, Spinoza écrit : « Quo melius » ou « magis res.... cognoscimus » ou « intelligimus » et non « Quo plures res.... », « Mieux » ou « Plus nous connaissons » ou « entendons les choses » et non « Plus de choses.... »; il ne s'agit pas de multiplier les objets connus, mais d'améliorer et d'approfondir la connaissance des objets, quel que soit leur nombre. Tout au plus peut-on dire que le savoir d'un plus grand nombre de choses est aussi un savoir plus étendu de ce que contient Dieu, et surtout que cela renforce notre conscience du fini comme partie de l'infini; Spinoza précise, en effet, que la démonstration générale de la dépendance des choses à Dieu « n'affecte pas autant notre esprit que lorsque cette même chose est conclue de l'essence même de chaque chose singulière que nous disons dépendre de Dieu », ce qui est le privilège du dernier genre de connaissance (*Éth.*, V, 36 Sc.). Certes, il pose plus loin que « Plus l'esprit entend de choses (Quo plures res) par le second et le troisième genre de connaissance, moins il pâtit des sentiments qui sont mauvais et moins il craint la mort » (*Éth.*, V, 38); mais, s'il prend alors un point de vue quantitatif ou extensif, c'est qu'il ne pense plus à l'approfondissement qualitatif de notre idée de Dieu, mais à l'agrandissement de la part active et éternelle de notre esprit.

54. Cf. 1re partie, chap. 3.

55. Cf. 2e partie, chap. 3.

56. *Éth.*, V, 42 Sc. (souligné par moi). — Cf. *Éth.*, V, 31 Sc.; — *Lettre XXIII à Blyenbergh* (13 mars 1665), V.L., III, 101, Pl., 1220.

dans toutes ses connaissances, n'est jamais que l'idée de notre corps. Or l'existence du corps dans l'étendue ne frappe certes pas par son irrationalité; elle ne semble surtout pas requérir, pour être connue, une expérience ou un don sortant de l'ordre ! Le mystère apparent de la connaissance suprême se trouve donc déjà en partie dissipé, dès qu'on détermine avec exactitude l'objet qui lui est assigné. Qui plus est, l'examen de son contenu détaillé ne nous a montré rien d'autre que Dieu comme être des choses en ses attributs et le fini comme partie de l'étendue, de la pensée et de la puissance infinies, c'est-à-dire comme corps, esprit et conatus, avec tout ce qu'on peut en conclure quant à son bien, son droit et son salut : c'est purement et simplement le contenu même de l'*Éthique*.

***

Il nous est désormais possible d'élucider la constitution et le fondement de cette connaissance.

Nous venons, en effet, de voir qu'elle est « l'idée de l'essence formelle de certains attributs de Dieu » s'explicitant en un savoir de la relation du fini avec l'infini et, par suite, en des savoirs de plus en plus riches du fini et de l'infini : née d'un premier progrès de l'esprit à partir d'une idée originaire, elle est elle-même capable de progrès, selon le degré de son approfondissement et en raison de son extension[57]; quand nous lisons la définition qui en est proposée dans l'*Éthique*, nous devons donc donner sa pleine valeur à l'opposition des mots « idée » et « connaissance » : pour Spinoza, une connaissance est toujours le développement des conséquences d'une idée[58] et la connaissance du troisième genre est le développement plus ou moins grand des conséquences d'une certaine idée des attributs infinis[59]. Aussi apparaît-elle comme le produit de l'activité même de notre esprit et les formules employées par Spinoza ne laissent aucun doute à ce sujet : « Puisque toutes les choses sont en Dieu et sont conçues au moyen de Dieu, il s'ensuit que *nous* pouvons *déduire* de cette connaissance quantité de conséquences que nous connaissons *adéquatement*, et *former* ainsi ce troisième genre de connaissance[60] »; les rapprochements avec d'autres doctrines de l'intuition et de l'expérience métaphysiques pouvaient nous faire songer à une extase, à une sympathie ou à une

57. C'est d'ailleurs là une thèse capitale pour toute l'économie du système spinoziste : la connaissance du troisième genre formant avec celle du second genre la partie éternelle de l'esprit, la tenir pour une grandeur variable, c'est poser le principe d'une éternité « variable et proportionnée », thèse dont nous savons l'importance pour la doctrine du salut (cf. 1re partie, chap. 1 & 3); voir en elle un progrès de l'esprit, c'est faire état d'une éternité « acquise » (cf. 1re partie, chap. 1) et justifier l'introduction à ce niveau de l'élément de devenir, de transition et de croissance, qui est indispensable pour qu'il puisse ensuite être question de joie, d'amour et de béatitude, c'est-à-dire de salut (cf. 1re partie, chap. 1, 2e partie, chap. 2 & 3, et 3e partie, chap. 2).

58. N'oublions pas que les genres de connaissance sont introduits à la suite d'une proposition qui définit l'enchaînement des idées, c'est-à-dire le raisonnement (*Éth.*, II, 40).

59. Dans le *Court traité*, Spinoza n'insistait pas sur ce point; mais, dans la *Réforme de l'entendement*, il opposait de la même manière « perception » et « connaissance » : « Le quatrième mode » de « perception ».... « saisit l'essence adéquate d'une chose.... Comment donc l'*appliquer*, pour que les choses inconnues soient entendues par nous dans une telle *connaissance*, et cela, le plus directement possible, c'est ce que nous essaierons d'expliquer » [*D.I.E.*, § 29 (souligné par moi)].

60. *Éth.*, II, 47 Sc. (souligné par moi).

participation plus ou moins passive, et le *Court traité* ne pouvait que nous confirmer en cette voie, puisqu'il pose que « le connaître est une pure passion [61] » : il y est certes question de l'entendement comme d'une « activité infinie [62] », mais il s'agit précisément alors de l'entendement infini, auquel nous devons nous unir pour coïncider avec lui et nous rendre conformes à lui [63]; dans la *Réforme de l'entendement,* au contraire, la connaissance est présentée comme une activité immanente, comme le développement intrinsèque de la réflexion [64]; et l'*Éthique* met suffisamment en valeur cette activité de l'esprit construisant lui-même le troisième genre de connaissance, quand elle le définit comme un savoir qui « procède » d'une certaine idée [65], et surtout quand elle le décrit en employant les mots ou expressions « déduire » et « former [66] », « entendement [67] » et « idées adéquates [68] », « effort » et « vertu [69] » : d'ailleurs, il faut bien que le savoir suprême soit un acte dans lequel l'esprit développe sa puissance, s'il doit être pour celui-ci une joie et un contentement, une source d'amour et un élément de béatitude. Il est donc certain que la constitution de la connaissance du troisième genre ne suppose rien d'autre que l'action de l'entendement qui explicite et enchaîne ses idées adéquates : il n'y a là ni obscurité, ni mystère, mais simplement l'exercice du pouvoir naturel de l'esprit dans son activité propre, de « l'entendement avec sa puissance native [70] ».

Mais, dès qu'on fait état d'un savoir construit par des opérations naturelles et claires de l'esprit, le problème de la constitution de ce savoir se ramène à la question de son point de départ : pour le développement des conséquences d'une idée, il faut évidemment une première idée. La *Réforme de l'entendement* avait insisté sur l'importance et sur la réalité de cette « première idée vraie [71] », dont la connaissance est l'explicitation; l'*Éthique* la définit avec précision pour chaque genre de connaissance, spécialement pour le troisième genre : « *Son fondement est l'idée même de Dieu* [72] », puisqu'il a pour objet « tout ce qui peut suivre de cette connaissance donnée de Dieu [73] »; or cette idée de Dieu est elle-même dérivée de l'idée de l'existence des choses en Dieu, du fini dans l'infini, du mode dans l'attribut [74] : la première idée est donc bien, comme l'affirme Spinoza, « l'idée adéquate de l'essence formelle de certains attributs de Dieu », c'est-à-dire de l'infini en un genre comme principe du fini dans le même genre. Un tel fondement ne semble pas devoir faire difficulté, car cette première idée, considérée en elle-même, apparaît simple et claire : Spinoza se plaît à le répéter à propos de

61. *C.T.*, II, 16, § 5.
62. *C.T.*, II, 26, § 8.
63. *C.T.*, II, 26, §§ 7-9. — Cf. 1re partie, chap. 2.
64. *D.I.E.*, §§ 33-42.
65. *Éth.*, II, 40 Sc. 2.
66. *Éth.*, II, 47 Sc.
67. *Éth.*, V, 40 Sc. — Cf. *D.I.E.*, § 108.
68. *Éth.*, II, 40 Sc. 2, 41, V, 28. — Sur l'identité de sens entre « adéquat » et « actif », cf. *Éth.*, III, Déf. 1 & 2.
69. *Éth.*, V, 25.
70. *D.I.E.*, § 31.
71. Cf. *D.I.E.*, § 39.
72. *Éth.*, V, 20 Sc. (souligné par moi).
73. *Éth.*, V, 31.
74. *Éth.*, II, 45.

l'idée de Dieu[75], et nous devons avouer que l'idée d'un infini comprenant le fini jouit de la même clarté, comme le montre le cas privilégié de la pensée du corps comme d'une partie finie de l'étude infinie[76]; en outre, sa présence dans l'esprit est un fait qui n'exige aucune preuve spéciale : le même exemple de la pensée du corps le montre fort bien et, d'une manière générale, il est aisé de constater que nous concevons certains infinis en leur genre, telles la pensée et l'étendue, comme conditions d'existence de choses finies, des idées ou des corps; c'est d'ailleurs ainsi que nous avons simplement constaté la présence en nous d'une certaine idée exprimant sous l'aspect de l'éternité l'essence de notre corps[77]. La connaissance du troisième genre trouve donc sa prémisse dans une idée dont le contenu et l'existence en nous ne comportent aucune obscurité et ne laissent place à aucun doute : elle n'est que l'explicitation rationnelle d'une idée claire.

Mais, dira-t-on, le mystère ne réapparaît-il pas, dès qu'on s'interroge sur les origines de cette première idée[78] ? D'où vient, en effet, qu'il existe en notre esprit une idée claire qui fonde la connaissance du troisième genre ? Il est facile de constater que la seconde partie de l'*Éthique* ne donne aucune indication sur la source de « l'idée adéquate de l'essence formelle de certains attributs de Dieu », alors qu'elle explique longuement l'origine de l'imagination et des notions générales et abstraites qu'elle forme, ainsi que le fondement des notions communes dont résulte la connaissance du second genre[79] : ne serait-ce pas de ce point de vue, que la connaissance suprême resterait tributaire de l'obscur et de l'irrationnel[80] ? Remarquons cependant que Spinoza repousse sans cesse et avec la plus grande fermeté l'idée d'une origine mystérieuse, miraculeuse et surnaturelle de notre savoir : dans le *Court traité*, alors qu'il fait de la connaissance une union avec l'objet et qu'il insiste sur le caractère particulier de la connaissance de Dieu, pour l'opposer à la connaissance de tout autre objet, il établit longuement que cette union avec Dieu n'a rien d'un miracle : pour une « telle communauté entre Dieu et l'homme », il suffit de « l'essence de Dieu et » de « l'entendement de l'homme[81] »; de même, dans le *Traité théologico-politique*, il s'en prend

75. Dès le *Court traité*, l'union avec Dieu est présentée comme une « connaissance claire » (II, 22; Append. II, § 17, etc.); ensuite, Spinoza affirme à chaque occasion que nous avons une « idée claire de Dieu », l'impression d'obscurité venant de la confusion entre idée et image (cf. *T.T.P.*, Note marginale VI apud chap. VI, V.L., II, 315, Pl., 753; — *Lettre LVI à Boxel* [1774 (?)], V.L., III, 191, Pl., 1303; — *Éth.*, II, 47 Sc.).

76. Le rapport du fini avec l'infini et l'infini lui-même deviennent des choses parfaitement claires dans un panthéisme qui fait de l'infini ce qui comprend le fini, et non ce qui en reste séparé.

77. Cf. 1re partie, chap. 1 & 2 : nous allons voir que c'est la même idée.

78. Cf. WOLSON : *Spinoza*, II, 155-7.

79. Ce contraste apparaît nettement dans le texte qui présente la distinction des genres de connaissance : Spinoza définit les deux premiers à partir des différentes manières de percevoir et de former des notions universelles, en se référant aux propositions antérieures; puis il ajoute, sans autre déduction ni justification, sans même une transition explicative : « Outre ces deux genres de connaissance, il y en a encore un troisième, comme je le montrerai par la suite.... » (*Éth.*, II, 40 sc. 2).

80. Il faut néanmoins noter que l'obscurité des origines n'ôterait rien à la clarté intrinsèque de l'idée; cela devrait suffire pour un esprit vraiment critique; mais il est utile de dissiper aussi tout malentendu au sujet des origines, pour éviter qu'on n'en fasse un argument contre le spinozisme : nous allons voir que Spinoza prend lui-même ce soin.

81. *C.T.*, II, 24, §§ 9 & 11. — Spinoza développe alors une critique du miracle, dont l'argument principal est la nécessité d'une idée claire et suffisante de Dieu pour garantir

à l'idée d'un savoir surnaturel, qu'il tient pour une conjecture vide et superstitieuse[82], toute connaissance relevant à ses yeux de la seule nature de l'esprit, considéré comme une partie de l'entendement infini[83]; c'est d'ailleurs là le thème majeur de la *Réforme de l'entendement* : Spinoza y soutient que toute connaissance vraie est une action immanente qui résulte du seul « entendement avec sa puissance native[84] »; nous ne pouvons donc admettre, pour la connaissance du dernier genre, qu'une origine naturelle, qui réside dans l'essence même de l'esprit. Et la cinquième partie de l'*Éthique* confirme expressément cette conclusion, en nous donnant les explications précises, dont l'absence dans la seconde partie servait de prétexte à une interprétation erronée; elle assigne, en effet, d'une manière fort claire, une double origine à la connaissance du troisième genre :

A) Spinoza invoque d'abord la connaissance du second genre[85]; cette affirmation peut nous surprendre, car elle paraît faire peu de cas de la distinction constamment établie par lui entre les deux derniers genres de connaissance[86]; elle entre même en contradiction avec les oppositions, sur lesquelles il avait si nettement insisté dans le *Court traité* et la *Réforme de l'entendement*[87] : dans le premier de ces écrits, n'avait-il pas présenté la connaissance du dernier genre comme le fruit d'une union spéciale avec Dieu, comme l'effet d'une conversion dans laquelle l'esprit, d'idée du corps et des choses, se faisait idée de Dieu[88] ?

Pour démontrer cette filiation nouvelle et cette relation inattendue, il fait état des propriétés communes aux deux derniers genres de connaissance et de leur commune opposition au premier genre : « L'effort ou désir de connaître les choses par le troisième genre de connaissance ne peut naître du premier, mais bien du second genre de connaissance. — Cette proposition est évidente par elle-même. En effet, tout ce que nous entendons clairement et distinctement, nous l'entendons ou bien par soi, ou bien par autre chose qui est conçu par soi; autrement dit, les idées qui sont en nous claires et distinctes ou qui se rapportent au troisième genre de connaissance, ne peuvent être les conséquences des idées mutilées et confuses qui se rapportent au premier genre de connaissance, mais des idées adéquates, c'est-à-dire du deuxième et du troisième genres de connaissance; et, par suite, le désir de connaître les choses par le troisième genre de connaissance ne peut naître du premier, mais bien du second[89]. » Cette démonstration est loin de constituer une explication

toute autre relation avec lui : « Si Dieu avait dit aux Israélites : *Je suis Jéhovah votre Dieu*, il aurait fallu qu'auparavant, et indépendamment de ces paroles, ils eussent su qu'il était Dieu » [ou « ce qu'était Dieu » (?) (texte corrompu)] « afin de pouvoir être assurés que c'était lui ».

82. Cf. *T.T.P.*, VII, passim, IX, début, etc...
83. Cf. *T.T.P.*, I, V.L., II, 93, 94, Pl., 673, 675.
84. *D.I.E.*, § 31.
85. *Éth.*, V, 28.
86. Cf. le début de ce chapitre. — Il semblerait, en effet, que, si elle résultait du développement de la connaissance du second genre, celle du troisième genre devrait se résorber dans cette dernière; or, le savoir par notions communes est nettement distingué du savoir de l'existence du fini dans l'infini.
87. *C.T.*, II, 1, 2, 4 & 22; — *D.I.E.*, §§ 19, 21-2, 24-5, 28-9.
88. *C.T.*, II, 24; 26; Append. II, § 17. — Cf. 1re partie, chap. 2.
89. *Éth.*, V, 28.

satisfaisante : Spinoza commence par présenter comme une évidence une liaison, qui fait justement problème; il la confirme ensuite en procédant par élimination, dans une preuve simplement indirecte : le troisième genre ne pouvant sortir du premier, qui est inadéquat et qui n'engendre que l'inadéquation, il ne reste — en dehors du troisième genre lui-même — que le second qui soit capable de le produire, et cela en raison d'une simple coïncidence, leur commune adéquation [90]; mais le passage d'un genre de connaissance à l'autre ne se trouve ainsi ni positivement prouvé, ni expliqué avec précision : il est, au contraire, supposé, dans ce raisonnement qui établit seulement que le premier genre en est incapable; pour nous éclairer sur cette origine de la connaissance la plus élevée et la plus utile, nous devons donc chercher une explication de ce passage d'un genre à un autre, qui soit plus complète et qui préserve en même temps la spécificité de chacun d'eux. A cet égard, il nous faut au moins noter que la connaissance du second genre peut susciter le désir de la connaissance du troisième genre : déjà, selon le *Court traité*, la première, en tant que connaissance relativement vraie, mais encore imparfaite, devait faire naître le besoin de la connaissance parfaite, de l'union complète avec l'objet qu'était la seconde; elle en était le « chemin [91] », le « degré » ou le « héraut [92] », qui devaient nous « inciter [93] » à nous adonner au savoir le plus élevé; et la proposition de l'*Éthique* que je viens de citer, a précisément ce désir pour objet : adéquation et activité immanente ne faisant plus alors qu'un et les deux derniers genres de connaissance étant des actes de l'esprit réalisant son être propre, il est évident que l'essence actuelle de l'esprit ou son conatus, ou encore son désir, qui constitue son état et son orientation dans le second genre, tend à s'accomplir dans son acte suprême, qu'est le troisième genre [94]. Mais cette continuité dans le mouvement « subjectif » de la tendance ne peut devenir un passage effectif que si le contenu du second genre de connaissance fournit déjà des éléments pour son troisième genre : souvenons-nous précisément que la connaissance de Dieu s'accroît et s'approfondit avec la connaissance de la Nature; on objectera qu'il ne s'agissait alors que du progrès dans le troisième genre, non de l'ascension jusqu'à lui à partir du second genre; mais celui-ci nous fait au moins voir que le fini est régi par des lois universelles et nous montre comment ce qui est commun à tout détermine les êtres et leurs relations : il nous révèle que les « choses singulières » sont produites par des « choses fixes et éternelles », parce qu'elles sont des parties de la nature définies par des modes infinis, et il est déjà un savoir « sous l'aspect de l'éternité »; il contribue donc à nous faire concevoir le fini dans l'infini, ce qui constitue la prémisse même du troisième genre, ainsi que nous venons de le voir : autrement dit, la connaissance par notions communes oriente vers la connaissance

90. *Éth.*, II, 41. — La *Réforme de l'entendement* refusait encore l'adéquation à l'avant-dernier genre (§ 19), mais lui accordait la vérité (§ 28), comme l'avait déjà fait le *Court traité* (II, 1, § 3; 2, § 2), parce que l'adéquation était toujours pensée comme une coïncidence avec l'objet singulier lui-même, au lieu d'être définie, comme dans l'*Éthique*, par la seule activité immanente de l'esprit connaissant.

91. *C.T.*, II, 4, § 9.

92. *C.T.*, II, 26, § 6.

93. *C.T.*, II, 4, § 9 & 26, § 6.

94. Cf. *Éth.*, V, 25.

par l'être commun, la pensée de l'être selon les modes infinis vers la pensée de l'être dans les attributs infinis.

On ne saurait trop insister sur l'importance de cette liaison établie dans l'*Éthique* entre les deux derniers genres de connaissance. Nous les avons vu se distinguer et même s'opposer comme peuvent le faire un savoir « scientifique » et un savoir « ontologique »; leur continuité, affirmée sans autre explication dans l'exposé final de la doctrine du salut, suppose donc un tel rapprochement de la connaissance « scientifique » et de la connaissance « ontologique », que la seconde peut apparaître comme le prolongement naturel de la première et que l'éternité et la possibilité de la béatitude sont déjà contenues dans la science de la nature. Pour qu'il en soit ainsi, plusieurs conditions doivent être remplies :

1) Il faut que ces deux genres soient également vrais et adéquats : c'est là, nous l'avons constaté, le nerf de la preuve dans la démonstration proposée par l'*Éthique,* mais nous avons vu qu'il n'en avait pas toujours été de même dans l'esprit de Spinoza, le *Court traité* et la *Réforme de l'entendement* réservant l'adéquation au dernier genre;

2) Il faut, en outre, qu'ils se rencontrent dans leurs contenus, qu'ils aient tous deux pour objet ce qui est infini et éternel, ce qui est commun à tous les êtres :

a) Pour le second genre, seule la théorie des « notions communes », qui manque dans le *Court traité* et qui est à peine esquissée dans la *Réforme de l'entendement*[95], pouvait assurer cet accord;

b) Pour le troisième genre, seule la définition précise de son objet par l'être du fini dans l'infini pouvait aboutir au même résultat : nous avons vu que c'était une innovation de l'*Éthique,* préparée par certaines analyses de la *Réforme de l'entendement;*

3) Il faut enfin que le troisième genre soit lui-même expliqué, comme cela s'annonce dans la *Réforme de l'entendement* et se réalise dans l'*Éthique,* à partir de la seule « puissance native de l'entendement », de la seule activité naturelle et immanente de l'esprit, au lieu d'être encore laissé dans l'obscurité d'une union de l'entendement avec la chose elle-même et, en particulier, avec Dieu.

Derrière ce rapprochement des deux derniers genres de connaissance, nous devons donc reconnaître une promotion du savoir « scientifique », fruit de la doctrine des notions communes, et une rationalisation du savoir ontologique, rapporté au seul développement de la nature propre de l'esprit et expliqué par une conception purement immanentiste de l'adéquation : à l'état de germe dans la *Réforme de l'entendement* et de système dans l'*Éthique,* tel est l'apport original de Spinoza, qui rend ainsi plus claire une des origines de la connaissance salvatrice.

95. Par la théorie des « choses fixes et éternelles » qui sont l'essence intime des choses finies (*D.I.E,* § 101). — Le *Traité théologico-politique* fait déjà souvent appel à ces « notions communes » (IV, V.L., II, 137, Pl., 727; — VI, V.L., II, 159-63, Pl., 753-8 & Note marginale VI, V.L., II, 315, Pl., 753; — VII, V.L., II, 176-80, 184, 189-90, Pl., 773-8, 781-2, 789-90; — XIV, V.L., II, 249-50, Pl., 868).

B) Mais, pour que cette rationalisation soit complète et certaine, il faut encore assigner une origine propre à la connaissance du troisième genre; remarquons, d'ailleurs, que la proposition analysée dans les paragraphes précédents ne soutient pas que le troisième genre vienne du second, mais seulement qu'il peut être désiré à partir du second : celui-ci reste donc une source partielle et relativement extérieure; en outre, si nous nous contentions de la seule continuité entre les deux, nous devrions encore trouver l'origine du second genre et une origine qui fût commune aux deux derniers genres. Spinoza répond à cette question aux multiples aspects dans la proposition qui suit immédiatement : « Tout ce que l'esprit entend sous l'aspect de l'éternité, il l'entend, non pas de ce qu'il conçoit l'existence actuelle présente du corps, mais de ce qu'il conçoit sous l'aspect de l'éternité l'essence du corps. — Ce n'est qu'en tant qu'il conçoit l'existence présente de son corps que l'esprit conçoit la durée, qui peut être déterminée par le temps, et qu'il a la puissance de concevoir les choses en relation avec le temps. Mais l'éternité ne peut être expliquée par la durée. Ce n'est donc pas dans cette mesure que l'esprit a la puissance de concevoir les choses sous l'aspect de l'éternité; mais, puisqu'il est de la nature de la raison de concevoir les choses sous l'aspect de l'éternité, qu'il appartient aussi à la nature de l'esprit de concevoir sous l'aspect de l'éternité l'essence du corps et qu'en dehors de ces deux conceptions du corps, il n'y a rien d'autre qui appartienne à l'essence de l'esprit, cette puissance de concevoir les choses sous l'aspect de l'éternité n'appartient donc à l'essence de l'esprit qu'en tant qu'il conçoit sous l'aspect de l'éternité l'essence du corps [96] »; ici encore, la démonstration procède négativement, par élimination : il suffit de voir qu'une connaissance sous l'aspect de l'éternité ne peut venir d'une idée de l'existence en acte du corps, pour conclure qu'elle vient de l'idée sous l'aspect de l'éternité de l'essence du corps. Mais la proposition suivante reprend ce thème, pour en donner, cette fois, une démonstration positive et explicative : « Notre esprit, dans la mesure où il se connaît lui-même et connaît son corps sous l'aspect de l'éternité, a alors nécessairement la connaissance de Dieu et sait qu'il est en Dieu et qu'il est conçu au moyen de Dieu [97] »; pour nous en assurer, il nous suffit de nous rappeler que connaître une chose sous l'aspect de l'éternité, c'est la connaître comme vraie et réelle en et par Dieu [98]; c'est ce qui avait déjà été prouvé dans la seconde partie de l'*Éthique* : « Chaque idée d'un corps quelconque ou d'une chose singulière existant en acte enveloppe nécessairement l'essence éternelle et infinie de Dieu [99] »; mais, dans la cinquième partie, cela se trouve à la fois précisé et approfondi, dans la mesure où il ne s'agit plus de la connaissance de Dieu en général, mais de la connaissance du rattachement des choses à l'éternité divine, et dans la mesure où il est fait appel, pour l'expliquer, non plus à l'idée quelconque du corps en général, mais

96. *Éth.*, V, 29.
97. *Éth.*, V, 30.
98. Cf. 1re partie, chap. 2.
99. *Éth.*, II, 45. — Ce texte invoque l'être du mode en Dieu, déjà prouvé en *Éth.*, I, 15, et sert à introduire le troisième genre de connaissance, expressément cité en *Éth.*, II, 47 Sc.

à l'idée spéciale qui exprime son essence sous l'aspect de l'éternité : c'est qu'il fallait justement trouver dans la pensée du corps ce qui pouvait fonder un savoir sub specie æternitatis. Spinoza peut donc conclure, dans la proposition qui suit immédiatement : « *Le troisième genre de connaissance dépend de l'esprit,* comme de sa cause formelle », « ou adéquate », c'est-à-dire active et immanente, « en tant que l'esprit lui-même est éternel », c'est-à-dire « *en tant qu'il conçoit sous l'aspect de l'éternité l'essence de son corps*[100]. » La connaissance du second genre étant aussi une connaissance sub specie æternitatis, la même démonstration vaut également pour elle : nous avons donc isolé une origine du troisième genre, qui rend en même temps compte du second genre et du passage possible de celui-ci à celui-là; nous aboutissons ainsi au résultat suivant :

Idée de l'existence actuelle présente du corps → Premier genre

Idée éternelle de l'essence du corps sub specie æternitatis → Second genre ↓ Troisième genre

La différence entre les deux derniers genres ne s'en trouve pas remise en question, car l'idée du rattachement du fini à l'infini peut évidemment se développer soit en un savoir « scientifique » des lois ou des modes infinis de la nature, soit en un savoir ontologique des attributs infinis constituant l'être des modes finis.

Ce n'est donc pas dans une union avec Dieu, qui reste problématique tant qu'elle n'est ni définie, ni expliquée[101], que le savoir suprême a son origine : c'est dans la nature même de l'esprit comme idée du corps, dès qu'on a reconnu que c'est aussi une idée exprimant l'essence de ce corps sous l'aspect de l'éternité, c'est-à-dire une idée de l'insertion du fini dans l'infini[102]. Une telle déduction a été rendue possible, parce que le troisième genre a finalement trouvé son objet propre dans cette insertion; elle repose sur le fait qu'une semblable idée existe en notre esprit et y existe nécessairement, l'esprit étant une pensée du corps et cette pensée contenant le concept de l'être du fini dans l'infini, comme le prouve la conception du corps dans l'étendue, dès qu'on élimine toute représentation imaginaire de celle-ci[103]. Dès lors, la connaissance du troisième genre apparaît comme le développement d'une première idée

100. *Éth.*, V, 31, Enoncé et Dém. (souligné par moi).

101. Le *Court traité* essaie déjà de le faire, dans un texte apparemment tardif, dont chaque mot mérite de retenir l'attention : « Enfin, après avoir expliqué ce qu'est le sentiment, nous pouvons voir aisément comment en sortent une idée réflexive ou la connaissance de nous-mêmes, l'expérience et le raisonnement. Et par tout cela (comme *aussi* parce que notre âme est unie à Dieu et est une partie de l'idée infinie naissant immédiatement de lui) on peut voir très distinctement l'origine de la connaissance claire et de l'immortalité de l'âme » [Append. II, § 17 (souligné par moi)].

102. Ainsi se précise l'affirmation trop rapide du *Court traité* : « *L'idée du corps étant posée, Dieu se révèle immédiatement* » [Second dialogue, § 12 (souligné par moi)].

103. Il suffit donc de purifier l'entendement des représentations imaginaires, sans qu'il faille démontrer la première idée servant de prémisse à la démonstration : il n'y a pas de « cercle spinoziste »; en *Éth.*, V, 22-3, Spinoza ne déduit pas cette idée : il prouve seulement son existence en Dieu et son appartenance à l'être de notre esprit, pour révéler sa présence, même si nous ne nous en rendons pas directement compte.

qui « appartient à l'essence de l'esprit », sans qu'il soit nécessaire de voir dans cet esprit autre chose que l'idée du corps, qu'il est immédiatement : non seulement son origine est immanente comme l'était son développement, mais elle est parfaitement naturelle. Est-elle « rare » et « difficile », ainsi que le dit Spinoza dans les dernières lignes de l'*Éthique ?* Elle n'en est pas moins naturelle [104], car elle ne comporte aucun mystère et ne suppose aucun miracle : elle n'est absolument plus une union extatique ni une participation à une réalité étrangère; elle ne se distingue même plus de l'union avec le corps : elle est l'être même de l'idée du corps et l'explication de cet être, quand on n'en retient que la perception de l'existence du fini dans l'infini.

***

Une fois son objet nettement défini et sa constitution expliquée de manière précise, la connaissance du troisième genre révèle clairement sa nature.

Il est, en effet, désormais certain que cette connaissance est de nature purement intellectuelle : produite par une activité immanente de l'esprit explicitant sa propre essence, elle a pour premier fondement « une idée ou un concept [105] », c'est-à-dire « une action de l'esprit [106] », et elle engendre des « idées, qui », précise Spinoza, « sont en nous claires et distinctes [107] »; sa parenté avec la connaissance du second genre le laissait déjà suffisamment deviner, et le vocabulaire le prouve : à chaque page, Spinoza emploie le verbe « intelligere [108] », le substantif « intellectus [109] », dont il se sert pour désigner un mode de penser qu'il identifie directement à l'activité de l'esprit [110], ou l'adjectif « intellectualis », qualificatif de ce qui résulte de ce savoir, l'amour, par exemple [111]. Qui plus est, dans la mesure où elle est l'explicitation des conséquences d'une idée, qui fonde d'autres idées, elle est, de toute évidence, de nature rationnelle ou déductive : nous ne saurions nous en étonner, s'il est vrai que, dans le spinozisme, ainsi que nous l'avons vu dans les pages précédentes, toute connaissance — si nous prenons ce mot en son acception stricte — implique un raisonnement qui développe le contenu implicite d'une idée première, et s'il est vrai qu'inversement, toute idée — fût-elle inadéquate — peut constituer le point de départ d'un enchaînement d'idées, c'est-à-dire d'un raisonnement [112]; Spinoza n'hésite pas à identifier « intellectus »

104. Cf. *T.T.P.*, I, Note marginale III, V.L., II, 314, Pl., 688 : prenant l'exemple de la taille du géant, Spinoza affirme alors que « ce qui est rare est cependant humain » et que, « bien que certains hommes possèdent des dons que la nature refuse aux autres, on ne dit pas cependant qu'ils dépassent la nature humaine ». — Dans la *Préface* des *Principes de la philosophie de Descartes*, L. Meyer nous avertit que, pour Spinoza, rien n'est au-dessus de l'humaine compréhension.

105. *Éth.*, V, 23.

106. *Éth.*, II, Déf. 3 & Explic., 43 Sc. — Cf. 1re partie, chap. 1.

107. *Éth.*, V, 28.

108. *Éth.*, V, 24, 25, 26, 28, 29, 31 Sc.

109. *Éth.*, V, 40 Cor. & Sc.

110. *Éth.*, V, 40 Cor.

111. Cf. le prochain chapitre.

112. *Éth.*, II, 36 : rien ne s'oppose à l'existence d'un raisonnement au niveau du premier genre; même cohérent, il est inadéquat et faux par sa prémisse et dans sa conclusion.

et « ratio », lorsqu'il veut désigner le déploiement de l'activité adéquate ou immanente de l'esprit [113] : cette activité, qui était déjà présentée dans la *Réforme de l'entendement,* comme une « connaissance réflexive » capable de faire sortir l'idée de l'effet de l'idée de la cause et de former « l'idée de l'idée » à partir d'une première idée [114], se trouve parfaitement définie dans l'*Éthique,* lorsqu'apparaît, à côté du verbe « formare », le verbe « deducere » [115].

Spinoza emploie cependant d'autres termes, qui semblent devoir nous entraîner dans une tout autre direction, bien plus favorable à l'interprétation qui voit dans la connaissance du troisième genre un savoir obscur et secret, mystérieux et presque mystique. Pour désigner la conscience que nous avons de notre éternité indépendamment de toute démonstration, il choisit les verbes « sentire » et « experiri » et l'expression « oculi mentis [116] », qui paraissent indiquer une connaissance située au niveau de la perception, du sentiment et de l'expérience interne, et fort éloignée de la déduction; cela apparaîtrait nettement dans le texte de la seconde partie de l'*Éthique,* où il définit les trois genres de connaissance et donne l'exemple de la quatrième proportionnelle : réunissant les deux premiers genres pour les opposer, en tant que connaissances par notions universelles, au troisième genre, il appelle le second genre « Ratio » et le fait dépendre de la « vis demonstrationis », alors qu'il nomme le troisième « Scientia intuitiva » et le fait dépendre de ce que « uno intuitu vidimus [117] »; une telle opposition est affirmée avec vigueur dans la cinquième partie : « Combien la connaissance des choses singulières, que j'ai appelée intuitive ou du troisième genre, a de valeur et combien elle l'emporte sur la connaissance universelle, que

113. *Éth.*, IV, Append., § 4. — J'ai déjà montré que Spinoza n'oppose pas « intellectus » et « ratio » : le premier terme désigne l'activité qui forme un concept d'une chose, éventuellement au moyen de raisonnements, le second l'activité qui enchaîne des concepts par des raisonnements (cf. 1re partie, chap. 1).

114. *D.I.E.*, §§ 38, 85, etc...

115. *Éth.*, II, 47 Sc. — Pour Spinoza, l'esprit pensant n'est rien d'autre que l'idée d'un objet; la réflexion ne peut donc se développer dans le sens d'un repli sur le sujet considéré en dehors de son contenu ou de son produit : elle ne peut être qu'un approfondissement de ce dernier, c'est-à-dire une explicitation de l'idée de l'objet; c'est pourquoi *la réflexion est la déduction.* Lorsqu'il montre, dans la *Réforme de l'entendement,* de quelle manière la simple réflexion fait s'effondrer l'idée fictive, l'idée fausse et l'idée douteuse, il décrit, en vérité, la déduction dont le développement aboutit à la destruction des prémisses par l'inconsistance et l'incohérence des conclusions : c'est le principe même du raisonnement par l'absurde; inversement, lorsque, dans les *Principes de la philosophie de Descartes* et dans l'*Éthique*, il use expressément de la méthode déductive, il se contente, en fait, de révéler les conséquences dégagées par une réflexion cohérente sur les définitions et les axiomes acceptés, dans le premier cas, par Descartes, dans le second cas, par l'ensemble des philosophes. De même, lorsqu'il s'efforce d'examiner, dans le *Traité théologico-politique,* les textes de l'Écriture en fonction de leur seule cohérence interne, sans faire appel ni aux interprétations de la Tradition, ni aux enseignements de la Philosophie, il emploie toujours la méthode déductive ou réflexive à propos d'un contenu qui, en ce cas, n'est ni clair, ni cohérent, ni démontrable, mais historique et imaginatif : la méthode « critique » est aussi une déduction réflexive, qui s'accorde exactement avec les principes posés dans la *Réforme de l'entendement* au sujet des idées fictives, fausses et douteuses. Dans le rationalisme de Spinoza, il n'y a qu'une méthode, qui est toujours l'activité immanente de l'idée constituant l'esprit ou l'explicitation rationnelle d'un contenu quelconque, autant que faire se peut, et qui aboutit ou bien à l'autodestruction de ce contenu, ou bien à son affirmation et à sa confirmation permanentes : c'est pourquoi la méthode n'est pas distincte de la connaissance elle-même et il n'y a pas de « cercle spinoziste ».

116. *Éth.*, V, 23 Sc.

117. *Éth.*, II, 40 Sc. 2.

j'ai dit être du second genre ! En effet, bien que j'aie montré d'une manière générale dans la première partie que toutes choses.... dépendaient de Dieu...., cette démonstration, quoique légitime et soustraite au risque de doute, n'affecte cependant pas autant notre esprit, que lorsque cela même est conclu de l'essence elle-même de chaque chose singulière [118] ». Nous serions donc en présence d'une intuition, qui aurait pour caractéristiques d'être une science du singulier [119] et une connaissance « claire [120] »; elle n'en serait pas moins « intellectuelle », la notion d'une intuition intellectuelle n'étant absurde ni en elle-même, ni surtout à l'intérieur de la philosophie classique [121]; mais elle ne saurait plus être, à proprement parler, « rationnelle », c'est-à-dire déductive : ainsi s'expliquerait le fait que Spinoza reprenne, dans certains textes isolés de l'*Éthique,* le mot réservé par la tradition pour désigner ce qui s'oppose aux sens qui perçoivent, et à la raison qui démontre, ce qui se distingue même de l'entendement qui conçoit, ce qui est vision claire de l'objet et relation immédiate avec lui, le mot « *intelligentia* [122] ». Il reproduirait ainsi dans l'*Éthique* les indications qu'il avait données dans ses écrits antérieurs : en effet, dans le *Court traité,* il présente le dernier genre de connaissance comme une « intuition claire [123] », qui « voit la chose elle-même en elle-même [124] », comme une « connaissance claire [125] », qui ne repose pas sur un raisonnement [126], mais, ainsi que nous l'avons souvent vu, sur une union immédiate avec son objet; aussi établit-il entre elle et la croyance discursive la même opposition qu'entre l'expérience et le ouï-dire et la rapproche-t-il de cette manière de l'expérience [127]; de même, dans la *Réforme de l'entendement,* il évoque ceux qui « voient.... intuitivement, sans faire aucune opération [128]. » La connaissance du troisième genre serait donc une intuition qui, par-delà l'activité intellectuelle de la raison, retrouverait l'immédiateté vécue du sentir et de l'expérience, dans un contact direct avec l'objet singulier lui-même, affranchi de la généralité discursive du second genre.

Nous devons cependant éviter de tirer un si grand parti des mots, avant d'avoir délimité avec exactitude leur signification et leur portée. Ainsi, loin d'opposer l' « Intelligentia » à l' « Intellectus » et à la « Ratio », il en parle en choisissant les expressions mêmes qui lui serviront ensuite

118. *Éth.*, V, 36 Sc.
119. *Éth.*, V, 24, 25, 36 Sc.
120. *Éth.*, V, 28.
121. L'entendement est même alors en général pensé comme une faculté intuitive, ayant les essences pour objets, et nous avons vu que, selon beaucoup d'interprètes, Spinoza poserait des essences éternelles comme objets de la connaissance salutaire de notre éternité (cf. 1re partie, chap. 1).
122. *Éth.*, IV, Append., §§ 4, 5 & 32 [cet Appendice présente certaines particularités de vocabulaire, si bien qu'on peut estimer qu'il a été rédigé à une date différente (cf. Conclusion)].
123. *C.T.*, II, 1, § 3.
124. *C.T.*, II, 1, § 3 note; 4, § 2.
125. *C.T.*, Append. II, § 17.
126. *C.T.*, II, 2, § 2.
127. *C.T.*, II, 21 : dans ce texte, Spinoza, pour expliquer l'impuissance de la raison discursive sur les passions « intuitives », distingue les genres de connaissance selon leur nature extrinsèque ou intrinsèque, discursive ou intuitive : le « ouï-dire » est extrinsèque et discursif, l' « expérience » extrinsèque et intuitive, la « croyance droite » intrinsèque et discursive, la « connaissance droite » intrinsèque et intuitive.
128. *D.I.E.*, § 24.

pour qualifier l' « Intellectus », terme qui désigne, nous l'avons vu, toute l'activité de l'esprit, du second comme du troisième genres : « Si nous entendons cela clairement et distinctement, cette partie de nous, qui est définie comme intelligence, c'est-à-dire la meilleure partie de nous.... [129] »; bien plus, il mêle et même identifie ces divers termes : « Il est utile de parfaire *l'entendement ou la raison*.... et en cela seul consiste la suprême félicité ou béatitude de l'homme; en effet, la béatitude n'est rien d'autre que le contentement même de l'esprit, qui naît de la *connaissance intuitive* de Dieu; or parfaire *l'entendement* n'est rien d'autre qu'entendre Dieu et les attributs de Dieu et les actions qui résultent de la nécessité de sa nature même. C'est pourquoi la fin ultime de l'homme, qui est conduit par la *raison*...., est ce désir qui le porte à *concevoir* adéquatement lui-même et toutes choses qui peuvent tomber sous son *intelligence* [130] »; « Il n'y a donc aucune vie *rationnelle* sans *l'intelligence* [131] ». De même, les verbes « sentire » et « experiri » ne nous font pas nécessairement sortir du domaine de la démonstration rationnelle; Spinoza se sert du premier en vue de décrire la nature de la certitude, qui est assurément loin de rester étrangère au second genre de connaissance : « La manière dont nous sentons l'essence formelle est la certitude elle-même [132] »; quant à l'emploi d' « experiri », nous avons vu qu'il n'était sans doute que le moyen d'exprimer une comparaison, au moins dans le *Court traité :* en tout état de cause, Spinoza éprouve le besoin de s'en expliquer et il le fait en précisant que cette expérience est toute entière contenue dans des démonstrations : « Il ne peut se faire que nous nous souvenions d'avoir existé avant le corps.... Nous n'en avons pas moins le sentiment et l'expérience que nous sommes éternels. Car *l'esprit ne sent pas moins ces choses qu'il conçoit par un acte de l'entendement (intelligendo),* que celles qu'il conserve dans la mémoire. En effet, *les yeux de l'esprit,* grâce auxquels il voit et observe les choses, *ce sont les démonstrations elles-mêmes* [133] »; il ne s'agit pas ici de prétendre que l'intuition intellectuelle peut servir de démonstration, mais, au contraire, d'affirmer que seule là démonstration est une intuition au niveau de ce qui ne tombe pas sous les sens, ainsi que le prouve clairement le texte parallèle du *Traité théologico-politique* : « Les choses invisibles, qui ne sont objets que du seul esprit, ne peuvent être vues par d'autres yeux que *par l'intermédiaire des démonstrations :* donc ceux qui ne possèdent pas celles-ci, ne voient rien du tout de ces choses [134] »; si Spinoza reprend ainsi, avec « oculi mentis », une expression néo-platonicienne [135], ce n'est donc pas pour nous inviter à dépasser la connaissance discursive, comme pourraient le laisser croire les analogies existant entre la pensée néo-platonicienne et le spinozisme dans la

129. *Éth.*, IV, Append., § 32 : ce sont les mêmes formules que celles employées pour l'entendement en *Éth.*, V, 40 Cor.

130. *Éth.*, IV, Append., § 4 (souligné par moi).

131. *Éth.*, IV, Append., § 5 (souligné par moi) : le contexte nous oblige à conserver « rationalis », qu'on a voulu remplacer par « vera », faute de comprendre la nature rationnelle du troisième genre.

132. *D.I.E.*, § 35.

133. *Éth.*, V, 23 Sc. (souligné par moi).

134. *T.T.P.*, XIII, V.L., II, 240, Pl., 856 (souligné par moi).

135. Plotin : *Ennéades*, I, 6, §§ 8-9.

distinction des divers degrés du savoir : c'est pour nous rappeler que la vision la plus élevée, non seulement est préparée par des preuves [136], mais est encore toute entière faite de preuves [137].

Cette identité de la vision et de la démonstration nous permet de comprendre qu'un savoir, que nous savons constitué par la déduction, puisse être appelé « science intuitive »; c'est qu'il ne s'agit pas de termes incompatibles pour Spinoza : analysant l'exemple de la quatrième proportionnelle, il écrit que « nous *concluons* le quatrième » nombre « lui-même, du rapport même que, *d'un seul regard*, nous *voyons* exister entre le premier et le second [138] »; lorsqu'il insiste sur la distinction entre les deux derniers genres de connaissance, il affirme que, dans la science « *intuitive* », la dépendance à l'égard de Dieu « est *conclue* de l'essence elle-même de chaque chose singulière [139] » : nous devons admettre, avec Delbos, que le dernier « mode de connaissance est autant la déduction véritable que l'intuition [140]. » Certes, nous sommes habitués, notamment depuis Kant, à opposer la connaissance intuitive et la pensée discursive : nous voyons dans la première un rapport immédiat avec l'objet, son existence ou son essence, affranchi des détours des arguments et du discours; mais la pensée classique n'établit pas une telle coupure : Descartes peut tenir pour une intuition une déduction dont les différents moments sont saisis en un seul regard [141]; de même, dans les textes que je viens de citer, Spinoza considère comme intuitive une connaissance comportant de la déduction, dans la mesure où cette déduction se trouve condensée en une seule idée [142]. Sans doute admettons-nous généralement que toute déduction suppose une intuition antérieure, qui donne le point de départ de la démonstration : telle est la doctrine de Descartes lui-même [143]; mais Spinoza, quand il traite de l'idée première requise pour un savoir quelconque, ne parle pas d'intuition : il ne fait état d'aucune vision originaire [144]. En fait, l'intuition spinoziste est uniquement terminale, en tant que déduction condensée dans l'unité d'un regard capable d'embrasser toute une démonstration, toute la relation entre un principe et sa conséquence. Si nous doutons alors de la différence subsistant entre cette intuition et la simple conclusion d'un raisonnement, nous devons avoir présent à l'esprit ce qui caractérise une vision ainsi définie :

a) D'abord, son immédiateté, entendue, non comme un rapport immédiat avec un objet extérieur, mais comme la conscience immédiate

136. DARBON : *Études*, 90 & 110.
137. Cf. BROCHARD : *Études*, 372; — BRUNSCHVICG : *Ecrits*, I, 137 & 150.
138. *Éth.*, II, 40 Sc. 2 (souligné par moi).
139. *Éth.*, V, 36 Sc. (souligné par moi).
140. DELBOS : *Spinozisme*, 102.
141. *Regulae* 3 & 4.
142. *Éth.*, II, 40 Sc. 2, V, 36 Sc. — Cf. BRUNSCHVICG : *Les étapes de la philosophie mathématique*, 140.
143. *Regula* 3.
144. Ainsi que nous l'avons vu dans les pages précédentes, Spinoza parle seulement de « perception », de « concept ou idée », que forme l'esprit sous l'action des causes extérieures ou du fait de son activité propre; il précise même qu'il peut s'agir d'une « première idée vraie quelconque », ce qui exclut tout appel à toute intuition d'essences intelligibles, de natures simples ou d'éléments premiers absolus comme points de départ indispensables pour la déduction : c'est bien pourquoi il n'y a pas de « cercle spinoziste ».

du rapport entre les termes ainsi rassemblés, de l'unité existant entre le principe et sa conséquence, de cette relation de production si bien mise en évidence dans la théorie de la définition génétique et dans l'exemple de la quatrième proportionnelle;

b) Ensuite, sa clarté : en effet, quand une connaissance parvient à saisir l'unité de toutes les étapes de la preuve, elle n'est pas seulement « adéquate », elle est « claire et distincte [145] »; elle est cette pénétration et cette lucidité qu'on nomme traditionnellement « intelligence [146] », puisque la vérité de ce qu'on affirme alors est parfaitement comprise en son entier, sans qu'il soit nécessaire de reprendre l'argumentation, ni de faire un effort de mémoire pour s'en rappeler les moments;

c) Par conséquent, sa certitude : une telle connaissance claire du rapport immédiat reliant le premier principe à la dernière conséquence est, plus que toute autre, soustraite au doute; c'est à ce titre qu'elle « affecte notre esprit » d'une manière privilégiée [147], qu'elle est un « sentir » et une « expérience [148] ».

Mais la « science intuitive » présente une autre caractéristique, qui lui vaut à elle seule son nom : alors que la connaissance du second genre est « universelle » et procède « généralement », elle tire ses conclusions « de l'essence elle-même de chaque chose singulière [149] »; elle est donc intuition dans la mesure où elle a pour objets les choses singulières elles-mêmes, au lieu d'en rester au niveau de l'affirmation ou de la règle universelle : c'est ce qui est expressément indiqué à propos de l'exemple de la quatrième proportionnelle, puisque Spinoza précise alors que « nous concluons le quatrième » nombre « *lui-même* du rapport *même* que nous voyons exister entre le premier et le second [150] »; c'est aussi ce qui est impliqué dans la définition finale de l'objet de cette connaissance, qui est, nous l'avons vu, non pas l'être des choses en général en Dieu, mais l'être de tel mode — de tel corps, par exemple — dans tel attribut de la substance — dans l'étendue en l'espèce. Alors que la connaissance du second genre est un raisonnement, qui part de l'idée exprimant sous l'aspect de l'éternité l'essence du corps, pour en rester au niveau des conclusions générales, la connaissance du troisième genre est une science intuitive, bien qu'elle soit faite de déductions partant du même concept, parce qu'elle est inférence condensée, immédiate, claire et certaine, à propos d'une chose singulière; elle est le passage du savoir au voir : la prémisse ne s'y explicite pas seulement en preuves, mais, grâce à celles-ci, devient saisie de la vérité du singulier en lui-même. Ainsi comprenons-nous exactement la relation existant entre elle et l'*Éthique* : du point de vue du contenu, elles sont identiques, car elles ont le même objet, elles traitent de « la même chose (id ipsum) », la dépendance de tout par rapport à Dieu [151]; du point de vue de la méthode, elles ont

145. Selon la distinction faite en *Éth.*, V, 28.
146. *Éth.*, IV, Append., § 32.
147. *Éth.*, V, 36 Sc.
148. *D.I.E.*, § 35; — *Éth.*, V, 23 Sc.
149. *Éth.*, V, 36 Sc.
150. *Éth.*, II, 40 Sc. 2 (souligné par moi).
151. *Éth.*, V, 36 Sc.

ceci de commun qu'elles partent toutes deux de l'idée de Dieu et, en fin de compte, de la pensée du fini dans l'infini, comme doit le faire la science parfaite[152]; mais elles diffèrent en ce que l'*Éthique* se maintient précisément au niveau des démonstrations générales, alors que la connaissance du troisième genre va jusqu'au niveau de l'intuition du démontré dans le singulier[153] : autrement dit, *la connaissance suprême, c'est l'*Éthique *elle-même, mais quand sa vérité est lue dans l'être même d'une chose finie, quand elle est saisie dans son ensemble en un seul regard à propos de chacune des réalités qui « peuvent tomber sous notre intelligence*[154] ».

Comment est possible ce passage de la déduction à l'intuition ? Que suppose cette doctrine d'une science intuitive percevant dans l'être du singulier ce qui peut être démontré généralement à partir de notions communes ? Il faut pour cela que l'idée complète d'une chose singulière nous la montre comme existant dans et par ce qui est commun à tout : la démonstration ne peut devenir intuition, sentiment et expérience, que lorsque son objet est l'être du fini dans l'infini, ainsi que Spinoza l'a parfaitement indiqué, quand il a assigné à la connaissance du troisième genre son objet propre; plus simplement, une déduction, qui est discursive, ne peut se condenser en une vision, qui est unitaire, que si elle est la pensée plus ou moins étalée ou rassemblée d'une relation entre un principe et sa conséquence, c'est-à-dire du contenu même du savoir le plus élevé. Nous pouvions craindre d'avoir trouvé deux distinctions différentes entre les deux derniers genres : d'abord, par leurs objets, dans un cas les notions communes et les lois universelles, dans l'autre cas l'être du mode dans l'attribut; ensuite, par leurs natures, déduction générale d'un côté, intuition singulière de l'autre côté; mais ces deux distinctions coïncident : l'intuition singulière vraie nous montre le mode fini dans l'attribut infini et la nature spécifique du troisième genre implique la définition précise de son objet propre.

***

Ainsi définie et expliquée, l'intuition suprême ne comporte aucun mystère capable de nuire à l'intellectualisme et au rationalisme de Spinoza : le système qui l'invoque, et le salut qui est fondé sur elle, restent parfaitement clairs et compréhensibles[155]. Il est même permis d'estimer que la doctrine devient plus claire et plus cohérente au cours de son développement : dans le *Court traité*, le dernier genre de connaissance restait une intuition incomplètement élucidée, qui pouvait avoir

152. *Ibid.* — Il importe de remarquer que l'*Éthique* ne part pas vraiment de l'idée de Dieu, mais la rejoint à partir des idées de la substance, de l'attribut et du mode.

153. Cf. *D.I.E.*, §§ 99-100.

154. *Éth.*, IV, Append., § 4 (souligné par moi). — Cf. HUAN : *Dieu*, 19 note; — DARBON : *Études*, 8 note. — Grzymisch (*Ewigkeit*, 25) et Couchoud (*Spinoza*, 61) ont même soutenu l'identité totale de l'*Éthique* et du troisième genre de connaissance.

155. En tout état de cause, nous n'avons rien rencontré en elle, qui soit incommunicable : quand Spinoza parle de l'impossibilité pour Dieu de se faire connaître autrement que par le rapport immédiat entre son essence et l'entendement de l'homme, il ne cherche pas à démontrer le caractère incommunicable de la connaissance de Dieu, mais il veut prouver que l'entendement seul, à l'exclusion de tout signe, de toute révélation et de toute tradition, est capable de cette connaissance (*C.T.*, II, 24, §§ 9-13).

n'importe quelle chose pour objet et qui reposait sur une union encore obscure avec cet être; dans la *Réforme de l'entendement*, son objet tendait à se préciser autour du rattachement d'une chose à sa cause génératrice, et son origine était située dans l'activité immanente et naturelle de l'entendement; en accord avec les proclamations rationalistes du *Traité théologico-politique* et des *Lettres*, Spinoza, dans l'*Éthique*, désigne très précisément son objet, l'être du fini dans l'infini, explique très clairement son origine, cette idée du corps qui est l'être même de l'esprit dans sa nécessité immanente, et définit très nettement sa nature, en la présentant comme une vision dans l'être même du singulier de la vérité générale établie par la déduction : qui plus est, il parvient ainsi à faire coïncider son objet, son origine et sa nature dans la simple idée que l'esprit forme nécessairement de son propre corps fini comme d'une partie de l'étendue infinie [156].

156. Nous avons constaté une semblable évolution vers l'immanence rationaliste dans la doctrine de l'éternité (cf. 1re partie).

CHAPITRE II

L'AMOUR INTELLECTUEL POUR DIEU

Par sa nature et son objet, la connaissance du troisième genre constitue un savoir privilégié; mais il n'est pas douteux que son importance vient d'autre chose : de sa fonction ou de ses effets, de la liberté et de la béatitude qu'elle doit engendrer. Or, il importe de préciser de quelle manière elle est capable de produire ainsi notre salut; il est, en effet, certain que le savoir en tant que tel, fût-il suprême, n'est pas encore la joie parfaite ni l'affranchissement complet auxquels nous aspirons, puisqu'il reste au niveau intellectuel ou logique de l'idée, de la pensée claire et vraie de l'être, alors que le salut se situe au niveau du vécu affectif, du sentiment qu'est la béatitude : Spinoza insiste lui-même sur cette distinction d'ordres, quand il dénonce l'impuissance de la raison en face des passions [1] et quand il établit qu'un « sentiment ne peut être réduit ni détruit que par un sentiment contraire et plus fort que celui qui doit être réduit [2]. » La solution du problème du salut nous amène donc à considérer la connaissance du troisième genre, non plus en elle-même, mais dans le sentiment qu'elle engendre, en tant qu'elle « *affecte notre esprit* [3] » : l'amour intellectuel pour Dieu.

L'apparition de ce thème dans les dernières pages de l'*Éthique* ouvre une perspective dont l'ampleur et la beauté ne sauraient nous échapper; à juste titre, il hante l'entendement et l'imagination des philosophes et l'interprète éprouve quelque gêne, lorsqu'il aborde l'analyse d'une doctrine qui est incontestablement la clé de voûte du système et à propos de laquelle, sous la froide déduction géométrique, se laissent sentir toute l'énergie et tout le cœur de Spinoza. Cette doctrine de l'amour intellectuel pour Dieu répond, en effet, à sa préoccupation constante et résout le problème qui définit à ses yeux la recherche philosophique;

1. *Éth.*, IV, 17 Sc. — Cf. 3ᵉ partie, Introduction.
2. *Éth.*, IV, 7.
3. *Éth.*, V, 36 Sc. (souligné par moi).

dès le *Premier dialogue* du *Court traité,* la question initiale et directrice est celle de l'amour : « Mon être et ma perfection », dit l'Amour à l'Entendement, « dépendent entièrement de ta perfection; et comme la perfection de l'objet que tu as conçu est ta perfection et que de ta perfection à son tour provient la mienne, dis-moi donc, je te prie, si tu as conçu un être qui soit souverainement parfait, ne pouvant être limité par aucun autre, et dans lequel je sois aussi compris [4] »; ensuite, le *Court traité* reprend avec plus de netteté la même interrogation : « Le fondement de tout bien et de tout mal est *l'Amour en tant qu'il tombe sur un certain objet* [5] », la Régénération et l'éternité étant présentées comme des « effets de l'amour », des « effets de l'union » qui le constitue [6]; l'alternative se situe entre l'amour pour les choses périssables et un amour pour Dieu [7], dont la perfection est sans cesse mise en valeur [8]; et la *Réforme de l'entendement* se fait encore plus précise : « Toute notre félicité et toute notre misère sont placées en une seule chose, à savoir la qualité de l'objet auquel nous sommes attachés par l'amour [9]. »

Ce n'est certes pas en cela que Spinoza se montre le plus original. Affirmer que le problème général de la vie et de la philosophie est celui de l'objet sur lequel se fixe l'amour, est un thème commun à la plupart des théologiens et des philosophes : toute doctrine d'inspiration religieuse et même seulement éthique pense ainsi; considérer l'amour pour Dieu comme l'unique solution satisfaisante de ce problème est également un lien de rencontre pour tous les maîtres spirituels, les théologiens et les métaphysiciens du Moyen Age, de la Renaissance ou des premières décennies du XVIIe siècle : saint Augustin ou Giordano Bruno, Crescas ou Boehme, la Cabbale ou le Néo-platonisme sont autant d'antécédents que Spinoza ne pouvait ignorer; préciser qu'un tel amour présente des caractéristiques particulières et l'opposer au sentiment sensible et égoïste, c'est encore se montrer fidèle à ces sources d'inspiration : c'est aussi faire preuve d'un profond accord avec les préoccupations de son temps, en ce siècle qui, de l'Oratoire au Quiétisme, de saint François de Sales ou de Boehme à Geulincx ou à Malebranche, a accordé une si grande valeur au pur amour délivré des passions et dépouillé des sens. A cet égard, tant de filiations et de parentés ont été découvertes [10] et tant d'autres pouvaient l'être, qu'aucun rapprochement particulier ne saurait être probant ni significatif, qu'aucun ne saurait surtout éclairer la pensée spinoziste en elle-même.

Ces constatations ne doivent pas seulement nous épargner une recherche des sources trop riche pour être fructueuse; elles doivent éveiller notre attention critique : s'il est vrai que Spinoza reprend ici

4. *C.T.*, *Premier dialogue,* § 1.
5. *C.T.*, II, 14, § 4.
6. *C.T.*, II, 22, §§ 6-7. — Cf. *C.T.*, II, 22, § 2; 26, §§ 8-9.
7. *C.T.*, II, 14, §§ 4-5; 23.
8. *C.T.*, II, 5, §§ 10-2; 14, §§ 4-5; 18, § 8; 19, § 1.
9. *D.I.E.*, § 9.
10. Les historiens du spinozisme évoquent fort justement la pensée médiévale, en particulier la mystique et la scolastique juives, et les divers Néo-platonismes de la Renaissance italienne, notamment les *Dialogues d'Amour* de Léon l'Hébreu; je me contente de signaler des rapprochements moins connus : avec Boehme et les Boehmistes hollandais (cf. DYROFF : *Amor,* 9-17) et avec Geulincx (cf. PAULINUS : *Geulincx,* 109-10 et SCHMITZ : *Geulincx,* 209-19).

les thèmes de la mystique et de la théologie traditionnelles, nous sommes obligés de nous demander si cette fidélité ne met pas en cause la cohérence du système. En effet, la première partie de l'*Éthique* a proposé une ontologie et une théologie qui excluent, semble-t-il, toute possibilité d'amour métaphysique : Dieu n'y est pas conçu comme une personne capable d'aimer ni même digne d'être aimée, la Nature n'y est pas présentée comme une force d'ordre affectif ni comme la vie créatrice d'un Amour universel; ensuite, la définition de la connaissance du troisième genre éliminait toute fusion mystérieuse et toute effusion mystique : sa rationalité semblait devoir laisser peu de place aux développements sentimentaux; enfin, la définition qui fait de l'amour une « joie » — c'est-à-dire « le passage à une perfection plus grande [11] » de l'esprit affirmant son propre être — « accompagnée de l'idée d'une cause extérieure [12] » ne paraît guère favorable à la position d'un amour qui soit pur et éternel, pour un Dieu qui n'est rien moins qu'une chose externe. Les thèmes développés et les définitions retenues dans le *Court traité* n'impliquaient pas une opposition aussi nette avec la conception traditionnelle de l'amour pour Dieu : la personnalité de Dieu et l'existence d'une Nature animée par des forces affectives y étaient moins expressément dénoncées [13]; ainsi que l'a montré le chapitre précédent, la connaissance du dernier genre y était plutôt décrite comme une fusion de l'esprit avec son objet; enfin l'amour y était défini comme un désir d'union et même comme une union avec la chose aimée, comme une participation à sa nature [14]. Les modifications apportées par Spinoza entre le *Court traité* et l'*Éthique* à son ontologie et à son anthropologie — modifications qui ne sont peut-être le plus souvent que de langage et d'accent, mais qui sont parfois essentielles et expresses, comme lorsqu'il s'agit précisément de définir l'amour [15] — sembleraient donc s'opposer au maintien d'une doctrine héritée de la tradition; en fait, Spinoza ne la maintiendrait que pour donner encore satisfaction à son exigence de salut, alors que la rigueur rationaliste des premières parties de l'*Éthique*, avec son impersonnalisme, son objectivisme et son mécanisme, devrait l'en empêcher : la perspective finale de l'*Éthique* reposerait ainsi sur un passage abusif à l'amour pour Dieu, qui rendrait le système incohérent et qui ne pourrait même pas apporter une réponse adéquate au besoin religieux d'amour exprimé dans les premiers écrits [16].

Mais, si nous voulons vraiment expliquer et comprendre le système de Spinoza tel qu'il se présente à nous, nous devons analyser la doctrine de l'amour intellectuel pour Dieu en tenant compte de l'ontologie et de l'anthropologie posées dans les premières parties de l'*Éthique*. Est-ce

11. *Éth.*, III, 11 Sc.
12. *Éth.*, III, 13 Sc.
13. Nous l'avons vu, Dieu y est souvent présenté comme un être distinct des choses périssables et opposé à elles, dans une alternative dont le salut est le prix; de même, des concepts et des termes fort traditionnels s'y trouvent repris : la Prédestination (*C.T.*, I, 6), le Fils de Dieu (*C.T.*, I, 9), etc...
14. *C.T.*, II, 3 & 5.
15. *Éth.*, III, Append., § 6 : le désir d'union n'est plus tenu que pour une propriété dérivée de l'essence de l'amour.
16. FULLERTON : *Immortality*, 142.

possible ? Est-ce suffisant pour fonder une théorie du salut ? Nous ne le saurons que si nous parvenons à déterminer avec précision :

a) Comment se fait le passage à l'amour ?
b) De quelle nature est cet amour ?
c) Quel est son objet ?

⁂

Spinoza déduit notre amour pour Dieu en deux moments qu'il importe de distinguer avec soin :

1) Dans la première moitié de la cinquième partie de l'*Éthique*, à l'intérieur d'une analyse préparatoire qui ne s'insère pas dans la déduction de notre éternité, qui ne se réfère pas à la connaissance du troisième genre et qui ne fait pas état de la nature intellectuelle de ce sentiment, il établit l'existence possible d'un tel amour : « L'esprit peut faire en sorte que toutes les affections du corps ou les images des choses soient rapportées à l'idée de Dieu. — Il n'est aucune affection du corps dont l'esprit ne puisse former quelque concept clair et distinct; aussi peut-il faire en sorte que toutes soient rapportées à l'idée de Dieu [17] »; « Qui s'entend lui-même et entend ses sentiments clairement et distinctement, aime Dieu, et d'autant plus qu'il s'entend plus lui-même et entend plus ses sentiments. — Qui s'entend lui-même et entend ses sentiments clairement et distinctement, est joyeux, et cela avec l'accompagnement de l'idée de Dieu, et, par suite, il aime Dieu et l'aime d'autant plus qu'il s'entend plus lui-même et entend plus ses sentiments [18]. »

2) Dans la seconde moitié de cette cinquième partie, lorsqu'il prouve notre éternité et définit notre salut, il démontre directement, sans faire appel aux conclusions antérieures, l'existence nécessaire de cet amour au sein de la connaissance suprême, en précisant qu'il s'agit d'un amour intellectuel : « A tout ce que nous entendons par le troisième genre de connaissance, nous prenons plaisir, et ce avec l'accompagnement de l'idée de Dieu comme cause. — De ce genre de connaissance naît le contentement de l'esprit le plus élevé qu'il puisse y avoir, c'est-à-dire la joie la plus élevée, et ce avec l'accompagnement de l'idée de soi-même et aussi, par conséquent, de l'idée de Dieu comme cause. — Du troisième genre de connaissance naît nécessairement l'Amour intellectuel de Dieu. Car de ce genre de connaissance naît une joie accompagnée de l'idée de Dieu comme cause, c'est-à-dire l'Amour de Dieu [19]. »

Il suffit donc de rappeler d'abord que la connaissance adéquate, notamment celle du troisième genre, est une activité de l'esprit, c'est-à-dire une explicitation de son être, un accroissement de son essence ou un passage à une perfection plus grande pour montrer qu'elle est

17. *Éth.*, V, 14.
18. *Éth.*, V, 15.
19. *Éth.*, V, 32 & Cor. : ce qui est ici posé comme cause du savoir et de sa joie, c'est l'idée de soi-même ou l'idée de Dieu, et non pas soi-même ou Dieu; dans les propositions 27 & 30, auxquelles il renvoie, Spinoza avait démontré que la connaissance du troisième genre a pour cause l'idée exprimant sous l'aspect de l'éternité, dans son rapport avec Dieu, l'essence du corps.

joie; il suffit de remarquer ensuite qu'elle est le développement des conséquences d'une idée première, autrement dit qu'elle est idée de cette idée, pour conclure que la joie qu'elle comporte est accompagnée de l'idée de cette idée comme cause et qu'elle est, par conséquent, amour[20] : ainsi se trouve directement satisfaite l'exigence de salut, puisqu'il est prouvé que, dès que nous sommes connaissance adéquate et complète, nous sommes joie et amour, au niveau même de cette vie affective où se pose, nous l'avons vu, le problème de notre béatitude et de notre liberté.

Ce passage direct de la connaissance à l'amour ne serait pas possible, si nous tenions la connaissance pour une passivité de l'esprit : alors, en effet, l'épanouissement de l'être, qu'est la joie, ne serait pas analytiquement contenu dans le savoir de telle ou telle vérité; il faudrait que l'objet connu fût perçu comme agréable, par sa beauté ou sa bonté, pour que la connaissance se transformât synthétiquement en joie. Ce passage serait également impossible, si nous voyions dans l'amour un désir d'union avec l'objet ou, à fortiori, une participation à sa nature : en effet, connaître une chose, ce ne serait pas encore immédiatement désirer s'unir à elle, ni encore moins lui être uni; et même si nous affirmions alors que le savoir et l'amour sont déjà tous deux des participations, nous devrions, pour passer du premier au second, établir que l'objet connu est aussi un objet aimable, un être suscitant en nous l'amour : ce serait là le moyen terme indispensable dans une démonstration qui resterait synthétique. De telles conceptions, avec toutes les difficultés qu'elles impliquent, inspiraient les analyses du *Court traité*[21] : aussi, pour le lecteur critique, le passage de la connaissance à l'amour devait apparaître arbitraire, voire incertain, comme il pouvait l'être dans toute la tradition mystique et théologique, puisqu'il reposait sur la reconnaissance de Dieu comme d'un être agréable et aimable; qui plus est, cette reconnaissance devient fort difficile et problématique, lorsque Dieu n'est plus que la substance universelle et impersonnelle décrite dans la première partie de l'*Éthique*. Mais, comme nous avons pu le constater à propos de la définition de notre éternité[22], l'*Éthique* s'affranchit définitivement de ces thèmes issus de la théorie de la participation : la connaissance adéquate est désormais présentée comme une pure activité immanente; la joie n'est plus un sentiment né de l'opinion, que nous pouvons avoir sur notre état ou notre devenir, mais ce devenir même de notre être, l'accroissement même de notre réalité ou de notre activité, notre passage à une perfection plus grande; quant à l'amour, il est cette même activité, lorsqu'elle devient conscience de soi, idée de

20. Les propositions 26 & 28 avaient déjà posé comme une évidence (« patet ») le lien entre connaissance et désir ; en effet, le désir est l'essence actuelle de l'esprit, c'est-à-dire sa nature propre dans l'activité qui constitue tout son être; or, le savoir est sa manière d'être et d'agir, de produire et de se réaliser, le mode d'action qui constitue son être à un moment donné, la forme prise par son essence active : c'est donc aussi son désir. Mais il faut noter que le passage de la connaissance à l'amour ne se fait même pas ici par l'intermédiaire de ce lien entre la connaissance et le désir; la déduction est immédiate.

21. Au sujet de la connaissance, cf. *C.T.*, II, 15; au sujet de la joie et de l'amour, cf. *C.T.*, II, 3, 5, 7, etc.; en ce qui concerne, enfin, la médiation par la reconnaissance de l'objet, notamment de Dieu, comme d'un Bien digne d'amour, cf. *C.T.*, II, 5, § 11; 7, § 3; 14, § 4; 18, § 7; 22, § 1.

22. Cf. 1re partie, chap. 2.

sa cause, sans qu'intervienne la pensée des qualités propres, de l'amabilité de son objet. Connaître, être joyeux, aimer, ce n'est plus se représenter, s'unir à, participer de : c'est tout simplement être, être actif, être soi-même : le savoir et le sentiment ne sont plus des états distincts contenus dans l'esprit, mais l'être même de cet esprit en tant qu'idée qui s'affirme : définis par l'être d'une activité immanente ayant son corps ou soi-même pour objet, la connaissance, la joie et l'amour sont compris à la lumière d'un ontologisme, d'un dynamisme et d'un immanentisme achevés, qui permettent leur identification immédiate; car, s'il est vrai que connaître, être joyeux et aimer, c'est également être actif, toute connaissance adéquate est analytiquement joie et amour, la connaissance de soi amour de soi et la connaissance de Dieu amour de Dieu, sans qu'il soit nécessaire de faire intervenir la médiation d'un désir, ni de prouver entre temps que l'objet connu est beau, bon, agréable ou aimable. Notre crainte était donc vaine : l'anthropologie introduite dans les seconde et troisième parties de l'*Éthique* ne s'oppose pas au passage de la connaissance à l'amour; au contraire, son ontologisme, son dynamisme et son immanentisme garantissent l'immédiateté et la nécessité de ce passage, alors même que l'ontologie de la première partie a entièrement dépouillé l'objet et surtout Dieu de toutes les qualités invoquées par la tradition pour justifier l'amour : seule l'*Éthique*, avec son ontologie et son anthropologie, se révèle capable d'assurer pleinement la possibilité du salut.

L'activité de l'esprit étant appelée « entendement[23] », un tel amour ne peut être qu'un « *amour intellectuel* ». Cette expression est loin de constituer une innovation dans le vocabulaire philosophique, ainsi que l'ont prouvé des rapprochements aussi nombreux que variés[24], mais il importe d'en préciser le sens spinoziste. Elle ne signifie pas, comme on a pu souvent le croire et parfois le craindre, une intellectualisation du sentiment, qui ignorerait la différence de nature existant entre l'ordre du vécu affectif et l'ordre du conçu rationnel[25] : d'une manière générale, il n'est pas question de prétendre qu'aimer, c'est concevoir, puisque Spinoza ne déduit plus, dans la troisième partie de l'*Ethique*, les sentiments fondamentaux des formes de croyance et de connaissance, comme il l'avait fait dans le *Court traité*. Il s'agit plutôt de rappeler que cet amour résulte de l'intellection, d'une conception active et adéquate de son objet, ce qui suffit pour le distinguer de tous les amours nés d'autre chose que de la connaissance claire et distincte; les prédécesseurs de Spinoza usaient précisément de cette formule pour mieux opposer l'amour pour Dieu à l'amour sensible[26] : le parallélisme établi dans le

23. *Éth.*, V, 40 Cor. — Cf. 1re partie, chap. 1.

24. Ainsi se trouve-t-elle sous la plume de saint Thomas (cf. BIDNEY : *Ethics*, 172; — WOLFSON : *Spinoza*, II, 305), de Léon l'Hébreu (cf. E. SOLMI : *B. Spinoza e Leone Ebreo*, Modène, 1903, 54-60; — GEBHARD : *Spinozismus und Platonismus*, 229; — WOLFSON : *Spinoza*, II, 305), de Bruno (cf. CHARBONNEL : *Pensée italienne*, 563, et *L'Éthique de G. Bruno et le second dialogue du Spaccio*, Paris, Champion, 1919, 260-5), de Descartes (*Lettres à Chanut*, du 1er fév. 1647), etc...

25. Cf. LUELMANN : *Amor*, 37-40 & 42; — COHEN : *Amor*, 25.

26. Cf. l'avant-dernière note. — D'une manière analogue, on opposait couramment un amour né de la volonté à l'amour né des sens, opposition fréquente dans la doctrine de Boehme et des Boehmistes (cf. DIROFF : *Amor*, 13-7), ou un « amor effectionis » à un « amor affectionis », selon le thème cher à Geulincx (cf. SCHMITZ : *Geulincx*, 215-6).

Court traité entre les diverses formes d'amour et les différents genres de connaissance montre la fidélité de Spinoza à cette tradition[27]; les explications données dans l'*Éthique* prouvent clairement qu'il s'agit toujours d'opposer un amour né de l'intellection à un amour né de l'imagination : « De ce troisième genre de connaissance naît.... l'amour de Dieu, non pas en tant que nous l'*imaginons* comme présent, mais en tant que nous *entendons* que Dieu est éternel, et c'est là ce que j'appelle l'Amour intellectuel de Dieu[28] »; ce texte exclut nettement, à la fois, un amour pour Dieu qui serait lié à l'expérience sensible de sa présence matérielle[29], un amour pour Dieu qui reposerait sur l'imagination, ses associations et ses fictions[30], et un amour pour Dieu qui résulterait de la foi ou de la révélation[31] : en un mot, toutes les formes habituelles de l'amour religieux. Mais nous avons vu que cet amour salutaire se laissait déduire analytiquement de la connaissance du troisième genre, en vertu de l'identité entre l'activité qu'est la connaissance, et l'activité que sont la joie et l'amour; dire que cet amour est « intellectuel », ce n'est donc pas seulement préciser qu'il est un « effet » engendré par l'entendement, comme l'affirmait le *Court traité*[32] : c'est indiquer qu'il est le sentiment contenu dans l'acte même d'entendre[33]. Certes, il n'est toujours pas question de poser qu'aimer, c'est simplement concevoir; mais il ne s'agit plus de montrer comment le concevoir conditionne, oriente, détermine l'aimer : il s'agit de faire comprendre que le concevoir est aussi par et en lui-même un aimer et d'indiquer que c'est cet aimer inhérent au concevoir qui est ici en cause; qualifier cet amour d' « intellectuel », c'est donc affirmer que, contrairement aux autres[34], il n'est que le vécu affectif immédiat de la pure activité immanente de l'esprit.

Nous devons admettre cette signification très précise de l'adjectif « intellectuel », si nous désirons résoudre l'une des difficultés contenues dans le texte de la cinquième partie de l'*Éthique :* nous avons vu, en effet, dans les pages précédentes, que l'amour pour Dieu est introduit en deux moments distincts, la première fois à titre de chose possible, la deuxième fois à titre de chose nécessaire au sein de la connaissance suprême; or ce n'est que dans le second cas qu'il est dit « intellectuel » : pourquoi ? Faudrait-il en conclure que la première déduction concerne

27. Cf. *C.T.*, II, 3, § 4.

28. *Éth.*, V, 32 Cor. (souligné par moi).

29. Tel l'amour de ceux qui adorent Dieu, non parce qu'ils le connaissent comme infini et éternel, mais parce qu'ils croient le posséder dans leurs entrailles, amour si vivement dénoncé par Spinoza dans sa *lettre LXXVI à Burgh* (1775-6).

30. Cf. les critiques adressées aux conceptions imaginatives, trop humaines de Dieu : *C.T.*, I, 7; — *D.I.E.*, §§ 58 à 68; — *T.T.P.*, II; — *Éth.*, I, 8 Sc. 2, 15 Sc., Append.

31. Cf. *T.T.P.*, IV, VI & VII.

32. *C.T.*, II, 26, §§ 8-9.

33. Fullerton (*Immortality*, 141) et Wolfson (*Spinoza*, II, 302-3) font de pertinentes comparaisons avec la théorie aristotélicienne du plaisir, défini, non comme ce qui est conclu d'un savoir, mais comme ce qui est vécu dans le déploiement même de l'activité qu'est le savoir.

34. Si la joie et l'amour sont les vécus du passage à une perfection plus grande, on pourrait se demander comment ils peuvent être liés à autre chose qu'à l'entendement, à l'imagination qui est passivité; mais je peux passer à une perfection plus grande, être joie et amour, soit passivement, du fait de causes extérieures qui accroissent mon être, soit activement, par le développement interne de ma propre nature : le sentiment est donc tantôt de l'ordre de l'imagination, tantôt de l'ordre de l'entendement.

cet amour relevant de l'imagination, qu'évoque la seconde déduction[35] ? Mais ce serait oublier que ce « premier » amour est déjà dépouillé des illusions de l'imagination, qu'il est déjà vrai[36], et surtout qu'il est déjà lui-même le résultat d'une connaissance adéquate, d'un « concept clair et distinct » et d'une « idée de Dieu[37] » : si « intellectuel » signifiait seulement « produit par la connaissance claire et distincte », il serait déjà un « amour intellectuel »; nous devrions seulement noter que cette précision ne nous est pas encore donnée, omission bien compréhensible au sein d'une déduction progressive. Entre ces deux moments de son analyse, Spinoza introduit cependant une distinction fort nette : « Nous pouvons conclure que cet amour pour Dieu...., en tant qu'il se rapporte au *corps*, ne peut être détruit, sinon avec le corps lui-même. Mais (autem) de quelle nature il est, en tant qu'il se rapporte à *l'esprit seul*, nous le verrons *par la suite*[38] »; en effet, si le « premier » amour est déjà le produit d'une connaissance vraie, ce n'est encore précisément que le résultat médiat d'une activité de connaissance qui s'exerce sur des sentiments de l'esprit nés des affections extrinsèques du corps et qui ressent de la joie à en former un concept clair et distinct en les rapportant à Dieu comme à leur unique cause substantielle : ce n'est que la conséquence dérivée de la transformation de tous nos sentiments dus aux êtres extérieurs en un amour de l'être par la conception adéquate et active, donc joyeuse, de tout ce que nous percevons et ressentons[39]; au contraire, le « second » amour se rapporte à « l'esprit seul », considéré uniquement dans la connaissance du troisième genre, c'est-à-dire dans la conception purement active et immanente de sa propre essence comme partie de Dieu, sans référence à aucune donnée extrinsèque[40] : ce n'est donc que le vécu affectif de l'activité entièrement adéquate de l'esprit; alors que le « premier » est un « effet » vécu de l'entendement, le « second » est « l'entendement lui-même », tel qu'il se vit immédiatement et nécessairement : c'est pourquoi il est bien le seul qui mérite d'être appelé « amour intellectuel ».

Cet amour salutaire n'est donc rien d'autre que la joie consciente contenue dans l'activité parfaitement immanente de l'esprit. Ses autres caractéristiques se laissent alors aisément déduire :

1) En premier lieu, il s'agit nécessairement de ce que ce siècle appelait un « pur amour », d'une délectation qui ne comporte aucune négativité, aucun souci, aucune exclusive. Spinoza l'avait déjà prouvé d'une manière générale, en analysant le « premier » amour pour Dieu : dans la mesure où il est produit par l'activité de l'esprit qui conçoit clairement ses sentiments et les rapporte à Dieu, cet amour ne peut être que délivré de tout ce qui vient de la passivité, de toutes les passions nées de la tristesse, telles que la haine, la crainte, la jalousie

35. *Éth.*, V, 32 Cor. (texte cité dans le paragraphe précédent). — Telle est l'opinion de Malapert (*Amour*, 256).
36. *Éth.*, V, 17-20.
37. *Éth.*, V, 14-5.
38. *Éth.*, V, 20 Sc. (souligné par moi).
39. Cf. la suite de ce chapitre et le premier chapitre de la troisième partie.
40. Cf. le chapitre précédent.

et l'envie[41]; il est donc libéré du souci d'être aimé en retour[42] et de l'inquiétude de voir autrui éprouver le même amour[43] : l'égoïsme, avec ses exigences et ses méfiances, autrement dit avec ses souffrances, se trouve aboli. Il est évident — et Spinoza ne prend même pas la peine de le prouver à nouveau — que cette pureté se retrouve spécialement et éminemment dans l'amour intellectuel pour Dieu, puisque ce « second » amour ne prend pas pour matière des sentiments produits par les affections corporelles pour les reporter sur Dieu, puisqu'il n'a pas à convertir la passivité en activité, la tristesse ou la haine en joie ou en amour[44], puisqu'il est, en un mot, la parfaite immanence active de l'esprit : il est donc, si l'on peut dire, le plus pur amour, celui qui répond à l'exigence du salut comme ne sauraient le faire aucun amour imaginatif, aucune des formes habituelles de l'amour religieux, et mieux que ne le pouvait le « premier » amour pour Dieu.

2) Il s'agit, ensuite, d'un « amour éternel[45] ». Nous le savions déjà, et nous avons vu pourquoi[46] : parce qu'il n'est rien d'autre que l'être même de l'esprit dans son activité immanente, il possède la même nécessité interne et la même indépendance externe, la même indestructibilité extrinsèque[47], que celles dont jouissent l'entendement et son troisième genre de connaissance, avec lesquels il s'identifie. Qui plus est, nous comprenons ainsi pourquoi il est le seul qui soit éternel[48] : que l'amour imaginatif soit contingent, cela va de soi[49]; mais le « premier » amour pour Dieu, bien qu'issu de la connaissance claire et distincte, reste tributaire de la contingence des sentiments rapportés par elle à Dieu; ceux-ci relèvent toujours des affections corporelles, de l'existence en acte du corps et de ses relations extrinsèques[50]; il peut bien être indestructible, puisque, toute chose se rapportant et pouvant être rapportée à Dieu, « il n'y a aucun sentiment qui soit directement contraire à cet amour, par lequel cet amour même puisse être détruit », il peut donc bien être « le plus constant de tous les sentiments[51] » : il n'en est pas moins vrai qu'il ne se définit pas par la seule activité immanente de l'esprit, qu'il ne repose pas sur la seule nécessité interne et, par conséquent, que lui fait défaut la marque positive de l'éternité[52]; au contraire, l'amour intellectuel est inhérent à l'être même de l'esprit dans son immanence active qu'est l'entendement, en sorte qu'il ne dépend absolument pas de la contingence des sentiments rapportés à Dieu, ni même de la contingence de l'acte qui les rapporte à Dieu : il est parfaitement nécessaire en vertu de l'essence de l'esprit, il est pleinement

41. *Éth.*, V, 18 & 20. — Cf. *C.T.*, II, 14, § 4.
42. *Éth.*, V, 19 : c'est démontré à partir de la nature de Dieu, qui ne peut proprement ni aimer, ni haïr (*Éth.*, V, 17).
43. *Éth.*, V. 20.
44. *Éth.*, V, 18 Sc. : la tristesse connue devient joie, car la connaissance de quoi que ce soit est toujours activité.
45. *Éth.*, V, 33.
46. Cf. 1re partie, chap. 1 & 2.
47. *Éth.*, V, 37.
48. *Éth.*, V, 34 Cor.
49. Cf. *Éth.*, V, 34.
50. *Éth.*, V, 14.
51. *Éth.*, V, 20 Sc.
52. Cf. 1re partie, chap. 2.

éternel; et, si nous posons que le salut doit être cherché du côté d'un sentiment qui soit éternel, nous sommes obligés de conclure que cet amour est, par définition, tout notre salut.

Rien ne nous autorise à mettre en doute la justesse de cette analyse. Certes, l'amour a été défini, à partir de la joie, comme un passage à une perfection plus grande, ce qui implique un développement temporel[53]; mais cette définition ne s'oppose pas à l'affirmation de son éternité[54] : non seulement, en effet, ce qui est éternel peut être traduit dans le langage de la temporalité, mais l'éternité spinoziste n'exclut surtout pas le déploiement de l'être et son devenir, ainsi que nous l'avons vu à propos de la théorie d'une « éternité progressive » et de la « signification temporelle de l'éternité »[55]; la nature transitive de la joie et de l'amour n'empêche pas plus leur éternité que ne le faisait l'essence d'un entendement qui est activité, et d'une connaissance du troisième genre qui est développement des conséquences d'une idée[56].

Dire d'un amour qu'il est intellectuel, c'est donc le distinguer de tout autre amour — fût-il même le produit d'une connaissance vraie — en posant qu'il n'est autre chose que le vécu affectif de l'activité immanente de l'esprit réalisant sa seule essence : c'est, par conséquent, lui attribuer une pureté éminente et une éternité unique; c'est ainsi lui reconnaître toutes les qualités requises pour le salut. Loin de nous égarer du côté d'un intellectualisme froid, l'intellectualité de l'amour signifie le caractère salutaire de ce sentiment.

***

Cet immanentisme absolu, qui préside à la déduction et à la description de l'amour intellectuel, paraît cependant trouver ses limites, dès qu'on s'enquiert de l'objet de ce sentiment; en effet, l'amour en général a été défini comme une « joie qu'accompagne l'idée d'une cause *extérieure*[57] »; en outre, en ce qui concerne spécialement cet amour intellectuel, il nous est précisé à chaque instant qu'il a Dieu pour objet, en sorte que l'esprit ne semble pas rester dans sa pure intériorité, quand il éprouve ce sentiment; au contraire, il semble sortir de son être fini de mode particulier de la pensée, pour se tourner vers l'être infini de la substance[58]; le *Court traité* ne nous plaçait-il pas en face d'une alternative dans laquelle l'amour pour Dieu s'opposait à l'amour pour les choses particulières et pour son propre corps et se réalisait à la suite d'une conversion de l'esprit[59] ?

Mais nous savons bien que, dans le spinozisme, Dieu n'est pas un être réellement extérieur à l'esprit qui connaît et qui aime : il est la

53. Et l'existence d'une perfection variable dans l'éternité, ce que j'analyserai à propos des rapports entre la béatitude et la joie (cf. 3e partie, chap. 2).

54. Comme le pensent Luelmann (*Amor*, 23), Delbos (*Spinozisme*, 169), Cohen (*Amor*, 14), Darbon (*Études*, 160).

55. Cf. 1re partie, chap. 1 & 3.

56. Cf. le chapitre précédent.

57. *Éth.*, III, 13 Sc. (souligné par moi).

58. Cf. Luelmann : *Amor*, 25; — Cohen : *Amor*, 15.

59. *C.T.*, II, 14 & 23 (cf. 1re partie, chap. 2).

substance dont cet esprit, avec ses savoirs et ses sentiments, est un mode, une expression ou une partie; il était banal, dans la tradition mystique et théologique, d'affirmer qu'aimer Dieu, ce n'est pas aimer un être entièrement étranger à son propre être, mais aimer son propre principe d'être : nous avons vu le *Court traité* reprendre des formules semblables[60]; si nous voulons parler selon la stricte vérité, telle qu'elle est établie dans le système final, nous devons aller plus loin et dire qu'aimer Dieu, c'est aimer son propre être substantiel : dans une ontologie qui pose l'immanence absolue de Dieu, l'amour pour Dieu ne peut faire sortir l'esprit de son immanence. Pour nous en convaincre, il nous suffit de considérer le fondement de cet amour, la connaissance du troisième genre : en effet, comme l'a montré le chapitre précédent, celle-ci n'est rien d'autre que la connaissance du rattachement du fini à l'infini; nous devons donc reconnaître que l'amour intellectuel a pour objet l'appartenance du mode à la substance : aimer Dieu, c'est aimer ce qui est conçu dans la connaissance suprême, à savoir l'être éternel présent dans les choses singulières. Qui plus est, cette connaissance n'est que le développement d'une certaine idée de soi-même, dont la science de Dieu et des choses est une simple conséquence; aussi l'amour qu'elle comporte, ne peut être amour de Dieu et des choses que d'une manière dérivée : ce qui est primitif, comme l'est l'idée de soi-même, c'est l'amour de soi-même; Spinoza l'indique nettement dans sa démonstration : « De ce genre de connaissance naît.... la joie...., et ce avec l'accompagnement de *l'idée de soi-même* et *aussi, par conséquent,* de l'idée de Dieu[61] »; le *Court traité* s'efforçait déjà de montrer que l'amour salutaire trouvait son objet, qui nous arrachait aux choses extérieures et au corps, grâce à un approfondissement de notre intériorité[62] : plus simple et plus directe, l'*Éthique* nous dit que l'objet de l'amour intellectuel, c'est Dieu, parce que c'est nous-mêmes. De ce point de vue, s'établit encore une distinction entre les deux amours pour Dieu introduits dans la cinquième partie de l'*Éthique* : le « premier », en effet, repose sans doute sur une idée vraie de Dieu, qui nous le fait concevoir comme ce à quoi « toutes choses se rapportent[63] »; mais il n'est pas encore déduit de la seule idée de soi-même : il n'est pas encore l'amour de soi, mais seulement l'amour de ce à quoi on peut rapporter tous les sentiments éprouvés du fait des choses extérieures et transformés en joie par l'activité, qui consiste à les concevoir selon la vérité; Dieu y est encore pensé et vécu comme le principe de tout être, non comme l'être même du « soi »[64].

Si nous voulions désigner le sentiment suprême au moyen d'une expression qui indiquât la nature exacte de son objet, nous devrions

60. *C.T.*, II, 26 (cf. 1re partie, chap. 2.).
61. *Éth.*, V, 32 (souligné par moi).
62. *C.T.*, II, 26 (cf. 1re partie, chap. 2).
63. *Éth.*, V, 14.
64. Spinoza ne fait ici que reprendre une technique traditionnelle de la spiritualité et de la mystique, celle qui consiste à tirer parti de tout ce qui se présente à nous pour y voir Dieu et l'aimer; ce « premier » amour pour Dieu n'appartient pas en propre au panthéisme spinoziste : il peut avoir sa place dans une métaphysique de la transcendance et de la création, puisqu'il lui suffit que Dieu soit le premier principe de tout être, même s'il est toujours posé comme extérieur aux choses et au moi; dans le monisme de Spinoza, ce n'est évidemment qu'une première approximation de l'amour salutaire, ou plutôt une simple technique de libération préparant la liberté (cf. 3e partie, chap. 1).

parler d'un *amour ontologique* : nous avons vu, en effet, que notre éternité est notre être même (ipsum esse) comme partie adéquate et immanente de la substance infinie[65]; nous savons aussi que la connaissance du troisième genre a précisément pour objet cette existence dans l'être infini : c'est pourquoi je l'ai appelée « connaissance ontologique[66] »; il est évident que l'amour qu'elle contient immédiatement, est du même ordre et mérite le même qualificatif : c'est l'amour de son propre être en tant que substantiel. La tradition avait souvent fait état d'un « amour naturel », recherche de soi-même située à la racine de tout effort et de tout désir[67] : dans le *Court traité,* Spinoza avait lui-même employé cette expression pour désigner ce qui détermine chaque chose à se conserver[68]; à l'intérieur du système constitué par l'*Éthique,* il essaie de nous faire saisir, dans les propositions consacrées à l'amour intellectuel pour Dieu, la nature de ce sentiment si particulier que nous pouvons éprouver, lorsque nous déployons notre activité, que nous accroissons notre perfection, que nous réalisons notre être qui est l'Être en l'une de ses parties : cet épanouissement, cette illumination et cet attachement contenus dans l'activité existant par elle-même et en elle-même, quand elle devient consciente d'elle-même comme telle, grâce à l'idée d'elle-même comme d'une partie de l'Être.

Déterminer l'objet précis de l'amour intellectuel, c'est donc avoir la confirmation de sa parfaite immanence. Ainsi se trouve résolu, en toutes ses données, le problème du salut : en effet, si l'objet de cet amour était tant soit peu différent de nous et extérieur à nous, il nous serait difficile de nous délivrer de ce qu'il y a de contingence dans une relation comme le commerce entre des choses distinctes et indépendantes, de surmonter les obstacles tenant à la distance et d'ignorer le manque inscrit en tout sentiment qui nous fait sortir de nous[69]; il deviendrait indispensable de nous rassurer sur nos chances et même de nous inciter à l'amour, en nous prouvant que l'objet est vraiment aimable : nous l'avons vu, c'est ce que Spinoza voulait faire dans le *Court traité,* mais c'est ce qu'il ne peut plus faire avec l'ontologie de l'*Éthique* ; au contraire,

65. Cf. 1re partie, chap. 2.

66. Cf. le chapitre précédent.

67. Cf. WOLFSON : *Spinoza,* II, 197, qui cite saint Augustin, saint Thomas et Léon l'Hébreu. — O. Lacombe, dans un article consacré à *La mystique naturelle de l'Inde* (*Revue thomiste,* Toulouse, 1951, 134-49), parle d' « amour ontologique » à propos de l'amour naturel, inscrit dans l'être même de la créature, avant toute réflexion libre et toute connaissance et en dehors de toute foi et de toute révélation, pour son propre être et, par suite, pour l'être dont elle tient l'être : ce serait le principe d'une mystique naturelle indépendante de la grâce et de l'appartenance ecclésiale. Je reprends l'expression, sans nier évidemment la spécificité du spinozisme en face de la pensée thomiste qui a inspiré son emploi, ou en face de la pensée hindoue, à laquelle elle est alors appliquée : une des principales différences est que Spinoza rapporte cet « amour ontologique » à la connaissance réfléchie, claire et distincte, c'est-à-dire au plus haut niveau de la conscience de soi, et qu'il en fait le dernier mot du salut, contre toute foi.

68. *C.T.*, Append. II, § 6 : cet amour naturel n'est alors nullement rapproché de l'amour salutaire pour Dieu; ce n'est que l'annonce du conatus; cependant, dans le *Court traité* (I, 5), la conservation de soi-même, qui sera le conatus, est déjà rapportée à Dieu, identifié avec sa Providence au sein des choses, et, dans l'*Éthique,* la connaissance et l'amour de Dieu sont présentés comme les réalisations suprêmes du conatus : le rapprochement est donc justifié.

69. Comme le note Bréhier (*Études,* 291), l'amour spinoziste — au moins celui qui est intellectuel — n'est absolument pas un manque, contrairement à l'amour platonicien.

dans la mesure où il est intériorité et activité pures[70], l'amour de soi est parfaite possession et pleine disposition de soi-même, assurance complète dont nous pourrions dire, comme de la certitude : amor sui est index sui[71]; l'immanentisme absolu de l'*Éthique* donne exactement ce que cherchaient le *Court traité* et la *Réforme de l'entendement* : ce qui « nourrit le cœur de pure joie[72] », c'est son propre être.

Qu'on n'oppose pas à cette interprétation immanentiste le fait que l'amour est une « joie accompagnée de l'idée d'une cause *extérieure* » : c'est là un faux problème. En effet, Spinoza ne nie jamais que l'esprit ne puisse se prendre lui-même pour objet d'amour : dans la troisième partie de l'*Éthique*, il insiste sur l'existence et les propriétés de la « joie accompagnée de l'idée d'une cause interne » ou de l'idée de soi-même comme cause, de la considération de « sa propre puissance d'agir »; il lui donne seulement alors un nom particulier, en distinguant le « contentement (acquiescentia in se ipso) » ou la « gloire (gloria) » de l' « amour » (amor)[73] : or, dans la cinquième partie, il respecte ce vocabulaire, puisqu'il ne parle que du « contentement de l'esprit » pour désigner « la joie accompagnée de l'idée de soi-même[74] ». Il est vrai que, dans les lignes suivantes, lorsqu'il passe à « la joie accompagnée de l'idée de Dieu », il parle d' « amour », alors que, nous venons de le voir, pour la connaissance du troisième genre, il n'y a pas là un véritable passage à une chose extérieure; mais, si nous nous plaçons du point de vue de l'expérience humaine, du développement de sa connaissance et de ses sentiments, Dieu n'apparaît-il pas d'abord comme un être extérieur au moi fini, en sorte que le simple approfondissement du contentement de soi-même doit être vécu et décrit comme un passage à autre chose que soi-même ? Bien plus, même si Dieu n'est que la réalité profonde du moi, une certaine distinction réelle n'en subsiste pas moins entre lui et le moi fini : il ne s'agit certes pas de l'extériorité absolue posée dans une distinction substantielle, ni même de l'extériorité réelle contenue dans la distinction modale, qui sépare les diverses choses particulières à l'intérieur d'un même attribut ou d'une même substance; mais il s'agit de l'extériorité également réelle et vraie contenue dans cette autre distinction modale, qui différencie le mode de l'attribut et de la substance, la partie du tout, et qui fait, par exemple, que Dieu n'appartient pas à l'essence d'une chose finie comme l'homme, les propriétés du premier n'étant pas réciprocables avec celles du second[75] : extériorité minime, limite, sans doute, que celle de l'être total et de sa manière d'être partielle, mais suffisante pour que Spinoza use du vocabulaire qu'il a fixé, et parle alors d' « amour[76] ».

70. On ne peut donc retenir la critique de Luelmann (*Amor*, 28-9), qui dénonce l'ambiguïté d'un amour de soi capable de produire aussi bien l'orgueil que l'amour de Dieu, puisque l'orgueil est, en fait, passivité et extériorité à soi-même.

71. On doit ajouter que cette immanence préserve le caractère parfaitement individuel et personnel de l'amour éternel (cf. Zac : *Société*, 279), comme elle le faisait déjà pour notre éternité en général (cf. 1re partie, chap. 3).

72. *D.I.E.*, § 10.

73. *Éth.*, III, 30 Sc. & Append., §§ 25-6.

74. *Éth.*, V, 32.

75. *Éth.*, II, 10. — Cf. 1re partie, chap. 1.

76. Luelmann (*Amor*, 42) invoque déjà cette extériorité de la substance au mode pour résoudre le problème soulevé par lui dans les pages précédentes (*Amor*, 25), mais il estime

⁂

La déduction de l'amour intellectuel pour Dieu, la description de sa nature et de ses qualités et la détermination de son objet précis s'accordent donc parfaitement entre elles, en raison même de l'immanentisme absolu qui les inspire toutes trois et qui leur permet de s'insérer exactement à l'intérieur de l'ontologie et de l'anthropologie soutenues dans les premières parties de l'*Éthique*. Nous n'en sommes plus alors à ce « premier » amour pour Dieu introduit dans la première moitié de la cinquième partie, amour seulement possible qui n'est encore qu'un « effet » dérivé de la connaissance rapportant au principe de toutes choses les sentiments éprouvés du fait du commerce du corps avec les choses extérieures : nous sommes maintenant en présence d'un amour nécessaire, qui est pure et simple jouissance consciente de soi-même, dans sa propre activité, en vertu de sa seule essence et indépendamment de toute autre réalité. Ainsi, à cause de cette ontologie et de cette anthropologie qui pouvaient paraître s'opposer à l'admission d'un amour pour Dieu, tant qu'on en restait à une vue superficielle ou à une conception traditionnelle du problème, se trouve résolue la question du salut, de sa possibilité et de sa nécessité.

que cette extériorité suffit pour nous faire sortir du strict panthéisme, car il ne voit pas qu'elle n'a rien de commun avec l'extériorité de la substance créatrice à la substance créée posée par le théisme et qu'elle en est même le contraire.

CHAPITRE III

L'AMOUR INTELLECTUEL DE DIEU : LA GLOIRE DE DIEU

L'amour intellectuel de l'esprit pour Dieu semble donc apporter une réponse suffisante à l'exigence spinoziste; cependant, si nous poursuivons la lecture de l'*Éthique*, nous nous trouvons en présence d'un brusque élargissement de la doctrine : Spinoza fait état d'un amour intellectuel éprouvé par Dieu à l'égard de lui-même et des hommes [1].

Cette perspective nouvelle fait évidemment problème : en effet, Spinoza reprend ici à son compte l'un des thèmes les plus caractéristiques de la tradition religieuse, qu'elle soit juive ou chrétienne [2], et l'on n'a pas manqué de le souligner [3]; il en est d'ailleurs lui-même tout à fait conscient, puisqu'il se réfère d'une manière expresse aux « Livres Sacrés », dans lesquels « cet amour est appelé Gloire, non sans raison [4]. » S'il est vrai que l'ontologie et l'anthropologie de l'*Éthique* constituent une critique rigoureuse de cette tradition, une telle reprise avouée met nécessairement en question la cohérence du système et impose un examen attentif de sa véritable signification : l'affirmation de notre éternité et même l'introduction d'un amour pour Dieu se sont finalement révélées possibles à l'intérieur du monisme absolu de la substance immanente et impersonnelle; mais poser aussi que « Dieu est amour » paraît introduire une contra-

1. *Éth.*, V, 35 et 36 & Cor.
2. Ou encore arabe, mais celle-ci n'était pas directement connue de Spinoza. — Les historiens du spinozisme pensent tantôt aux origines chrétiennes, à cause de leurs propres convictions, tantôt aux origines juives, en raison de l'ascendance et de la jeunesse de Spinoza. Mais il s'agit d'une égale erreur d'optique et de méthode : le Dieu d'amour — ou de colère — est commun à toutes ces religions, et l'on peut invoquer indifféremment le *Zohar* ou les *Confessions;* en outre, par-delà les oppositions sociales et ecclésiales, la philosophie et la théologie du Moyen Age se sont constituées et enrichies grâce aux rencontres et aux échanges entre ces trois religions; enfin, la pensée spinoziste, rebelle au judaïsme et hostile au christianisme, résulte de leur confrontation et de leur mélange dans la réflexion et dans l'expérience de Spinoza : il est un moment où assigner une origine particulière à une doctrine devient arbitraire et subjectif.
3. Cf. Brochard : *Études, Le Dieu de Spinoza;* — Delbos : *Spinozisme*, 169; — Darbon : *Études*, 160-2.
4. *Éth.*, V, 36 Sc.

diction insurmontable dans l'ensemble de cette philosophie, et ce à un double niveau :

a) Dans le chapitre précédent, nous avons vu que l'admission d'un amour éternel et immanent faisait difficulté, dans la mesure où la joie implique un devenir et l'amour une extériorité; or, s'il a été possible de proposer une solution en ce qui concerne l'amour de l'esprit pour Dieu, en est-il de même pour un amour éprouvé par Dieu ? Celui-ci n'est-il pas pure possession de la perfection infinie, éternité absolue et immanence complète, en sorte que le passage à une perfection plus grande et l'extériorité semblent devoir perdre toute signification, dès qu'on se tourne du fini vers l'infini ? L'amour ne devient-il pas, par définition, impossible en Dieu et spécialement un amour pour le fini [5] ? Les imprécisions et les hésitations conscientes de Spinoza en seraient la preuve : pour déduire l'amour, au lieu d'invoquer un accroissement de perfection, il se contente d'affirmer assez vaguement que Dieu « a la jouissance (gaudet) d'une perfection infinie [6] », et il parle de joie avec une certaine gêne, puisqu'il demande « *qu'il soit permis d'user encore de ce mot* [7] ».

b) Mais c'est surtout la nature même de Dieu, qui est alors en cause. En effet, s'il est capable d'aimer et d'aimer les hommes, ne possède-t-il pas une « personnalité [8] » et ne manifeste-t-il pas une certaine transcendance ? La première partie de l'*Éthique* nous enseignait un Dieu « logique » et « métaphysique », un sujet et une substance dont était exclue toute affectivité : la cinquième partie nous révèlerait brusquement l'existence d'un Dieu « religieux », doué d'amour pour nous et même entrant en commerce d'amour avec nous pour notre salut [9] ! On peut en conclure que, dès le début, à notre insu, nous avions affaire à ce Dieu personnel de la tradition judéo-chrétienne [10]. Mais nous ne pouvons nous empêcher de constater que ce qui est maintenant affirmé, avait commencé par être expressément rejeté : dans les *Pensées métaphysiques,* Spinoza avait déclaré que « nous ignorons la signification et que nous ne pouvons former aucun concept clair et distinct » du terme de « personnalité », quand nous l'appliquons à Dieu, ce qui constitue à ses yeux une critique indirecte, mais suffisante [11]; d'une manière bien plus précise, dans le *Court traité,* il avait nié l'existence d'un amour en Dieu en tant que tel : « On ne peut attribuer à Dieu aucun des modes du penser, en dehors de ceux qui sont dans les créatures, en sorte qu'on ne peut dire que Dieu a de l'amour pour les hommes et encore bien moins qu'il les aime parce qu'ils l'aiment.... Cela ne produirait en Dieu qu'une grande altérabilité, si, alors que précédemment il n'aurait ni aimé ni haï, il devait maintenant

5. Cf. LUELMANN : *Amor,* 23; — DELBOS : *Spinozisme,* 169; — DARBON : *Études,* 161-2.

6. *Éth.,* V, 35. — « Gaudere » est une verbe ambigu, intermédiaire entre « avoir la possession de » et « avoir la joie de » : cette ambiguïté permet le passage à l'amour (cf. CASULA : *Amor,* 277-8).

7. *Éth.,* V, 36 Sc. (souligné par moi).

8. Les *Pensées métaphysiques* définissent la « personnalité » par la rencontre de « l'essence » qui définit un être, de « l'entendement, par quoi il se connaît » et de « la volonté, par quoi il se veut aimer lui-même » (II, 8, V.L., IV, 216, Pl., 337).

9. Cf. FULLERTON : *Immortality,* 140-3; — DELBOS : *Spinozisme,* 176-7; — GUZZO : *Spinoza,* 168; — WOLFSON : *Spinoza,* II, 275; — DARBON : *Études,* 112, 120, 154, 162.

10. Cf. BROCHARD : *Études, Le Dieu de Spinoza,* passim.

11. *C.M.,* II, 8, V.L., IV, 216, Pl., 337.

commencer à aimer et à haïr et être déterminé à cela par quelque chose d'extérieur à lui, ce qui est l'absurdité même.... Il ne peut y avoir d'amour proprement dit de Dieu pour autre chose, puisque tout ce qui est ne forme qu'une seule chose, à savoir Dieu lui-même [12] »; et, dans l'*Éthique* même, il avait donné plus de force et de netteté à ce refus, en démontrant que Dieu est incapable d'amour et en nous prouvant que nous devions renoncer en ce domaine à tous nos espoirs les plus familiers : « Dieu, à proprement parler, n'aime personne et n'a personne en haine. Car Dieu n'est affecté d'aucun sentiment de joie ni de tristesse [13] »; « Qui aime Dieu ne peut faire effort pour que Dieu l'aime en retour. Si un homme faisait cet effort, il désirerait donc que Dieu, qu'il aime, ne fût pas Dieu et il désirerait, par conséquent, être attristé, ce qui est absurde [14]. » Lorsqu'il déduit finalement un amour de Dieu pour lui-même et pour les hommes, Spinoza soutiendrait donc ce qu'il a lui-même déclaré absurde [15] : nous devrions au moins avouer qu'il use de « termes qui satisfont plus complètement sa conscience religieuse, mais qui n'étaient peut-être pas nécessairement impliqués dans le système [16] »; nous pourrons en conclure qu'il « se reprend [17] » : « A ce dernier moment, Spinoza semble regretter de ne pouvoir donner, sur un point si essentiel, aucune satisfaction à la conscience religieuse, et sans doute à sa propre conscience religieuse. Il tente alors de convertir in extremis Dieu à l'Amour. Mais il est bien tard : ce n'est pas seulement la définition de la joie qui s'y oppose, c'est toute l'économie du système. Il faudrait le remanier profondément. Et alors le spinozisme ne serait plus le spinozisme [18]. » Il est clair que ce n'est pas là une solution, puisque la contradiction est exploitée, au lieu d'être levée : nous nous trouverions ainsi en face d'une conception nouvelle et injustifiée de Dieu, qui prouverait l'éclatement du système, dès qu'il prétend expliquer notre salut en toute rigueur.

Cette contradiction serait au moins compréhensible du point de vue psychologique, si elle répondait vraiment à une nécessité, comme le pensent la plupart des historiens et des critiques du spinozisme; mais le chapitre précédent nous a montré que notre amour pour Dieu constituait une réponse suffisante à notre exigence de salut, et nous venons de voir Spinoza condamner notre désir d'être aimés en retour par Dieu : pourquoi éprouve-t-il donc le besoin d'ajouter une réponse supplémentaire, ruineuse pour l'édifice ? Quel est le sens de ce développement inattendu de sa philosophie ?

Pour comprendre sa pensée, il faut donc préciser :

a) Comment se fait le brusque élargissement de la théorie de l'amour intellectuel;
b) Comment l'amour est possible en Dieu;
c) Quelle est sa valeur pour notre salut.

12. *C.T.*, II, 24, §§ 2-3.
13. *Éth.*, V, 17 Cor.
14. *Éth.*, V, 19.
15. LUELMANN : *Amor*, 26.
16. DELBOS : *Spinozisme*, 168.
17. DARBON : *Études*, 160.
18. DARBON : *Études*, 162.

⁂

Spinoza passe directement de l'amour intellectuel de l'esprit pour Dieu à l'amour intellectuel de Dieu pour lui-même. Ce passage ne semble pas faire problème : ce n'est que la transposition au niveau de l'infini de ce qui a été prouvé au niveau du fini; il suffit donc de rappeler qu'il existe en Dieu une idée de Dieu, qui est, par définition, l'idée d'une cause de soi douée d'une perfection infinie, pour déduire l'existence en Dieu d'un amour de soi analogue à celui qui était inscrit dans la connaissance de soi de l'esprit fini; il est évident que cet amour, constitué par la seule activité immanente de l'éternel et de l'infini, ne peut être qu'intellectuel, éternel et infini, et qu'il ne peut avoir que Dieu pour objet, puisqu'il est immanent et qu'il n'y a rien en dehors de l'infini : « Dieu s'aime lui-même d'un amour intellectuel infini. — Dieu est absolument infini, c'est-à-dire la nature de Dieu a la jouissance d'une perfection infinie, et ce avec l'accompagnement de l'idée de soi-même, c'est-à-dire de l'idée de sa propre cause, et c'est là ce que nous avons dit.... être l'amour intellectuel [19]. »

Cette transposition suscite évidemment les questions : que faut-il entendre par cet amour de l'infini pour lui-même ? Comment le définir et comment expliquer sa présence dans la Nature ? De quel droit appliquer à l'infini ce qui a été posé au niveau du fini ? Enfin, quelle relation établir entre l'amour dont Dieu est l'objet et celui dont il est aussi le sujet ? Dès la proposition suivante, Spinoza donne sa réponse : elle repose toute entière sur le fait que, pour lui, le fini est l'infini en l'une de ses parties, lorsqu'il est considéré dans son rattachement à l'éternité ou sub specie æternitatis : après s'être servi d'une transposition, Spinoza procède donc à une identification, qui a pour principes le monisme et l'immanentisme de la substance, c'est-à-dire l'identité du fini et de l'infini quant à leur être et le caractère uniquement topographique de leur distinction, le fini n'étant rien d'autre qu'une partie de l'infini qui est adéquate en raison de sa propre immanence, autrement dit de sa propre activité [20] : « L'amour intellectuel de l'esprit pour Dieu est l'amour même de Dieu, dont Dieu s'aime lui-même, non pas en tant qu'il est infini, mais en tant qu'il peut s'expliquer par l'essence de l'esprit humain, considérée sous l'aspect de l'éternité, c'est-à-dire l'amour intellectuel de l'esprit pour Dieu est une partie de l'amour infini dont Dieu s'aime lui-même. — Cet amour de l'esprit humain doit être rapporté aux actions de l'esprit et, par là, il est une action par laquelle l'esprit se considère lui-même avec l'accompagnement comme cause de l'idée de Dieu, c'est-à-dire une action par laquelle Dieu, en tant qu'il peut s'expliquer par l'esprit humain, se considère lui-même avec l'accompagnement de l'idée de soi-même; et ainsi, cet amour de l'esprit est une partie de l'amour infini dont Dieu s'aime lui-même [21]. » L'immanentisme « topographique » des parties de

19. *Eth.*, V, 35. — Renvoyant aux propositions antérieures, cette démonstration ne repasse pas par tous les intermédiaires reliant la perfection à l'amour par la joie; mais Spinoza invoque ensuite la « joie accompagnée de l'idée de soi-même », qui fonde le passage de la perfection à l'amour en Dieu (*Eth.*, V, 36 Sc.).

20. J'ai déjà longuement analysé ce thème, qui était le fondement de la théorie de l'éternité (1re partie, chap. 2).

21. *Eth.*, V, 36.

la substance infinie résout donc le problème du passage de l'amour de l'esprit pour Dieu à l'amour de Dieu pour lui-même : il montre qu'il n'y a pas un véritable passage, mais seulement une identité [22]; il révèle le vrai statut du premier, simple partie finie du second, et il explique le statut du second, simple tout infini composé du premier.

Mais, en vertu du même principe, nous devons reconnaître que l'esprit fini est aussi une partie de l'objet de l'amour de Dieu pour lui-même; sans autre démonstration, à titre de simple corollaire de ce qui vient d'être prouvé, Spinoza peut donc affirmer l'existence d'un amour de Dieu pour les hommes, amour dont il est inutile de rappeler la nature intellectuelle et éternelle, tant cela va maintenant de soi : « Il s'ensuit que Dieu, en tant qu'il s'aime lui-même, aime les hommes [23] ». Or, si nous avons pu identifier l'amour de l'esprit pour Dieu et l'amour de Dieu pour lui-même, puis relever l'identité de celui-ci avec l'amour de Dieu pour les hommes, nous devons constater que le premier et le dernier sont absolument identiques; Spinoza ne manque pas de tirer cette conclusion et de préciser ainsi le sens de sa doctrine : « Il s'ensuit.... que l'amour de Dieu pour les hommes et l'amour intellectuel de l'esprit pour Dieu sont *une seule et même chose* [24] », « L'amour pour Dieu *ou (sive)* l'amour de Dieu pour les hommes [25] ».

22. Spinoza aurait pu invoquer cette identité pour démontrer directement l'existence de l'amour intellectuel de Dieu pour lui-même : il lui aurait suffi de rappeler que l'esprit, dont l'amour pour Dieu venait d'être déduit, est une partie de Dieu, pour établir que c'est alors Dieu qui s'aime lui-même dans cet amour. Il ne l'a pas fait, probablement pour les raisons suivantes : il lui était d'abord commode, pour se faire comprendre de son lecteur, de suivre l'ordre traditionnel et de reprendre la déduction admise par tous, de démontrer par conséquent à partir de la seule nature de Dieu qu'il est amour de soi, quitte à préciser ensuite que cet amour n'est pas autre chose que l'amour du mode pour sa substance, contrairement à l'opinion commune; ensuite, l'ordre retenu a l'avantage de nous placer immédiatement au niveau de l'infini, alors que le passage de l'amour fini à l'amour infini aurait pu paraître aléatoire et discutable au lecteur non pénétré de la doctrine de l'immanence absolue : il lui aurait même semblé que, fondé seulement sur l'amour du fini pour l'infini, cet amour de l'infini pour lui-même restait trop indirect, trop médiat. Ainsi, D.F. Strauss (*Die Christliche Glaubenslehre*, Stuttgart, Kohler, 1840, I, 507), estime-t-il que, pour Spinoza, Dieu ne se connaît et ne s'aime que dans l'homme, non en lui-même, parce qu'il oublie que, dans le spinozisme, se connaître et s'aimer dans l'homme, c'est toujours, pour Dieu, se connaître et s'aimer en soi-même : il était donc bien utile de mettre en valeur le caractère immédiat de l'amour en Dieu pour Dieu, avant de l'identifier à l'amour de l'esprit fini pour Dieu.

23. *Éth.*, V, 36 Cor. — Cet amour n'est pas qualifié d'infini : il ne saurait l'être, car il est relatif par son objet à des êtres finis, comme l'était par son sujet l'amour de l'esprit pour Dieu.

24. *Éth.*, V, 36 Cor. (souligné par moi).

25. *Éth.*, V, 36 Sc. (souligné par moi). — On est tenté de poursuivre la déduction : l'amour de l'esprit pour Dieu ne faisant qu'un avec l'amour de Dieu pour les hommes, il faudrait poser un amour intellectuel de l'esprit humain pour les hommes. Spinoza, qui accorde une si grande importance à notre amour rationnel pour les hommes, à notre désir, fondé sur la raison, de voir les autres jouir du bien que nous désirons nous-mêmes (*Éth.*, IV, 37), semble faire allusion à une telle perspective : en effet, il appelle piété « le désir de bien faire, qui tire son origine de ce que nous vivons sous la conduite de la raison » (*Éth.*, V, 37 Sc. 1), et il soutient précisément que, du fait de « la seule connaissance de Dieu...., nous sommes conduits à n'accomplir que les seules actions conseillées par l'amour et la piété » (*Éth.*, II, 49 Sc.); il est certain que l'amour de l'être, qu'est l'amour intellectuel pour Dieu, est aussi amour de l'être en autrui et qu'il sert d'adjuvant à l'amour d'autrui démontré indépendamment de lui, qu'il vient, après coup, comme sa confirmation et son fondement ultime. Mais, s'il peut être tenu pour une conséquence de l'amour intellectuel, l'amour d'autrui n'est pas un amour intellectuel : il suppose, en effet, la connaissance de l'existence des autres hommes, donnée extérieure et contingente relevant de l'imagination, et la réflexion qui me fait comprendre que c'est un bien pour moi que ce qui est un bien pour moi, soit aussi un bien possédé par autrui, ce qui est de l'ordre du raisonnement; impliquant des données extrinsèques et conclu par la médiation de notions communes (le bien, l'utile, l'homme, etc.), l'amour d'autrui n'est pas la pure activité immanente : il n'est donc pas

Ainsi retrouvons-nous l'élément premier de la doctrine de l'amour intellectuel : le pur et simple amour de soi. Il semblait que nous assistions à son élargissement progressif; en vérité, ce n'était que l'approfondissement analytique de son contenu : le fini étant une partie de l'infini qu'est Dieu, l'amour de soi se révèle être l'amour dont Dieu, comme tout et comme partie, s'aime lui-même, comme tout et comme partie. Ainsi replacé à un niveau qui met en évidence son statut ontologique, cet amour de soi est appelé « Gloire[26] » : simple convention de vocabulaire, puisque « le contentement (acquiescentia) ne se distingue pas vraiment de la gloire (gloria)[27] », les deux mots pouvant servir, selon les cas, pour désigner la même « joie accompagnée de l'idée d'une cause interne[28] »; la seule différence est que le « contentement » est « une joie née de ce que l'homme se considère lui-même et considère sa puissance d'agir », sans qu'intervienne aucun élément étranger[29], alors que la « gloire » est « une joie accompagnée de l'idée d'une action nôtre, que nous imaginons louée par les autres[30] », « lorsque cette joie naît de ce que l'homme se croit loué[31] », c'est-à-dire lorsque s'y ajoute l'idée d'une manifestation de la perfection qui nous réjouit et nous fait nous aimer nous-mêmes; or le contentement de soi-même, « en tant qu'il est rapporté à Dieu[32] », lorsqu'il est donc reconnu comme présent en toutes les parties de l'infini et comme s'adressant à toutes les parties de l'infini, au lieu de rester dans les limites d'un esprit fini ou dans l'isolement d'un infini distinct de la nature, revêt toutes les apparences d'une manifestation de soi-même multipliée à l'infini : c'est pourquoi « cet amour est appelé dans les Livres Sacrés Gloire, non sans raison[33] ».

Le principe général de cette déduction, qui se réduit à l'explicitation d' « une seule et même chose » et à l'introduction des diverses manières possibles de l'exprimer, est donc l'identité absolue, telle qu'elle résulte d'un immanentisme « topographique » qui voit dans le fini une partie de l'infini. Nous ne pouvons certes pas considérer l'intervention de ce thème de l'identité à propos de l'amour suprême comme une innovation sans précédents : loin de faire montre d'une originalité complète, Spinoza se révèle l'héritier attentif d'une tradition aussi ample que variée, celle

intellectuel, en l'acception propre de cet adjectif dans le spinozisme; concernant le rapport d'une partie de l'infini avec une autre partie, il n'est pas cet amour immédiat de soi qu'est l'amour intellectuel : c'est pourquoi Spinoza ne parle pas d'un amour intellectuel de l'esprit fini pour les hommes. Nous voyons ainsi la différence existant entre la vie rationnelle et la vie intellectuelle : la première est vraie et adéquate au niveau de ce qui est commun à des parties distinctes et réciproquement extérieures de l'infini; la seconde est vraie et adéquate du point de vue d'une partie considérée dans son être immanent, sans données externes pour prémisses.

26. *Éth.*, V, 36 Sc.
27. *Ibid.*
28. *Éth.*, III, 30 Sc. — Cf. *Éth.*, V, 36 Sc.
29. *Éth.*, III, Append., § 25. — Cf. *Éth.*, III, 30 Sc. : ce sentiment s'oppose au repentir.
30. *Éth.*, III, Append., § 30.
31. *Éth.*, III, 30 Sc. : ce sentiment s'oppose à la honte.
32. *Éth.*, V, 36 Sc.
33. *Ibid.* — L'Ecriture et la tradition théologique appellent « Gloire de Dieu » son amour, non pas tel qu'il est en et pour lui-même, mais tel qu'il se manifeste à lui-même dans sa création, dans la mesure où toute chose est le produit, le témoignage et l'écho de cet amour. Dans la pensée juive, notamment dans le Hassidisme médiéval, cette Gloire de Dieu (Kavod) joue un grand rôle (cf. G. Scholem : *Les grands courants de la mystique juive*, trad. M.M. Davy, Paris, Payot, 1950, 125-7).

de la métaphysique de l'amour. L'esprit humain, en effet, ne se satisfait pas d'aimer : il souhaite être aimé en retour, il cherche la réciprocité; mais celle-ci comportant encore de la distance et de l'altérité, il aspire à une union plus intime, plus profonde et plus solide avec son objet : une fusion avec l'autre, une participation à sa nature, une parfaite coïncidence avec son être, qui abolissent toute différence et toute séparation; poètes, philosophes et mystiques avaient souvent décrit l'amour idéal et l'amour salutaire comme cette coïncidence dans laquelle l'amant, l'aimé et l'amour ne sont plus qu'une seule et même chose[34]; de leur côté, les théologiens avaient souvent défini l'amour de Dieu et analysé le commerce d'amour entre Dieu et la créature, en affirmant que Dieu se manifeste comme amour dans son amour pour la création, qu'inversement il aime la créature à travers l'amour qu'il se porte à lui-même[35] et qu'enfin l'amour de la créature pour lui n'est qu'un effet de son amour pour la créature[36] : autrement dit, ils avaient soutenu qu'il n'y a qu'un seul amour, celui de Dieu pour lui-même, dont tous les autres ne sont que des moments ou des aspects; l'aspiration morale et religieuse, l'expérience mystique, la doctrine de la Gloire et la théorie de la grâce avaient donc chacune contribué à mettre en valeur l'identité des êtres réalisée par l'amour et même l'identité de l'amour présent dans tous les êtres. Spinoza, qui, nous le savons, dans le *Court traité*, analysait encore l'amour en termes de participation[37], reprend les mêmes formules traditionnelles dans l'*Éthique*, bien qu'il ait cessé de voir dans ce sentiment une fusion mystérieuse et problématique avec son objet : cette reprise est on ne peut plus légitime, puisqu'il nous explique désormais que le fini est une partie de l'infini; nous devons donc admettre que l'amour de l'esprit humain est l'amour divin en l'une de ses parties, non plus du fait des vertus obscures de la participation, mais en raison de l'être du fini comme partie de l'infini : l'originalité de Spinoza se trouve dans son ontologie finale, qui lui permet de déduire et d'expliquer de la manière la plus naturelle et la plus rationnelle l'une des thèses les plus constantes de la spiritualité ancestrale.

***

Nous devons cependant encore nous demander si cette déduction de l'existence de l'amour en Dieu est compatible avec la conception spinoziste de Dieu.

A) La question s'est posée de savoir comment l'amour, qui implique la transition et l'extériorité, est possible en ce qui est purement éternel

34. Cette identité est la doctrine maîtresse du Néo-platonisme (cf. BRÉHIER : *Études*, 291). — Elle constitue le thème caractéristique de la Mystique flamande, notamment de la pensée de Ruysbroeck : pour celui-ci, la science parfaite est la coïncidence de l'esprit avec le savoir que Dieu a de lui-même (cf. M. d'ASBECK : *La mystique de Ruysbroeck l'Admirable*, Paris, Leroux, 1928, 265-76).

35. Cf. WOLFSON : *Spinoza*, II, 310-1.

36. C'est la thèse centrale de toute théorie de la grâce; ainsi Pascal peut-il juxtaposer ces deux phrases comme équivalentes : « Celui qu'Il aime, celui qui L'aime » (*Pensée* n° 287, note, de l'édition Brunschvicg).

37. Cf. le chapitre précédent et 1re partie, chap. 2.

et immanent, comme l'est Dieu. Il est facile de reprendre ici la solution donnée à la même difficulté dans le chapitre précédent, à propos de l'amour de l'esprit pour Dieu : l'éternité spinoziste n'exclut pas le devenir, lorsque celui-ci est pure activité immanente, et l'immanence n'exclut pas une certaine extériorité limite, suffisante pour qu'on nomme amour le contentement de soi-même. Dira-t-on que le passage du fini à l'infini nous interdit une application simpliste au second de ce qui valait pour le premier ? Mais Spinoza ne vient-il pas justement de montrer que les deux étaient identiques ? S'il en est ainsi, la possibilité d'un amour fini, qui soit éternel et immanent, est identiquement la possibilité d'un amour éternel et immanent, qui soit infini. Il n'est donc pas nécessaire de chercher une solution particulière à ce problème, lorsqu'il s'agit de l'amour en Dieu; il est seulement utile d'expliciter le contenu de cette réponse générale, lorsqu'elle concerne l'infini en tant que tel :

a) S'il est vrai, d'une part, que le fini est une partie de l'infini, s'il est vrai, d'autre part, que l'existence du fini est durée et qu'on peut entendre par là soit la continuation de l'existence subordonnée à des causes extrinsèques, soit son développement déterminé par la seule essence intrinsèque [38], il est évident que l'infini contient en lui-même un développement de l'existence et, n'hésitons pas à le dire, une durée, étant bien entendu que, rien n'étant en dehors de lui, cette durée ne signifie pas une dépendance extrinsèque, une contingence, mais la seule nécessité du développement interne, l'éternité : en vertu de l'immanentisme « topographique », il y a donc place en Dieu pour l'élément de transition constitutif de la joie et de l'amour : réciproquement, l'attribution de la joie et de l'amour à l'infini prouve que, pour Spinoza, l'infini est développement, Dieu est devenir, à condition qu'on ne songe ici à rien d'autre qu'au déploiement purement intérieur de sa propre essence, sans relation avec aucun terme extérieur : pour le comprendre et s'en convaincre, il suffit de considérer la Nature, Deus sive Natura [39].

b) Ensuite, si, malgré l'identité ontologique au niveau de la substance, nous avons dû reconnaître, dans le chapitre précédent, une certaine extériorité modale entre la partie et le tout, entre le sujet et l'objet dans l'amour intellectuel de l'esprit pour Dieu, nous sommes obligés d'admettre la même extériorité modale entre le tout et la partie, entre le sujet et l'objet dans l'amour intellectuel de Dieu pour l'homme : quand l'infini aime le fini, il y a, en vérité, une immanence substantielle ou réelle, qui permet l'existence nécessaire de cet amour intellectuel, mais il y a une distinction modale, qui n'est pas moins vraie et qui est suffisante pour qu'il soit alors question d'amour, il y a cette extériorité relative même qui vient de nous autoriser à parler d'un contentement de soi se manifestant à l'infini, d'une Gloire. Nous tournerons-nous vers l'amour de l'infini pour lui-même ? Certes, l'extériorité modale du tout et de la partie n'y a plus directement place. Mais constatons que cet

38. Cf. 1re partie, chap. 3.

39. Le caractère particulier de ce devenir de l'infini en face du devenir habituellement envisagé, lorsqu'on parle de joie, explique l'emploi des formules réservées et hésitantes de *Éth.*, V, 35 & 36 Sc. (cf. 3e partie, chap. 2, à propos de la distinction entre béatitude et joie).

amour relève de « l'idée de soi[40] » et qu'il se situe, par conséquent, au niveau de l'entendement infini, qui est un mode; constatons aussi que l'amour a été défini comme un « mode du penser[41] » et que l'amour infini ne peut donc être qu'un mode infini du penser, comme le précise Spinoza quand il indique le statut du tout formé par les esprits éternels[42]; au contraire, l'objet de cette idée et de cet amour, c'est la « cause de soi[43] », la substance : dans le contentement de Dieu à l'égard de lui-même, il existe donc, avec la distinction modale entre le mode infini et la substance, une différence suffisante pour qu'il s'agisse vraiment d'un amour; et même, jusqu'à un certain point, cette différence comporte encore l'extériorité relative du tout et de la partie, dans la mesure où l'objet de l'amour est la substance constituée d'une infinité d'attributs, alors que son sujet est le mode d'un attribut, qui n'est infini qu'en son genre. L'identité ontologique au sein de l'amour divin de soi n'empêche pas des rapports de soi avec soi-même et ses parties : l'immanence absolue de Dieu n'est pas l'unité indifférenciée, mais la richesse infinie et dynamique de relations internes, capables de fonder un amour et une Gloire; pour le comprendre, il suffit à nouveau de considérer la Nature[44].

B) Quant à l'attribution d'un amour à Dieu, elle ne nous fait pas revenir sur les négations antérieures, car l'amour affirmé n'est pas celui qui avait été critiqué. Il va sans dire que l'amour imaginatif, dû à la passivité, est toujours exclu; mais reste également exclu l'amour médiat dont traitait la première moitié de la cinquième partie de l'*Éthique*, celui qui résultait de l'activité de la connaissance rapportant à Dieu les sentiments éprouvés du fait de la passivité : il s'agit, en effet, maintenant d'un amour immédiat, entièrement actif et immanent[45]. Spinoza peut aussi fort bien prouver l'existence d'un amour de Dieu pour les hommes, après avoir démontré l'impossibilité d'un amour de Dieu pour « autre chose » que lui-même[46] : il nie, en effet, un amour qui reposerait sur l'altérité et qui comporterait la réciprocité, alors qu'il pose un amour fondé sur l'identité et l'immanence; la preuve en est que le même argument sert pour réfuter l'existence du premier et pour établir l'existence du second : « Dieu étant formé de la totalité de ce qui est, il ne peut y avoir d'amour proprement dit de Dieu pour autre chose, puisque tout ce qui est ne forme qu'une seule chose, à savoir Dieu lui-même », lit-on dans le *Court traité*[47], et c'est, dans l'*Éthique*, la même immanence de toutes choses à Dieu, qui fait que l'amour de Dieu pour lui-même est identiquement son amour pour ses parties, pour les hommes. Car le principe d'un amour de soi en Dieu n'a jamais été rejeté : s'il est écrit, dans l'*Éthique*, que « Dieu, à proprement parler, n'aime personne », « car »

40. *Éth.*, V, 35.
41. *Éth.*, II, Ax. 3.
42. *Éth.*, V, 40 Sc. — Cf. 1re partie, chap. 3.
43. *Éth.*, V, 35. — Cf. Guzzo : *Spinoza*, 169.
44. Ou encore l'esprit et l'organisme, objets privilégiés de la réflexion spinoziste.
45. Sur la distinction entre ces deux amours, cf. le chapitre précédent. — La négation du « premier » amour en Dieu se fonde sur l'absence de passivité dans l'infini (*Éth.*, V, 17 & Cor.).
46. *C.T.*, II, 24, §§ 2-3; — *Éth.*, V, 17 Cor.
47. *C.T.*, II, 24, § 3.

il « n'est affecté par aucun sentiment de joie[48] », c'est bien parce que, comme on peut le lire dans le *Court traité*, « on ne peut attribuer à Dieu aucuns modes de penser, *en dehors de ceux qui sont dans les créatures*[49] », et c'est précisément ce que soutient finalement l'*Éthique* : l'amour doit donc être nié en Dieu « à proprement parler », considéré en tant que substance distincte de ses modes, mais il peut toujours être affirmé de Dieu considéré en ses modes, et les dernières pages de l'*Éthique* montrent qu'il doit l'être.

C) Car l'affirmation de l'existence d'un amour en Dieu ne constitue ni une modification, ni une correction de ce qui a été prouvé de Dieu au début de l'*Éthique* : il n'est pas question de revenir sur la conception de la substance, ni même de lui ajouter un nouvel attribut, qui, en face de l'étendue et de la pensée, serait de nature religieuse, la personnalité, l'amour, le sacré[50]; dans la cinquième partie de l'*Éthique,* comme depuis le début de la seconde, nous nous trouvons, en effet, au niveau des modes, finis ou infinis selon les cas, au niveau de la Nature naturée : le texte du *Court traité* cité dans le paragraphe précédent l'indique avec assez de netteté, et nous avons vu que la possibilité de l'amour en Dieu, avec l'extériorité relative qu'il implique, ne pouvait se comprendre autrement. Il est néanmoins incontestable que cette doctrine représente une innovation par rapport à ce que nous savions déjà de Dieu : ainsi s'explique la surprise du lecteur en face des dernières propositions de l'*Éthique :* mais cette surprise est elle-même étonnante, car l'innovation n'est que le produit de la déduction : en définitive, il suffit d'établir, d'une part, que le fini est une partie de l'infini[51], et de constater, d'autre part, que nous, choses finies, nous sommes affectés[52], pour découvrir ce que nous ne pouvions ignorer que par manque de réflexion, à savoir que l'infini est aussi amour[53]. N'oublions pas que l'*Éthique* commence par un ensemble de définitions nominales, dont la vérité reste problématique et le contenu indéterminé : la déduction a précisément pour fonction d'expliciter leur contenu vrai, pour connaître toutes les déterminations de l'infini et de son rapport avec le fini, qui sont utiles pour notre salut; la première partie conclut, par exemple, à l'existence d'un infini unique, substance et cause immanente de toutes choses; mais la déduction ne s'arrête pas là : elle peut se poursuivre, elle se poursuit effectivement jusqu'à la fin de l'*Éthique* : c'est pourquoi l'apparition finale de l'amour de Dieu n'est pas l'indice d'une mutation brusque dans la conception de l'infini : elle exprime son enrichissement, dû à cette construction progressive de la connaissance de la Nature ou de Dieu et de nous-mêmes, qu'est la réflexion déductive mise en œuvre dans l'*Éthique* : la substance universelle s'est donc

48. *Éth.*, V, 17 Sc.
49. *C.T.*, II, 24, § 2 (souligné par moi).
50. Comme le soutiennent Brochard (*Études, Le Dieu de Spinoza*, passim), et, avec plus de réserves, Delbos (*Spinozisme*, 166-7).
51. *Éth.*, I & II.
52. *Éth.*, II, Ax. 4, III, Déf. & Post.
53. L'infini ne pouvant, de toute évidence, être affecté passivement. — Dans le *Court traité* (II, 22, § 4), Spinoza avait invoqué cette « union que, par *nature* et par *amour*, nous avons avec Dieu » (souligné par moi) : dans l'*Éthique*, il prouve que nous sommes une partie de Dieu dans l'amour, après avoir montré que nous le sommes par nature, dans notre être.

simplement enrichie de tout ce que la déduction analytique a découvert en ses modes[54].

***

Il ne suffit pas, cependant, de reconnaître que ce progrès dans la détermination de Dieu était logiquement nécessaire : il faut savoir si et pourquoi il était psychologiquement et moralement indispensable de poursuivre la déduction jusque-là, si et pourquoi il était utile pour notre salut de développer une doctrine de l'amour de l'infini pour lui-même et pour nous avec un accent qui lui confère une telle importance, alors que notre béatitude est placée dans notre seul amour intellectuel pour l'infini et que notre désir d'être aimés en retour par lui est déclaré absurde. Serait-ce donc vraiment pour reprendre in extremis le Dieu d'amour de la tradition religieuse ?

Pour répondre à cette question, il importe de préciser d'abord la signification concrète, psychologique, vécue de cette doctrine : quel sens a pour nous de savoir que l'infini s'aime et nous aime, non en tant que substance, mais dans ses modes ?

a) En premier lieu, nous voyons alors que l'être de la Nature infinie, comme substrat et comme principe de l'essence et de l'existence de toutes choses, n'est pas amour, qu'il ne se situe pas dans l'ordre mystérieux, irrationnel et insaisissable de l'affectivité, qu'il ne se définit pas par une finalité inintelligible, aussi fascinante qu'inquiétante.

b) Mais nous voyons, en même temps, qu'il y a dans la Nature infinie, en tant que détermination de ce substrat et qu'effet de ce principe, une manière universelle d'exister, qui est un amour de son propre être : le tout des choses n'existe pas en vertu de l'amour, mais il existe avec un amour de soi, qui est la jouissance de la pleine possession de son propre être dans le déploiement de son activité immanente, l'attachement à soi contenu dans la réalisation de soi.

c) Nous voyons, enfin, que notre amour ontologique de nous-mêmes est une partie de cet amour universel : alors, à nos yeux, l'amour présent dans la Nature n'est plus une chose étrangère et distante, et notre amour de nous-mêmes n'est plus un égoïsme replié sur lui-même, une séparation d'avec l'être, un isolement perdu et scandaleux dans la Nature; au contraire, nous découvrons que, lorsque nous nous aimons, c'est la Nature qui s'aime, et que, lorsque la Nature s'aime, c'est nous-mêmes qui sommes aimés : ainsi vivrons-nous affectivement l'unité de la Nature et l'insertion adéquate de notre propre existence en elle.

54. Telle était la conclusion de Delbos dans sa première étude consacrée à Spinoza (*Probl. moral*, 214-6). — On peut simplement remarquer que la doctrine de l'amour en Dieu, si elle n'était pas rejetée par le *Court traité*, n'y était pas développée en une démonstration de l'amour de Dieu pour lui-même et pour les hommes; nous l'avons vu, cette démonstration repose sur l'immanentisme absolu : l'immanentisme est présent dans le *Court traité*, ne serait-ce que pour nier que Dieu aimât autre chose que lui-même, mais il n'y est pas autant approfondi que dans l'*Éthique*, parce que Spinoza n'y va pas jusqu'aux dernières conséquences de la définition topographique du fini comme partie de l'infini; il est donc permis de croire que le progrès de la déduction jusqu'à la théorie de l'amour en Dieu traduit un progrès de la pensée même de Spinoza dans la voie de l'immanentisme topographique absolu.

Cette description rend aussitôt compte de la signification morale d'une telle doctrine, de sa valeur pour le salut :

a) La conception spinoziste présente d'abord une utilité négative, parce qu'elle élimine la perspective d'un amour qui serait transcendant à la Nature ou qui l'animerait intérieurement à titre de cause première : elle met donc fin aux illusions, aux déraisons et aux superstitions nées de la croyance en une mystérieuse force sentimentale comme principe absolu des choses; elle met aussi fin aux inquiétudes que suscitent la distance, la séparation, l'aspiration condamnée à l'attente et au manque : poser un amour universel en tant que mode infini dont nous sommes une partie, c'est détruire tout ce qui sépare la promesse de salut du salut lui-même.

b) Elle a ensuite une utilité positive : affirmer l'existence d'un amour universel, c'est ouvrir une perspective dans laquelle nous nous sentons en harmonie et en continuité avec la Nature entière, c'est, a-t-on pu dire, prendre « conscience de la diversité des âmes unies en et par Dieu [55] », c'est découvrir que l'être, dans la mesure où il est sentiment, n'est pas au plus profond de lui-même — malgré les apparences, malgré tous les conflits nés des relations extrinsèques — haine ou hostilité, mais amour de l'être, c'est-à-dire aussi amour de l'être même qui nous constitue; qui plus est, soutenir que cet amour est divin, c'est donner à notre amour naturel de nous-mêmes l'assurance de sa dignité et de sa légitimité, autrement dit la paix intérieure sans laquelle le salut est impossible [56].

Par ce qu'elle prouve comme par ce qu'elle réfute, la doctrine spinoziste de l'amour en Dieu constitue donc un ensemble original en face des théories traditionnelles du Dieu d'amour. Il est certain que Spinoza les connaissait et qu'il a élaboré son système à la suite d'une longue méditation sur elles; il est certain qu'en rédigeant les dernières pages de *l'Éthique*, il les avait présentes à son esprit, au point d'y faire expressément allusion; mais il ne les reprend pas *in extremis* au détriment de la cohérence de son système :

a) Il veut, au contraire, les émonder de leurs erreurs et de leurs dangers : l'amour du Dieu judéo-chrétien comportait trop de mystère et de transcendance, en sorte qu'il échappait à notre compréhension et fuyait devant notre recherche; l'amour divin qui animait la Nature du panthéisme platonisant de la Renaissance comportait autant de mystère et nous englobait à ce point que nous pouvions nous y sentir perdus; tous deux nourrissaient les superstitions, encourageaient les délires de l'imagination et nous abandonnaient aisément à nos misères et à nos fautes : l'amour en Dieu, tel que le conçoit l'*Éthique*, nous rend à nous-mêmes, à la pleine possession de notre être et à notre pure activité immanente, aussi heureuse que généreuse.

55. Zac : *Société*, 280.

56. Dans le même sens, Spinoza pose la légitimité de la puissance naturelle en face de tous les arbitraires et de tous les artifices, démontre qu'elle est un droit naturel, en rappelant que la puissance de toute chose finie est une partie de la puissance infinie, en dehors et au-delà de laquelle il n'existe rien (*T.T.P.*, XVI; — *Eth.*, IV, 37 Sc. 2; — *T.P.*, II).

b) Il veut, du même coup, leur répondre, en prouvant que le rationalisme et le naturalisme, quand leur rigueur est acceptée sans restrictions jusqu'à leurs dernières conséquences, satisfont toutes les exigences de l'esprit et du cœur, en « montrant qu'un tel Dieu, dépersonnalisé comme il l'est, ne cesse pas d'être une force et une puissance pour le bien dans la vie humaine [57]. »

c) Il veut enfin les expliquer : il ne suffit pas, en effet, de dénoncer des illusions, il faut encore indiquer leurs origines, dégager l'élément de vérité dont elles sont la déformation imaginaire, ne serait-ce que pour vaincre leur prétention et leur ôter leur prestige; comme il l'a fait à propos de la croyance en l'immortalité [58], comme il l'a fait aussi à propos de tous les sentiments que nous prêtons à Dieu [59], Spinoza évoque donc toute la théorie de l'amour divin, le thème de l'Alliance [60] ou celui de la Gloire [61], pour nous donner cet avertissement : « Ce que vous affirmez en images et par énigmes, ce que vous croyez douloureusement, en voici l'origine rationnelle et naturelle, en voici le contenu vrai : dans ma philosophie, cela devient parfaitement intelligible, pour votre bonheur [62] ».

Le rationalisme et le naturalisme imposent une philosophie de l'identité et de l'immanence, selon laquelle l'idée de Dieu n'a de sens que si l'on comprend en lui l'infini dont le fini est la partie : par sa doctrine de l'amour en Dieu, Spinoza veut montrer que cette transformation de la Divinité traditionnelle assure aussi bien — ou plutôt mieux — la possibilité du salut.

57. WOLFSON : *Spinoza*, II, 274.

58. *Eth.*, V, 34 Sc. — Cf. 1re partie, chap. 3.

59. Dans les *Pensées métaphysiques* (II, 4 & 8), Spinoza explique que les sentiments que nous attribuons à Dieu, la colère ou la haine, ne sont que des métaphores, des projections sur Dieu des sentiments des hommes à son égard.

60. *T.T.P.*, III.

61. *Eth.*, V, 36 Sc. — On ne saurait comprendre autrement de nombreux passages des *Lettres* de Spinoza : ayant affaire à des correspondants habitués au langage religieux traditionnel, il est obligé d'user de ce langage pour exprimer sa propre pensée et pour expliquer ce qu'il peut y avoir de vrai dans leurs croyances.

62. Tel est le sens de l'affirmation de Spinoza dans la *lettre LXXVI à Burgh* (1776-7) (V.L., III, 233, Pl., 1346) : « Je ne prétends pas avoir rencontré la meilleure des philosophies, mais je sais que je comprends la vraie philosophie », celle qui répond aux exigences de la vraie méthode philosophique, l'intelligibilité parfaite ou le silence le plus humble.

CONCLUSION

DIEU COMME TOTALITÉ

L'exemple privilégié de l'amour intellectuel nous permet de mieux comprendre comment, dans la métaphysique de Spinoza, « Dieu est formé de la totalité de tout ce qui est [1] », de quelle manière il « est tout l'être hors duquel il n'y a aucun être [2] »; nous voyons, en effet, que Dieu n'est pas seulement la substance dépouillée de ses attributs et de ses modes, ni la cause privée de ses produits : il est le substrat infini avec toutes ses déterminations, le principe avec ses conséquences, la Nature ou le tout des choses avec, notamment, l'amour qui s'y trouve contenu.

Comme l'ont prouvé l'immanence et l'identité constitutives de l'amour intellectuel, il ne faut pas voir dans ce tout des êtres un être séparé, qui serait le fondement transcendant de leur unité [3] : « La puissance de la Nature est la puissance même de Dieu.... La puissance universelle de toute la Nature n'est *rien en dehors de la puissance de tous les individus pris ensemble* [4] »; le tout n'est, en effet, jamais qu'un « être de raison » relatif aux parties qui lui sont intérieures [5]. Mais nous ne devons pas en conclure qu'il n'est qu'un universel abstrait, la simple somme ou la seule juxtaposition des êtres finis : la substance est indivisible et toutes les choses sont liées; le tout est précisément cette liaison réciproque des parties [6]; tel qu'il se manifeste spécialement dans l'amour intellectuel, Dieu est ainsi la Nature, en tant qu'elle contient l'unité purement immanente et la richesse infinie des relations internes entre l'être et ses manières d'être : l'amour infini n'est pas l'addition des amours finis, mais leur unité vivante, leur détermination réciproque et leur devenir commun.

Si nous cherchons à comprendre ce dont il s'agit, pensons justement à la Nature, faite du commerce immanent constitutif de ses parties. Pour le reste, si nous voulons exprimer ces conclusions en une ontologie du tout et de ses modes, nous n'avons qu'à nous adresser à la première partie de l'*Éthique*.

1. *C.T.*, II, 24, § 3.
2. *D.I.E.*, § 76.
3. Selon la thèse soutenue, en particulier, par Delbos (*Spinozisme*, 78) et surtout par Wolfson (*Spinoza*, I, 73-5, II, 340-4).
4. *T.T.P.*, XVI, V.L., II, 258, Pl., 881 (souligné par moi).
5. *C.T.*, I, 2, § 19; Premier dialogue, § 12; Second dialogue, § 9.
6. Cf. *Lettre XXXII à Oldenburg* (20 nov. 1665).

TROISIÈME PARTIE

“ SALUS SEU BEATITUDO SEU LIBERTAS ”

L'éternité de l'esprit, la connaissance du troisième genre et l'amour intellectuel doivent résoudre le problème du salut. Mais de quelle manière ? En quoi consiste ce salut ? Pour le savoir, il faut d'abord suivre l'exemple donné par Spinoza dans les premières pages de la *Réforme de l'entendement* : il faut définir ce dont nous devons être sauvés[1].

Le titre de la quatrième partie de l'*Éthique* désigne cet ennemi : c'est la *servitude*. Derrière ce mot, il faut entendre les passions[2], mauvaises pour deux raisons : d'une part, à cause de leur passivité, qui nous fait dépendre de forces extérieures, toujours assez puissantes pour finalement nous écraser, et du hasard des circonstances, et qui nous empêche ainsi d'être nous-mêmes; d'autre part, à cause de leur subjectivité, source de notre isolement, des incompréhensions qui nous privent de ce Dieu pour l'homme qu'est l'homme, des conflits qui nous déchirent et nous détruisent; il en résulte une faiblesse, une diminution, puis une disparition de notre être : la tristesse en est le vécu affectif immédiat, la crainte et la haine en sont les suites. Nous devons évidemment songer à la servitude morale, longuement analysée dans la quatrième partie de l'*Éthique*, mais aussi à la servitude politique et religieuse, évoquée avec précision dans ce même texte et dénoncée à de multiples reprises dans le *Traité théologico-politique* et dans les *Lettres*. A la racine de cette misère, se trouve l'inadéquation de notre existence, autrement dit une vie dans laquelle nous ne sommes pas en nous-mêmes et par nous-mêmes, nous ne déployons pas l'activité immanente capable de nous définir comme des parties adéquates de l'infini.

Or, dans le spinozisme, la constatation de notre servitude se prolonge en une dénonciation vigoureuse de tout ce à quoi nous faisons couramment appel pour nous libérer, en une véritable déduction de notre impuissance :

1. Je me contenterai de résumer ici ce qui a été souvent analysé : cf. entre autres, Brunschvicg : *Spinoza*, et Delbos : *Probl. moral & Spinozisme*.

2. Dans la cinquième partie de l'*Éthique*, Spinoza désigne parfois les passions, en tant qu'attachements qui relèvent des sens et de leur passivité, en employant le terme traditionnel de « libidines » (V, 42 & Sc.).

a) Impuissance de tous les sentiments moraux et religieux habituellement conseillés ou prescrits : l'humilité, le repentir, la pitié, l'obéissance, la foi, etc., quelle que puisse être parfois leur utilité sociale, loin de nous délivrer de la servitude, restent de l'ordre de l'inadéquation et de la passivité.

b) Impuissance de la volonté, puisqu'il n'y a pas de volonté libre absolue, soustraite à la nécessité universelle, et que, même si elle existait, elle resterait inefficace, incapable de réduire une servitude produite par cette nécessité : c'est là un des thèmes les plus constants de la réflexion de Spinoza, mais on doit remarquer qu'il est repris avec force dans la *Préface* de la cinquième partie de l'*Éthique*, au moment précis où vont être expliqués notre salut et notre liberté.

c) Impuissance de la raison, enfin : thèse inattendue à l'intérieur du rationalisme spinoziste, écho certain des critiques traditionnelles adressées par le sentiment et la foi à la raison, mais qui permet justement de distinguer le rationalisme absolu du rationalisme traditionnel[3]. Cette impuissance, la plus grave, s'explique aisément : d'abord, la raison n'est pas plus capable que la volonté d'anéantir une servitude due à la nécessité universelle[4]; ensuite, elle n'est qu'une connaissance, alors que seuls des sentiments peuvent s'opposer aux sentiments que sont les passions : en particulier, la connaissance vraie du bien et du mal, c'est-à-dire le savoir véritable de ce qui est utile et nuisible, reste au niveau de la pensée générale et abstraite, de la représentation de biens et de maux futurs et lointains, ce qui ne peut évidemment pas nous toucher assez, avoir assez de force ou de poids, quand nous sommes pris par la force du sentiment immédiat et de l'illusion présente[5]; bien plus, « qui accroît sa science, accroît sa douleur » : la connaissance vraie du bien et la conscience de son inefficacité constituent une tristesse, un conflit, une servitude supplémentaires[6].

Au fond de tous ces refus, il y a les mêmes principes : la connaissance de la nécessité universelle et la conscience de nous-mêmes comme de simples parties de la Nature; la servitude et l'impuissance se trouvent alors déduites de telle façon que le salut paraît impossible. Mais ce sont ces mêmes principes qui ont été invoqués pour définir l'éternité, pour décrire la connaissance du troisième genre et pour introduire l'amour intellectuel : *le paradoxe du spinozisme et sa vérité*, ce qu'on peut facilement dénoncer comme sa contradiction, mais qui est en fait sa cohérence, *viennent précisément de ce que la même chose détermine notre servitude et notre impuissance et constitue notre salut.*

3. On pourrait chercher à résoudre cette difficulté en prétendant que Spinoza ne fait qu'opposer l'impuissance de la raison à la puissance de l'entendement; mais, pour décrire le salut et la liberté, il parle bien de la « puissance de la raison » (*Éth.*, IV, 17 Sc. & V, Préf.).
4. *Éth.*, IV, Préf. & 1-6.
5. *Éth.*, IV, Préf. & 7-17. — Cf. *C.T.*, II, 14, 21; — *T.T.P.*, Préf.; — *T.P.*, I, § 5, IV, § 6.
6. *Éth.*, IV, 17 Sc.

CHAPITRE PREMIER

LA LIBERTÉ

Si la misère dont nous devons nous sauver vient de notre impuissance et consiste en notre servitude, notre salut ne peut se trouver que dans « la seule puissance de l'esprit, c'est-à-dire de la raison[1] » : il ne peut être que notre liberté; ainsi se comprennent les identités posées par Spinoza : « *La liberté ou béatitude* de l'esprit[2] »; « *Notre salut ou béatitude ou liberté*[3] »; « La puissance de l'entendement ou liberté humaine[4]. »

En tant que philosophie du salut, le spinozisme est donc nécessairement une philosophie de la liberté. Chacun des écrits de Spinoza le prouve : le *Traité théologico-politique* et le *Traité politique* constituent deux manifestes virulents en faveur de la liberté de pensée en face de l'État et de l'Église; la *Réforme de l'entendement* met en valeur l'activité autonome grâce à laquelle l'esprit développe sa propre nature et se libère de tout ce qui n'est pas sa pure immanence; l'*Éthique* fait de cette même immanence le critère qui permet d'assigner à chaque genre de connaissance son degré de perfection, et la caractéristique qui permet de définir la vertu; non seulement elle s'achève, comme le *Court traité*[5], par l'analyse de la liberté humaine, mais elle propose, dès sa quatrième partie, un long portrait de l'homme libre, une description précise de son comportement et de ses vertus : sa puissance, son ignorance de la crainte, du bien et du mal, de la mort, son courage, sa bonne foi, sa civilité et sa socialité[6]. Spinoza n'écrit-il pas que Mahomet « fut un imposteur, puisqu'il supprime totalement cette liberté », et que, s'il ne l'a pas fait, « il n'y aura aucune raison de nier qu'il n'ait été un vrai

1. *Éth.*, V, Préf.
2. *Ibid.* (souligné par moi). — Cf. *Éth.*, II, 49 Sc.
3. *Éth.*, V, 36 Sc. (souligné par moi).
4. *Éth.*, V, Titre. — Cf. *C.T.*, II, 19, § 1; 26, §§ 2 & 5.
5. *C.T.*, II, 26.
6. *Éth.*, IV, 59-73.

prophète[7] » ? Il montre ainsi que la liberté constitue à la fois la fin suprême de ses préoccupations et l'unique critère de ses jugements.

Mais comment est-il possible de faire état de notre liberté à l'intérieur d'un système qui a posé une nécessité universelle unique, qui a nié l'indépendance de la volonté et la contingence du choix et qui a prouvé que la servitude et l'impuissance font nécessairement partie de notre état naturel ? C'est là une des critiques les plus banales et les plus anciennes adressées à Spinoza, accusé par Leibniz, par exemple, de nier toute liberté humaine et de soutenir le fatalisme musulman[8]; pour y répondre, il suffit de remarquer que le terme de liberté a des acceptions fort diverses selon les doctrines et les problèmes : il convient donc de préciser la signification de la liberté que Spinoza tient pour la valeur suprême[9].

Nature de la liberté

Le spinozisme devient paradoxal et apparemment mystérieux dès qu'il traite de la liberté : malgré l'importance qu'il lui accorde, il ne prend la peine de recourir à des définitions précises et à des démonstrations détaillées que lorsqu'il réfute les théories du libre arbitre; s'il décrit longuement, dans la quatrième partie de l'*Éthique*, la conduite et les sentiments de l'homme libre, il ne nous démontre pas la justesse de cette appellation à partir de la définition de la liberté; si, dans la cinquième partie, il emploie le mot « liberté » comme synonyme des mots « salut » et « béatitude », il ne rappelle aucune définition, il ne donne aucune preuve ni aucune explication pour justifier cet emploi ! Si nous désirons savoir ce que contient le concept spinoziste de liberté, quand il signifie le salut, nous devons donc, semble-t-il, prendre une voie indirecte et partir de la servitude à laquelle elle s'oppose. De ce point de vue, elle implique :

a) Notre arrachement à l'extériorité, autrement dit notre retour en nous-mêmes, qui nous affranchit de l'action des déterminismes externes, de l'attachement aux biens extérieurs et de la relation avec le corps, dans la mesure où ce dernier est la condition de notre dépendance à ce qui n'est pas nous : les premières pages de la *Réforme de l'entendement* ont précisément dénoncé les dangers des biens extérieurs et les seconde, troisième et quatrième parties de l'*Éthique* ont analysé notre servitude en la rapportant à notre inadéquation et à notre passivité;

b) Notre arrachement à la contingence, c'est-à-dire notre conversion au nécessaire, puisque la contingence est la cause de notre inconsistance, de notre instabilité et qu'elle engendre les multiples illusions dont nous souffrons;

7. *Lettre XLIII à Olten* (1771), V.L., III, 162, Pl., 1277. — On sait combien le XVIIe siècle critiquait et méprisait la pensée de l'Islam, en s'en prenant surtout à son prétendu refus de la liberté, le fameux « fatum mahometanum ».

8. Cf. les *Considérations sur la doctrine d'un esprit universel* de 1702, le *Commentaire sur l'Elucidarius Cabalisticus de Wachter* de 1706, la *Théodicée*, Préface, etc...

9. Dans ce chapitre, qui a pour objet la doctrine de la liberté humaine comme salut, je supposerai connues et admises la conception spinoziste de la liberté divine et la critique du libre arbitre et de la contingence.

c) Enfin, notre arrachement à la durée, qui ne peut être que notre conversion à l'éternel : en effet, s'il est vrai que notre servitude nécessaire vient de ce qu' « il n'y a aucune chose singulière dans la nature, qu'il n'y en ait une autre plus puissante et plus forte[10] », Spinoza tient ensuite à préciser que cela ne vaut que pour « les choses singulières considérées en relation avec un certain temps et un certain lieu[11] ».

Vu la liaison établie dans le spinozisme entre l'extériorité, la contingence et la durée, ce ne sont là que les divers aspects d'une seule et même démarche, d'une seule et même attitude : le retour à nous-mêmes, qui est retour à la nécessité éternelle, à Dieu, la conversion qui avait été décrite et exaltée avec tant de vigueur dans le *Court traité*[12]. Et il semble bien qu'il s'agisse d'une *« vraie liberté »*, comme tient à le souligner Spinoza pour l'opposer à l'illusoire indépendance du libre arbitre[13] :

A) D'abord, d'un point de vue négatif, parce que cette conversion nous délivre du monde, nous soustrait à l'action des choses et des autres, comme le montre le portrait de l'homme libre proposé dans la quatrième partie de l'*Éthique*.

B) Mais surtout d'un point de vue positif :

1) D'une part, parce que la conversion de l'esprit à son intériorité ne laisse plus que ce qui est « en son pouvoir[14] », ce qui exprime sa propre nature et relève de son activité : « La cause la plus libre.... est l'immanente[15] »; cette conversion nous rend donc bien à nous-mêmes.

2) D'autre part, parce que la conversion à ce qui est nécessaire et éternel, telle qu'elle se réalise dans la connaissance et l'amour de Dieu, donne à notre esprit toute sa richesse et toute sa puissance; en effet :

a) En premier lieu, la connaissance de Dieu, de la nécessité et de l'éternité, est la condition de notre arrachement à l'extériorité, à la contingence et à la durée, en même temps qu'elle est le contenu de la véritable intériorité, de la connaissance et de l'amour parfaits de nous-mêmes[16], si bien qu'elle seule engendre ce qui vient d'être appelé liberté : « La souveraineté de l'entendement.... ne pouvant faire aucun progrès sans que nous soyons d'abord parvenus à la connaissance et à l'amour de Dieu, ...en cela consiste notre liberté vraie, que nous soyons et demeurions liés par les chaînes aimables de l'amour de Dieu[17]. »

b) Ensuite, cette connaissance, en tant que vraie, ne peut être qu'une compréhension, qui, nous le savons, s'accompagne d'un amour[18]; elle produit donc une adhésion de notre esprit, une acceptation et une reconnaissance telles qu'il épouse la nécessité qui le fait être et être ce qu'il

10. *Éth.*, IV, Ax.
11. *Éth.*, V, 37 Sc.
12. *C.T.*, II, 5, § 6; 14; 22; 23.
13. *C.T.*, II, 26, Titre & § 5; — *Éth.*, IV, 73 Sc. (souligné par moi).
14. *C.T.*, II, 5, § 8; 26, § 9.
15. *C.T.*, II, 26, § 7.
16. Cf. 2e partie, chap. 1 & 2.
17. *C.T.*, II, 26, § 5.
18. Cf. 2e partie, chap. 2.

est : il est libre parce qu'il est devenu sa partie compréhensive et consentante. Nous voyons ainsi pourquoi l'*Éthique* réserve une place de choix, dans l'exposé de la liberté humaine, à la connaissance de la nécessité [19] : en effet, « Dans la mesure où l'esprit connaît toutes choses comme nécessaires,.... il pâtit moins [20] », il est moins sujet à la tristesse, au regret, à la colère, à l'envie, etc. [21]; il sait, au contraire, « attendre et supporter d'une âme égale l'une et l'autre face de la fortune [22] » : « Nous supporterons d'une âme égale les événements contraires à ce qu'exige la considération de notre intérêt, si nous avons conscience.... que nous sommes une partie de la nature totale, dont nous suivons l'ordre [23]. »

c) En outre, dans cette connaissance et dans cet amour, l'enchaînement des idées et des sentiments, loin de refléter le hasard des rencontres extérieures, correspond exactement à la nature de l'objet connu et aimé; il s'établit donc une conformité parfaite entre l'être de notre esprit et son principe : « Dans la mesure où nous entendons, nous ne pouvons rien désirer, sinon ce qui est nécessaire....; c'est pourquoi.... l'effort de la meilleure partie de nous-mêmes s'accorde avec l'ordre de la nature totale [24]. » Il y a même une telle coïncidence en cet état de notre esprit, qu'il n'existe plus de différence entre ce qu'il est comme idée et ce dont il dépend : n'étant plus alors rien d'autre que son propre principe, il est devenu identique à sa cause, il est libre.

d) Enfin, il n'a plus pour contenu que la pure nécessité immanente, c'est-à-dire la liberté, possédée par ce qui est désormais son objet unique, la Nature totale ou Dieu; la connaissance et l'amour sont une participation, une fusion, qui font que l'esprit est liberté, dès qu'il connaît et aime la liberté absolue [25] : « Il y a » en Dieu « une activité infinie et une négation infinie de toute passivité; et, par conséquent, dans la mesure où, ayant plus d'essence, elles sont plus étroitement unies à Dieu, les choses ont aussi plus d'activité et moins de passivité [26] ».

Dans le chapitre du *Court traité*, dont sont tirées la plupart de ces citations, Spinoza rassemble parfaitement ces différents thèmes : « Par tout ce qui a été dit, on peut bien aisément concevoir ce qu'est la liberté humaine; je la définis en disant qu'elle est une *solide réalité* qu'obtient notre entendement *par son union immédiate avec Dieu pour produire en lui-même des idées et tirer de lui-même des effets qui s'accordent avec sa nature, sans que ces effets soient soumis à des causes extérieures* par lesquelles ils puissent être altérés ou transformés [27]. »

On ne saurait le nier, ce sont là des emprunts à la tradition philosophique et théologique. Les Stoïciens avaient exalté la liberté intérieure

19. *Éth.*, V, 5-6.
20. *Éth.*, V, 6.
21. *Éth.*, V, 6 Sc. — Cf. *Éth.*, IV, 73 Sc. & Append. 13.
22. *Éth.*, II, 49 Sc.
23. *Éth.*, IV, Append., 32.
24. *Éth.*, IV, Append., 32. — Cf. *C.T.*, II, 26, § 7 et, surtout, II, 5, § 8 : « Nous entendons par choses qui sont en notre pouvoir *celles que nous effectuons selon l'ordre ou en accord avec la Nature*, dont nous sommes une partie » (souligné par moi).
25. Sur ce thème de la participation, cf. 1re partie, chap. 2.
26. *C.T.*, II, 26, § 8.
27. *C.T.*, II, 26, § 9 (souligné par moi).

du Sage au sein d'une nécessité universelle conçue comme un destin, et ils l'avaient expliquée en invoquant la compréhension de la Raison universelle, la communion avec le Tout, qu'est la Sagesse, et l'on connaît la fortune du Stoïcisme, notamment du Stoïcisme chrétien, durant la première moitié du XVIIe siècle; il est vrai que, lorsqu'il évoque la doctrine stoïcienne de la liberté, Spinoza ne songe qu'au pouvoir absolu de choix et de détermination de la volonté, pour en faire la critique[28]; mais, peut-être à son insu, il a incontestablement hérité de cette conception de la liberté, ne serait-ce que lorsqu'il affirme que la connaissance de la nécessité nous affranchit des passions et détermine une conformité à l'ordre de la Nature, qui nous fait libres. Quant aux théologiens et aux maîtres spirituels, ils répétaient depuis des siècles que la loi divine, sa connaissance et son acceptation nous libéraient du mal, du monde et de nous-mêmes, en nous rendant à nous-mêmes et en nous unissant à notre vrai bien; dans leur panthéisme et leur naturalisme, Bruno et Campanella avaient repris cette conception, pour situer notre liberté dans notre adhésion à la finalité universelle de la Nature ou dans notre fusion avec son principe[29]; de son côté, Geulincx définissait la liberté rationnelle de l'homme par la coïncidence avec la volonté divine, par une obéissance volontaire à sa loi, qui nous délivre de nos passions[30]. Les explications données et les expressions employées dans les passages du *Court traité* cités plus haut prouvent assez que c'est bien de cette tradition que Spinoza s'inspire : il lui arrive même de s'y référer expressément[31]. Nous devrions donc nous méfier ici de nos préoccupations et de nos définitions modernes, pour nous rappeler et essayer de comprendre les aspirations et les idéaux de la pensée antique et classique[32] : l'économie générale du système et les indications précises qu'il contient, montrent que Spinoza ne traite de la liberté que dans la perspective morale du salut, après avoir absolument nié l'existence d'une volonté indépendante; aussi devrions-nous voir dans cette liberté la traditionnelle liberté intérieure du Sage, délivré du monde, du temps et des passions grâce à son union avec l'absolu, à sa fusion dans le principe universel, à sa conversion à Dieu, qui lui permet enfin de ne plus « vivre comme en dehors de » son « élément[33]. »

***

Tradition, cependant, n'est pas explication; aussi prestigieuse soit-elle, cette conception de la liberté peut apparaître fort obscure; si nous la comparons à ce que nous entendons habituellement par liberté, à savoir l'indépendance de l'individu, elle ne saurait nous satisfaire : en quoi l'adhésion et la participation constituent-elles une « vraie liberté » ?

28. Cf. *Éth.*, V, Préf.

29. Cf. J.-R. CHARBONNEL : *L'éthique de G. Bruno et le second dialogue du Spaccio*, Paris, Champion, 1919, 210, et L. BLANCHET : *Campanella*, Paris, Alcan, 1920, 322.

30. Cf. P. HAUSSMANN : *Das Freiheitsproblem in der Metaphysik und Ethik bei A. Geulincx*, Wurzburg, Mayr, 1934, 66-70.

31. *Éth.*, IV, 68 Sc.

32. Cf. BRUNSCHVICG : *Spinoza*, 424-5, 431-2.

33. *C.T.*, II, 26, § 2.

En quoi, notamment, la connaissance de la nécessité mérite-t-elle ce nom ? On pourra répondre qu'il est déplacé de faire ici état de nos doctrines et de nos exigences; mais nous le devons, si nous désirons savoir dans quelle mesure le spinozisme répond à ce que nous attendons de la liberté et satisfait notre besoin de salut. Admettons néanmoins que nous devions ne l'examiner que du point de vue historique, en fonction seulement de ses propres principes : nous retrouvons les mêmes questions. En effet, Spinoza a défini la liberté par l'indépendance d'un être et de son action par rapport à toute cause extérieure et il en avait déduit que « Dieu seul est cause libre[34] »; or voici qu'il parle d'une liberté humaine : sans doute pouvons-nous comprendre que l'union à Dieu nous soustraie à l'action des choses extérieures, mais en quoi correspond-elle pleinement et positivement à la définition de la liberté donnée par Spinoza lui-même ? L'homme moralement libre, tel qu'il vient d'être décrit, est-il libre dans l'acception métaphysique du terme, comme l'était Dieu, alors qu'il paraît avoir simplement échangé une dépendance contre une autre, s'être affranchi des choses pour s'asservir à Dieu[35] ? En particulier, à quel titre le savoir du déterminisme est-il une indépendance selon les principes de cette philosophie ? Pour répondre à ces questions, qui mettent en cause l'univocité du concept spinoziste de liberté, la cohérence du système et sa valeur en face de nos exigences philosophiques, il faut analyser de près les arguments invoqués par Spinoza pour établir que l'idéal de sagesse qu'il propose comme salut à la suite d'une longue tradition, mérite d'être appelé liberté.

Considérons d'abord le cas particulier de la connaissance de la nécessité et constatons que *Spinoza ne prétend jamais que la nécessité devienne liberté du seul fait qu'elle soit connue;* nous avons vu, il est vrai, que la cinquième partie de l'*Éthique,* dont l'objet est la liberté, fait jouer un rôle important à la conscience de la nécessité et qu'elle situe la liberté ou le salut dans la connaissance du troisième genre, qui est précisément le savoir, lui-même nécessaire, de toutes choses comme nécessaires dans leur relation avec Dieu; mais il faut comprendre les raisons pour lesquelles Spinoza développe ces thèmes. D'une part, lorsqu'il insiste sur les vertus de la connaissance de la nécessité, dans l'Appendice de la quatrième partie ou dans les premières pages de la cinquième partie, c'est seulement pour montrer que, si nous tenons les choses pour nécessaires, nous nous trouvons débarrassés de toutes les passions nées de la croyance en la contingence : il ne s'agit donc que d'une condition négative de notre liberté ou d'un instrument de notre libération[36], nullement du contenu positif de la liberté présentée comme salut; c'est pourquoi il n'en est plus question dans la seconde moitié de la cinquième partie. D'autre part, si la liberté, dans son contenu

34. *Éth.*, I, 17 Cor. 2.

35. Dans le *Court traité,* Spinoza affirme que, dans la connaissance et l'amour de Dieu, « Nous sommes, en vérité, serviteurs et, je dirai, *esclaves de Dieu* et que c'est notre plus grande perfection de l'être nécessairement » [II, 18, § 2 (souligné par moi)], « car l'unique perfection et la fin dernière d'un esclave et d'un instrument consistent à accomplir comme il faut le service qui leur est imposé » (II, 18, § 8), « car tout ce qu'il est consiste à servir Dieu » (II, 18, § 9).

36. Cf. la dernière partie de ce chapitre.

positif, consiste en un savoir, qui est conscience de la nécessité, ce n'est pas parce qu'elle a cette nécessité pour objet : dans la célèbre *Lettre à Schuller* consacrée à ce problème, Spinoza affirme qu'une pierre lancée par une impulsion externe aurait l'illusion de la liberté, si elle était consciente de son propre mouvement sans en connaître la cause, mais qu'elle n'en resterait pas moins privée de liberté, malgré cette conscience [37]; de la même manière, la conscience de la nécessité de son propre mouvement éliminerait cette illusion, sans lui conférer cependant une véritable liberté. Pour s'en convaincre, il suffit de remarquer qu'une connaissance imaginaire de la nécessité, telle que le fatalisme, pourrait purifier l'esprit de l'illusion de la contingence et des passions qui en résultent, quitte d'ailleurs à en produire d'autres, mais qu'elle ne saurait en rien constituer une liberté : ce qui compte, en la matière, ce n'est pas l'objet connu, mais la connaissance ou, plus exactement, son genre; toute connaissance vraie est liberté : elle est sans doute aussi savoir de la nécessité parce qu'elle est vraie, mais, quel que soit son objet, même si elle ne le considère pas spécialement dans sa nécessité [38], elle est liberté simplement parce qu'elle est vraie ou adéquate, parce qu'elle développe les conséquences de l'idée constituant la nature de l'esprit, parce qu'elle résulte de la seule activité immanente de compréhension [39]. C'est là toute la différence entre le mystère de la liberté stoïcienne et la clarté de la liberté spinoziste : non seulement, comme on l'a noté, la nécessité connue est autre, les Stoïciens songeant à un Destin finalisé en Providence qu'il s'agit de comprendre et d'épouser, alors que Spinoza pense à la nécessité mécanique produite par les conditions d'existence [40], mais surtout la connaissance est de nature totalement opposée, puisque, pour Spinoza, en particulier depuis la *Réforme de l'entendement,* il n'est plus question de recevoir la vérité ou de s'imprégner de l'objet, mais de développer les suites des exigences d'intelligibilité et des principes d'intellection inscrits dans la nature d'un esprit, qui est pleinement conçu comme actif.

Cette explication de la liberté contenue dans la connaissance de la nécessité se laisse aisément généraliser, car elle vaut pour toute la théorie spinoziste de la liberté : les arguments employés par Spinoza en sont la preuve indiscutable. Relisons la démonstration retenue dans le *Court traité :* « Puisque l'essence de Dieu est infinie, il y a en lui une activité infinie et une négation infinie de toute passivité; et, par conséquent, dans la mesure où, ayant plus d'essence, elles sont plus étroitement unies à Dieu, les choses ont aussi plus d'activité et moins de passivité [41] »; dans ce texte, nous voyons que l'union à Dieu mérite d'être appelée liberté, parce qu'elle est activité immanente. Mais, en fait, deux thèmes différents se rencontrent ici : d'un côté, celui de la participation, selon lequel l'esprit acquiert plus d'activité par son union à l'activité infinie de Dieu; de l'autre, celui de l'immanence pure, selon

37. *Lettre LVIII à Schuller* (fin 1674), V.L., III, 195, Pl., 1308.
38. Cf. *Eth.*, V, 3, proposition que j'analyserai dans la dernière partie de ce chapitre.
39. Cf. 2e partie, chap. 1.
40. Cf. DELBOS : *Spinozisme*, 155.
41. *C.T.*, II, 26, § 8.

lequel la connaissance et l'amour de Dieu sont l'activité immanente qui permet à l'esprit de réaliser sa propre nature et de développer sa quantité d'essence, d'être ou de perfection; le premier thème détermine l'orientation générale de la démonstration, qui part effectivement de l'activité existant en Dieu, et il inspire tout ce chapitre, qui place la liberté — comme d'ailleurs l'éternité[42] — dans « les chaînes aimables de l'amour de Dieu »[43]; mais dans le détail de l'argumentation et pour sa précision, c'est le second thème qui intervient : « Plus une chose a d'essence, plus aussi elle a d'activité.... La cause la plus libre est l'immanente.... Dans la mesure où, ayant plus d'essence, elles sont plus étroitement unies à Dieu, les choses ont aussi plus d'activité.... Je définis » la liberté « en disant qu'elle est une solide réalité qu'obtient l'entendement.... pour produire en lui-même des idées et tirer de lui-même des effets qui s'accordent avec sa nature[44] »; c'est que le thème de la participation, pour traditionnel qu'il fût, restait obscur[45] et surtout insuffisant pour définir une vraie liberté : pour le reprendre d'une manière intelligible et rigoureuse, il fallait l'expliquer par celui de l'activité immanente.

C'est cette explication qui va être analysée et justifiée au cours du développement ultérieur de la pensée spinoziste. La *Réforme de l'entendement* va donner sa pleine signification au thème de l'activité immanente, lorsqu'il découvrira que la connaissance vraie est la pure immanence active, que l'adéquation est l'accord du contenu du savoir avec la nature de l'esprit, véritable « *automaton spirituale*[46] ». L'*Éthique* reprendra la même doctrine à propos de la connaissance et de la vérité, mais elle l'étendra à l'explication de la vertu, de l'amour et du bien, excluant tout bien extérieur, à quelque titre que ce soit, à la nature propre du sujet individuel, excluant, par suite, toute idée de subordination ou de conformité; en outre, elle justifiera cette conception en procédant à une analyse « topographique » des parties de l'infini, en distinguant l'inadéquat, extrinsèque et passif, de l'adéquat, interne et actif, et en expliquant le statut du fini, qui est dans sa causalité intrinsèque une partie adéquate de l'infini, de la Nature ou de Dieu, et réalise ainsi une partie de la puissance et de la liberté de celui-ci[47]. Le *Traité politique* rassemblera tous ces résultats en des formules particulièrement nettes et vigoureuses, qui ramèneront tout, sentiment, connaissance, bien, droit, à la seule puissance de chaque chose finie, conçue comme partie de la puissance de Dieu[48].

A l'intérieur d'une telle doctrine, il est nécessaire que la connaissance vraie soit liberté : cette proposition est évidente, parce qu'identique, et c'est peut-être pour cette raison qu'il n'est plus indispensable, dans l'*Éthique*, comme cela l'avait été dans le *Court traité*, d'en donner une démonstration spéciale. Cela vaut pour toute connaissance vraie, qui,

42. Cf. 1re partie, chap. 2.
43. *C.T.*, II, 26, § 5.
44. *C.T.*, II, 26, §§ 7, 8 & 9.
45. Cf. 1re partie, chap. 2.
46. *D.I.E.*, § 85.
47. Cf. 1re partie, chap. 2.
48. Cf. *Ibid.*

en tant qu'adéquate, repose sur le seul développement de l'idée constituant l'essence de l'esprit; cela vaut donc, en particulier, pour la connaissance de la nécessité, lorsqu'elle est vraie; a fortiori, cela vaut aussi pour la connaissance du troisième genre, qui est la pure conscience de soi entièrement immanente[49]. La meilleure preuve en est que, pour faire comprendre ce qu'est la liberté dans son déterminisme, Spinoza prend pour exemple l'assentiment lié à la certitude, « lorsque nous affirmons quelque chose que nous percevons clairement et distinctement[50] ». Bien qu'évidente, cette identité peut surprendre : il est donc utile d'en présenter le plus grand nombre d'illustrations et de confirmations; Spinoza n'y manque pas :

a) D'une part, il examine les effets de la connaissance pour nous faire reconnaître qu'elle est la « *puissance*[51] » de l'esprit. Dans le portrait de l'homme libre de la quatrième partie de l'*Éthique*, il a déjà montré que la conduite déterminée par la raison est une activité qui ne dépend pas de choses ni d'événements externes, comme les attitudes et les opinions d'autrui, les dangers, la mort, etc.[52]. Dans les premières pages de la cinquième partie, il montre que le développement de la connaissance est un accroissement de notre activité[53], dont résulte une diminution de notre passivité : diminution relative, dans la mesure où la partie passive de notre être occupe nécessairement une moins grande place, quand tout notre être s'est agrandi à la suite de l'extension de sa partie active[54]; mais aussi diminution absolue, puisque le sentiment dans lequel nous étions passifs, une tristesse, une haine, une envie, par exemple, devient la matière sur laquelle nous exerçons notre activité, lorsqu'il est pris pour objet de connaissance, en sorte que nous sommes alors réellement passifs en moins de choses[55] : ainsi le savoir apparaît bien comme une « puissance de l'esprit sur les sentiments[56] », la seule « puissance humaine pour réduire les sentiments[57] ».

b) Craindrons-nous cependant que cette réduction n'entraîne une certaine diminution de notre activité, que nous ne perdions, par exemple, tout ce que nous pouvions accomplir du fait de la passion ? Spinoza a répondu à cette éventuelle objection, en montrant que la connaissance n'est jamais impuissance : « A toutes les actions auxquelles nous sommes déterminés par un sentiment qui est une passion, nous pouvons être déterminés sans lui par la raison[58] »; en effet, considérée en elle-même, une action peut venir indifféremment d'une représentation passive ou d'une représentation active, si bien que l'origine immanente et la nature

49. Cf. 2e partie, chap. 1.
50. *Lettre XXI à Blyenbergh* (28 janv. 1665), V.L., III, 89, Pl., 1206. — A cause de son correspondant, Spinoza explique cette affirmation en utilisant la doctrine cartésienne de la croyance et son vocabulaire : il convient ici de faire abstraction de ce contexte dû aux circonstances.
51. *Éth.*, V, Titre.
52. *Éth.*, IV, 67-73.
53. *Éth.*, V, 3 Cor.
54. *Éth.*, V, 3 Cor., 42.
55. *Éth.*, V, 3, 18 Sc.
56. *Éth.*, V, 20 Sc., 42.
57. *Éth.*, V, 42.
58. *Éth.*, IV, 59.

active de l'idée déterminante ne sauraient s'opposer à la possibilité d'un acte quelconque : nous pouvons tuer par réflexion comme par folie[59]; au contraire, c'est la passion qui, en tant que passivité, nous empêche d'agir, qui nous prive de la possibilité de certains actes, alors que la raison, qui est activité, ne peut diminuer notre capacité d'action[60]; il est vrai que la réduction de notre servitude élimine, en fait, un grand nombre de motifs et de sentiments, qui déterminaient des gestes et des actes, mais il est facile de comprendre qu'il ne s'agissait pas de véritables actions, de manifestations réelles de notre activité et de notre puissance : l'homme libre ne peut plus mentir, voler ou assassiner, mais l'homme qui ment, vole ou assassine n'agit pas, il est, si l'on peut dire, « agi » par les forces extérieures[61].

Définie par l'activité immanente qui exprime la nature de notre esprit, la connaissance vraie est toujours affirmation de nous-mêmes; elle n'implique jamais une perte ou une mutilation : dans l'*Éthique*, loin de chercher à prouver, comme on l'avait souvent fait avant lui, qu'elle ne nous fait renoncer qu'à des choses qui ne méritent pas nos efforts et nos désirs, ou que le renoncement est amplement compensé par tout le gain qu'elle procure[62], Spinoza démontre qu'elle ne nous fait renoncer à rien; toujours puissance, jamais impuissance, la connaissance adéquate s'est donc bien révélée identique à la liberté. Dans le *Traité politique*, il reprend cette conclusion en une formule aussi nette qu'heureuse : « *L'esprit est entièrement autonome (sui juris omnino), dans la mesure où il peut user correctement de la raison*[63] »; en outre, il la justifie, en proposant la première définition explicative de la liberté humaine depuis celle qu'il avait présentée dans le *Court traité* — puisque, nous l'avons vu, il n'en donnait pas dans l'*Éthique* de définition précise et positive — et même la seule définition pleinement intelligible, puisque, nous l'avons également vu, celle du *Court traité* restait obscure et problématique : « Je déclare l'homme entièrement libre dans la mesure où il est conduit par la raison, parce que, dans cette mesure, *il est déterminé à agir par des causes qui sont adéquatement intelligibles à partir de sa seule nature, même s'il est déterminé à agir par elles nécessairement*[64]. »

Ainsi se trouve introduite une nouvelle définition de la liberté humaine. Spinoza a toujours refusé et refuse plus que jamais la « liberté-choix », située dans un pouvoir arbitraire d'une volonté soustraite à l'ordre de la nature; dans le *Court traité*, malgré l'appel à l'immanence et à l'activité pour les besoins de la preuve, il lui avait opposé ce qui restait surtout une « liberté-adhésion », fondée sur la coïncidence et la participation; il nous révèle maintenant une « liberté-être », qui consiste à être soi-même par soi-même : elle se définit par la détermination immanente d'une partie active de la nécessité infinie, d'autant plus active et libre, préci-

59. *Éth.*, IV, 59, 2e Dém. et Sc.
60. *Éth.*, IV, 59, 1re Dém.
61. Ainsi que Spinoza l'a expliqué à propos du suicide (*Éth.*, IV, 20 Sc.).
62. En plusieurs passages du *Court traité* (cf. II, 5, § 6; 14, etc.) et dans les premières pages de la *Réforme de l'entendement*, Spinoza avait repris ce thème traditionnel, en dénonçant la non-valeur du périssable en face de l'impérissable.
63. *T.P.*, II, § 11 (souligné par moi) : pour « sui juris », il n'est pas d'autre traduction possible qu' « autonome ».
64. *Ibid.* (souligné par moi).

sément, qu'elle est une partie de l'infini délivrée de toute extériorité et de toute subordination à cet infini, qu'elle en est donc, à la mesure de son action propre, une partie constitutive et non une simple partie constituée[65]; dans le développement adéquat de sa nature ou de son essence[66], qui est le développement intérieur à elle de la nécessité universelle[67], réside *une entière autonomie* (« sui juris omnino »), affranchie de toute servitude, fût-elle même celle de « l'esclave de Dieu[68] ». Cependant, il ne s'agit pas d'une transformation complète de la doctrine : la liberté posée dans l'*Éthique* et le *Traité politique* est toujours la liberté traditionnelle du Sage décrite dans le *Court traité :* inversement, nous avons vu que ce premier écrit invoquait déjà l'activité immanente pour expliquer une liberté encore située dans une union à Dieu, pensée comme participation et esclavage; mais les nécessités d'une explication parfaitement intelligible obligent Spinoza à ne retenir que le thème de l'immanence active, pour définir et prouver cette même liberté grâce au naturalisme et à l'immanentisme : il ne cherche pas à discuter sa première conception, il veut en rendre raison, mais en rendre raison, c'est l'approfondir en la modifiant. Comme toujours, le spinozisme constitue ici un « point d'inflexion »; il définit encore la liberté du Sage, mais avec d'autres raisons, en sorte qu'il s'agit, en vérité, d'une autre liberté, qui est l'intelligibilité de la première : *l'autonomie naturaliste comme vérité de la liberté « morale »*[69].

⁂

De cette dernière définition, il résulte un certain nombre de conséquences, qui sont autant de propriétés de la liberté :

I. — Située dans le développement immanent de notre activité, la liberté ne saurait être conçue comme une donnée innée, comme une faculté ou une propriété dont serait nécessairement dotée la nature humaine : l'homme n'est pas libre par essence, comme il est bipède, du seul fait qu'il est homme, dès sa naissance, avant de faire quoi que ce soit et même sans rien faire[70]; il devient libre, s'il est action adéquate : loin d'être un don naturel métaphysique, la liberté est la réalisation éthique de l'homme, son produit dans lequel il se produit lui-même[71].

II. — Il s'ensuit que, selon le développement plus ou moins grand de l'action immanente, elle est une « perfection[72] » capable de divers

65. Cf. BOUTROUX : *Liberté*, 517-20; — DIENSTFERTIG : *Freiheit*, 5-10; — KECSKES : *Freiheit*, 48.

66. Il faut se rappeler que l'essence n'est pas une réalité éternelle, extérieure à la chose, mais seulement l'être même de la chose, considérée dans sa nature et ses propriétés (cf. 1re partie, chap. 1) : on ne peut donc dire que, pour Spinoza, l'homme déterminé selon son essence se trouve asservi à une réalité extérieure ou antérieure à lui.

67. Dans le *Court traité*, nous l'avons vu, la liberté était située dans ce que « nous effectuons selon l'ordre.... de la Nature » (II, 5, § 8); à présent, toute trace de transcendance ayant été éliminée, elle est dans l'ordre de la Nature, en tant que nous le réalisons nous-mêmes.

68. Selon la formule encore employée par le *Court traité* (II, 18, §§ 8-9).

69. Nous avons rencontré la même démarche conduisant d'un thème traditionnel à son explication rationnelle à propos de la Gloire de Dieu (cf. 2e partie, chap. 3).

70. Cf. *Éth.*, IV, 68 & Sc.

71. Cf. DIENSTFERTIG : *Freiheit*, 23; — SCHLESING : *Freiheit*, 60-1.

72. *T.P.*, II, 7.

degrés : loin d'être une qualité absolue, elle est une quantité variable, si bien qu'on peut parler d'une « puissance plus grande[73] », d'un « homme plus libre[74] » ou d'une liberté concernant « la plus grande partie » de l'esprit[75].

III. — Déterminant, comme nous l'avons vu, une diminution relative de la part de la servitude dans l'esprit, elle se caractérise donc par sa relativité et, même si elle produit une réduction absolue de cette passivité, elle n'en comporte pas moins toujours des limites, car elle ne l'élimine pas totalement : le seul problème est de savoir « jusqu'où elle s'étend[76] »; l'affirmation de la liberté parvient ainsi à s'accorder avec la démonstration du caractère inéluctable de la servitude.

IV. — Selon la nature et le degré de l'immanence, nous pouvons distinguer deux types de liberté : nous pouvons, en effet, envisager une vie déterminée par l'activité adéquate du sujet, par la causalité intrinsèque de sa raison, mais située au niveau de l'action externe, des rapports avec autrui ou de l'utilisation des choses présentes autour de lui; nous pouvons, au contraire, envisager une vie immanente, non seulement par sa causalité, mais aussi dans son contenu, comme c'est le cas de la connaissance du troisième genre et de l'amour intellectuel : alors le sujet ne fait que développer les conséquences d'une idée de lui-même en une conscience et en un amour de lui-même et, s'il en résulte une connaissance et un amour de la Nature totale, il n'est cependant pas question de l'action relative à des êtres extérieurs. Nous comprenons ainsi que Spinoza traite de la liberté à deux reprises : d'abord, dans la quatrième partie de l'*Éthique*, en décrivant la conduite de l'homme libre, ensuite, dans la cinquième partie, en décrivant l'état intérieur de liberté, qui est la béatitude du Sage; on ne saurait d'ailleurs prétendre qu'il s'agisse, dans le premier cas, d'une moindre liberté, puisque la causalité est alors réellement immanente, même si la matière est extrinsèque, et que l'homme libre et le Sage peuvent fort bien être le même homme considéré de deux points de vue : il s'agit seulement d'une autre modalité de la liberté, qui n'est pas encore le salut ou la béatitude, parce qu'elle n'est pas la jouissance consciente de soi.

V. — En vertu du même principe, la liberté peut également être considérée selon les différentes dimensions de notre existence et revêtir, par conséquent, divers aspects :

a) De toute évidence, elle est principalement liberté de l'esprit : en effet, « La puissance humaine doit être estimée moins d'après la force du corps que d'après la fermeté de l'esprit[77] » et l'activité immanente de l'esprit, celle du raisonnement, de la conscience de soi et de l'amour de soi, apparaît comme la plus indépendante des causes extérieures, la plus vraiment interne et même la plus active, puisque, nous le savons,

73. *Éth.*, V, 42. — Cf. *Éth.*, V, 3 Cor.
74. *Éth.*, IV, 73. — Cf. *T.P.*, II, 7.
75. *Éth.*, V, 20 Sc. — La même doctrine, pour les mêmes raisons, est soutenue à propos de l'éternité (cf. 1re partie, chap. 1).
76. *Éth.*, IV, 73 Sc.
77. *T.P.*, II, 11.

la raison peut tout ce que l'homme peut de positif; c'est pourquoi la liberté de penser constitue la fin ultime de la politique [78] et la « réforme de l'entendement », « la voie à suivre pour » le « parfaire [79] », l'objet essentiel de la recherche philosophique.

b) Mais elle est aussi liberté du corps, perfectionnement de sa puissance, qui lui assure une force, une résistance, une indépendance aussi grandes que possible en face des forces extérieures tendant à nous asservir [80] : l'éthique doit donc être accompagnée d'une Médecine [81], un tel souci représentant une certaine innovation dans la tradition des théories du salut.

c) Mais, surtout, elle est aussi liberté dans la cité et liberté de la cité, la seconde étant indispensable pour la première : il faut donc compléter l'éthique par une Politique [82], qui occupe en fait la plus grande place dans l'ensemble des textes écrits par Spinoza, chose rare dans les philosophies du salut, chose exceptionnelle dans les métaphysiques classiques; c'est que l'existence sociale est à ce point servitude et passion que le développement de la liberté humaine exige une « loi commune [83] », qui soit liberté politique, c'est-à-dire gouvernement de la raison [84] et réalisation du droit naturel, de la puissance inscrite dans la nature active et interne de chaque être [85], « en sorte que tous soient tenus à être soumis à eux-mêmes, personne à son semblable [86] ».

Liberté corporelle et liberté politique sont plus que de simples conditions extérieures mises au service de la seule liberté vraie et salutaire, qui serait celle de l'esprit [87] : quand il définit les conditions du salut ou les fruits de la sagesse, Spinoza met à égalité la médecine et la logique [88], l'éthique et la politique [89]; il y était obligé, s'il est vrai que les libertés du corps et de la cité sont des conditions tellement nécessaires du développement de l'esprit, qu'elles en sont, en vérité, des éléments constitutifs : l'*Éthique*, consacrée à la détermination du salut et de sa possibilité, devait comprendre l'analyse de la société libre [90] et celle de la puissance corporelle [91]. Qui plus est, ces trois libertés ne diffèrent pas de nature : elles ont la même essence, le déploiement autonome de l'activité d'un être donné [92]; c'est pourquoi la meilleure définition générale de la liberté peut être proposée, comme nous l'avons vu, dans une œuvre

78. *T.T.P.*, Préface & XX.
79. *Éth.*, V, Préf.
80. Cf. *Éth.*, V, 39 (texte analysé à propos de l'éternité : cf. 1re partie, chap. 1).
81. *D.I.E.*, § 15; — *Éth.*, V, Préf.
82. *D.I.E.*, § 14.
83. *Éth.*, IV, 73.
84. *T.T.P.*, XIX, V.L., II, 296, Pl., 940; — *T.P.*, III, 7, IV, 3.
85. *T.T.P.*, XVI & XX, passim; — *T.P.*, II, passim.
86. *T.T.P.*, V, V.L., II, 149, Pl., 741.
87. Sur cette interprétation, cf. Zac : *Société*, 281.
88. *Éth.*, V, Préf.
89. *T.T.P.*, IV, V.L., II, 143, Pl., 734.
90. *Éth.*, IV, 37 Sc. 2, 73.
91. *Éth.*, IV, 38, Append., § 27, V, 10 Sc., 39 & Sc.
92. Cela se comprend fort bien à partir de la théorie spinoziste de l'emboîtement des individus : la liberté de la cité, qui est un être plus composé, est de même nature que la liberté de l'homme individuel, qui est un être moins composé, le refus du libre arbitre de la volonté éliminant ce qui pouvait faire obstacle à cette assimilation.

politique. Supposons enfin l'une de ces libertés, celle de l'esprit, par exemple, séparée des autres : privée de ses conditions de développement, ce ne serait pas une liberté aussi grande dans un cadre plus restreint, mais une moins grande liberté; même si la liberté de la pensée est l'élément principal et spécifique de l'homme, celle-ci ne se réduit pas à celle-là : la liberté « humaine » est la somme ou plutôt l'unité de ces trois libertés, chacune étant la condition essentielle ou intrinsèque des deux autres, chacune répondant à la même définition, chacune n'étant qu'un aspect ou une dimension d'une seule et même liberté; l'autonomie naturaliste confère à la liberté, physique, spirituelle ou politique, son unité et son identité, qui sont celles de l'homme.

VI. — Accomplissement de l'homme, cette liberté ne diffère cependant en rien de la liberté divine : en effet, qu'il s'agisse de Dieu ou de l'Homme, la liberté est la même, l'immanence de l'activité, avec cette seule différence que, pour le premier, cette immanence est immédiate et nécessaire, puisqu'il n'existe rien en dehors de l'infini, alors que, pour le second, elle ne peut être que le résultat d'un progrès difficile, limité et toujours problématique; et ce n'est pas là une simple analogie : c'est une véritable identité, puisque l'action de l'homme n'est qu'une partie de l'action de Dieu; grâce à cette identité entre la liberté humaine et la liberté divine [93], le terme de liberté trouve enfin sa parfaite univocité.

VII. — Cette identification n'implique pas cependant une participation ou une fusion, dans laquelle s'abolirait l'individualité : ce que Spinoza nous présente comme salut, c'est la liberté individuelle [94]. Certes, on est tenté d'opposer individualisme et panthéisme [95]; mais, d'une manière générale, on doit remarquer que les panthéismes de la Renaissance ont infiniment plus le sens de l'individualité, de sa réalité et de sa valeur, que les métaphysiques et les théologies de la transcendance, trop soucieuses d'une individualité séparée de la Nature pour s'intéresser vraiment aux individus situés en elle; en particulier, le spinozisme identifie à ce point Dieu et la Nature, qu'il accorde à l'individu toute la dignité d'une partie positive et agissante de l'infini : alors la liberté, réalité intrinsèque et œuvre éthique de cette partie, variable en grandeur selon l'être propre de chacune au cours de son existence, est bien une détermination individuelle et individuée, comme l'était déjà l'éternité [96].

VIII. — Toujours identique à elle-même, quel que soit son sujet et quels qu'en soient les aspects, la liberté se confond aussi avec la nécessité : en tant qu'activité immanente qui exprime la nature d'un être, « La liberté, en effet, loin d'exclure la nécessité de l'action, la

93. « La liberté de l'homme est spécifiquement et numériquement identique à la liberté de Dieu » (BRUNSCHVICG : *Spinoza*, 432).

94. Etant donné la théorie spinoziste de l'individuation, il peut s'agir de la liberté individuelle de la cité comme de la liberté individuelle de l'homme particulier.

95. C'est là le thème général de l'étude critique de Volkelt (*Pantheismus*), repris ensuite par la plupart des interprètes; ainsi Brunschvicg (*Spinoza*, 424-5) pense qu'il faut renoncer à la « connexion de l'individualité et de la liberté », connexion établie, dit-il, par Kant, pour vider de leur sens les critiques adressées au spinozisme : il ne voit pas qu'il serait plus facile et plus vrai de constater que l'affirmation de la liberté ne contredit pas le panthéisme, puisque le panthéisme ne s'oppose pas à l'affirmation de l'individualité.

96. Cf. 1re partie, chap. 3.

suppose[97] », puisque l'acte qui manifeste réellement ce que je suis est évidemment nécessaire en vertu de ce que je suis.

Le spinozisme nous propose donc une synthèse rare, une identification unique dans la pensée classique entre la liberté et la nécessité, la liberté divine et la liberté humaine, la liberté physique, la liberté morale, la liberté politique et la liberté métaphysique : alors qu'on nous reconnaît couramment la liberté au détriment de la nécessité exigée pour l'intelligibilité et qu'on nous propose souvent une liberté en nous invitant à renoncer aux autres, l'autonomie naturaliste nous révèle que notre aspiration à la liberté n'en exclut aucune et qu'elle n'interdit aucune intelligibilité.

IX. — Notre liberté se confond donc avec notre éternité, dont elle partage, nous venons de le voir, toutes les caractéristiques : la nécessité interne, l'individualité, la progressivité, la partialité, etc.[98].

X. — Aussi coïncide-t-elle encore avec la pure immanence de l'esprit, que sont la connaissance du troisième genre, l'amour intellectuel pour Dieu et la Béatitude[99]; l'autonomie naturaliste nous permet de comprendre l'identité immédiate : « Salus, seu beatitudo, seu libertas[100] ».

La possibilité de la liberté

En face d'une description aussi séduisante et d'une définition aussi intelligible de la liberté, une question inquiétante surgit nécessairement : cette liberté est-elle possible ? Il ne s'agit plus de se demander théoriquement de quelle manière l'affirmation de la liberté peut trouver sa place dans une doctrine de la nécessité : Spinoza a résolu ce problème, en montrant qu'une détermination immanente, quelle que soit sa nécessité, n'en est pas moins une autonomie; il s'agit de savoir comment une telle liberté est pratiquement accessible, comment elle peut être recherchée et conquise, alors que tout dans la Nature, y compris nos désirs et nos efforts, nos succès et nos échecs, est rigoureusement déterminé par la nécessité universelle.

Spinoza nous refuse, en effet, la liberté de la liberté : il nie que nous puissions nous rendre indépendants de la nécessité naturelle et que nous jouissions d'une faculté inconditionnée de choix et de détermination; nous ne voyons donc pas comment nous pourrions prendre la liberté du Sage pour fin, ni comment nous pourrions nous transformer nous-mêmes pour faire qu'elle fût nôtre. Il fixe des limites à la réalisation de notre liberté et il précise que le développement du corps, qui est une de ses conditions intrinsèques, ne se fait qu' « autant que sa nature le souffre et s'y prête[1] »; il place le salut parmi les choses « aussi difficiles que rares[2] » et, dans une de ses dernières lettres, il nie qu'il soit à

97. *T.P.*, II, 11.
98. Cf. 1re partie.
99. Cf. 2e partie et le prochain chapitre.
100. *Éth.*, V, 36 Sc.
1. *Éth.*, V, 39.
2. *Éth*, V, 42 Sc. — Cf. *T.T.P.*, XII, V.L., II, 231, Pl., 844; — *T.P.*, I, 5.

la portée de tout un chacun : « Personne ne peut nier, à moins de vouloir nier tant l'expérience que la raison, qu'il n'appartient pas à la nature de n'importe quel homme d'avoir une âme forte, et qu'il n'est pas plus en son pouvoir d'avoir un corps sain qu'un esprit sain[3] »; il reprend ainsi ce qu'il avait écrit dans le *Court traité* : « L'homme, en tant que partie de l'ensemble de la Nature, dont il dépend et par laquelle il est aussi gouverné, ne peut rien faire de lui-même pour son salut et la santé de son âme[4]. » Aussi la nécessité universelle apparaît-elle comme une « *prédestination*[5] », l'ordre des choses comme « un gouvernement de Dieu », un « décret » et une « élection[6] » : « Nous sommes en la puissance de Dieu comme l'argile en celle du potier[7] », en sorte que nous n'avons « aucun pouvoir...., sinon par une vocation singulière et par la grâce de Dieu[8] »; Spinoza reprend donc à son compte la moins atténuée des théories de la prédestination, avec cette différence que l'élection ne dépend plus d'un être transcendant, personnel et bon, mais de la seule nécessité aveugle d'une Nature privée d'intentions et de finalité.

A l'intérieur d'un tel système, il ne semble pas y avoir place pour la description d'un idéal ou l'indication d'un devoir : on ne voit pas, en effet, comment une obligation ou un ordre pourraient être proposés ou imposés à un homme dépourvu de volonté libre, privé de la puissance de son salut; la formule de Kant : « Tu dois, donc du peux », selon laquelle la position d'un devoir implique la reconnaissance de la liberté, doit être ici retournée : « Tu ne peux pas, donc tu ne dois pas »; la métaphysique spinoziste exclut le normatif. En fait, la morale et la politique de Spinoza ne sont pas normatives[9] : elles déduisent de la nature humaine tout ce qu'elle est et tout ce qu'elle peut être[10], mais elles ne décrivent pas ce qu'elle devrait être idéalement; loin d'énumérer une série de devoirs, la quatrième partie de l'*Éthique* démontre l'impuissance de la connaissance vraie du bien et du mal, l'inanité d'une obligation d'origine extérieure et le vice de la sanction qui fait agir par crainte[11]; quant au *Traité politique*, il dénonce la sottise de l'utopie et de la satire du réel[12].

Spinoza use, néanmoins, d'un vocabulaire normatif : dans la quatrième partie de l'*Éthique*, il parle, en fait, constamment de ce que la raison enseigne, dicte ou recommande[13]; dans la cinquième partie, non seulement il fait état de « l'effort que nous faisons pour que le corps de l'enfance

3. *Lettre LXXVIII à Oldenburg* (7 fév. 1676) : la fin de cette phrase se retrouve mot pour mot dans le *Traité politique* (II, 6).

4. *C.T.*, II, 18, § 1.

5. *C.T.*, I, 6 : c'est le titre du chapitre consacré à l'exposé de la doctrine de la nécessité universelle.

6. *T.T.P.*, III & XVI, V.L., II, 123 & 267, Pl., 709 & 896.

7. *T.P.*, II, 22.

8. *T.T.P.*, II, V.L., II, 119-20, Pl., 705. — Ces textes sont des allusions expresses aux passages de saint Paul les plus connus et les plus cités des Calvinistes (cf. M. Frances : *La morale de Spinoza et la doctrine calvinienne de la prédestination, Revue d'histoire et de philosophie religieuses*, Paris, 1933, 401-8).

9. Cf. Molthan : *Normative*, 1-53.

10. *Eth.*, IV, Préf.; — *T.P.*, I.

11. *Eth.*, IV, Préf., 14-8, 51 Sc.

12. *T.P.*, I, 1-2.

13. *Eth.*, IV, 18 Sc., 35 & Cor., 37 & Sc., 40, 47 Sc., 51, 54 Sc., 59 Sc., 62, 66 Sc., 67, 70, 72 & Sc., etc...

se change.... en un autre qui ait un très grand nombre d'aptitudes et qui se rapporte à un esprit au plus haut point conscient de lui-même et de Dieu et des choses[14] », mais il énonce encore des principes de vie en termes d'obligation : « Le mieux que nous puissions faire.... est de concevoir des principes déterminés de vie.... Par exemple, ... il faut vaincre (vincendum) la haine par l'amour ou la générosité, et non la compenser (compensendum) par une haine réciproque.... Il faut penser (cogitandæ) et méditer (meditandæ).... Il faut penser (cogitandum),.... énumérer (enumeranda),.... imaginer (imaginanda).... Il faut porter l'attention (attendendum).... Si quelqu'un voit qu'il poursuit trop la gloire, qu'il pense (cogitet) à son bon usage, pour quelle fin elle doit être poursuivie (sectanda)[15] »; que cela postule la possibilité et la liberté, la première phrase du même texte semble le prouver : « Par ce pouvoir (potestas).... nous pouvons (possumus) faire en sorte que[16].... » Dirons-nous qu'il s'agit seulement de recettes ou de conseils, d'impératifs hypothétiques répondant à la formule : « Si tu désires obtenir tel résultat (ici, l'état de l'homme libre), voici ce qu'il faut faire » ? Mais l'impératif hypothétique suppose, lui aussi, la liberté comme pouvoir de l'accepter, de le suivre et de l'appliquer. On pourrait répondre qu'il ne faut pas attacher trop d'importance au vocabulaire; mais cette réponse ne sauverait pas le spinozisme de l'incohérence, puisque ce système se trouverait amené à user d'un langage contraire à son contenu doctrinal. Et, surtout, n'est-il pas évident que la doctrine elle-même est d'essence normative ? Si la quatrième partie de l'*Éthique* en restait au niveau d'une simple description de l'homme libre, la cinquième partie nous présente, sans conteste, la liberté du Sage comme un idéal[17]; d'une manière générale, le seul fait d'écrire une éthique et une politique, et même d'accorder une si grande importance à la pédagogie et à la logique, à la médecine et à la mécanique[18] révèle une intention normative, le désir — capable d'animer toute une vie — d'indiquer ce que l'homme peut et doit rechercher. Certes, il en est de même dans toutes les théories de la prédestination; mais une comparaison ne constitue pas une solution : dans une philosophie de la nécessité absolue, nous risquons de ne pouvoir comprendre ce que vient faire l'exposé d'un idéal, de ne pas saisir le sens d'une œuvre pratique; au contraire, nous devons craindre qu'il n'en soit de cet exposé comme de la connaissance vraie du bien et du mal, qui était impuissance et tristesse : la description de la liberté idéale peut nous séduire, mais, s'il est vrai que tout en nous est déterminé nécessairement selon l'ordre de la nature, il est possible qu'elle n'engendre qu'une nouvelle servitude, celle de l'attrait inopérant et attristant.

Et pourtant le lecteur de l'*Éthique*, accroissant sa science, n'accroît pas sa douleur, car un attrait n'est jamais inefficace, un idéal n'est jamais irréel. L'idéal existe, en effet, comme une chose contenue dans le monde; sans doute est-il de sa nature de n'être qu'une idée différente

14. *Éth.*, V, 39 Sc.
15. *Éth.*, V, 10 Sc. (la doctrine exposée dans ce scolie sera examinée dans la dernière partie de ce chapitre).
16. *Ibid.*
17. Cf. MOLTHAN : *Normative*, 68.
18. Cf. *D.I.E.*, §§ 14-5; — *Eth.*, V, Préf.

du réel, contraire à lui, représentant au plus une réalité possible ou même future; mais, si la perfection n'existe pas, la pensée de la perfection, du possible, du futur existe et elle existe en tant que présente : la présence de l'idée de liberté en l'esprit de Spinoza ou dans celui de son lecteur, l'existence effective de l'ouvrage qu'est l'*Éthique,* et des représentations que sa lecture suscite, en sont la preuve irréfutable; c'est ainsi que l'œuvre éthique et politique prend un sens dans le cadre du réalisme et du déterminisme les plus stricts : dégager ce qu'on peut penser du parfait, l'écrire et le publier, c'est le faire exister comme chose réelle, avec toutes les conséquences que cela comporte. En particulier, loin de constituer un terme inexistant, source d'ordre ou d'obligation pour notre volonté libre, l'idéal existe pour nous, pour notre activité et notre désir, en tant que possibilité souhaitable et souhaitée, sous la forme d'un *modèle* effectif : nous devons évidemment penser ici à l'existence du *Témoin,* à la présence de sa personne ou à la présence du témoignage laissé par lui, qui font que la perfection, même réalisée d'une manière simplement partielle, est une donnée de la Nature et un facteur de notre expérience[19]; mais nous pouvons plus directement songer à l'existence de la *Théorie,* à la description de la conduite et de l'état de liberté, telle qu'elle est donnée dans les quatrième et cinquième parties de l'*Éthique* : cette description, qui contient la présence effective d'un prototype de liberté, acquiert, en tant que modèle proposé à notre réflexion, une valeur normative; Spinoza ne nous a-t-il pas prévenus, dès la préface de la quatrième partie, qu'il allait construire un « modèle de la nature humaine », qui servirait de critère pour la définition du bien et du mal, et de norme pour nos jugements sur notre perfectionnement et notre dégradation.

Et il est inutile d'invoquer un libre arbitre capable de choix et d'obéissance pour expliquer l'action de ce modèle sur les hommes, car il est agissant par lui-même : rien n'étant sans effets, sa seule présence pour nous lui confère une efficience sur notre réflexion et sur notre conduite; quelle que soit sa valeur véritable ou reconnue, l'*Éthique,* dès qu'elle est lue, devient l'un des facteurs déterminants de la vie de son lecteur, qu'il le veuille ou non. Dans l'imperfection du Témoin ou dans l'abstraction de la Théorie, la seule présentation du salut suscite un désir de se sauver, qui, loin de rester un attrait inopérant, est l'une des forces constituantes de notre existence, en sorte que la présence du modèle est la cause efficiente de son adoption et de sa poursuite et, par là, médiatement, de sa réalisation : « Cet idéal d'une nature humaine parfaite inspire à l'homme le désir de s'y conformer et de le réaliser, et devient ainsi la cause pour et par laquelle il se réalise effectivement[20]. » D'une manière plus précise, il ne crée pas ce désir à partir de rien, ce qui serait encore bien mystérieux : l'homme désire naturellement son salut, sa liberté et sa béatitude; la présentation du modèle guide ce désir naturel, l'éclaire en lui indiquant sa vraie fin et les moyens appropriés, en lui

19. Tel est le sens qu'il convient d'accorder à l'existence du *Christ,* présenté comme la Voie de Dieu ou comme son incarnation (*T.T.P.*, I, IV & XI, V.L., II, 99, 140 & 227, Pl., 681, 730 & 839; — *Lettres LXXIII, LXXV & LXXVIII à Oldenburg* (fin 1675 - 7 fév. 1676); — *Eth.*, IV, 68 Sc.).

20. Koyré : *Edition-traduction* du *D.I.E.*, 99.

montrant où il va, où il peut et souhaite aller et comment il lui est possible d'y arriver : la description devient ainsi une direction du mouvement naturel; dire ce qu'il faut faire, ce n'est pas imposer des devoirs, ni même donner des conseils : c'est fournir des informations sur les seules voies possibles du salut, l'homme étant capable de parvenir jusqu'à celui-ci dès qu'il reçoit des renseignements sur celles-là, dès que son désir naturel est informé des moyens de sa réussite. Plus simplement encore, il suffit de constater que notre désir spontané se heurte à un si grand nombre de forces extérieures qui s'opposent à lui, d'idées fausses et de superstitions mystificatrices qui l'empêchent de s'affirmer et de réussir ! En face de tous ces obstacles, la présentation du modèle vient confirmer extérieurement le mouvement intérieur spontané, en posant ce qu'il pose et en contredisant ce qui le contredit; le Témoin et la Théorie sont efficaces en tant qu'auxiliaires du dynamisme naturel. C'est pourquoi, quand nous sommes en leur présence, quand nous recevons ces informations et ces confirmations, « Nous sommes toujours déterminés à agir par le sentiment de la joie [21] » : assurément, Spinoza exclut ainsi l'action inspirée par la tristesse, la rancœur ou l'échec, la poursuite du bien déterminée par la seule volonté de fuir le mal, la recherche du salut produite par l'aversion et le dégoût des faux biens et des choses illusoires, comme il le précise dans la suite de ce scolie; mais il exclut aussi, dans ce même scolie qui, nous l'avons vu, comporte tant de mots évoquant l'obligation, l'action faite par devoir, que nous savons attristante et inefficace à ses yeux : seule l'action faite par joie a le mérite, non seulement d'être salutaire, mais surtout d'être réellement possible, parce qu'elle se fonde directement et positivement sur notre désir naturel, alors que l'action faite par tristesse ne se fonde qu'indirectement et négativement sur lui et que l'action faite uniquement par devoir ne se fonde plus sur rien en nous [22].

L'efficience de l'œuvre morale se laisse donc toute entière expliquer par le conatus, essence de chaque être considéré dans son dynamisme naturel [23]; on peut reprendre ici ce que Spinoza dit de sa doctrine politique : « J'ai démontré toutes ces choses à partir de la nécessité de la nature humaine considérée sous n'importe lequel de ses aspects, à savoir : à partir de l'effort universel de tous les hommes à se conserver eux-mêmes [24] »; n'a-t-il pas, dans la *Réforme de l'entendement*, rapporté tous les progrès de l'entendement à « sa force native », en précisant qu'il entendait par là « ce qui n'est pas causé en nous par des causes externes [25] » ? C'est que, chaque être étant action, en tant que partie de la puissance divine ou de la Nature, et action conforme à son être, déterminée par son essence ou l'ensemble de ses propriétés, il tend à se réaliser lui-même, à produire ce qui l'affirme et à nier ce qui s'oppose à lui; or,

21. *Éth.*, V, 10 Sc.

22. L'exemple de Kant est probant : l'action par devoir apparaît possible, quand elle est présentée comme une action faite par respect; l'obligation pure devient efficace, dans la mesure où elle suscite un sentiment et fait appel à notre mouvement vers notre destination naturelle, l'existence de la rationalité.

23. Cf. 1re partie, chap. 1.

24. *T.P.*, III, 18.

25. *D.I.E.*, § 31 & note.

contrairement à ce qui se passe pour de trop nombreux témoins ou de trop nombreuses doctrines, tout juste capables de nous enseigner des obligations irréalisables ou de nous faire agir en nous inspirant des dégoûts ou des craintes, le modèle qui nous est ici présenté n'est rien d'autre que l'affirmation de nous-mêmes, la réalisation achevée de notre essence, l'immanence parfaite de l'activité : ainsi que Spinoza éprouve le besoin de le rappeler[26], l'idéal qu'il décrit correspond exactement au mouvement naturel du désir : c'est parce que ce mouvement est affirmation de soi et que l'idéal est situé dans l'autonomie naturaliste, que la présence de cet idéal dans le modèle historique ou théorique détermine, en l'informant, le désir efficace, sans qu'il soit utile de faire appel au libre arbitre et à la puissance efficiente d'une volonté[27].

Mais, demandera-t-on, d'où vient ce modèle lui-même ? Comment se fait-il qu'il y ait des Sages pour nous apporter le témoignage de la liberté, et des philosophes, comme Spinoza, pour nous en donner la description ? Devons-nous supposer une capacité d'arrachement à la nécessité universelle, une faculté indépendante de choix et de détermination, une liberté de la volonté, de l'imagination ou de l'entendement, pour expliquer l'apparition de ce qui agira ensuite sur les hommes en vertu du déterminisme naturel ? Spinoza ne pose ni ne résout ces questions d'une manière expresse, mais il est facile de trouver dans ses écrits les éléments d'une réponse qui rende compte de la possibilité de la liberté à l'intérieur de l'ordre nécessaire de la Nature :

a) En ce qui concerne l'existence du Témoin, nous n'avons nullement besoin d'admettre une exception, une faille dans l'ordre naturel, un miracle[28] : il suffit de comprendre que la nécessité universelle a pu permettre à un homme de posséder une liberté, sinon parfaite, du moins très supérieure à celle des autres hommes, en sorte qu'il est devenu nécessairement pour ceux-ci un modèle historique présentant la réalisation de ce à quoi ils aspirent naturellement[29]; cela ne signifie d'ailleurs pas que cette existence soit l'effet du seul hasard : en effet, chaque homme étant désir de liberté, mouvement naturel vers l'affirmation de soi-même, chacun possède en lui-même ce qui pourrait faire de lui un témoin et

26. Cf. *Eth.*, V, 25, 28.

27. Spinoza tire ainsi profit d'un thème traditionnel, selon lequel le Bien est l'accomplissement du véritable désir présent au plus profond de l'homme; mais, le Bien étant alors transcendant à la nature humaine, il ne pouvait correspondre à l'être total de l'homme, mais seulement à l'une de ses parties, sa « réalité profonde ou vraie » : pour expliquer la moralité et le salut, il fallait donc invoquer une conversion de l'homme revenant à lui-même, et un libre arbitre capable d'opérer cette conversion et de choisir un tel Bien; au contraire, dans le spinozisme, l'exacte adéquation du bien et de l'être total de l'homme et la pure immanence de l'idéal nous épargnent le mystère de ces explications.

28. Spinoza refuse tout miracle (cf. *T.T.P.*, VI) : pour lui, l'apparition de l'enseignement du Christ doit se laisser expliquer par le seul développement de l'ordre de la Nature, puisqu'il relève uniquement de la lumière naturelle et de la possibilité naturelle (*T.T.P.*, IV & V, V.L., II, 138-41 & 151-2, Pl., 729-32 & 743-4); « En ce qui concerne la manière de voir de certaines Églises au sujet du Christ », précise-t-il, « je m'abstiens totalement d'en parler et ne nie pas ce qu'elles affirment, car j'avoue de bonne grâce que je ne saisis pas ces choses » (*T.T.P.*, I, V.L., II, 99, Pl., 681) : c'est là, de sa part, un rejet catégorique, présenté avec l'ironie habituelle du rationalisme et avec la prudence imposée par les circonstances.

29. Ainsi s'explique l'action du Christ sur les Apôtres (*T.T.P.*, XI).

même le Témoin, si l'ensemble des causes extérieures lui permettait d'aller jusqu'au bout de son être [30].

b) Quant à l'existence de la Théorie, elle s'explique en vertu des mêmes principes, qui sont les principes de toute explication. En effet, il y a en chacun un mouvement naturel vers la liberté, qui devient l'idée d'une fin, dans la mesure où l'esprit fait l'expérience de l'insatisfaction et de l'échec et a une certaine conscience, fût-elle erronée, partielle ou confuse, de ce désir et de ce qui lui manque [31]; comme tout ce qui existe, cette idée produit des effets, en l'occurrence d'autres idées, selon cet enchaînement naturel qu'est la réflexion ou la déduction : le simple développement du conatus de l'esprit ou la seule explicitation nécessaire des idées donne donc naissance à un idéal réfléchi et organisé, qui, en tant que chose présente dans le monde, constitue un modèle théorique. Pour parvenir à sa détermination rigoureuse et précise, comme tend à le faire le mouvement naturel des idées, on peut simplement observer ce qui existe : constater la présence du Témoin ou du témoignage [32], prendre connaissance des diverses réalisations, des multiples institutions existant chez les hommes, selon la méthode adoptée dans le *Traité politique* [33]; on peut aussi partir de « l'idée générale d'homme », qui est contenue en nous à la suite du mécanisme nécessaire de l'abstraction, et développer ses conséquences pour la description de l'état de liberté, selon le mécanisme nécessaire de la déduction : si nous pensons le résultat de cette déduction comme concrètement présent, autrement dit si nous l' « imaginons », nous disposons alors de ce « modèle de la nature humaine », dont l'origine faisait problème [34]. Ainsi le modèle théorique de la liberté est-il le produit de l'ordre nécessaire de la Nature, tel qu'il joue en nous, dans notre conatus, à travers les mécanismes variés et parfois additionnés de l'observation, de l'abstraction, de la déduction et de l'imagination; que le conatus aille plus ou moins loin dans cette voie et qu'il s'exprime par tel ou tel de ces mécanismes, qu'il en reste à un simple idéal vide et confus ou qu'il donne la rédaction de l'*Éthique,* ces diverses possibilités ne sont pas les effets d'une libre volonté : seules les conditions favorables ou hostiles au déploiement de son activité en sont responsables; en tout état de cause, c'est toujours du fait de la nécessité universelle que, dans l'esprit, « se forme — peut et doit se former — une idée, un idéal de la nature humaine, par rapport auquel il détermine le bien et le mal pour l'homme [35]. »

Par conséquent, la nécessité naturelle immanente du conatus, plus ou moins favorisée par la nécessité naturelle externe, détermine l'existence réelle de l'idéal sous la forme d'un modèle historique ou théorique : ce qui agit nécessairement, en informant et en confirmant l'effort vers

30. C'est de cette manière, par le jeu tout naturel des conditions externes et de l'imagination, elle-même déterminée par les causes extérieures, que s'expliquent la Prophétie et l'existence des Prophètes (*T.T.P.*, I & II).

31. Cf. *Eth.*, I, Append. et IV, Préf.

32. C'est ce qu'ont respectivement fait les Apôtres et leurs successeurs.

33. *T.P.*, I, 3-4, XI, 4.

34. *Eth.*, IV, Préf. — L'emploi de l'observation et de la déduction distingue l'idéal ainsi constitué de l'utopie (cf. *T.P.*, I, 1).

35. Koyré : *Edition-traduction* du *D.I.E.*, 98-9.

la parfaite affirmation de soi-même, est aussi produit nécessairement, et ce, en vertu de la même nécessité, celle qui définit le mouvement naturel de tout être et le terme de ce mouvement, la nécessité immanente. Nous ne sommes donc pas seulement libres dans la nécessité, mais encore nous le devenons par la nécessité : évoquant l'objection faite par Rieuwerts, qui disait « que, si nous étions forcés par des causes extérieures, personne ne pourrait acquérir l'état de vertu », Spinoza répond : « Je ne sais qui lui a dit que la possession d'une âme ferme et constante ne nous était pas possible à partir d'une nécessité absolue, mais seulement à partir d'un libre décret de l'esprit[36] »; c'est qu'il existe, entre la contrainte externe et la décision arbitraire, une tierce possibilité, qui est la condition constitutive de notre devenir libre comme de notre être libre : la nécessité interne. Pour expliquer la formation et l'action de l'idéal, *le mécanisme du désir remplace un libre arbitre* qui est aussi mystérieux qu'inutile, puisqu'il ne se laisse pas expliquer et qu'il n'explique rien d'une manière définie ou déterminée.

Cette affirmation d'une nécessité absolue à propos de la possibilité de la liberté permet de comprendre l'emprunt de son vocabulaire et de ses images à la doctrine de la prédestination. Mais le rapprochement ne doit pas aller plus loin : dans cette doctrine, en effet, le salut de l'homme dépend tout entier d'un être transcendant à l'homme et au monde, du libre décret d'une volonté extérieure et antérieure à l'activité du sujet, si bien que celle-ci lui apparaît définie à l'avance en dehors de lui; dans le spinozisme, au contraire, la détermination nécessaire du salut est immanente au sujet, si bien que c'est en lui-même et par lui-même, dans le développement actuel de sa propre nature, qu'il se sauve; parce qu'il est lui-même une partie active de la nécessité universelle qui détermine son devenir, c'est lui-même qui se fait, au fur et à mesure qu'il exerce son activité, qu'il conçoit un idéal, qu'il connaît un Témoin ou une Théorie et qu'il en subit l'influence. Spinoza peut parler de prédestination : cela se comprendrait déjà fort bien en tant qu'argument ad hominem adressé à ceux qui ne posent un libre arbitre que pour l'asservir aussitôt à un arbitraire transcendant; mais, quand on fait comme lui de l'homme une partie positive et déterminante de la nécessité naturelle et de sa propre destinée, quand on fait de la liberté l'autonomie qui achève le mouvement naturel, la prédestination ne comporte plus en vérité rien d'obscur ni d'angoissant : l'immanentisme naturaliste montre que la nécessité, traditionnellement pensée et voulue comme servage, est aussi, en partie[37], détermination autonome.

36. *Lettre LVIII à Schuller* (fin 1674), V.L., III, 197, Pl., 1310. (J'ai traduit « fatali necessitate » par « nécessité absolue » : en effet, l'adjectif « fatal » nous ferait penser au fatalisme, que nous opposons au déterminisme, alors que Spinoza ne songe ici qu'à la rigueur absolue du déterminisme.)

37. En partie seulement, car mon salut ne dépend pas que du conatus constituant mon être : il dépend aussi des choses extérieures qui me sont plus ou moins favorables. Mais, même alors, je suis assuré de ne pas dépendre, en outre, d'un décret pris arbitrairement avant moi et hors de moi : je sais mes limites, mais je suis délivré de l'angoisse en face de la transcendance.

Les mécanismes de libération

Il ne suffit pas d'établir que la libération est possible en vertu du seul mécanisme du désir : il faut encore analyser les divers mécanismes particuliers qui réduisent la servitude et réalisent la liberté. Une telle recherche présente un intérêt théorique : une explication détaillée ne peut que confirmer et rendre plus intelligible ce qui a été posé d'une manière globale; mais elle présente surtout un intérêt pratique : s'il est vrai, en effet, que la présence du modèle détermine le développement du mouvement naturel, non seulement la description de la liberté se fait cause efficiente de la libération, mais l'indication précise des moyens de la libération constitue une détermination précise du mouvement naturel, c'est-à-dire l'instrument même de la libération; si je sais comment s'effectue l'affirmation de soi-même, l'affirmation de moi-même que je suis, connaîtra non seulement son terme, mais aussi ses voies, si bien qu'elle les empruntera nécessairement. Tel est l'objet de la première moitié de la cinquième partie de l'*Éthique* : après avoir décrit, dans la quatrième partie, la servitude et la conduite de l'homme libre et avant d'analyser, dans les pages finales, la jouissance intérieure de la liberté qu'est la béatitude de la partie active de l'esprit, de l'entendement, Spinoza examine « la puissance de l'entendement », les mécanismes qui diminuent la servitude et produisent la liberté, « *les remèdes aux sentiments*[1] ».

I. — Le mécanisme général de la libération est fort simple : ce n'est que la conséquence immédiate du développement spontané de la connaissance adéquate ou du conatus de l'idée vraie, qui implique, comme nous l'avons vu dans les pages précédentes, l'accroissement de la partie active de l'esprit et la diminution, tant relative qu'absolue, de sa partie passive; c'était en ce sens que le savoir constituait une puissance. Or cette activité se trouve, non sans paradoxe, favorisée par la servitude elle-même : la dépendance aux choses extérieures est évidemment faite de contradictions et de négations, vu la multiplicité, la divergence, l'absence de ce à quoi nous sommes alors attachés; c'est pourquoi, a-t-on pu dire, « les passions que subit l'homme.... sont.... contradictoires[2] », elles « se détruisent réciproquement[3] » et leur énergie n'est jamais qu'une « force désorganisée[4] », comme le prouve le cas de la « fluctuation de l'âme[5] » : le jeu même des passions conduit au néant de la vie des passions, comme le constatent les premières pages de la *Réforme de l'entendement*. Certes, nous sommes alors loin de la liberté, puisque nous n'avons qu'une existence inconsistante, fort distincte de l'activité immanente; mais il est certain qu'il en résulte une auto-destruction de la passivité, qui se trouve ainsi moins résistante en face de l'auto-affirmation de l'activité, cause positive de sa réduction[6].

1. *Éth.*, V, Préf. & 20 Sc. (souligné par moi). — Le mot « sentiments » ne désigne ici que les sentiments passifs, les « passions ».
2. DELBOS : *Probl. moral*, 140.
3. *Ibid.*, 136.
4. *Ibid.*, 140. — Cf. *Ibid.*, 138 & 152.
5. Déjà analysée (*Éth.*, III, 17 & Sc., 31, 35 Sc.) et ensuite évoquée (*Éth.*, V, 7), pour dégager le privilège du sentiment rationnel.
6. Comme nous le verrons dans les prochains paragraphes, cette faiblesse intrinsèque de la servitude est invoquée pour établir la force propre du sentiment rationnel (cf. *Éth.*, V, 7-9).

Ce mécanisme repose sur un principe général, dont Spinoza fait le premier axiome de la cinquième partie de l'*Éthique* : « Si, dans un même sujet, deux actions contraires sont suscitées, il devra nécessairement se faire un changement, soit dans l'une et l'autre, soit dans une seule, jusqu'à ce qu'elles cessent d'être contraires [7] »; le secret de la libération réside dans cette loi unique, qui est la loi de tout conflit.

Dans un conflit, tout se ramène à un rapport de forces : il va donc falloir confronter la force respective des sentiments produits par la servitude et des sentiments nés de l'activité; une telle confrontation est aisée, puisque, dans la troisième partie de l'*Éthique*, tous les sentiments ont été décrits comme des forces rapportées au développement plus ou moins grand du conatus et quantifiées en conséquence [8]. Le second axiome de la cinquième partie ne fait que rappeler le principe de la détermination de cette grandeur ou de cette force : « La puissance d'un effet se définit par la puissance de sa cause [9] »; dès lors, nous savons comment calculer le rapport de forces entre les sentiments passifs et les sentiments actifs : il suffit de considérer les forces respectives de ce qui les fait naître, les choses singulières et présentes connues par l'imagination, d'une part, les choses universelles ou notions communes connues par la raison, d'autre part [10].

II. — Dans les premières propositions de la cinquième partie de l'*Éthique*, Spinoza déduit les diverses modalités du pouvoir libérateur de la connaissance, avant d'en faire la récapitulation dans le scolie de la proposition 20; je suivrai l'ordre retenu dans ce dernier texte :

1) Parce que tous les autres remèdes aux passions ne seront que les conséquences de ce moyen radical de libération, il cite d'abord « la connaissance même des sentiments [11] ». En effet, ainsi que nous l'avons vu au début de ce chapitre, quand il a fallu prouver que le savoir est liberté, la connaissance claire et distincte est une activité de l'esprit, lors même qu'elle prend pour matière ou pour objet « un sentiment qui est

7. Ce principe, utilisé par la suite (*Éth.*, V, 7), est posé par Spinoza sans explication ni démonstration, comme une évidence. On ne saurait donc le discuter au nom du mécanisme spinoziste : au contraire, il faut en tenir compte, quand on veut définir ce mécanisme. Il n'y a d'ailleurs pas de problème, dans la mesure où, si la modification résolvant le conflit ne se produisait pas, il n'y aurait plus un seul et même sujet : l'unité et l'individualité étant choses relatives, modales et non substantielles, la suppression du conflit est la cause du maintien du sujet, le maintien du conflit — nullement impossible en lui-même, comme le prouvent la mort, le suicide, la folie — est la cause de la suppression du sujet dans son unité et son identité. Il n'est en rien nécessaire de faire ici appel à un quelconque finalisme, Spinoza n'affirmant pas que le résultat — le maintien du sujet — est la cause du processus, mais se contentant de poser que le processus est la condition sine qua non du résultat.

8. Cf. *Éth.*, III, 11, 37, 56 Sc., 59 Sc., etc...

9. Spinoza justifie cet axiome en rappelant que l'effet tient son être de sa cause : « Son essence s'explique ou se définit par l'essence de sa cause elle-même »; autrement dit, la puissance d'existence et de résistance d'un effet dépend de la puissance de la cause qui le fait exister et subsister, et la puissance de cette cause se confond avec son degré de perfection, de réalité et d'efficacité, ce qui explique la référence à *Éth.*, III, 7 : « L'effort par lequel chaque chose s'efforce de persévérer dans son être n'est rien en dehors de l'essence actuelle de cette même chose. »

10. Cf. *Éth.*, V, 5-9, 11-3.

11. *Éth.*, V, 20 Sc.

passion[12] »; certes, le sentiment connu n'en est pas moins produit par des causes extérieures, mais sa définition et son explication par l'esprit sont des actes dans lesquels celui-ci affirme son être, est libre et éprouve même un nouveau sentiment, qui est tout entier immanent, la jouissance de sa propre activité : « Le sentiment cessera d'être passion. Un sentiment est donc d'autant plus en notre pouvoir et l'esprit en pâtit d'autant moins, qu'il nous est plus connu[13] »; alors l'esprit pense « ce qu'il perçoit clairement et distinctement et ce en quoi il trouve un plein contentement[14] ».

On pourrait craindre que ce remède ne fût pas sûr : il ne le serait pas, par exemple, si le sentiment était inconnaissable; il ne le serait pas plus, si la passion relevait d'une partie de l'esprit entièrement distincte de la partie active qui connaît : dans ce cas, en effet, une passion comme la tristesse pourrait devenir l'objet d'une activité de définition et d'explication, elle n'en resterait pas moins, en tant que sentiment, une passivité indestructible. Spinoza n'ignore pas ces craintes et prouve qu'elles sont vaines : il démontre d'abord que « chacun a le pouvoir de se connaître lui-même[15] », puisque, grâce aux notions communes ou aux lois de la nature, il n'est rien, « aucune affection du corps », « aucun sentiment » de l'esprit, « dont nous ne puissions former quelque concept clair et distinct[16] », « sinon absolument, du moins en partie[17] », ce qui suffit pour que se déploie notre activité; il précise ensuite qu' « il n'y a qu'un seul et même appétit, du fait duquel l'homme est dit aussi bien agir que pâtir[18] » : c'est le même conatus qui, réduit par des causes extérieures, est sentiment passif et qui, développé par des causes extérieures ou par son propre mouvement, est sentiment actif, en sorte que l'activité de la connaissance n'est pas une simple action à propos d'une passion, mais une véritable action se substituant à la passion.

1 *bis*) Sans le reprendre dans son résumé final, Spinoza introduit, au cours de sa déduction, un autre remède : la connaissance de la nécessité. Tout savoir vrai étant savoir des choses comme nécessaires, ce n'est, en vérité, qu'un autre aspect du premier remède : il est donc bien inutile de le rappeler par la suite; cependant, considéré de ce point de vue précis, le savoir revêt des propriétés particulières : comme nous l'avons déjà vu, le sentiment lié à la connaissance de la nécessité est immédiatement délivré des sentiments excessifs et contradictoires lié à la croyance en la contingence, et cette connaissance elle-même est la réalisation de l'activité immanente de l'esprit, qui développe ainsi sa puissance et en ressent une joie spécifique[19].

2) Spinoza fait ensuite état de l'action par laquelle l'esprit « sépare les sentiments de la pensée des causes extérieures, que nous imaginons

12. *Éth.*, V, 3.
13. *Éth.*, V, 3 & Cor. — Ce texte devient clair, dès qu'on se rappelle que, pour Spinoza, « en notre pouvoir » signifie : « dans notre activité », et non : « par notre libre arbitre ».
14. *Éth.*, V, 4 Sc.
15. *Ibid.*
16. *Éth.*, V, 4 & Cor.
17. *Éth.*, V, 4 Sc.
18. *Ibid.*
19. *Éth.*, V, 5-6.

confusément[20] » : en effet, « Si nous détachons une émotion ou un sentiment de la pensée d'une cause extérieure et si nous la joignons à d'autres pensées, alors l'amour et la haine, ainsi que les fluctuations de l'âme naissant de ces sentiments, sont détruits. Car ce qui constitue la forme de l'amour et de la haine, c'est une joie ou une tristesse qu'accompagne l'idée d'une cause extérieure; celle-ci ôtée, la forme de l'amour ou de la haine est ôtée du même coup[21] ». A ce niveau, la joie et la tristesse ne sont pas modifiées[22]; mais tous les sentiments produits par la représentation d'une extériorité, par l'imagination, se trouvent éliminés en leur principe; la plus grande partie de notre servitude est ainsi réduite à néant, sans qu'il soit nécessaire de faire appel à une lutte de l'esprit contre elle, à un renoncement ou à un ascétisme : le seul « détachement » psychologique et logique suffit.

Comment cette action de l'esprit est-elle possible ? Non, certes, par un effort de la volonté ! Le sentiment ne peut être détaché de sa cause extérieure perçue par l'imagination, que s'il est joint « à d'autres pensées[23] » conçues par l'entendement : c'est le cas, lorsque le sentiment est connu adéquatement, puisqu'il est alors « joint à des pensées vraies[24] », à toutes les notions communes qui permettent sa définition et son explication; ce sera notamment le cas, lorsqu'il sera rattaché à l'idée de Dieu, cause véritable de toutes choses[25] : Spinoza ne fait ici que reprendre et expliquer d'une manière précise et claire le thème, exposé dans le *Court traité,* d'une conversion de l'esprit, qui détourne son amour des choses périssables pour le reporter sur un objet meilleur, Dieu[26].

3) Le troisième remède est constitué par les sentiments rationnels, à cause de leur omniprésence. En effet, les sentiments liés à l'imagination des choses extérieures, dont la présence est limitée dans la durée, sont inséparables de la pensée de leur présence ou de leur absence, passées, présentes ou futures : ils comportent donc toutes les nuances affectives nées de la conscience de l'éloignement — l'espoir, la crainte, etc. — et se trouvent diminués, aussi bien dans leur force que dans leur solidité, par la pensée de cette absence, qui vient nier la réalité de la cause de joie ou de tristesse; il n'en est pas de même pour « les sentiments qui se rapportent à des choses que nous entendons[27] », qu'il s'agisse de ceux qui « naissent de la raison[28] », comme le contentement de la connaissance, ou de ceux qui « sont suscités » par elle, comme la générosité, la tempé-

20. *Éth.*, V, 20 Sc.
21. *Éth.*, V, 2.
22. Ce second remède n'a donc pas l'action du premier, qui changeait la passivité en activité : c'est pourquoi il vient d'abord, dès la seconde proposition de la cinquième partie, dans l'ordre des démonstrations.
23. *Éth.*, V, 2.
24. *Éth.*, V, 4 Sc. — A ce titre, du point de vue de l'analyse de sa possibilité, ce remède suppose donc le remède précédent : c'est pourquoi, après avoir été défini avant tous les autres (*Éth.*, V, 2), il doit être repris, en vue d'une explication complète, après l'indication du premier remède (*Éth.*, V, 4 Sc.); dans le résumé final (*Éth.*, V, 20 Sc.), il vient donc en second.
25. Cf. *Éth.*, V, 14 : dans les prochaines pages, j'examinerai ce texte, déjà analysé dans la 2e partie, chap. 2.
26. *C.T.*, II, 3, § 6; 5, § 4; 19, §§ 14 & 17.
27. *Éth.*, V, 20 Sc.
28. *Éth.*, V, 7.

rance, la modestie, la clémence, etc.[29] : « Ils se rapportent nécessairement aux propriétés communes des choses, que nous considérons toujours comme présentes (car il n'y a rien qui exclue leur existence présente) et que nous imaginons toujours de la même manière[30] »; « C'est pourquoi un tel sentiment demeure toujours le même[31] », affirmant et développant sans cesse son être, triomphant par son intensité et sa solidité des sentiments liés à la servitude et délivré des sentiments liés à l'absence. En définitive, ce remède n'est rien d'autre que ce que nous avons déjà vu, la puissance de la connaissance et du sentiment né des idées adéquates, mais envisagée d'un point de vue particulier : « dans le temps[32] ».

4) Le quatrième remède est encore la même chose, mais d'un autre point de vue, celui de la causalité : il consiste « dans le grand nombre de causes favorisant les affections qui se rapportent aux propriétés communes des choses ou à Dieu[33] », c'est-à-dire celles qui produisent les sentiments rationnels. En effet, « Plus il y a de causes concourant ensemble à susciter un sentiment, plus grand il est[34] »; en outre, « Un sentiment qui se rapporte à plusieurs causes différentes, que l'esprit considère en même temps que le sentiment lui-même, est moins nuisible[35] », puisque l'esprit n'est pas alors retenu par la contemplation d'un objet unique, mais que son activité peut se déployer beaucoup plus largement; c'est pourquoi « Nous en pâtissons moins » et, s'il est vrai que « dans la mesure où il se rapporte à plusieurs causes extérieures, il est moindre à l'égard de chacune », « nous sommes moins affectés à l'égard de chacune que s'il s'agissait d'un autre sentiment également grand se rapportant à une cause unique ou à des causes moins nombreuses[36] » : le sentiment universel, lié à ce qui se retrouve en tout, est ainsi libéré de toute subordination à une chose particulière et il l'emporte sur tous les autres, puisqu'il est confirmé par toutes les choses singulières possibles; le sentiment rationnel apparaît donc comme une force libre insurmontable.

Spinoza précise ensuite indirectement ces conclusions, en analysant les conditions de la fréquence, de la facilité d'apparition et de la vivacité des images productrices des sentiments :

a) Les troisième et quatrième remèdes exprimaient le privilège du sentiment rationnel, qui ne se rapporte pas à un moment ni à une cause uniques, mais à la totalité de la durée et à une multiplicité de causes : Spinoza établit maintenant que « Plus il y a de choses auxquelles se rapporte une image, plus elle est fréquente ou plus souvent elle prend vie et plus elle occupe l'esprit », car il y a « plus de causes pour la susciter et l'entretenir[37] ».

29. *Ibid.* — Spinoza ne donne aucune indication sur la distinction entre « oriuntur » et « excitantur » : mon énumération n'est donc qu'une hypothèse, fondée sur *Éth.*, III, 59 Sc.

30. *Éth.*, V, 7. — Il faut noter l'emploi du verbe « imaginari », qui sert ici à désigner la représentation d'une chose relevant de la raison, dans la mesure où c'est la représentation de sa présence dans la durée.

31. *Ibid.*

32. *Éth.*, V, 20 Sc. — Cf. *Éth.*, V, 7.

33. *Éth.*, V, 20 Sc.

34. *Éth.*, V, 8.

35. *Éth.*, V, 9.

36. *Ibid.*

37. *Éth.*, V, 11.

b) C'est particulièrement vrai, si l'image en question est liée à un grand nombre d'images : « Plus il y a d'images auxquelles est jointe une image, plus il y a de causes qui peuvent la susciter » et, par conséquent, « plus souvent elle prend vie[38]. »

c) Mais cette liaison ne se constitue pas avec la même facilité entre toutes les images : celles qui se rapportent à ce que nous entendons clairement et distinctement, sont liées à des propriétés communes à toutes choses, en sorte qu'il existe d'innombrables données capables de les susciter, alors que celles qui se rapportent à ce que nous n'entendons pas clairement et distinctement, ne sont liées qu'aux réalités particulières saisies dans l'imagination, si bien que les données capables de les évoquer restent rares; ce seront donc les images associées aux objets de la connaissance adéquate qui se présenteront le plus aisément avec n'importe quelle image singulière : « Les images des choses » (quelconques) « se joignent plus facilement aux images se rapportant à ce que nous entendons clairement et distinctement qu'aux autres images[39] ». La définition du second remède posait qu'un sentiment pouvait être détaché de la pensée d'une chose extérieure, lorsqu'il était joint à des pensées vraies : en montrant que l'universalité du vrai détermine son associabilité avec n'importe quelle image particulière, Spinoza démontre ici que la liaison entre une donnée psychologique quelconque et des pensées vraies est possible et même très facile.

Dans ces trois propositions, grâce à une analyse de l'image, il explique donc et, par suite, il confirme la fréquence et la présence supérieures de ce qui est vrai, de tout ce qui s'y rapporte et de tout ce qui en résulte, comme c'est le cas du sentiment rationnel.

Il peut alors introduire l'amour de Dieu, ce sentiment né de l'activité de l'esprit rapportant à la cause universelle les sentiments éprouvés dans sa passivité[40]. Il ne s'agit pas d'un nouveau remède : il ne s'agit que d'un exemple privilégié de sentiment rationnel, qui est la synthèse parfaite de tous les remèdes précédents. En effet, cet amour de Dieu résulte d'une connaissance de nos passions, qui est leur mutation en activité, et d'une conscience de leur nécessité, toutes choses qui caractérisaient le premier remède; en les rapportant à Dieu, il les détache de leurs causes extérieures connues par l'imagination, ce qui définissait le second remède; comme le troisième remède, il n'est pas lié à un objet dont la présence est limitée dans la durée; il n'est pas, non plus, associé à un nombre restreint d'objets capables de le susciter, si bien qu'il répond aussi à la description du quatrième remède. En un mot, parce qu'il est un sentiment produit par l'activité de la connaissance allant jusqu'à son objet suprême, il réunit tous les avantages du sentiment rationnel et constitue l'instrument parfait de la libération : il sait, au plus haut titre, faire de la servitude la matière de la liberté et triompher de n'importe quelle force passionnelle par sa propre force, par sa fréquence et sa vitalité, tout contribuant à le poser, rien ne parvenant à le nier.

38. *Éth.*, V, 13.
39. *Éth.*, V, 12.
40. *Éth.*, V, 14-20. — Cf. 2e partie, chap. 2.

III. — Spinoza ajoute un cinquième remède, qu'il faut analyser à part, parce qu'il constitue un mécanisme particulier, quelque peu étonnant : « *Le pouvoir d'ordonner et d'enchaîner les affections du corps selon un ordre conforme à l'entendement*[41]. » Pour comprendre sa nature et son fonctionnement, il convient de déterminer avec exactitude le problème qu'il doit résoudre, la situation à laquelle il doit remédier. Nous savons que le développement de la connaissance réduit la servitude et nous venons de voir de quelle manière; mais cette réduction n'est-elle possible que lorsque la connaissance réussit à transformer le sentiment passif en activité et à produire des sentiments actifs, tel l'amour de Dieu ? Il faut aussi songer à ce qui est possible « *tant que nous n'avons pas une connaissance parfaite de nos sentiments*[42] ». Dirons-nous que nous sommes alors à la merci des forces extérieures ? Sans doute, mais nous ne le sommes pas toujours de la même manière : il arrive parfois que ces forces nous troublent et nous écrasent à un tel point que toutes nos possibilités d'action se trouvent détruites; heureusement, il n'en est pas toujours ainsi : il faut donc songer à ce qui est possible « *tant que nous ne sommes pas mis à mal par des sentiments contraires à notre nature*[43] ». Entre la pleine activité et l'extrême anéantissement, le problème est de présenter une certaine résistance, de posséder une certaine solidité en face de l'action des forces extérieures qui tendent à nous troubler, à nous rendre passifs et esclaves, à nous agiter en tous sens, à faire de nous des êtres changeants et contradictoires, orientés et désorientés par les circonstances multiples et les influences opposées : en un mot, comment ne pas être de simples « girouettes », tant que nous ne sommes pas détruits et tant que nous ne jouissons pas de l'immanence du Sage ? La question détermine la réponse : lorsque nous éprouvons un sentiment, nous ne sommes pas immédiatement entraînés par les circonstances dans un sentiment différent et opposé, si le premier sentiment se maintient et engendre des sentiments qui s'accordent avec lui, s'il y a donc en nous des « *sentiments ordonnés et enchaînés*[44] »; cet « ordre, par lequel l'esprit peut ordonner et enchaîner ses sentiments[45] » constitue un ensemble cohérent, unifié et solide, plus résistant en face des forces extérieures, puisqu' « une plus grande force est requise pour réduire des sentiments ordonnés et enchaînés que pour réduire des sentiments incertains et vagues[46] » : nous ne serons donc « pas facilement affectés de sentiments mauvais[47]. » Ainsi, tout est question de liaison, d'association affective; mais toute association ne fait pas échapper à la servitude : celle qui résulte des rencontres répétées de circonstances externes, si elle donne naissance à un ensemble lié qui oppose une certaine inertie aux circonstances nouvelles, n'en est pas moins une

41. *Éth.*, V, 10 (souligné par moi).
42. *Éth.*, V, 10 Sc. (souligné par moi). — C'est pourquoi ce cinquième remède est exposé avant la déduction de l'amour de Dieu et de ses prémisses.
43. *Éth.*, V, 10 (souligné par moi).
44. *Éth.*, V, 10 Sc. (souligné par moi).
45. *Éth.*, V, 20 Sc.
46. *Éth.*, V, 10 Sc.
47. *Ibid.* — Spinoza vient de rappeler que « mauvais » signifie contraire à notre nature et à notre activité.

passivité qui nous laisse asservis au monde extérieur; la seule association qui exclut vraiment toute servitude passée comme présente, c'est l'enchaînement des idées et des sentiments qui s'accorde avec l'activité de l'esprit dans son inertie en face du monde extérieur : à défaut de sentiments rationnels, nous devons donc nous en remettre aux « sentiments ordonnés et enchaînés *selon un ordre conforme à l'entendement*[48] ».

Comment obtenir un tel résultat ? Spinoza nous l'explique d'une manière fort précise[49] :

1) La première condition est de « concevoir un art de vivre correct ou des principes de vie assurés (rectam vivendi rationem seu certa vitæ dogmata)[50] »; pour y parvenir, il existe deux voies complémentaires :

a) D'une part, la connaissance vraie du bien, c'est-à-dire la connaissance de ce qui est vraiment utile, telle qu'elle a été déduite dans la quatrième partie de l'*Éthique*, notamment dans le portrait de l'homme libre : par exemple, le principe selon lequel « Il faut vaincre la haine par l'amour ou la générosité, non pas la compenser par une haine réciproque[51] ». Certes, nous savons que cette connaissance reste en elle-même impuissante[52]; mais elle peut être reprise ici, puisqu'il ne s'agit, pour l'instant, que de « concevoir un art de vivre correct », de savoir d'une manière encore abstraite en quoi consiste le bien;

b) D'autre part, ce qu'il est permis d'appeler « l'expérience morale », l'observation des biens et des maux produits par tel sentiment ou telle conduite, observation enrichie par l'imagination qui nous présente leurs conséquences éventuelles : « Pour écarter la crainte,.... on doit passer en revue et imaginer les périls communs et la manière dont ils peuvent être écartés et surmontés par la présence d'esprit et la fermeté d'âme[53] »; il se fait alors un tri, qui distingue « ce qu'il y a de bon en chaque chose[54] » de ce qu'il peut y avoir de mauvais en elle ou dans ses conséquences. Grâce à cette expérience, nous pouvons « appliquer » les principes déjà conçus « aux choses particulières rencontrées fréquemment dans la vie[55] » : la connaissance abstraite du bien et du mal trouve sa confirmation dans les cas concrets, qui lui donnent une signification réelle ou présente, la seule capable de susciter des sentiments assez forts pour nous déterminer, comme la joie éprouvée au spectacle du bon usage de la gloire et la tristesse provoquée par la vue de son mauvais usage[56].

48. *Ibid.* (souligné par moi). — Nous venons de voir que Spinoza va démontrer aussitôt après ce scolie qu'une telle liaison est plus facile (*Éth.*, V, 11-3).

49. Il s'agit d'un scolie : Spinoza s'explique donc, sans se sentir obligé de donner des démonstrations en forme.

50. *Éth.*, V, 10 Sc.

51. *Ibid.* — Spinoza cite aussi la connaissance de l'utilité de la vie commune; il se réfère, en outre, à ce qu'il vient de démontrer dans la cinquième partie, lorsqu'il pose qu'il faut toujours avoir présent à l'esprit que les actions humaines sont nécessaires et non contingentes.

52. Cf. l'introduction de cette troisième partie.

53. *Éth.*, V, 10 Sc.

54. *Ibid.*

55. *Ibid.*

56. *Ibid.*

2) Il ne suffit pas d'avoir conçu ou observé le bien : il faut posséder cette connaissance d'une manière permanente, en sorte qu'elle soit « toujours à notre disposition[57] »; il faut la « graver dans la mémoire[58] ». Cette fixation et cette conservation exigent une méditation continue : « Il faut penser et méditer souvent quelles sont les injures des hommes, de quelle manière et par quel moyen elles sont le mieux repoussées par la générosité[59] ». Mais si la connaissance et l'expérience nous ont fait découvrir ce qu'il a de bon et ce qu'il a de mauvais, la méditation doit être exclusivement une méditation du bien, car, attentive au mal, elle ne serait que tristesse et impuissance : « Par exemple, si l'on voit qu'on poursuit trop la gloire, qu'on pense à son bon usage, à la fin pour laquelle elle doit être poursuivie et aux moyens par lesquels elle peut être acquise, non pas à son abus, à sa vanité, à l'inconstance des hommes et à d'autres choses de cette espèce, auxquelles personne ne pense, sinon par chagrin[60] »; aussi « faut-il faire attention à ce qu'il y a de bon en chaque chose, afin d'être ainsi toujours déterminé à agir par un sentiment de joie[61]. » Méditer le bien et agir par joie n'est certes « pas difficile[62] » ! En tout cas, seule la méditation joyeuse est capable de constituer des associations affectives puissantes, favorables à notre activité.

3) Car c'est bien cette méditation faite de connaissance, d'observation et d'imagination, qui établit les associations affectives indispensables pour que nous puissions résister aux contingences extérieures. La méditation est, en effet, une répétition créatrice d'habitudes de pensée : par exemple, si nous avons souvent évoqué la conduite de l'homme libre en face de la haine, « Nous joindrons l'image de l'injure à l'imagination de ce principe et nous l'aurons toujours à notre disposition, lorsqu'une injure nous sera faite[63] »; par conséquent, les principes « seront toujours à notre disposition, quand ce sera utile[64] ». Grâce à cet « exercice[65] », l'enchaînement des images se trouvera déterminé par de telles habitudes mentales : « Notre imagination est ainsi largement affectée[66] » par les principes, en sorte que ce qui en diffère ou s'y oppose — tel sentiment produit par un événement extérieur, par exemple — « occupera une très petite partie de l'imagination et sera facilement surmonté, ou, s'il ne l'est pas aussi facilement, le sera cependant, bien que non sans fluctuation de l'âme, en un espace de temps bien moindre que si nous ne les possédions pas ainsi en nous, déjà médités à l'avance[67] ». Ainsi se créent des automatismes mentaux, qui

57. *Ibid.*
58. *Ibid.*
59. *Ibid.*
60. *Ibid.*
61. *Ibid.*
62. *Ibid.*
63. *Ibid.*
64. *Ibid.*
65. *Ibid.* — Dans la Préface de la cinquième partie, Spinoza avait opposé à la croyance des Stoïciens en une liberté absolue de la volonté, le rôle qu'ils avaient eux-mêmes été obligés d'accorder à « l'exercice et à l'étude ».
66. *Éth.*, V, 10 Sc.
67. *Ibid.*

ont l'avantage d'être des automatismes actifs et compris, puisqu'ils résultent de la connaissance et de l'expérience : grâce à eux, la connaissance vraie du bien et du mal, inefficace en elle-même, devient efficace, dans la mesure où ses principes abstraits deviennent les thèmes directeurs, les principes organisateurs de l'imagination.

Or, l'enchaînement des images est aussi l'enchaînement des sentiments, puisque les lois de l'imagination sont les lois de l'affectivité : la joie et la tristesse s'expriment en tel ou tel sentiment complexe en vertu des mécanismes de l'association[68]; c'est également l'enchaînement des actions de l'esprit, puisque chaque sentiment est une manière d'être de l'esprit, c'est-à-dire du mouvement naturel, du désir ou du conatus, de la tendance à agir, qui définit son essence actuelle[69]; par exemple, si l'image de la générosité est jointe à l'image de l'injure, la générosité elle-même occupera l'esprit dès que surgira l'injure, et l'esprit sera conduit à une action qui ne pourra être que généreuse : aussi « pourra-t-il, le plus souvent, en un court espace de temps, *diriger ses actions sous l'influence du commandement de la raison*[70]. » Il se constitue donc des automatismes affectifs et actifs, qui ne sont assurément pas l'autonomie du Sage, mais qui organisent ce qui est encore hétéronomie de telle manière qu'il y ait résistance à l'extériorité et qu'il n'y ait pas opposition à l'autonomie.

L'explication est précise et le résultat séduisant. Nous devons cependant nous inquiéter de la possibilité de ce remède : l'esprit est-il capable de produire un tel ordre intérieur ? Pour nous en assurer, il suffit de rappeler l'hypothèse qui fixait les limites de ce pouvoir : il fallait que les forces extérieures ne fussent pas telles qu'elles anéantissent la puissance de l'esprit, sa possibilité d'activité; mais, justement, si cette activité subsiste, toutes ses conséquences nécessaires existent aussi, et les automatismes affectifs et actifs ne sont que les conséquences nécessaires, dans la connaissance, l'expérience, la méditation et l'exercice, de l'activité de l'esprit, tant qu'elle reste préservée de la destruction : « Les sentiments qui sont contraires à notre nature, c'est-à-dire mauvais, sont mauvais dans la mesure où ils empêchent l'esprit d'entendre. Donc, tant que nous ne sommes pas mis à mal par des sentiments contraires à notre nature, la puissance de l'esprit qui s'efforce d'entendre, n'est pas empêchée et il a *ainsi (adeo)* le pouvoir de former des idées claires et distinctes et de déduire les unes des autres[71] ».

Mais le mot « action » n'est-il pas ici ambigu ? S'agit-il seulement de l'activité de l'esprit, qui forme des pensées et des désirs généreux, pour reprendre le même exemple ? S'agit-il, au contraire, aussi de l'activité du corps, celle qui me fait être généreux en face de l'injure, dans mon attitude, mes paroles, mes gestes à l'égard d'autrui ? L'analyse précédente ne semblait pas nous faire dépasser les limites de la première activité, puisqu'il n'a été question que d'images, de désirs, de sentiments : il paraît

68. Cf. *Éth.*, III, 12-52.
69. Cf. *Éth.*, III, 28-9.
70. *Éth.*, V, 10 Sc. (souligné par moi).
71. *Éth.*, V, 10 (souligné par moi). — Spinoza reprend ici l'argument déjà utilisé à propos du premier remède : la possibilité de la mise en ordre des sentiments est l'effet nécessaire de l'activité de l'esprit, comme l'était le pouvoir de se connaître soi-même, pour la simple raison qu' « *il n'y a rien d'où ne suive quelque effet* » [*Éth.*, V, 4 Sc. (souligné par moi)].

d'ailleurs difficile de comprendre comment la méditation pourrait avoir une quelconque efficience sur le corps, s'il est vrai que celui-ci conserve son propre déterminisme, qu'il reste engagé dans la nécessité universelle et qu'il échappe, selon la doctrine du parallélisme, à toute action venue de l'esprit. Néanmoins, pour que s'établisse une résistance effective en face de l'action des forces extérieures, il faut bien que le corps lui-même soit transformé par l'acquisition de ces automatismes; l'action généreuse doit être aussi une conduite réelle à l'égard d'autrui [72] : tout simplement, selon la même doctrine du parallélisme, le corps doit être actif comme l'est l'esprit correspondant. Il faut donc poser que l'action déterminée par la méditation et l'exercice est aussi une action du corps; Spinoza le démontre en faisant précisément appel au parallélisme, qu'il a pris soin de rappeler dès le début de la cinquième partie : « L'ordre et la connexion des idées sont les mêmes que l'ordre et la connexion des choses et, inversement, l'ordre et la connexion des choses sont les mêmes que l'ordre et la connexion des idées. C'est pourquoi, de même que l'ordre et la connexion des idées dans l'esprit se font suivant l'ordre et l'enchaînement des affections du corps, de même, inversement, l'ordre et l'enchaînement des affections du corps se font comme s'ordonnent et s'enchaînent dans l'esprit les pensées et les idées des choses [73] » et cela, « exactement (ad amussim = au cordeau) [74] »; nous sommes donc certains que, « tant que nous ne sommes pas mis à mal par des sentiments contraires à notre nature, ...la puissance de l'esprit n'est pas empêchée,.... il a le pouvoir de former des idées claires et distinctes et de les déduire les unes des autres, et, *par conséquent, nous avons le pouvoir d'ordonner et d'enchaîner les affections du corps selon un ordre conforme à l'entendement* [75]. » Ainsi se trouvent établies à la fois la possibilité de ce que nous venons de décrire, et sa signification ou sa validité au niveau du corps : les automatismes libérateurs sont aussi des automatismes corporels.

***

Cette conclusion fait évidemment problème à l'intérieur de la doctrine spinoziste : en effet, alors que ce cinquième remède s'explique par la seule activité de l'esprit et par des opérations purement psychologiques, il est maintenant question d'une mise en ordre des affections du corps; Spinoza semble donc admettre un pouvoir de l'esprit sur le corps, après avoir nié, dans les seconde et troisième parties de l'*Éthique* et dans la Préface même de sa cinquième partie, toute efficience de la pensée sur l'étendue comme de l'étendue sur la pensée. Mais, à y regarder de près, le problème se posait déjà à propos des quatre premiers remèdes : par exemple, lorsque Spinoza affirmait que la connaissance d'une passion était une action ou que l'association d'un sentiment avec des idées vraies

72. Il est indispensable que l'action de l'homme libre ne soit pas une activité uniquement intérieure et mentale, pour qu'elle ait la valeur et la fonction sociales que Spinoza lui a attribuées dans la quatrième partie de l'*Éthique*.
73. *Éth.*, V, 1.
74. *Ibid.* (énoncé).
75. *Éth.*, V, 10 (souligné par moi).

le détachait des causes extérieures représentées dans l'imagination, ne devions-nous pas supposer, pour avoir le droit de parler vraiment d'une action soustraite aux choses extérieures, que le corps aussi cessait alors d'être passif, d'être lié à telle donnée externe ? La proposition 10 ne fait que révéler dans toute son acuité le problème général de la cinquième partie de l'*Éthique*, le seul, peut-être, qui mette réellement en cause la cohérence et la possibilité du système : la libération réalisée « par la seule intelligence[76] » et, par suite, « la liberté humaine » contenue dans « la puissance de l'entendement[77] » peuvent-elles impliquer une modification du corps[78] ?

Nous nous trouvons apparemment en face d'un dilemme :

a) Ou bien, au nom d'un parallélisme qui exclut l'action de l'esprit sur le corps, nous rejetons le principe d'une telle modification physique; nous songeons alors à une puissance de l'homme qui ne se situe que dans l'ordre de l'esprit, au niveau des sentiments, des images et des idées, à une libération psychologique et à une liberté intérieure, qui sembleraient bien capables d'assurer le salut, puisque tout le problème est de délivrer l'esprit de la passivité, de la tristesse et de la destructibilité, pour le faire jouir de l'éternité et de la béatitude : de ce point de vue, dans chacun des remèdes évoqués, le corps resterait sans changement, abandonné à la servitude du fait de sa liaison inéluctable avec la nécessité universelle externe[79]; mais nous venons de voir Spinoza parler d'une mise en ordre des affections du corps, et nous savons qu'il devait en parler, la liberté concernant aussi la conduite, les rapports avec autrui, l'existence sociale; et surtout, dans cette hypothèse, nous ignorerions cet autre aspect de la théorie du parallélisme, qui consiste à établir une correspondance parfaite entre le devenir du corps et celui de l'esprit.

b) Ou bien nous tenons compte du parallélisme posant une telle correspondance, de son utilisation dans la cinquième partie de l'*Éthique* et des conclusions qu'elle en tire expressément sur la possibilité de mettre en ordre les affections du corps : nous admettons alors le principe d'une modification corporelle lors de la libération et dans la liberté; mais ne sommes-nous pas alors amenés, à notre insu et contre notre gré, à poser une efficacité de l'action de l'esprit sur le corps, qui contredit la négation paralléliste de leur commerce ?

Dans les deux cas, que nous renoncions à toute correspondance entre les deux modes constituant l'homme ou que nous reconnaissions une influence de l'un sur l'autre, la doctrine de la cinquième partie de l'*Éthique* paraît s'opposer à la théorie du parallélisme, qu'elle invoque pourtant dès sa première proposition !

L'analyse de cette première proposition apporte une solution, qui permet d'échapper à un tel dilemme : dans le parallélisme, l'ordre corporel est conforme à l'ordre mental, comme celui-ci l'est à celui-là; le parallélisme est réversible : jusqu'à présent, puisque nous considérions

76. *Éth.*, V, Préf., ad finem.
77. *Éth.*, V, Titre.
78. Cf. FULLERTON : *Immortality*, 110-1.
79. FULLERTON : *Immortality*, 112.

surtout notre servitude, nous avons montré comment les idées et les sentiments correspondaient aux affections du corps; mais, puisque nous étudions désormais notre liberté, nous pouvons purement et simplement inverser le rapport, ainsi que l'indique l'expression fort significative employée dans ce texte : « vice versa[80] ». Remarquons d'ailleurs que ce retournement n'est pas une innovation propre à la cinquième partie, puisqu'il apparaissait dès la troisième partie, dans une analyse de l'imagination fondant l'amour et toute la vie affective : « Aussi longtemps que le corps humain est affecté d'une manière qui enveloppe la nature d'un corps extérieur, l'esprit humain considérera ce même corps comme présent, et, par conséquent, aussi longtemps que l'esprit humain considère un corps extérieur comme présent,.... le corps humain est affecté d'une manière qui enveloppe la nature du même corps extérieur[81] »; la réversibilité du parallélisme est donc un principe général de l'ontologie et de l'anthropologie spinozistes, non un artifice inattendu ou une incohérence introduite in extremis pour assurer la possibilité du salut. Mais, pour constante qu'elle soit, cette idée de réversibilité est-elle claire ? L'inversion du rapport peut-elle avoir encore un sens, quand on rejette vraiment toute action d'un terme sur l'autre, comme prétend le faire Spinoza ? La réversibilité ne suppose-t-elle pas, au contraire, une action réciproque définissant tantôt la servitude de l'esprit, tantôt sa liberté ?

En vérité, ces questions et ces objections viennent d'une conception erronée du parallélisme : la correspondance établie entre la pensée et l'étendue n'implique aucune action de l'une sur l'autre; elle résulte simplement de ce que les deux sont des attributs d'une même substance, c'est-à-dire des ordres d'existence d'un même être[82] : cette identité ontologique exclut précisément la dualité et la distance qui permettraient l'instauration d'un commerce entre elles. Aussi l'homme est-il un être unique, qui existe à la fois en tant que chose étendue dans l'étendue et en tant qu'idée de cette chose, c'est-à-dire en tant que conscience, connaissance et sentiment, sans qu'il y ait aucun rapport d'efficience ou de dépendance entre ces deux manières d'exister : « L'esprit et le corps sont une seule et même chose, qui est conçue tantôt sous l'attribut de la pensée, tantôt sous celui de l'étendue. D'où vient que l'ordre ou l'enchaînement des choses est un, que la Nature soit conçue sous l'un ou l'autre de ces attributs, et, par conséquent, que *l'ordre des actions et des passions de notre corps correspond (simul sit) par nature à l'ordre des actions et des passions de l'esprit*[83] ». Considérons, par exemple, la passivité de l'esprit : Spinoza ne la déduit ni ne l'explique à partir d'une action du corps sur lui, comme pouvait le faire Descartes à propos des passions de l'âme; au contraire, dans la seconde partie de l'*Éthique*, il l'associe directement et expressément à la passivité du corps : la servitude de l'homme est identiquement servitude de l'esprit et servitude du corps, diminution et impuissance de leur être commun en face des choses extérieures, c'est-à-dire, selon l'ordre d'existence envisagé, en face des

80. *Éth.*, V, 1.
81. *Éth.*, III, 12.
82. Cf. la déduction du parallélisme (*Éth.*, II, 7 & Sc.).
83. *Éth.*, III, 2 Sc. (souligné par moi).

idées extrinsèques ou en face des corps externes. Il en est de même pour la puissance que sont la libération et la liberté : l'activité de l'homme est identiquement activité de l'esprit et activité du corps, affirmation et accroissement de leur être propre commun en face des êtres extérieurs, sans qu'il soit jamais question d'une action du premier capable de modifier le second; s'il est vrai que je suis un seul et même être, mon activité, en tant que je me vis et me pense, me connais et me sens, est nécessairement aussi mon activité, en tant que j'existe étendu dans l'étendue : dans ma méditation, je n'ai pas à agir sur mon corps, je n'ai qu'à agir dans ma méditation pour que mon corps agisse sur les choses.

Pour s'en convaincre, il suffit de lire attentivement les textes discutés de la cinquième partie. Dans la première proposition, il n'y a pas, à proprement parler, retournement du parallélisme : Spinoza n'affirme nullement que la subordination de l'esprit au corps dans la servitude puisse s'inverser pour devenir une subordination du corps à l'esprit dans la liberté; il rappelle seulement l'identité de l'être et de son ordre en ses divers attributs, pour amener son lecteur à reconnaître et à comprendre que la correspondance déjà admise en un sens doit également être admise en l'autre sens : « L'ordre des idées est le même que l'ordre des choses, et vice versa.... C'est pourquoi, de même que l'ordre des idées.... se fait selon l'ordre des affections...., de même, vice versa, l'ordre des affections.... se fait comme s'ordonnent les pensées.... [84] ». Et la dixième proposition ne nous autorise pas à tirer une autre conclusion : Spinoza ne dit pas que l'esprit a le pouvoir de former des idées et de déduire et, par conséquent, d'ordonner les affections du corps; il écrit exactement : « *L'esprit a* le pouvoir de former des idées.... et de déduire...., et, par conséquent, *nous avons* le pouvoir d'ordonner les affections du corps [85] »; la puissance de l'esprit n'est pas un pouvoir sur le corps, mais la puissance de l'esprit, pouvoir sur ses idées, est identiquement la puissance du corps, pouvoir sur ses affections, les deux étant notre puissance, le pouvoir que nous, cette chose unique et identique qu'est un homme pensant et étendu, avons sur nos idées et nos affections [86].

84. *Éth.*, V, 1.
85. *Éth.*, V, 10 (souligné par moi).
86. Cela reconnu, on pourrait songer à parler d'une action apparente, l'activité de l'esprit apparaissant comme une action de celui-ci sur le corps et sa passivité apparaissant comme une action du corps sur lui; ce ne serait là qu'un langage, la traduction inadéquate d'une correspondance fondée sur l'identité : on sait l'usage fait par Leibniz de ce procédé, pour sa théorie du commerce des substances et de l'action idéale. Mais, en premier lieu, Spinoza ne parle jamais ainsi; ensuite, il ne pouvait le faire, car toute sa doctrine tend à montrer que le corps et l'esprit sont actifs et passifs ensemble, et non l'un par rapport à l'autre ou l'un séparément de l'autre. L'indépendance des substances obligera Leibniz à ne poser entre elles qu'une action idéale; au contraire, dans son monisme, Spinoza admet une action réelle entre les différents modes du même attribut, et, entre les modes correspondants d'attributs différents, il affirme une telle identité réelle, qu'il n'y a pas place pour une action, même simplement idéale. Tout au plus pourrait-on dire qu'entre ce qui pense et ce qui est étendu, l'identité réelle est exprimée dans le langage d'une correspondance apparente entre des êtres idéalement séparés; le meilleur exemple de ce langage est le terme même de parallélisme, employé par les historiens du système.

Conclusion

Les mécanismes de la libération ont donc pour principe unique l'activité de l'homme, qui est identiquement activité du corps et activité de l'esprit, et qui est réduction nécessaire et immédiate de la passivité par son seul développement; nous retrouvons ici ce qui avait servi à définir la liberté et à expliquer sa possibilité : c'est le même élément, l'activité immanente, qui, tout à la fois, constitue l'essence de la liberté sous tous ses aspects, détermine son identité avec l'éternité, la connaissance suprême, l'amour parfait et le salut, rend compte de sa possibilité au sein du déterminisme et donne l'instrument de sa conquête. Si la liberté n'avait pas été située dans cette immanence de notre activité naturelle, elle serait restée un état mystérieux, étranger, éloigné de nous, elle nous aurait laissés indécis et inquiets quant à son accessibilité, ignorants et dépourvus quant aux moyens de la réaliser : nous aurions dû tout attendre d'une faculté d'indépendance de la volonté, d'une Grâce et d'une Révélation impénétrables et arbitraires. L'autonomie naturaliste nous permet, au contraire, de comprendre parfaitement que la liberté n'est autre chose que notre propre activité, dont la possibilité et la réalisation sont contenues en elle-même; il est vain de rêver de la liberté, de souhaiter être libre pour le devenir et de chercher hors de soi des aides ou des recettes pour être soi : « Sa poursuite est déjà son exercice [87] », sa recherche, si elle n'est pas imaginaire, est déjà sa possession.

87. Koyré : *Edition-traduction* du *D.I.E.*, XX.

CHAPITRE II

LA BÉATITUDE

Considérons l'homme tel qu'il vient d'être décrit : il jouit de la pure activité immanente qui fait de lui un être éternel et libre, au moins dans sa plus grande partie, en tant qu'il est Sage. Or, l'éternité et la liberté ne sont pas un état ni une activité dont la conscience et le sentiment seraient absents : la Sagesse est une disposition de l'esprit, une œuvre de l'entendement, qui est constituée de la connaissance du troisième genre et de l'amour intellectuel. Nous nous trouvons ainsi en présence d'un sentiment qui est le vécu affectif de ces manières d'exister et d'agir, que sont l'éternité et la liberté : par définition, il ignore tout ce qui est passivité, passion et tristesse; aussi correspond-il exactement à ce que la *Réforme de l'entendement* avait présenté comme la fin suprême de la recherche philosophique : « La jouissance pour l'éternité d'une joie continue et souveraine [1] ». Il est donc ce que nous voulions définir et saisir, le salut lui-même : Spinoza lui donne un nom précis en employant le terme traditionnellement utilisé pour désigner la perfection du bonheur, le mot « béatitude », et il peut écrire, afin de mettre en évidence sa valeur et sa nature : « Salus seu beatitudo [2] ».

La théorie de la béatitude ne fait pas l'objet de démonstrations en forme, qui s'appuieraient sur des définitions antérieures : le mot n'est introduit que dans des scolies [3], lorsqu'il s'agit de préciser, par l'emploi d'un terme connu de tous, la nature des résultats atteints dans les propositions précédentes. Spinoza procède ainsi à deux reprises, pour conclure deux moments distincts de sa déduction :

1. *D.I.E.*, § 1.
2. *Éth.*, V, 36 Sc. — Spinoza emploie aussi le mot « félicité » comme un simple synonyme : « felicitas seu beatitudo » (*Éth.*, IV, Append., 4); parfois, « felicitas » et « felix » servent à désigner un bonheur lié à une certaine chance (*Éth.*, IV, 18 Sc., V, 39 Sc.).
3. Sauf dans la proposition 42 de la 5e partie, qui déduit les propriétés les plus importantes pour le salut d'une béatitude évoquée jusque-là seulement en dehors de la déduction, dans des scolies.

a) D'abord, pour résumer en un seul mot les divers éléments de la doctrine de la connaissance du troisième genre et pour en dégager toute la portée : il avait déjà établi que la vertu et le bien suprêmes consistaient dans le développement complet de la puissance de l'esprit, c'est-à-dire dans la connaissance de Dieu [4], et que le contentement de soi né de la raison était le plus grand possible [5]; il vient de démontrer que « le contentement de l'esprit le plus élevé qu'il puisse y avoir, naît de ce troisième genre de connaissance [6] »; il peut donc noter, pour mettre un terme à son analyse, que « Plus chacun vaut par ce genre de connaissance, mieux il est conscient de lui-même et de Dieu, c'est-à-dire plus il est parfait et heureux (beatior) [7] » : la béatitude apparaît ainsi comme le fruit de la connaissance que Spinoza a toujours tenue pour caractéristique de la sagesse et constitutive du salut, la connaissance de Dieu ou de l'union de l'esprit avec la nature entière [8].

b) Ensuite, pour exprimer clairement la nature de l'amour intellectuel pour Dieu, dont il vient de déduire l'existence nécessaire : il a montré, en effet, que ce sentiment était le contentement de soi contenu dans la connaissance parfaite [9]; il ne lui reste plus alors qu'à préciser que c'est « dans » cet « amour constant et éternel pour Dieu, ou amour de Dieu pour les hommes, » que « consiste notre salut ou béatitude [10] » : la béatitude apparaît ici, non comme le simple effet de l'amour intellectuel, mais comme cet amour lui-même, que Spinoza a toujours tenu pour la jouissance la plus élevée que nous puissions connaître, bien plus, pour une jouissance parfaite [11].

Il n'est cependant pas question de distinguer deux béatitudes, l'une produite par une connaissance, l'autre située dans un sentiment : dans les deux cas, il s'agit du même sentiment, le parfait contentement de soi-même évoqué dans l'analyse de la connaissance du troisième genre comme dans la déduction de l'amour intellectuel [12]. On ne peut même pas dire que cette béatitude unique soit le terme de deux démarches distinctes, l'une prenant la voie de la connaissance et l'autre celle de l'amour : en effet, l'amour intellectuel n'est pas autre chose que la science suprême, Spinoza ayant montré que la seconde contenait immédiatement et identiquement le premier [13]; quand on passe de la connaissance du troisième genre à la béatitude, comme c'est le cas dans le premier texte, on ne fait que passer de la manière la plus rapide d'un savoir au sentiment qu'il contient, et ce sentiment est l'amour intellectuel dont le second texte traite d'une manière explicite et détaillée; la première apparition de la

4. *Éth.*, IV, 28.
5. *Éth.*, IV, 52.
6. *Éth.*, V, 27. — Cf. *Éth.*, IV, Append., 4.
7. *Éth.*, V, 31 Sc. — Remarquons que, dans ce texte, Spinoza n'emploie que l'adjectif « beatior »; le substantif « beatitudo » n'apparaîtra qu'après l'analyse de l'amour intellectuel.
8. Cf. *C.T.*, II, 26, § 2; — *D.I.E.*, § 13; — *Lettre XXI à Blyenbergh* (janv.-fév. 1666), V.L., III, 86, Pl., 1203; — *T.T.P.*, III & VII, V.L., II, 121-2 & 184, Pl., 707-9 & 784; — *Lettre LXXIII à Oldenburg* (fin 1675); — *Éth.*, II, 49 Sc., V, 42 Sc.
9. *Éth.*, V, 32.
10. *Éth.*, V, 36 Sc.
11. Cf. *C.T.*, I, 9, § 3, II, 24; — *Princ. philos. Desc.*, I, 5 Sc.
12. Cf. *Éth.*, V, 27, 32 & 35.
13. Cf. 2ᵉ partie, chap. 2.

béatitude n'est donc que l'annonce de la seconde, comme l'indique Spinoza en précisant : « ....plus il est heureux, ce qui se verra plus clairement par les propositions suivantes [14] », et seule la seconde est pleinement justifiée, puisqu'elle seule vient après la déduction d'un sentiment. Ainsi n'y a-t-il qu'une béatitude et qu'une voie vers elle : la connaissance parfaite, qui est amour parfait.

***

Quelle est la nature exacte de ce sentiment ? S'il est vrai que tout le salut réside dans la béatitude, il est indispensable de pouvoir en donner une définition précise et claire; mais nous nous heurtons alors à une difficulté, qui met à nouveau en cause l'intelligibilité du salut proposé par Spinoza.

En effet, la béatitude, qui consiste en « un amour constant et éternel [15] », est un sentiment relatif à un état privilégié de l'esprit, l'état dans lequel il possède l'éternité, l'immutabilité et l'indestructibilité, et « est doué de la perfection elle-même [16] ». Or cet état de perfection achevée semble difficilement conciliable avec ce que Spinoza avait auparavant affirmé du sentiment : toute l'affectivité avait été expliquée à partir du conatus et de son devenir, à partir des variations de la puissance constitutive de l'essence propre d'un être; le sentiment se rapportait donc, non pas à un état stable ni à une plénitude achevée, mais à une transition temporelle et à un perfectionnement progressif [17]; dès lors, on voit mal comment il peut exister un sentiment comme la béatitude, comment il peut y avoir place pour l'affectivité en ce qui est éternité : il semblerait, au contraire, que l'homme sauvé fût délivré, non seulement de toute tristesse et de toute passion, mais aussi de tout sentiment, et que la sagesse fût, non seulement une impassibilité, mais encore une sérénité absolue, une parfaite indifférence affective; le Sage devrait être « insensible », comme les Dieux d'Épicure. Spinoza ne pose ni ne résout ce problème dans toute sa généralité, mais il l'aborde sous l'un de ses aspects les plus particuliers et les plus précis, celui des rapports entre la « béatitude » et la « joie » : en effet, si la béatitude est un sentiment vécu par l'esprit et si tous les sentiments possibles reposent sur deux sentiments fondamentaux, la joie et la tristesse, comme il ne saurait être question de rapporter la béatitude à la tristesse, il faut la tenir pour l'une des modifications possibles de la joie; or celle-ci est précisément une transition, un développement progressif de l'essence ou de la puissance du sujet : il devrait donc exister une différence radicale entre le vécu affectif d'une éternité et d'une liberté qui sont perfection immanente, et la nature de l'affectivité en général qui est perfectionnement relatif, alors que cette différence ne doit pas être radicale, si l'on veut que le salut comporte aussi un élément affectif ou vécu, que la béatitude soit toujours un sentiment et, d'une manière précise, une modification de la joie. Que la difficulté soit réelle, les réserves faites par Spinoza

14. *Eth.*, V, 31 Sc.
15. *Eth.*, V, 36 Sc.
16. *Eth.*, V, 33 Sc.
17. Cf. MAZZANTINI : « *Laetitia* » *e* « *Beatitudo* », passim.

lui-même sur la justesse de son vocabulaire le prouvent : « La joie (qu'il soit permis d'user encore de ce terme).... [18] »; sans doute s'efforce-t-il de donner des définitions aussi rigoureuses que possible : « *Si la joie consiste dans une transition à une perfection plus grande, la béatitude doit certes consister en ce que l'esprit est doué de la perfection elle-même* [19] »; mais ces précisions ne font justement que poser le problème de leur parenté et de leur distinction. Il ne suffit pas de dire que c'est là une distinction traditionnelle [20] et une difficulté inévitable, étant donné la différence entre la vie dans la durée et la vie éternelle et notre impuissance à concevoir adéquatement celle-ci : en effet, ce n'est pas ainsi qu'on résout le problème, et, quoi qu'on pense des rapports de l'éternité avec la durée [21], il ne semble pas légitime d'admettre que le spinozisme, qui place le salut dans l'intelligibilité et l'immanence, s'en remette à une béatitude plus ou moins inconcevable et plus ou moins étrangère à l'affectivité, telle que nous la vivons et telle que nous l'avons jusque-là définie.

Une première solution se présente, à partir des seules indications données par Spinoza : l'existence et la nature de la béatitude seraient conçues en vertu d'une analogie, ce sentiment étant à la perfection ce que la joie est au perfectionnement; la perfection étant le terme achevé du perfectionnement, la béatitude serait donc la limite idéale de la joie. Ce serait ainsi par un passage à la limite à partir de notre expérience de la joie que nous pourrions la penser; une telle démarche se comprendrait aisément : d'une part, nous éprouvons des joies plus ou moins grandes, ce qui nous permet d'en envisager une parfaite; d'autre part, dans le développement de notre immanence et de notre éternité [22], nous ressentons une joie et un amour de plus en plus profonds et solides, qui nous feraient concevoir l'immanence et l'éternité parfaites vers lesquelles nous tendons, comme accompagnées d'un sentiment-limite, dont cette joie constituerait, en quelque sorte, « l'avant-goût [23] ». Mais un passage à la limite n'est pas, à lui seul, une explication qui lève l'obscurité de son terme, en l'espèce la béatitude : au contraire, dans cette interprétation, celle-ci reste fort énigmatique; en outre, dans un passage à la limite, il importe de définir exactement la limite et d'indiquer l'élément précis de continuité entre le mouvement progressif et son terme : or, ce que nous avons vu jusqu'à présent nous a plutôt montré, entre le perfectionnement et la perfection, l'acquisition et la possession, la transition et l'état, une discontinuité et une hétérogénéité interdisant tout passage. Il faut donc chercher une autre solution, qui réponde à ces objections : la béatitude serait fondamentalement de même nature que la joie et en continuité avec elle, mais elle en serait la limite idéale dans la mesure où elle serait la joie

18. *Éth.*, V, 36 Sc.
19. *Éth.*, V, 33 Sc. (souligné par moi).
20. Wolfson (*Spinoza*, II, 307-8) évoque la tradition aristotélicienne et, en particulier, la distinction faite par Crescas entre le plaisir sui generis de Dieu, acte pur, et le plaisir éprouvé par l'homme dans le passage de la puissance à l'acte.
21. Cf. 1re partie, chap. 3.
22. Cf. 1re partie, chap. 1 & 2e partie, chap. 1 & 2.
23. Telle est l'interprétation retenue par Wolfson (*Spinoza*, II, 299-300), qui voit dans la connaissance du troisième genre un simple avant-goût de l'éternité, comme l'était, dit-il, la connaissance des choses simples pour Ibn Gabirol.

débarrassée de ses limitations, de tous ces manques que sont la relativité et la partialité, la transitivité du progrès et le risque permanent d'une rechute.

Mais cette solution, si elle rend compte de la continuité et de la distinction, laisse toujours subsister une différence excessive, puisqu'on ne voit pas comment la joie débarrassée de ses limitations pourrait encore comporter l'élément de transition requis pour l'existence d'un sentiment. Demandons-nous cependant quels sont, en vérité, ces manques dont nous souhaitons être délivrés et qui se trouvent abolis dans l'éternité : ce n'est assurément pas la transitivité en elle-même, puisque, nous le savons, l'éternité, loin d'exclure l'existence temporelle, est un mode d'existence, inexplicable par la durée, de ce qui est dans la durée[24]; nous avons même vu que tout ce qui est éternel, le troisième genre de connaissance et l'amour intellectuel, est un développement de l'être qui ne peut se comprendre que comme un devenir de l'essence, une transition de la perfection[25] : s'il en est ainsi, le vécu affectif de l'éternité, le sentiment né de cette connaissance et constitué par cet amour, la béatitude, non seulement peut, mais encore doit comporter la transitivité qui assure sa continuité avec la joie et qui fonde son existence en tant que sentiment. C'est que la possession d'un être parfait n'est pas nécessairement un état stable : à moins de la placer a priori dans l'immobilité et en dehors de la temporalité, ce que Spinoza n'a pas fait et qu'il ne pouvait pas faire en raison de son monisme, on doit avouer que la perfection n'exclut ni le devenir, ni le progrès.

Quelles sont donc les limitations dont elle est délivrée ? Ce n'est pas l'existence dans la durée, mais l'existence définie par la durée, c'est-à-dire la contingence, la subordination à des déterminations extrinsèques[26] : la possession de la perfection, c'est encore la transitivité, mais sans l'extériorité. Tel était le statut de l'éternité, dans la connaissance du troisième genre et l'amour intellectuel : cette immanence de l'activité, qui leur permettait d'être une connaissance et un amour parfaits, et une liberté; il en est nécessairement de même de la béatitude qui s'y rapporte : elle est un sentiment et un sentiment de l'ordre de la joie, mais parfait, parce qu'elle est *le vécu affectif du développement de la perfection intrinsèque, du progrès de la pure immanence.* Nous pouvons même parler ici simplement de « joie[27] »; mais, pour la précision du vocabulaire, il est préférable de réserver le terme de « joie » à l'accroissement de perfection relatif à des données extrinsèques, que ce perfectionnement résulte de l'affirmation de notre propre activité, ce qui constitue une joie active, ou de l'action favorable des forces extérieures qui peuvent venir augmenter notre puissance sans que nous y soyons vraiment pour quelque chose, ce qui constitue une joie qu'on peut nommer passive; la « béatitude », au contraire, est cette espèce particulière de joie, dont la causalité et le contenu sont entièrement immanents et qui, pour cette raison, se trouve libérée de toute relativité extrinsèque. Dans l'analyse des divers aspects

24. Cf. 1re partie, chap. 3.
25. Cf. 2e partie.
26. Cf. 1re partie, chap. 3.
27. *Éth.*, III, 53 & V, 36 Sc.

de la liberté, nous avons vu qu'il fallait, dans une certaine mesure, distinguer la liberté qui est définie par la causalité immanente, mais qui peut avoir pour contenu des données externes, comme l'action, autrui, la société, et la liberté définie par une causalité immanente ayant elle-même pour contenu et pour objet [28] : la béatitude est exactement à la joie — si nous ne retenons ici que la joie active — ce qu'est la liberté du Sage de la cinquième partie à la liberté de l'homme libre de la quatrième partie. Ainsi est assurée, en même temps que sa continuité avec la joie et son existence en tant que sentiment, sa spécificité en face de la joie stricto sensu : cette spécificité, qui donne un terme précis pour un passage à la limite et une distinction rigoureuse pour la construction d'une analogie, c'est l'originalité irréductible de l'immanence, qui définit l'éternité et la liberté et qui caractérise le savoir et l'amour parfaits.

⁂

Il est évident qu'une béatitude qui est ainsi définie par la joie parfaite contenue dans la pure activité immanente de l'esprit qui se connaît et s'aime comme partie de l'Être, est notre salut. Elle répond, en effet, à tout ce que nous pouvions exiger pour la satisfaction de notre désir naturel : toute tristesse et toute faiblesse, toute dépendance et toute contingence en sont exclues; en outre, tout mystère, avec ce que cela comporte nécessairement de confiance aveugle, de risque d'erreur et même de crime, d'angoisse et, par conséquent, de misère, se trouve dissipé : nous savons en toute lucidité ce que nous espérons et ce que nous atteignons. Dans ce système, dont l'ontologie objectiviste et immanentiste semblait ignorer délibérément les aspirations humaines [29], toutes ces aspirations sont entièrement satisfaites, et cela parce que l'homme se trouve pleinement remis à lui-même comme partie de la Nature, qu'il est rendu à la jouissance de son être et qu'il est enfin délivré de l'angoisse métaphysique, née précisément d'une conception trop subjective, trop humaine de la Nature, et de la croyance en une transcendance qui la dépasse. Spinoza peut donc poser, sans la démontrer, *l'identité de la béatitude et du salut* [30] : il lui suffit, en effet, de décrire ce sentiment, pour que chacun reconnaisse aussitôt en lui l'état idéal si obscurément promis et si longuement, si vainement attendu.

Mais, en présence d'une description aussi séduisante, le lecteur peut éprouver une certaine défiance : il est, en effet, traditionnel d'admettre que le salut et sa joie parfaite sont choses fort difficiles et que, pour les connaître, il faut d'abord se libérer des appétits sensuels, de leurs passions et de leur tristesse; aussi pense-t-on que la béatitude requiert un effort préalable qui nous en rende capables et dignes, et qu'elle est, par conséquent, une récompense ultérieure accordée à la vertu ou acquise par son moyen, le salaire ou le fruit de la moralité. Pour Spinoza, cette « conviction commune [31] » est une illusion dangereuse : elle nous empêche

28. Cf. le chapitre précédent.
29. Cf. l'Introduction.
30. *Éth.*, V, 36 Sc.
31. *Éth.*, V, 41 Sc.

de comprendre le sens et la portée de ce qui vient d'être prouvé sur la vraie nature de la béatitude, en nous la faisant chercher en dehors de notre pure activité immanente; elle est une des causes de notre impuissance et de notre tristesse, et non la moindre : elle nous amène à considérer le bonheur comme une récompense éloignée, que nous devrions nous contenter d'attendre avec patience d'un Dieu, de la Fortune ou même, simplement, de l'achèvement de nos efforts, de la fin de notre progrès; elle nous fait voir dans la moralité un chemin rigoureux et sévère, un moyen sans valeur intrinsèque, un marchandage ou un calcul intéressé, un mal nécessaire, sans que nous comprenions même clairement pourquoi ce mal est nécessaire au bien : ainsi pensent et vivent ceux qui « croient que la moralité et la religion.... sont des fardeaux, dont ils espèrent être déchargés.... pour recevoir le prix de la servitude[32] » et qui « attendent d'être comblés par Dieu de récompenses suprêmes pour leur vertu et leurs meilleures actions, comme pour une servitude suprême[33] »; ils ne connaissent que l'inquiétude de l'espoir, la tristesse de la crainte et l'accablement d'une vertu privée de sens propre[34].

Dans les deux dernières pages de l'*Éthique,* Spinoza tient à réfuter ces erreurs et à détruire cette nouvelle cause de misère :

a) Il ne nie pas la difficulté du salut proposé : « Cela certes doit être ardu, qui se trouve si rarement. Comment serait-il, en effet, possible, si le salut était là, à notre portée, et qu'on pût le trouver sans grande peine, qu'il fût négligé par presque tous ? Mais tout ce qui est beau est aussi difficile que rare[35]. » Cependant, la difficulté n'est rien, quand la possibilité est assurée : « Si la voie que j'ai montré y conduire paraît fort ardue, on peut cependant la trouver[36] », puisqu'elle est toute entière contenue dans notre seule activité immanente, délivrée de toute extériorité et de toute attente, et qu'elle ne dépend donc que du simple développement de l'affirmation de nous-mêmes, de notre effort le plus spontané et de notre désir le plus naturel.

b) Pour s'en assurer, il suffit de dissiper un aspect particulier de l'illusion commune, la croyance selon laquelle la possession de la béatitude présupposerait la réduction des appétits sensuels et l'élimination des passions; or, s'il est vrai que la béatitude est le sentiment contenu dans l'activité immanente et que le développement de l'activité implique nécessairement la réduction de la passivité[37], il est certain que c'est la béatitude qui est elle-même la condition de notre libération : « Ce n'est pas parce que nous réduisons nos appétits sensuels que nous en jouissons » (de la béatitude), « mais c'est au contraire parce que nous en jouissons que nous pouvons réduire nos appétits sensuels[38] »; ainsi se trouvent

32. *Ibid.*
33. *Éth.*, II, 49 Sc.
34. *Éth.*, V, 41 Sc.
35. *Éth.*, V, 42 Sc.
36. *Ibid.*
37. Cf. le chapitre précédent.
38. *Éth.*, V, 42 (seconde partie). — L'emploi inhabituel du terme « libido » se comprend fort bien, dès qu'on reconnaît que ce texte est une réponse à une objection traditionnelle, dont il reprend le vocabulaire, comme le faisait déjà le scolie précédent pour l'exposé de cette illusion commune.

établie la possibilité directe du salut et du bonheur et confirmée leur identité avec la liberté, qui est libération autonome : loin d'être subordonnée à une condition préalable, la béatitude est sa propre condition.

c) Mais cet aspect particulier de l'illusion est une simple conséquence de son contenu général, la distinction admise entre la vertu et la béatitude : l'essentiel est donc de montrer leur parfaite identité. Certes, si la vertu consistait dans la soumission à une loi étrangère à notre nature ou même si elle était un effort accompli en vue d'atteindre un résultat final, elle se distinguerait de sa réussite ou de sa récompense; il en serait de même, si la béatitude résidait dans une éternité séparée de notre existence, si elle consistait dans un état de perfection immobile, étrangère au déploiement de nos efforts et à notre perfectionnement progressif, si elle résultait, enfin, de l'établissement d'un lien nouveau entre nous et l'être ou d'un lien avec un nouvel être. Mais la vertu est la « puissance », « l'essence ou la nature.... en tant qu'elle a le pouvoir de faire certaines choses qui sont intelligibles par les seules lois de sa nature[39] », c'est-à-dire la réalisation du conatus[40] ou l'immanence active; de son côté, la béatitude est le vécu affectif de cette même activité purement immanente : pour en jouir, il suffit d'être, d'être soi-même, d'être actif dans le savoir et l'amour de soi. Vertu et béatitude coïncident donc par leur essence commune, l'activité immanente, qui est précisément invoquée dans la démonstration de leur identité : « La béatitude consiste dans l'amour pour Dieu, lequel amour naît du troisième genre de connaissance et, de ce fait, cet amour doit être rapporté à l'esprit *en tant qu'il agit :* et, par suite, *elle est la vertu elle-même*[41] ». Il est alors facile de conclure, comme le fait l'énoncé de la même proposition, que « *La béatitude n'est pas la récompense de la vertu*[42] », qu'on entende par là sa contrepartie, son salaire, sa récompense mercantile, ou simplement sa conséquence, le fruit de sa pratique distingué de sa pratique elle-même[43] : la béatitude n'est ni un bien que nous devrions acheter par notre moralité, ni un bien que nous devrions chercher à travers elle : elle est la moralité même[44].

39. *Eth.*, IV, Déf. 8.
40. *Eth.*, IV, 20.
41. *Éth.*, V, 42 (première partie) (souligné par moi).
42. *Eth.*, V, 42 (souligné par moi).
43. Il est utile de comparer la conclusion de Spinoza avec la doctrine de Geulincx qui traite longuement des « praemia virtutis « (*Éthique*, 5e partie, *Opera philosophica*, La Haye, Nijhoff, 1891-3, III, 120-3). Geulincx refuse l'illusion vulgaire d'une vertu pratiquée pour mériter le bonheur : pour lui, la vertu est sa propre fin et le bonheur se situe dans la moralité même, dans la pleine possession de la vertu; il reprend ainsi un thème souvent développé par les moralistes et les philosophes : sur ce point, Spinoza est donc en parfait accord avec lui. Mais Geulincx fait encore du bonheur le résultat obtenu à la suite du progrès de la vertu, ce qu'elle nous permet d'atteindre : pour lui, l'amitié avec Dieu, la félicité, la paix, la sagesse et la discipline, la dignité, l'amitié avec les bons, l'estime, etc., sont des « récompenses de la vertu », qui résultent de sa possession et qui sont toujours distinctes de son acquisition et de son exercice progressif; ici, au contraire, Spinoza est en désaccord avec lui : il emploie la même expression, virtutis praemia, mais pour la réfuter.
44. Nous retrouvons ici l'accent et le thème des premières pages de la *Réforme de l'entendement*, dans lesquelles Spinoza, après avoir posé l'alternative entre le périssable et l'impérissable et avoir soupesé les raisons pouvant le conduire à opter en faveur du second, découvrait que cette seule réflexion, cette simple recherche étaient déjà en elles-mêmes une libération par rapport au périssable et une « consolation » (§ 11).

Pour montrer l'originalité de sa doctrine en face des préjugés communs, trop souvent partagés par les philosophes, Spinoza ne pouvait donner de meilleure conclusion à l'*Éthique* que cette preuve de l'identité de la béatitude et de la vertu :

1) D'une part, en effet, comme nous venons de le voir, la béatitude, la liberté et le salut se trouvent désormais immédiatement contenus dans l'immanence de notre activité naturelle : leur possibilité directe et leur réalité présente sont assurées, indépendamment de toute condition antérieure et de toute intervention extrinsèque.

2) D'autre part, cette identité garantit, ou plutôt confirme la pureté et l'autonomie de la moralité :

a) Dans la proposition 41, Spinoza rappelle que « pour déterminer ce que la raison commande comme utile, nous n'avons tenu aucun compte de l'éternité de l'esprit »; la moralité a été déduite de la seule définition de ce qui contribue à la réalisation de notre nature et à l'accroissement de notre essence, et il serait « absurde[45] » de refuser ce qui accomplit notre être, même si nous ignorons encore l'éternité de notre esprit et sa béatitude : simple développement de la puissance intrinsèque d'un être, la moralité se fonde sur elle-même et par elle-même;

b) Dans la seconde partie de la proposition 42, Spinoza montre qu'elle se fait aussi elle-même, puisque la réduction de la servitude résulte du développement de la vertu et de sa béatitude;

c) Dans la première partie de la même proposition, il montre qu'en outre, elle se satisfait elle-même, puisque la béatitude est la vertu même; nous ne sommes donc plus vertueux en vue d'une récompense ou d'un résultat éloigné et la moralité n'est plus un calcul résigné et craintif, vécu comme une servitude : elle est purifiée de tout ce qui était notre impuissance, elle est comprise comme une libre réalisation de notre nature, elle est jouissance.

Située dans une activité immanente qui est sa propre satisfaction, la moralité existe et vaut en soi, par soi et pour soi.

3) Il s'ensuit que la moralité et le salut sont identiques. Certes, ils ne le sont pas complètement, puisque la béatitude n'est pas présente en toute disposition ni en toute activité morales[46] : elle est, non pas la « virtus » en général, qui est joie sans être nécessairement joie parfaite, mais seulement la « virtus suprema[47] », l'activité suprême qui est joie parfaite en raison de sa totale immanence, dans son contenu et dans son objet comme dans sa causalité; malgré cette distinction relative, le salut n'en est pas moins situé dans l'ordre de la moralité et défini par la moralité même, en son accomplissement parfait.

Sans doute reconnaît-on, en général, une relation entre ces deux termes, car on hésite à poser l'immoralité comme voie du salut, à affirmer que l'homme moral peut être damné et l'homme immoral sauvé; mais

45. *Eth.*, V, 41 Sc. — Cf. *C.T.*, II, 26, § 4.
46. Il faudra cependant nuancer ce refus dans le prochain chapitre.
47. *Eth.*, IV, 28; cette expression est employée par Spinoza pour définir la connaissance de Dieu, qui doit être présentée ensuite comme l'élément fondamental de la béatitude.

on maintient une distinction entre les deux ordres, pour n'établir entre le « pratique » et le « religieux » qu'une relation synthétique, indirecte. Veut-on réduire l'écart et même supprimer la différence, qu'on est conduit à ramener l'un de ces termes à l'autre : ou bien on fait consister le salut dans la seule moralité de la vie intérieure et de l'action extérieure, ou bien on définit la vertu en fonction du seul salut, à partir du seul rapport de l'homme avec l'absolu; mais, dans le premier cas, si on préserve heureusement la moralité, on omet l'aspect proprement religieux de l'idée de salut, on laisse de côté l'aspiration humaine à la connaissance de l'absolu et à la possession d'une éternité; dans le second cas, on néglige l'aspect proprement éthique et pratique de la moralité, qui doit se situer au niveau de l'action humaine cherchant à développer la nature humaine dans le sujet, en autrui et dans la société. Spinoza, au contraire, montre que la vertu n'est que la réalisation de l'activité immanente de la nature humaine et que le salut, la possession de l'éternité, la connaissance et l'amour de l'absolu, ne sont aussi que cette même activité immanente, réalisée dans toute sa pureté et vécue dans le sentiment parfait qu'est la béatitude : il peut donc poser *l'identité d'une moralité entièrement autonome*, située dans la pleine réalisation de l'homme, conçue à partir de sa seule nature et valant par elle-même, *et d'un salut entièrement conforme aux exigences métaphysiques* d'un être fini, qui désire être éternel et connaître et aimer l'infini. Grâce à l'immanentisme et au naturalisme, la moralité ne déçoit pas notre aspiration et le salut ne heurte pas la conscience de ce que nous nous devons à nous-mêmes et de ce que nous devons aux autres : le prestige du spinozisme auprès de ses rares adeptes et de ses nombreux adversaires n'a peut-être pas d'autre raison.

CHAPITRE III

LE PROBLÈME D'UN SECOND SALUT PAR LA FOI ET DANS L'OBÉISSANCE

S'il est vrai que « La béatitude n'est pas la récompense de la vertu, mais la vertu elle-même », et que le salut réside dans l'activité purement immanente, dans la liberté parfaite qui est réalisée dans la connaissance du troisième genre et qui est vécue dans l'amour intellectuel, il ne semble pas qu'il puisse y avoir de vrai salut en dehors de la pleine adéquation de l'entendement clair et distinct, en dehors de la lucidité philosophique, seule capable de donner la conscience et la jouissance suprêmes.

Ainsi se trouvent donc rejetés a priori tous les saluts proposés par les différentes Églises et sectes religieuses. Nous avons déjà vu Spinoza refuser toute possibilité de liberté et de béatitude à l'homme immoral, dont la conduite est nuisible à lui-même et aux autres; et même si l'action n'est pas proprement mauvaise, l'homme n'est pas sauvé, qui agit seulement pour fuir le mal, dans l'espoir et la crainte, soucieux d'un bonheur qui ne serait que la récompense lointaine d'une moralité comprise comme une loi extrinsèque et vécue comme un fardeau : dans le *Traité théologico-politique,* il dénonce avec violence les superstitions qui condamnent l'homme privé de la vérité philosophique à l'impuissance et à la misère de la déraison et des dissensions [1].

Mais, dira-t-on, la religion n'est pas faite que d'écrits et de rites, de superstitions et de craintes, de faiblesses et de crimes; il existe, assurément, une attitude religieuse qui ne comporte que la connaissance et l'amour de Dieu [2] et de la loi fixée par lui [3] et qui a pour conséquences

1. Cf. *T.T.P.*, Préface et les premières pages des chapitres VII, VIII, IX & XII, etc... — Je me contenterai ici de rappeler et de résumer les principaux points de la doctrine spinoziste de la religion et de la foi, dans la mesure où c'est nécessaire pour analyser et discuter la seule question de la reconnaissance d'un second salut, non philosophique.

2. Cf. *T.T.P.*, XII, passim.

3. Cf. *T.T.P.*, IV & XVI, V.L., II, 137-8 & 266-9, Pl., 726-8 & 893-8; — *T.P.*, II, 22.

la sincérité, la justice et la charité[4], en un mot : *l'amour du prochain tel que peut le produire une certaine idée de Dieu*[5]. C'est à cette attitude et à cette conduite que Spinoza pense, lorsqu'il emploie le mot « *religion* », lorsqu'il parle, en particulier, de la « vraie religion[6] »; celle-ci n'est rien d'autre que la moralité : elle est un simple « enseignement moral », si bien que seul le moral est sacré et que tout ce qui est immoral est nécessairement impie[7].

Ainsi définie dans sa généralité par son contenu moral, la Religion peut avoir deux sources distinctes :

a) Elle peut venir d'une connaissance et d'un amour parfaitement adéquats, c'est-à-dire vrais et immanents, ceux que nous avons vus à l'œuvre jusqu'ici : il s'agit de ce que nous pouvons appeler une « Religion philosophique », constitutive, nous le savons, du salut philosophique;

b) Mais elle peut aussi résulter d'une « Révélation », non que Spinoza admette la réalité d'une révélation surnaturelle et miraculeuse, mais parce qu'il n'y a pas d'autre mot pour désigner l'origine d'un savoir et d'un enseignement nés du développement irrationnel de notre nature, sans la garantie d'idées claires et distinctes, indépendamment de toute réflexion déductive[8] : en cette « Religion révélée », la loi divine, qui n'est par son contenu que la loi morale naturelle et rationnelle, est présentée comme une loi imposée ou proposée à l'homme de l'extérieur, à partir d'autre chose que de sa propre nature et de sa lumière naturelle, par un Témoin et, en dernière analyse, par Dieu lui-même[9]. Une telle religion se caractérise donc par l'intervention d'une croyance historique en une Révélation et en un Témoignage[10], qu'on accepte et qu'on suit en dehors de la pure immanence du mouvement naturel et de la compréhension parfaite : elle est, non pas raison, mais *foi*[11]. La religion n'ayant de signification et de valeur que par ses conséquences morales, cette foi n'est évidemment rien sans les œuvres[12] : la religion de la foi, qui ne peut être vertu en l'acception spinoziste du terme, doit donc s'accomplir dans l'*obéissance*[13]; en définitive, si l'on veut la purifier de toutes les

4. Cf. *T.T.P.*, XIII, XIV & XIX, V.L., II, 241, 246-8 & 295, Pl., 856-7, 864-5 & 939; — *Lettre LXXVI à Burgh* (fin 1675 - début 1676), V.L., III, 232, Pl., 1345.

5. Cf. *T.T.P.*, XII, XIII, XIV & XX, V.L., II, 236, 239, 241-3, 244, 247-9, 311-2, Pl., 850, 853, 857-9, 861, 866-7, 963-4; — *Éth.*, IV, 28, 37 & 68 Sc.

6. Cf. *T.T.P.*, XII & XIX, V.L., II, 230 & 296, Pl., 842 & 940; — *T.P.*, II, 22; — *Éth.*, IV, 37 Sc. 1.

7. Cf. *T.T.P.*, V, VII, XII & XIII, V.L., II, 153-6, 184, 230-1, 242-3, Pl., 744-8, 784, 842-4, 858-9.

8. Cf. *T.T.P.*, XIX, V.L., II, 295-6, Pl., 939; — *T.P.*, II, 22. — Cf. toute la doctrine sur les Prophètes et la Prophétie (*T.T.P.*, I & II).

9. Cf. *T.T.P.*, V, VII & XIX, V.L., II, 152-6, 171-3 & 295-300, Pl., 744-8, 767-70 & 938-41; — *Lettre XIX à Blyenbergh* (5 janv. 1665), V.L., III, 64-5, Pl., 1179-81. — Tel est le sens donné à la personne et au rôle du Christ [cf. *T.T.P.*, I & IV, V.L., II, 99-100 & 140, Pl., 680-2 & 730-1; — *Éth.*, IV, 68 Sc.; — *Lettres LXXIII & LXXV à Oldenburg* (fin 1675)]. — Cf. la théorie du Témoin, analysée dans le premier chapitre de cette partie.

10. Cf. *T.T.P.*, IV & V, *passim*.

11. Cf. *T.T.P.*, IV, V, XII, XIII & XIV, V.L., II, 141-2, 152-4, 230-1, 237-41 & 243-5, Pl., 732, 744-7, 842-4, 852-6 & 859-62.

12. Cf. *T.T.P.*, Préf., XIV, XV & XVIII, V.L., II, 90, 245, 249, 257 & 292, Pl., 670, 862, 867, 879 & 934.

13. Cf. *T.T.P.*, IV, V, XII, XIII & XIV, V.L., II, 141-2, 152-4, 230-1, 237-41 & 243-5, Pl., 732, 744-7, 842-4, 852-6 & 859-62.

croyances inutiles et de toutes les superstitions dangereuses, la foi ne doit contenir rien d'autre que les dogmes indispensables pour l'obéissance [14].

Par définition, les ignorants et les faibles sont privés de la raison et de la vertu qui constituent la religion philosophique : la connaissance intellectuelle et son salut étant choses rares et difficiles [15], seules la foi et l'obéissance peuvent fonder la moralité de ces gens; elles seules sont donc capables de fournir une règle de vie commune à tous les hommes, comme l'exige notamment la vie sociale [16]. Spinoza se trouve ainsi amené à définir une *foi universelle,* qui contienne toutes les croyances requises pour assurer l'obéissance morale chez les ignorants et les faibles et dans la vie commune [17]; il prend soin d'énumérer ces dogmes, qui expriment, à ses yeux, le véritable enseignement du Christ et qui définissent le vrai Catholicisme, restitué à son universalité [18] : il ne s'agit pas de « dogmes vrais », mais de « dogmes pieux, c'est-à-dire capables de mouvoir le cœur à l'obéissance [19] ». Telle est finalement, en face de la sagesse philosophique, la seule vraie religion, celle qui doit être établie par-delà toutes les différences de sectes et se retrouver dans l'enseignement de chacune, pour que le philosophe puisse l'accepter et l'État l'autoriser [20] : son « fond essentiel (summa).... consiste en enseignements moraux [21] »; quelle que soit, en fait, son origine historique et psychologique, son fondement se trouve dans la raison morale, puisque la seule réflexion sur les principes de la vie droite pourrait déduire son contenu et démontrer ses conclusions [22], et que seule cette déduction rationnelle est capable d'authentifier une foi donnée, en montrant sa conformité à la vraie religion [23] : à cause de son contenu moral, nous pouvons ainsi être assurés de sa valeur, « l'agréer dans une certitude morale [24]. »

Or, même si elles ne contredisent pas la vérité et la moralité, même si elles leur sont conformes, foi et obéissance ne sont pas intellection et vertu : elles ne peuvent donc pas être le salut, qui a été situé dans la jouissance de l'activité immanente, et elles ne peuvent pas plus y conduire, puisqu'il a été prouvé que le salut n'est pas un résultat acquis ni une récompense méritée à la suite de notre attitude et de notre conduite. Pour assurer la possibilité du salut, Spinoza était obligé de ne retenir que l'activité immanente décrite dans l'*Éthique,* la sagesse ou la religion philosophique : « Nul ne peut parvenir à l'état de béatitude

14. Cf. *T.T.P.*, XIV & XIX, V.L., II, 243-50 & 295-9, Pl., 859-68 & 938-43.
15. Cf. *T.T.P.*, XIII, V.L., II, 240, Pl., 855; — *Éth.*, V, 42 Sc.
16. Cf. *T.T.P.*, II, III, V, XIII, XIV, XV & XVIII, V.L., II, 118, 127, 151, 241, 243-5, 249, 257 & 292, Pl., 703, 714, 743, 857, 859-61, 867, 879-80 & 934. — C'est là le principe fondamental de l'*exégèse* spinoziste, qui trouve la signification et la valeur des textes de l'Écriture dans l'utilité sociale des dogmes qu'ils enseignent et des règles de vie qu'ils instituent.
17. Cf. *T.T.P.*, XIV & XV.
18. C'est en ce sens que le Christ est compris comme le libérateur de la loi, comme celui qui dégage la règle morale de la lettre, des rites et des superstitions (cf. *T.T.P.*, III, IV, VII, V.L., II, 131, 140, 177, Pl., 718-9, 730, 774-5, etc.).
19. *T.T.P.*, XIV, V.L., II, 246, Pl., 864. — Cf. *T.T.P.*, XV, V.L., II, 250, Pl., 869.
20. Cf. *T.T.P.*, XVIII, XIX & XX.
21. *T.T.P.*, XI, V.L., II, 227, Pl., 839-40.
22. Cf. *T.T.P.*, XIV, V.L., II, 245, Pl., 861.
23. Cf. *Lettre LXXVI à Burgh* (fin 1675 - début 1676), V.L., III, 233, Pl., 1346-7.
24. *T.T.P.*, XV, V.L., II, 255, Pl., 877. — C'est cette certitude fondée sur le contenu moral, qui garantit l'authenticité du Prophète (*T.T.P.*, I & II).

sans.... la sagesse éternelle[25] »; il devait donc refuser tout caractère salutaire à la religion définie par la foi et l'obéissance : parlant des Prophètes, il écrit que « La règle du bien vivre.... fut pour eux plutôt une servitude qu'une vraie liberté » et qu' « ils ont ignoré l'excellence de la vertu et la vraie béatitude[26] »; la foi et l'obéissance sont réservées à l'ignorant : le dernier scolie de l'*Éthique* établit précisément que l'ignorant est privé de l'éternité salutaire du Sage.

Néanmoins, et au moment même où il insiste le plus sur la différence entre lumière naturelle et foi, raison et obéissance, Spinoza admet un salut acquis par la foi et dans l'obéissance : l'homme, « qu'il ait été instruit par la seule raison ou par la seule Écriture, est vraiment instruit par Dieu et possède l'entière béatitude[27] »; les Apôtres « enseignent la vraie religion et la voie du salut[28] »; « Quant aux Turcs eux-mêmes et aux autres Païens, s'ils adorent Dieu par le culte de la justice et par la charité envers le prochain, ils ont l'esprit du Christ et *ils sont sauvés,* quelle que puisse être leur conviction sur Mahomet et les oracles du fait de leur *ignorance*[29] », ce qui constitue l'affirmation expresse d'un salut dans l'ignorance ! Il pose même, comme l'un des dogmes de la Foi universelle, que « Tous ceux qui obéissent à Dieu selon cette règle de vie, sont seuls sauvés et que les autres, qui vivent sous l'empire des voluptés, sont perdus[30] », que « Les hommes sont sauvés même par la seule obéissance[31] », que « *La simple obéissance est une voie vers le salut*[32] ».

L'affirmation est inattendue et mystérieuse : au sein du rationalisme spinoziste, elle apparaît aussi incompréhensible que déplacée. Spinoza en a hautement conscience, puisqu'il signale lui-même, à plusieurs reprises, le caractère irrationnel de ce qu'il soutient : « Nous ne pouvons démontrer par la seule raison la vérité ou la fausseté du fondement de la théologie, qui est que les hommes sont sauvés même par la seule obéissance[33] »; « Nous ne pouvons comprendre par la lumière naturelle que la simple obéissance soit une voie vers le salut[34] », et l'on sait que de tels aveux d'incompréhension sont les formules habituellement choisies par lui pour rejeter une idée vide de sens : dans le *Traité théologico-politique,* il ne procède pas autrement pour critiquer la croyance au miracle. Effectivement, lorsqu'on identifie le salut à l'activité adéquate de l'entendement et qu'on critique la connaissance inadéquate et l'aspiration à une récompense extrinsèque, la question d'un salut par la seule foi et dans la seule obéissance et, a fortiori, l'adoption d'une réponse positive semblent absurdes.

Et pourtant, cette question est posée et une telle réponse retenue. Nous ne saurions, en effet, dire que Spinoza se contente ici, comme dans

25. *Lettre LXXIII à Oldenburg* (fin 1675).
26. *T.T.P.*, II, V.L., II, 118, Pl., 703-4.
27. *T.T.P.*, V, V.L., II, 156, Pl., 748.
28. *T.T.P.*, XI, V.L., II, 227, Pl., 839.
29. *Lettre XLIII à Osten* (1671), V.L., III, 162, Pl., 1277 (souligné par moi).
30. *T.T.P.*, XIV, V.L., II, 248, Pl., 866.
31. *T.T.P.*, XV, V.L., II, 254, Pl., 875.
32. *T.T.P.*, XV, V.L., II, 257, Pl., 879 (souligné par moi).
33. *T.T.P.*, XV, V.L., II, 254, Pl., 875.
34. *T.T.P.*, XV, V.L., II, 257, Pl., 879. — Cf. *T.T.P.*, Note marginale XXXI, V.L., II, 327, Pl., 879.

tout le *Traité théologico-politique,* de rapporter une thèse contenue dans l'Écriture, en mettant sa propre philosophie « entre parenthèses[35] » : non seulement nous l'avons vu soutenir la même idée dans la *lettre à Osten,* mais encore, dans le *Traité théologico-politique* lui-même, il fait état du salut rationnel et il subordonne l'existence du salut par la foi à l'accord de celle-ci avec l'enseignement de la raison[36]. Aussi sommes-nous bien obligés de nous demander, avec Spinoza lui-même, après l'énoncé de ce dogme surprenant : « *Pourquoi donc le croyons-nous*[37] *?* » La question se présente sous deux aspects :

a) D'abord, le problème du salut non philosophique en lui-même : pourquoi Spinoza l'admet-il ? A quoi reconnaît-il exactement une vertu salutaire ? En quoi consiste ce salut ?

b) Ensuite, le problème du rapport entre l'affirmation d'un tel salut et la doctrine philosophique du salut : la première est-elle compatible avec la seconde ? Que peut-il y avoir de commun entre l'ignorant fidèle et obéissant et le Sage autonome, qui justifie l'emploi des mêmes mots : salut et béatitude ? Peut-être ne devons-nous pas chercher une explication rationnelle pour ce que Spinoza situe hors de la raison; mais il y a au moins ici un problème de compatibilité et d'homonymie entre le rationnel et l'irrationnel : nous devons donc chercher à comprendre la part faite à la foi et à son salut à l'intérieur de la philosophie exposée dans l'*Éthique,* puisque c'est bien l'auteur de l'*Éthique* qui pense et écrit ce que nous lisons dans le *Traité théologico-politique* et dans la *lettre à Osten !* Non seulement ces questions mettent en cause la rigueur et la cohérence du système de Spinoza, mais elles soulèvent tout le problème de la place et de la valeur qu'accordent et que doivent éventuellement accorder à la foi le rationalisme spinoziste et, en définitive, le rationalisme en général.

C'est pourquoi il ne suffit pas de signaler et de dénoncer la présence d'une contradiction[38]. D'ailleurs, nous l'avons vu, Spinoza insiste lui-même sur l'opposition entre ce que la raison est capable de pénétrer et de démontrer et la reconnaissance d'un salut non philosophique; il va jusqu'à préciser qu' « il y aurait déraison à ne pas vouloir l'accueillir, sous le seul motif qu'il ne peut être démontré mathématiquement[39] » : il est donc impossible de parler ici d'une contradiction inconsciente. Mais nous ne pouvons pas plus parler d'une contradiction consciente : chacun le sait, il n'est de contradiction que dans les choses du même genre; or Spinoza pose une distinction absolue de points de vue qui empêche les diverses affirmations de se rencontrer et de se contredire : les chapitres du *Traité théologico-politique,* qui font état de ce salut paradoxal, ont pour objet précis de montrer l'existence de deux ordres entièrement hétérogènes, de deux domaines irréductibles, celui de la philosophie et

35. Zac : *Interprétation,* 167.
36. Cf. les textes cités dans les pages précédentes et dans les prochains paragraphes.
37. *T.T.P.,* XV, V.L., II, 254, Pl., 875 (souligné par moi).
38. Cf. A. Nossig : *Versuch einer praktischen Kritik der Lehre Spinozas, Ueber der bestimmende Ursache des Philosophierens,* Stuttgart, Deutsche Verlags - Anstalt, 1895, II, 1, § 19.
39. *T.T.P.,* XV, V.L., II, 256, Pl., 878.

celui de la théologie, celui de la raison et celui de la foi, chacune étant pleinement maîtresse chez soi et totalement incompétente chez l'autre [40].

Cette même distinction nous interdit également d'invoquer une simple volonté de fusion, qui amènerait Spinoza à dépasser la différence et l'opposition entre la philosophie et la théologie, pour leur reconnaître à chacune le pouvoir de nous conduire au salut [41]. Notamment, nous ne saurions prétendre qu'il éprouve le besoin de faire appel à un salut plus élevé, réservé à la foi et défini par la théologie, parce qu'il aurait conscience des limites de la raison [42] : il n'y a pas place, dans le spinozisme, pour un au-delà de la raison; par sa méthode et ses conclusions, le *Traité théologico-politique* ne soutient pas seulement avec netteté et parfois avec violence le rationalisme le plus strict : dans les chapitres mêmes qui contiennent l'affirmation d'un salut non philosophique, son objet est bien de prouver en même temps que la foi et la théologie n'ont aucune supériorité sur la raison et la philosophie. Au contraire, nous l'avons vu, la foi et l'obéissance se trouvent rejetées au second rang, au niveau d'une simple utilité sans vérité, destinée à l'ignorant privé de sagesse et adaptée à l'irrationalité de la vie sociale. Mais nous ne pouvons pas plus en conclure que Spinoza, reconnaissant l'impuissance de la raison et l'idéalité inaccessible du salut philosophique, adopte une position de repli, en faisant appel à un salut moins élevé, qu'il serait plus facile de posséder et qu'il serait toujours possible d'espérer [43] : jamais, en effet, il ne nie la puissance libératrice de l'entendement, jamais il n'en vient à renoncer à la possibilité de la béatitude obtenue par la voie de la sagesse rationnelle; il n'est pas question pour lui de faire du salut réservé à la foi et à l'obéissance le substitut réaliste d'un idéal qui resterait théorique et abstrait.

Lorsque nous voyons Spinoza poser un second salut extérieur à la philosophie, nous devons donc comprendre qu'il prend un point de vue distinct du point de vue philosophique, ainsi qu'il le fait constamment dans le *Traité théologico-politique* [44], et qu'il ne cherche ni à réduire, ni à substituer le premier au second [45] : ce point de vue original ne met en cause que le cas de ceux qui ne possèdent pas la béatitude dans leur raison et qui ne peuvent donc l'attendre que de leur foi et de leur obéissance, le cas, précisément, de ceux qui sont concernés par la Foi universelle et ses dogmes; ainsi replacée dans son ordre propre de signification, cette affirmation ne saurait entrer en conflit avec la doctrine

40. *T.T.P.*, XIV & XV.

41. Cf. S. KARPPE : *Quam Spinoza methodum Scripturae interpretandae proposuerit*, Paris, Impr. Marétheux, 1901, passim.

42. Cf. RAUH : *De fide*, 56-62.

43. Cf. ZAC : *Christianisme*, 489-91. — De nombreuses formules de Rauh, qui soutient l'interprétation précédente, vont néanmoins dans le sens de cette nouvelle solution, car on ne voit pas toujours exactement si le recours à la foi pour pallier la faiblesse de la raison signifie le renvoi à quelque chose de supérieur à la raison ou l'acceptation de quelque chose d'inférieur à elle : les philosophies de la foi contiennent fort souvent cette ambiguïté, qui permet de passer du constat d'un substitut à la position d'un ordre plus élevé.

44. Ainsi, pour analyser la Prophétie, il prend le point de vue de l'imagination du Prophète et, pour expliquer le vrai sens de l'Écriture, il prend le seul point de vue du texte, en faisant, dans les deux cas, abstraction de la vérité rationnelle. — Il procédait un peu de même, quand il mettait en parallèles la vérité de l'éternité de l'esprit et le point de vue de l'imagination sur cette éternité, la croyance en l'immortalité (cf. 1re partie, chap. 3).

45. Cf. HUAN : *Dieu*, 9 note.

philosophique de la béatitude : elle ne contredit en rien la possibilité, la spécificité et l'éminence du salut du Sage.

Nous pouvons cependant encore nous demander pourquoi Spinoza, qui prend ce point de vue extérieur à la vérité pour des raisons d'utilité pratique, ne se contente pas d'exposer la foi nécessaire aux faibles et aux ignorants et de réserver le salut aux Sages, mais tient à affirmer aussi la possibilité d'un autre salut. Il faut ici considérer attentivement le problème posé : pour l'ignorant, la moralité n'est pas l'autonomie de sa nature et de sa raison et, par suite, elle n'est pas le vrai salut; elle ne peut être que foi et obéissance, acceptées par amour pour Dieu, mais vécues comme lois étrangères, issues d'une Révélation : l'ignorant risque alors de se détacher de cette moralité, de perdre la foi et de refuser l'obéissance; pour que sa conduite et sa disposition morales ne soient pas ainsi détruites, il faut donc qu'il croie que « tous ceux qui obéissent à Dieu suivant cette règle de vie sont seuls sauvés et que les autres, qui vivent sous l'empire des voluptés, sont perdus [46] » : il faut que la moralité de l'ignorant, même si elle n'est pas le vrai salut, soit au moins vécue et pensée par lui comme un salut; il faut même qu'il se représente cette croyance, inintelligible pour lui et en soi, comme une vérité irrationnelle connue grâce à une Révélation [47]. C'est pourquoi Spinoza pose l'affirmation de ce second salut comme l'un des dogmes de la Foi universelle et non comme une vérité philosophique de la raison jugeant cette foi de son propre point de vue, comme un dogme pieux et non comme un dogme vrai [48]; il n'est pas alors question d'expliquer, ni même de définir cette béatitude : ni le philosophe qui connaît la vraie béatitude, ni l'ignorant qui ne sait rien, ne peuvent en préciser la nature; mais peu importe au philosophe, qui n'en est plus là; peu importe aussi à l'ignorant, auquel il suffit de croire sans comprendre : Spinoza continue donc d'exposer le point de vue de la foi et de l'obéissance, en énonçant la croyance en un salut incompréhensible, réservé à la foi et à l'obéissance, parce que cette croyance est une condition nécessaire et suffisante de la foi et de l'obéissance.

Mais nous ne pouvons pas voir seulement dans cette doctrine un pieux mensonge indispensable pour la moralité de l'ignorant. Il est faux, en effet, que, lorsqu'il évoque ce second salut, Spinoza prenne toujours le point de vue de l'ignorance et qu'il énonce simplement une croyance utile : il parle parfois en son propre nom; ce n'est pas le législateur d'une Foi universelle destinée aux autres, c'est le philosophe lui-même qui affirme, nous l'avons vu, que « Les Turcs et les autres Païens.... sont sauvés », et qui établit une distinction entre le sort de l'homme privé de la sagesse rationnelle, mais moral, et le sort de l'homme immoral [49] : la position d'un salut non philosophique est aussi une proposition philosophique, qui exprime une parenté entre l'homme moral sans liberté et l'homme libre, et qui marque sa distinction d'avec l'homme asservi et immoral.

46. *T.T.P.*, XIV, V.L., II, 248, Pl., 866.
47. *T.T.P.*, XV, V.L., II, 257, Pl., 879-80.
48. *T.T.P.*, XIV, passim.
49. Ainsi que le prouve la théorie spinoziste de la sanction immanente, l'état du méchant constitue sa propre punition, alors que le bon, même ignorant, mais conforme à la sagesse, n'est pas puni (cf. Zac : *Morale*, dernier chapitre).

Dirons-nous qu'il s'agit d'une concession faite à des convictions traditionnelles et, somme toute, honorables [50] ? Mais Spinoza n'est pas tellement coutumier de concessions : il n'hésite pas à dénoncer avec vigueur le caractère illusoire de certaines opinions, lors même qu'il indique leur utilité sociale; et pourquoi avoir fait cette concession, quand il ne s'agit plus d'énumérer les dogmes utiles pour l'obéissance ? Nous pourrions, certes, faire simplement état de sa bienveillance à l'égard des ignorants incapables du salut philosophique, de sa générosité envers tous ceux qui sont moraux, même s'ils ne sont pas des Sages; il semble exprimer un véritable besoin sentimental, quand il écrit : « Puisque nous ne pouvons percevoir par la lumière naturelle que la simple obéissance est une voie de salut, ...on voit que l'Écriture a apporté aux hommes une très grande consolation.... Si nous n'avions le témoignage de l'Écriture, nous douterions du salut de presque tous [51]. » Mais pourquoi cette générosité et quel sens peut-elle avoir dans le système ? S'agit-il d'une simple exigence subjective qui contredirait la rigueur de la doctrine ? Cela ne se peut : en effet, pour que l'ignorant lui-même soit capable d'accepter un dogme qui lui enseigne qu'il est sauvé par la foi et dans l'obéissance, il faut qu'il ait une expérience de sa propre vie bien différente de l'expérience faite par l'homme réduit à l'impuissance et perdu dans la tristesse, et comparable, dans une certaine mesure, à l'expérience faite par le Sage; pour qu'il n'en reste pas, sur ce sujet, à une simple croyance apprise d'une Révélation mystérieuse, mais niée par les faits, il faut qu'il en trouve la confirmation dans son existence même : la foi et l'obéissance ne peuvent être réellement pensées et vécues comme salut, que si elles comportent vraiment un vécu qui ne soit pas tout à fait différent du vécu de la puissance et de la liberté qu'est la béatitude du Sage. Nous devons donc avouer qu'il y a, au jugement du philosophe et dans l'expérience de l'ignorant, une certaine communauté entre l'ignorance fidèle et obéissante et la sagesse.

Or, cette communauté existe : elle est inscrite dans la nature même de la vraie religion constituée par la foi et l'obéissance morales, en ce qui les distingue des croyances superstitieuses et craintives; en effet, bien qu'elles ne soient pas raison et vertu, la foi et l'obéissance ont de nombreuses propriétés communes avec la sagesse :

1) Du point de vue formel, elles reposent sur une idée et un sentiment qui, pour n'être pas la connaissance du troisième genre et l'amour intellectuel, n'en sont pas moins une connaissance et un amour de Dieu;

2) Du point de vue matériel, elles produisent les mêmes œuvres :

a) D'une part, elles déterminent les mêmes actions que celles qui sont accomplies par l'homme en vertu de sa liberté, à savoir la justice, la charité et la sincérité : cette identité est vraie dès qu'on envisage les actes de l'individu isolé, mais elle devient évidente, lorsque l'on considère ces actes du point de vue de leur effet social, puisque l'homme libre

50. Cf. P. Borell : *Spinoza interprète du Judaïsme et du Christianisme, Annales de philosophie chrétienne*, Paris, 1912, 288. — Cf. les notes de la traduction du *Traité théologico-politique* dans l'édition de la Pléiade des *Œuvres complètes*.
51. *T.T.P.*, XV, V.L., II, 257-8, Pl., 880.

du fait de sa sagesse et l'homme fidèle et obéissant à cause de sa croyance contribuent également à réaliser un même ordre dans la Cité et un même ensemble de relations entre les individus, le droit et l'amour du prochain; peu importe alors l'origine subjective de la conduite, peu importe la vérité plus ou moins grande du fondement : « Peu importe comment ce culte est révélé, pourvu qu'il ait le caractère de droit souverain et soit la loi suprême des hommes [52] »; « La Religion est la même et également révélée par Dieu, qu'on la suppose connue d'une manière ou d'une autre [53]. »

b) D'autre part, même si nous considérons les dispositions subjectives des individus, nous retrouvons — au moins en partie — dans la foi et l'obéissance les mêmes sentiments que dans la sagesse : comme le Sage, l'ignorant fidèle éprouve un amour pour Dieu et sa loi [54]; comme lui, il est rempli de la confiance en son salut, bien que celui-ci ne soit alors que promis et nullement connu; et surtout, comme lui, il jouit de ce « contentement du cœur, que les bonnes actions font naître dans l'esprit [55]. »

Si nous désirons nous assurer de ces ressemblances, il nous suffit de comparer l'état de l'ignorant fidèle à celui de l'ignorant immoral. Celui-ci est entièrement prisonnier des forces extérieures et possédé par les appétits sensuels et les voluptés qu'elles déterminent : il est pure passivité et pure inexistence personnelle dans le cours des choses et dans le tout de l'être; celui-là, au contraire, bien qu'il vive et agisse aussi du fait de données extrinsèques à sa nature et à sa raison personnelles, n'en possède pas moins, à cause de sa fidélité et de son obéissance morales, une existence et une action positives. C'est évident, si nous le considérons d'un point de vue simplement pratique : par ses œuvres, qui sont de justice et de charité, d'amour du prochain et de contentement de soi, il n'est pas un être négatif, destructeur de soi-même et des autres : il est un être positif et actif, qui affirme sa propre nature et sa propre existence, qui affirme ou, au moins, confirme celles des autres hommes, et qui construit pour sa part un ordre commun à tous et favorable à tous, la société juste et libre. Mais, dans le spinozisme, la positivité et l'activité pratiques sont aussi positivité et activité ontologiques [56] : l'être qui, par sa moralité, affirme et développe son propre être et les autres êtres, est immédiatement une affirmation et un développement de l'être en l'une de ses parties; par son action, qui est en soi vraie et positive, même si elle ne lui est pas adéquate ou immanente, l'ignorant fidèle participe à la production de la perfection de l'être, à la réalisation de la substance infinie, c'est-à-dire de la Nature et de Dieu : bien que la foi en une Révélation et l'obéissance à une loi extérieure soient toujours une passivité et une certaine inexistence personnelles, elles font déjà de l'homme un terme relativement positif et actif dans la nécessité universelle, l'un des éléments par lesquels elle s'explique [57]. L'affirmation d'un salut de l'ignorant moral

52. *T.T.P.*, XIX, V.L., II, 295, Pl., 939.
53. *T.T.P.*, XIX, V.L., II, 296, Pl., 940.
54. Cf. *Lettres XLIII à Osten* (1671), V.L., III, 162, Pl., 1277, et *LXXV à Oldenburg* (fin 1675).
55. *T.T.P.*, XV, V.L., II, 257, Pl., 879 (Spinoza emploie ici à propos de l'ignorant fidèle le mot même dont il se sert dans l'*Éthique* à propos du Sage : acquiescentia).
56. Cf. 1re partie, chap. 2 & 3. — Cette identification repose sur l'identité de la moralité et de l'être, de la vertu et de la puissance.
57. Dans la mesure où l'ignorant est actif et dans la mesure où cette activité est un facteur positif du développement de l'être, qui ne saurait être ignoré dans une conception

n'est donc pas une simple croyance nécessaire à cet ignorant pour sa moralité : elle devient une vérité philosophique à cause de cette moralité même; en effet, *l'existence positive et active d'une partie de l'être dans l'être, que réalisent l'action morale et le contentement du cœur déterminés par la foi et l'obéissance, constitue un réel salut,* aussi bien *subjectivement,* pour l'ignorant qui jouit de cette activité et qui éprouve cette satisfaction, qu'*objectivement,* pour le philosophe qui, jugeant selon la vérité, reconnaît la présence de la positivité active et de la joie qui définissent précisément à ses yeux le vrai salut.

Une telle communauté entre l'ignorance morale et le savoir parfait pouvait surprendre; en vérité, la doctrine spinoziste, telle qu'elle est exposée avec toute sa rigueur dans l'*Éthique,* nous permet de la comprendre et nous oblige à la reconnaître. Nous savons, en effet, que, pour expliquer la puissance de l'entendement et la possibilité de la liberté et de la béatitude, Spinoza pose que « c'est un seul et même appétit, par lequel l'homme est dit aussi bien agir que pâtir [58] », et qu' « à toutes les actions auxquelles nous sommes déterminés par un sentiment qui est passion, nous pouvons être déterminés sans lui par la raison [59] »; mais la réciproque est vraie : même lorsque nous sommes privés de l'immanence de la raison et que nous agissons en vertu d'une foi inadéquate et d'une obéissance qui nous subordonne à une loi extérieure, nous sommes capables d'effets, d'actes et de sentiments, qui sont les mêmes que ceux que produit l'entendement [60]. Certes, la foi et l'obéissance comportent de l'imaginaire et de l'illusoire, du faux et du passif; mais l'imagination et la passivité, l'illusion et l'erreur ne sont pas pur et simple néant : elles sont quelque chose qui est un être positif, réel et vrai, non pas en nous et pour nous, mais du point de vue de notre relation avec autre chose que nous, en soi ou dans l'infini, c'est-à-dire en Dieu; or « Rien de ce qu'une idée fausse a de positif n'est ôté par la présence du vrai, en tant que vrai [61] » : le passif et le faux sont éliminés en nous par l'activité de notre esprit percevant le vrai, mais le contenu actif et vrai de notre passivité et de notre erreur, le rapport effectif entre nous et les choses extérieures qui agissent sur nous et nous abusent, n'en sont pas moins une réalité positive que notre connaissance de la vérité doit reconnaître comme vraie de ce point de vue; il y a donc bien encore dans la foi et l'obéissance un contenu positif que le philosophe ne peut que constater [62] et qui suffit pour leur assurer la réalité salutaire, qui les oppose à ce que l'imagination et l'erreur contiennent de purement négatif, et qui les rapproche de ce que la sagesse comporte de parfaitement positif. Sans doute, si le salut avait été placé dans un résultat ultérieur ou dans une

totale de l'être infini et de son développement, nous pourrions même dire que l'existence et l'action de l'ignorant sont éternelles et qu'elles sont contenues, au moins implicitement, dans l'idée infinie de l'être ou entendement divin, alors même que l'ignorant ne possède pas encore ou ne possède plus l'existence en acte (cf. 1re partie, chap. 2 & 3). Mais, parce que l'ignorant n'existe et n'agit positivement que du fait de forces externes, il ne jouit pas d'une véritable éternité personnelle.

58. *Éth.*, V, 4 Sc.

59. *Éth.*, IV, 59. — Cf. 3e partie, chap. 1.

60. Cf. Léon : *Éléments cartésiens,* 271; — Delbos : *Probl. moral,* 68; — Couchoud : *Spinoza,* 125.

61. *Éth.*, IV, 1.

62. Cf. Delbos : *Probl. moral,* 147.

récompense extrinsèque, cette conclusion resterait incompréhensible; mais il a précisément été situé dans l'activité et la joie immanentes, ce qui justifie l'attribution d'un salut à l'activité joyeuse, même lorsqu'elle n'est pas immanente; loin d'entrer en contradiction avec le système développé dans l'*Éthique*, cette doctrine en est donc presque le corollaire : il est même permis de penser qu'elle s'y trouve implicitement exprimée, puisque, dans le dernier scolie, le Sage est opposé, non à l'ignorant en général, mais à « l'ignorant conduit par le seul appétit sensuel[63] », ce qui coïncide avec les thèses soutenues dans les autres écrits de Spinoza.

Il existe néanmoins, entre le Sage et l'ignorant, quelle que soit sa moralité, une différence irréductible : malgré son activité et son existence positives, l'ignorant n'agit pas et n'existe pas en lui-même et par lui-même comme le Sage, car ses actes et ses sentiments résultent d'une loi extérieure à son être, d'une idée reçue d'un témoignage ou d'une Révélation extrinsèques, au lieu de venir de lui, de sa nature et de sa raison. Il s'ensuit que, si nous le considérons objectivement, du point de vue du philosophe concevant le vrai salut, il reste privé de l'éternité, de la liberté et de la béatitude inhérentes à l'immanence parfaite du troisième genre de connaissance et de l'amour intellectuel. L'opposition est encore plus nette, si nous le considérons subjectivement, du point de vue de l'expérience qu'il fait de lui-même, de ses actes et de ses sentiments : privé de la science et de l'amour véritables, il peut toujours être envahi par les illusions de l'imagination et succomber sous le poids des erreurs et des superstitions, en sorte qu'il ne jouit pas de l'indestructibilité qui n'appartient qu'à l'éternité et qui ne provient que de la pure immanence[64]; parce qu'il ne connaît et n'aime Dieu et sa loi et qu'il n'a l'idée de son salut que grâce à un enseignement venu de l'extérieur, il ne connaît pas, il n'aime pas, il ne se sait pas sauvé avec la parfaite certitude que donne la seule immanence de la raison : il peut donc constamment être perturbé par d'autres forces extérieures qui viennent contredire l'enseignement reçu et suivi; à cause de l'inadéquation de ce qu'il y a d'actif et de positif en lui, il ne jouit pas de l'activité et de la positivité adéquates qui sont les caractéristiques de la sagesse : il n'est pas pleinement conscient de lui-même, de Dieu et des choses, il doit se contenter d'une conscience partielle, jamais parfaitement assurée, toujours susceptible de devenir une fausse conscience, avec ce que cela comporte d'impuissance et de misère; en outre, parce qu'il lui manque cette même immanence, il ignore ce qu'il y a de spécifique et d'excellent dans la connaissance, l'amour et la jouissance de soi, que sont la connaissance du troisième genre, l'amour intellectuel et la béatitude[65] : c'est pourquoi il ne peut vivre son activité et sa positivité que comme une subordination et un service, il ne peut concevoir son salut que comme une récompense extérieure et surtout future[66], et s'il est meilleur d'en être assuré de cette manière que de vivre dans la tristesse, l'espoir et la crainte, ce n'est certes pas un bien parfait que d'en être assuré seulement

63. *Éth.*, V, 42 Sc.
64. Cf. 1re partie, chap. 2 & 3.
65. Cf. 2e partie, chap. 1 & 2, et 3e partie, chap. 1.
66. Cf. *Lettre XIX à Blyenbergh* (5 janv. 1665), V.L., III, 64-5, Pl., 1181.

de cette manière. Privé de l'immanence du Sage, l'ignorant est donc aussi privé du salut parfait, aussi bien au jugement du philosophe, qui est capable de les comparer, qu'à ses propres yeux, puisqu'il voit trop bien ce qu'il y a d'extrinsèque et de fragile dans son activité et dans son contentement : « Outre qu'il est ballotté de mille manières par les causes externes et qu'il n'est jamais en possession du vrai contentement de l'âme, il vit presque inconscient de lui-même et de Dieu et des choses, et cesse aussi d'être, sitôt qu'il cesse de pâtir [67]. »

Le salut reconnu à l'ignorance n'est donc pas le vrai salut, et cela, parce que la fidélité et l'obéissance ne sont pas la vraie vertu : elles confèrent assurément un salut réel, qui repose sur ce qu'il y a de positif dans la moralité, sur une action et sur une joie, mais il ne s'agit que d'un salut relatif, qui ne peut être que l'approximation, l'analogue de celui qui est donné dans la sagesse [68]. L'*Éthique* nous apprend que le salut est le contentement de soi inscrit dans l'existence positive et active au sein de la nécessité universelle : par la moralité de ses œuvres et le contentement de son cœur, l'ignorant fidèle et obéissant se trouve donc sauvé; mais cette moralité et ce contentement ne sont pas les effets du développement intrinsèque de son essence individuelle et personnelle, car ils viennent, non de sa raison, mais d'un enseignement extérieur, et ils expriment, non sa certitude, mais sa confiance : *l'ignorant moral n'est pas sauvé comme le Sage dans son existence personnelle, dans l'activité et la joie résultant de son essence individuelle, mais dans des œuvres encore anonymes, dans un contentement encore impersonnel, parce que sa positivité reste inadéquate, parce qu'il n'est jamais que l'expression d'autre chose que de lui-même.*

La reconnaissance par Spinoza d'un salut non philosophique n'est pas une concession qui contredirait le système; elle est même plus que la manifestation de la générosité constante du rationalisme, qui se refuse à damner qui que ce soit, même les Turcs, sauf les méchants. Elle a d'abord une signification critique, dans la mesure où Spinoza tient à affirmer ainsi que la foi en une Révélation ne peut être salutaire que par et dans une moralité conforme à la raison, et à faire admettre, par conséquent, la possibilité d'un salut constitué en dehors de toute Révélation, dans la seule raison. Elle a ensuite une signification pratique, dans la mesure où elle est un dogme nécessaire à la moralité de l'ignorant. Mais, si elle intervient dans la polémique contre les superstitions qui nuisent à la moralité et à la rationalité, et dans l'exposé des dogmes requis pour la morale commune, c'est parce qu'elle a une signification philosophique, l'existence d'un salut non philosophique, relatif mais réel, étant la conséquence inattendue, mais logique, de la définition du salut philosophique par le déploiement de l'activité et la possession de la joie.

67. *Eth.*, V, 42 Sc.

68. Cf. DELBOS : *Probl. moral*, 190; — MILHAU : *Salut*, 136-52. — On peut même estimer que cette simple conformité à la raison vaut comme une étape dans le progrès vers la possession de la raison : ainsi Spinoza écrit-il à propos de l'humilité, du repentir et du respect, qu'il critique, que « ceux qui sont soumis à ces sentiments peuvent beaucoup plus facilement que d'autres être conduits à vivre sous la conduite de la raison, c'est-à-dire à être libres et à jouir de la vie des bienheureux » (*Eth.*, IV, 54 Sc.).

CONCLUSION

La connaissance du second genre est éternelle [1], alors que la foi est contingente et destructible, parce qu'elle est extrinsèque; néanmoins, la première n'est pas le salut [2], alors que la seconde suffit pour constituer un salut relatif. Ce n'est pas là le moindre paradoxe du spinozisme; mais il nous permet précisément de mieux saisir le sens de cette philosophie : nous ne sommes pas encore sauvés, quand nous sommes éternels, quand nous avons une activité immanente et indestructible; nous ne sommes sauvés que lorsque nous sommes conscients de nous-mêmes dans l'être, lorsque nous jouissons de notre existence au sein d'une joie et d'un amour : nous le sommes véritablement, lorsque cette béatitude est éternelle, nécessaire et immanente, mais nous le sommes encore d'une manière relative, même lorsqu'elle est contingente et extrinsèque. Le salut n'est rien d'autre que la joie consciente d'elle-même, avec ses divers degrés de vérité et d'adéquation, d'indépendance et de solidité.

1. Cf. 1re partie, chap. 1.
2. Cf. 2e partie, passim.

CONCLUSIONS

La cohérence

Spinoza est l'héritier des philosophies et des théologies du salut : leur fin est la sienne, et certaines des expressions employées par lui constituent des références expresses à cette tradition[1]. Aussi sommes-nous tentés d'interpréter la doctrine finale de l'*Éthique* à la lumière de ces rapprochements : pour comprendre le salut qui nous est alors décrit, nous évoquerons donc la liberté que nous pourrions obtenir d'une fuite hors du temps et loin des passions, d'un arrachement aux conditions spatiales et temporelles de notre existence mondaine, d'une conversion capable de nous faire jouir d'une béatitude sans commune mesure avec la joie que nous ressentons en cette vie; ce serait là le fruit de notre participation à l'être infini, de notre fusion avec le principe universel et immanent de la Nature, telles que peut les réaliser, non pas notre essence actuelle, relative au monde, à ses contingences et à sa servitude, mais notre essence éternelle. qui existerait, par-delà même notre existence en acte, en un mode infini spécial, distinct de la somme des modes finis existant en acte : peut-être devrions-nous aussi reconnaître qu'à ce niveau, notre individualité et notre personnalité se trouvent abolies, en même temps que notre existence temporelle et mondaine; cette participation salutaire serait elle-même l'effet d'un savoir dépassant les limites de la rationalité, de la connaissance du troisième genre entendue comme intuition mystérieuse et comme fusion mystique, et du sentiment né de cette science, de l'amour intellectuel, commerce rétabli entre le fini et l'infini, béatitude pour le premier et Gloire pour le second. Ainsi se trouveraient reprises, au sein du panthéisme naturaliste, les plus hautes aspirations religieuses et les conceptions théologiques les plus traditionnelles : l'introduction d'un second salut, hors de la voie philosophique et mystique, seulement par la foi et dans l'obéissance, serait une preuve supplémentaire de la fidélité consciente et volontaire de Spinoza aux multiples traditions religieuses[2].

Suscitée par nos propres habitudes de pensée, favorisée par les rapprochements historiques et par la recherche systématique des sources[3],

1. Cf., en particulier, l'évocation de l'idée d'immortalité, l'emploi d'expressions temporelles pour définir l'éternité (1re partie, chap. 3) et, surtout, l'introduction du concept de Gloire de Dieu (2e partie, chap. 3).

2. Cf. les premiers paragraphes de chacun des chapitres de la présente étude.

3. J'ai déjà signalé à plusieurs reprises, notamment à propos de la connaissance du troisième genre, de l'amour pour Dieu, de l'amour de Dieu et de la liberté, à quel point la recherche des sources, indispensable pour découvrir l'origine d'une pensée, peut être nuisible à sa compréhension, dans la mesure où elle masque souvent l'originalité et la cohérence du système, ainsi que la signification nouvelle des thèmes qu'il développe.

cette interprétation du spinozisme n'est sans doute pas impossible : on peut toujours lire ce qu'on veut, dans un texte aussi dense et économe d'explications que la cinquième partie de l'*Éthique*. Mais cette « lecture » présente de multiples défauts : dans la mesure où elle fait appel à une conversion qui nous arrache à la vie mondaine, temporelle et spatiale, pour nous faire participer de l'infini grâce à un savoir et à un amour mystérieux, elle est en elle-même obscure et, par conséquent, loin d'élucider le texte qu'elle prétend expliquer, elle le rend obscur, nous condamnant à la rhétorique stérile de la paraphrase, de l'admiration et de l'exclamation; elle est, en outre, gratuite, car rien ne vient l'autoriser dans les dernières pages de l'*Éthique;* elle est même incontestablement erronée, puisqu'elle ignore la notion invoquée sans cesse dans la définition et la déduction de l'éternité, de la connaissance et de l'amour salutaire, de la liberté et de la béatitude : cette idée d'une activité immanente, grâce à laquelle le fini peut exister en lui-même et par lui-même, au lieu de rester perdu dans le fini extrinsèque ou de venir se perdre dans l'infini transcendant. En définitive, une telle interprétation fait de la cinquième partie de l'*Éthique* un texte qui contredit le monisme naturaliste et le rationalisme immanentiste établis dans ses premières parties, alors que, de toute évidence, l'enseignement de ses dernières pages est à la fois la conséquence et la fin des analyses initiales : elle fait donc du spinozisme un système incohérent, ce qui suffirait amplement pour la faire rejeter, si l'on ne tenait, en vérité, à l'adopter afin de pouvoir aisément dénoncer, à travers le spinozisme, l'inconséquence du naturalisme et du rationalisme.

L'interprétation que j'ai retenue, veut échapper à ces critiques en rendant compte de chacune des notions et des difficultés contenues dans la doctrine spinoziste du salut à partir de l'ontologie et de l'anthropologie exposées dans les premières parties de l'*Éthique*. Ses trois principes fondamentaux sont :

1) L'analyse topographique des parties de l'infini, de leur adéquation et de leur inadéquation : rien ne pouvant exister en dehors du tout infini, qui est Dieu ou la Nature, le fini n'est rien d'autre qu'une de ses parties; son existence peut être déterminée de deux manières distinctes, ou bien du fait de l'action des choses extérieures, des autres parties de l'infini, ou bien par sa propre nature : le premier cas définit son existence relative à la durée, sa contingence, sa servitude, tandis que le second définit sa nécessité propre, son éternité, sa liberté; dans cette perspective, la connaissance et l'amour qui ont Dieu pour objet, ne sont que la connaissance et l'amour de soi-même comme d'une partie de l'infini et, en vertu d'une simple identité, la connaissance et l'amour de Dieu pour lui-même, c'est-à-dire pour le fini. Ainsi l'adéquation d'un savoir ou d'un sentiment, d'une conduite ou d'une existence, ne consiste-t-elle pas dans le fait de « participer » mystérieusement par sa passivité à la nature d'un objet extérieur, mais dans le fait d' « être », par son activité, « une partie de » la Nature, qui existe en soi-même et par soi-même[4].

4. Les fondements de cette analyse topographique de l'adéquation ont été exposés, en particulier, à propos de la doctrine de l'éternité (1re partie, chap. 1 & 2) et de la doctrine de l'amour intellectuel (2e partie, chap. 2 & 3); j'ai évidemment été conduit à en faire état dans chacun des autres chapitres.

2) L'immanentisme absolu permettant de définir et d'expliquer tous les termes qui interviennent dans la théorie du salut : c'est par ce qu'elle comporte d'immanent dans son être et dans son action, qu'une partie de la Nature jouit de la nécessité interne qu'est l'éternité; c'est la même immanence qui constitue le savoir et l'amour ontologiques de soi-même, que sont la connaissance du troisième genre et l'amour intellectuel ayant Dieu pour objet et pour sujet; c'est elle aussi qui définit la liberté et qui caractérise, en face de toutes les autres joies possibles, cette joie salutaire qu'est la béatitude. Pour analyser le salut d'une manière intelligible, pour rendre compte de sa possibilité et de sa réalité, il a fallu reprendre constamment les mêmes expressions : « activité immanente » et « autonomie naturaliste », qui traduisent, mieux que toute autre, l'idéal auquel aspire Spinoza et dans lequel il voit la fin du progrès inscrit nécessairement en l'essence active de chaque être.

3) L'ontologisme présidant à la conception de chacun de ces mêmes termes :

a) D'abord, en ce que l'objet du savoir et de l'amour salutaires n'est pas un être particulier, distinct — fût-ce en tant que principe transcendant — du sujet connaissant et aimant et des objets connus et aimés, mais l'être infini comme être substantiel de ce sujet et de ses objets comme de toute autre chose : c'est pourquoi il a été question d'un savoir et d'un amour ontologiques[5];

b) Ensuite, parce que cette connaissance et cet amour en particulier, l'idée et le sentiment en général, ne sont pas de simples relations cognitives ou affectives établies entre l'être de l'esprit et l'être qui l'entoure ou le fonde : certes, ce ne sont que des modes de la pensée, mais l'esprit lui-même n'est pas autre chose qu'un mode, si bien qu'ils sont pleinement des êtres et qu'ils sont l'être même de l'esprit, en ce qu'il s'affirme; par exemple, le sentiment n'est pas l'effet d'une prise de conscience ou d'un jugement du sujet sur ce qu'il est ou devient : il est le devenir même de l'esprit, son passage à une perfection ou à une réalité plus ou moins grande, tel qu'il est affectivement vécu[6]; il s'ensuit, d'une part, qu'on peut parler de l'être éternel d'un savoir ou d'un amour et, d'autre part, que l'esprit, dans la mesure où son être même est tout entier constitué par une telle idée ou un tel sentiment, se trouve lui-même éternel, sans qu'il soit nécessaire de faire appel à une mystérieuse participation qui viendrait conférer à son être substantiel contingent l'éternité de l'objet de sa connaissance et de son amour[7];

c) En outre, l'éternité, la liberté et leur vécu affectif, la béatitude, se définissent par la seule activité, qui est la réalisation de notre être ou de l'être en nous[8];

d) Ainsi, d'une manière générale, connaître, aimer et être aimé, posséder la liberté et la béatitude, jouir de l'éternité et du salut, ce n'est pas être en rapport avec l'être, mais tout simplement être, exister en

5. Cf. 2e partie, chap. 1 & 2.
6. Cf. 2e partie, chap. 2, et 3e partie, chap. 2.
7. Cf. 1re partie, chap. 1 & 2.
8. Cf. *ibid.* et 3e partie, chap. 1 & 2.

soi-même et par soi-même comme une chose positive ou active, au lieu de n'avoir qu'une existence négative ou relative, celle de la conséquence détachée de ses prémisses, celle du simple lieu de rencontre de forces extérieures [9].

En vérité, ces trois principes s'impliquent réciproquement :

a) La représentation topographique des parties de l'infini suppose la distinction entre une existence extrinsèque et une existence immanente de chacune de ces parties et elle nous oblige à ne voir que dans la seconde l'existence véritable et positive, qui exprime ou réalise en elle-même et par elle-même une part de la nécessité, de l'éternité et de la liberté infinies [10];

b) Cette même conception topographique nous conduit aussi à penser chacun des termes existant dans la Nature, fût-ce une idée ou un sentiment, comme une partie de l'être infini et de son activité, c'est-à-dire comme un être et un acte, et non pas simplement comme une relation avec l'être [11];

c) De son côté, le privilège accordé à l'existence immanente nous fait considérer la connaissance, l'amour, la béatitude, non comme des propriétés acquises par l'esprit du fait de ses rapports avec un être extérieur ou transcendant, mais comme l'être même de cet esprit en tant qu'il se réalise dans le développement de son essence et dans le déploiement de son activité [12].

Ces principes trouvent donc leur identité dans une conception unique, qui est la véritable « intuition » fondamentale du spinozisme : *le refus de toute transcendance* — qu'il s'agisse de la transcendance « objective » généralement accordée à Dieu ou de la transcendance « subjective » souvent reconnue à l'esprit — conduit à poser que *tout ce qui existe est un être et un acte, en tant que partie de l'être et de l'acte infinis, de Dieu ou de la Nature, cette existence finie pouvant être déterminée, selon le cas et en proportion variable, soit extrinsèquement, soit intrinsèquement,* ce qui ouvre le champ à tous les degrés possibles de réalité ou de perfection, qui vont de *l'inexistence propre* à *l'existence propre,* de la contingence à l'éternité, de la servitude à la liberté, de la misère à la béatitude. Les premières parties de l'*Éthique* n'ont d'autre fin que de justifier cette conception du monde et de l'homme à partir des définitions communément admises par les philosophes et les théologiens, en leur montrant ce qu'ils devraient eux-mêmes conclure, s'ils étaient fidèles à la rigueur rationaliste de la pure déduction; dans la dernière partie, grâce à une série d'identifications, Spinoza explique que l'éternité, le savoir et l'amour suprêmes, la liberté, la béatitude et la moralité ne sont rien d'autre que l'existence et l'activité immanentes de l'infini en l'une de ses parties, c'est-à-dire *l'autonomie d'une partie de la Nature, qui s'affranchit de l'extériorité et qui réalise, pour sa part, l'absolu, sans*

9. Cf. 1re partie, chap. 2.
10. Cf., *ibid.*
11. Cf. 2e partie, chap. 2 & 3.
12. Cf. 2e partie, chap. 1 & 2, et 3e partie, chap. 2.

souffrir de cette rupture d'avec l'être qu'implique toute transcendance : il prouve ainsi que sa conception du monde et de l'homme résout le problème du salut, sans nous abandonner à des aspirations vides ni nous égarer dans des représentations imaginaires et angoissantes.

Ainsi compris, le spinozisme révèle sa parfaite cohérence : non seulement les principes qui interviennent dans l'analyse du salut s'impliquent les uns les autres, mais ils sont les conséquences nécessaires et intelligibles de l'ontologie et de l'anthropologie initiales; la dernière partie de l'*Éthique* est la seule conclusion possible pour ses premières parties, de même que celles-ci sont les seules prémisses possibles pour celle-là. La rigueur imposée par le rationalisme et le naturalisme ne se trouve donc jamais en défaut : la cohérence de la pensée et du discours est, en effet, assurée, et le salut est entièrement défini et expliqué à partir de ce rationalisme et de ce naturalisme, puisqu'il n'est jamais question que de l'autonomie de la nature, telle que la constitue l'activité immanente de la raison. En même temps, l'exigence première, la recherche d'un salut véritable, se trouve pleinement satisfaite : en effet, lorsqu'il décrit la joie spécifique de l'activité purement immanente que sont la connaissance et l'amour de l'être en nous, Spinoza répond à toutes nos aspirations et met fin à toutes nos inquiétudes, car il nous permet de comprendre clairement la possibilité naturelle, immanente au seul développement de notre être, de notre délivrance par rapport à tout ce dont nous souffrons, l'asservissement au monde extérieur, la nuit du mystère et de l'attente et l'angoisse de la distance [13]; il prend même le soin, en évoquant les thèmes les plus chers aux doctrines du salut, de montrer que sa philosophie assure l'équivalent de ce que les autres promettent, avec, en plus, l'intelligibilité et la certitude de sa possibilité naturelle et de sa réalité présente [14].

Le point d'inflexion

En ce qui concerne l'essentiel de sa doctrine dans ses caractéristiques propres et dans ses oppositions à la théologie communément admise, il est impossible de discerner une véritable évolution dans la pensée de Spinoza : du *Court traité* au *Traité politique,* le panthéisme naturaliste lui apparaît toujours comme le seul fondement possible du salut [15].

Mais ce panthéisme et ce salut peuvent fort bien être définis et, surtout, déduits et expliqués au moyen de thèmes différents. Nous venons

13. Cf., en particulier, les analyses de l'amour pour Dieu et de Dieu (2e partie, chap. 2 & 3), de la liberté et de la béatitude (3e partie, chap. 1 & 2).

14. A propos des idées d'immortalité (1re partie, chap. 3), de Gloire de Dieu (2e partie, chap. 3) et de salut par la foi et dans l'obéissance (3e partie, chap. 3), nous avons vu que Spinoza, loin de reprendre à son compte des thèmes traditionnels, cherche à les expliquer et à les épurer.

15. Il est sans doute délicat d'utiliser le *Court traité* dans une analyse évolutive, puisque le texte dont nous disposons n'est qu'une traduction, comportant bien des obscurités, des éléments composites et des additions; mais il contient aussi de fort nombreux passages parfaitement clairs et, comme nous allons le voir, ces obscurités, ces reprises et ces modifications successives viennent le plus souvent des difficultés mêmes des analyses spinozistes : loin de nous masquer la vraie pensée de Spinoza en 1657-60, elles nous la révèlent dans son état problématique.

de le voir, l'*Éthique* trouve son sens et son unité dans l'idée de l'activité immanente que peut acquérir le fini conçu comme une partie de l'infini; or, il est certain que les trois principes de cette idée — la topographie des parties de la Nature, l'immanence du fini à lui-même et l'ontologisme du savoir, de l'amour et de la béatitude — n'étaient pas nettement posés dans le *Court traité.*

Au contraire, ce premier écrit contient des thèmes, qui sont souvent beaucoup plus proches des conceptions traditionnelles et qui ont été, pour cette raison, fréquemment invoqués pour justifier l'interprétation dont j'ai montré l'insuffisance :

1) D'une part, il y est sans cesse question de la conversion qui, pour nous donner l'éternité, la liberté et la béatitude, doit d'abord nous détacher des choses périssables et nous tourner vers l'impérissable, nous arracher au corps et nous unir à Dieu [16]; cela implique que le rapport de l'esprit avec le corps n'est pas pensé selon le strict parallélisme [17], que la connaissance suprême ne s'inscrit pas dans le prolongement de l'avant-dernier genre de connaissance [18], et que le salut, alors même qu'il est appelé « liberté vraie », est présenté comme un « service » comparable à celui de l'esclave [19].

2) D'autre part, l'analyse repose constamment sur l'idée de participation :

a) Le plus souvent, le connaître y est un pâtir et la vérité une adéquation extrinsèque [20]; l'amour est la conclusion d'un jugement qui reconnaît l'objet comme aimable [21], et la joie un sentiment dérivé, nullement identifié au simple développement de l'être, mais expliqué par la conscience de ce développement [22];

b) Le savoir et l'amour salutaires sont conçus comme des fusions permettant de participer à la nature de leur objet [23];

c) L'éternité et la liberté sont présentées comme des effets de ce savoir et de cet amour [24], dans la mesure où ceux-ci font partager l'éternité et la liberté contenues dans leur objet : en ce qui concerne particulièrement l'éternité, elle est expliquée ou bien par l'éternité de la matière constitutive du corps ou de l'esprit, ou bien par la participation à l'être divin qu'est la connaissance de Dieu [25]; quant à la liberté, l'activité immanente qui la définit est déduite de la coïncidence de l'esprit avec l'activité immanente possédée par Dieu seul [26];

d) Dès lors, il est difficile de parler d'une véritable éternité individuelle [27] ou d'une réelle liberté individuelle [28], et même d'affirmer

16. Cf. 1re partie, chap. 1 & 2, et 2e partie, chap. 2.
17. Cf. 1re partie, chap. 1 & 3.
18. Cf. 2e partie, chap. 1.
19. Cf. 3e partie, chap. 1.
20. Cf. 2e partie, chap. 1.
21. Cf. 2e partie, chap. 2.
22. Cf. 3e partie, chap. 2.
23. Cf. 1re partie, chap. 1 & 2, et 2e partie, chap. 1 & 2.
24. Cf. 1re partie, chap. 2, et 3e partie, chap. 1.
25. Cf. 1re partie, chap. 2.
26. Cf. 3e partie, chap. 1.
27. Cf. 1re partie, chap. 3.
28. Cf. 3e partie, chap. 1.

l'existence d'un amour de Dieu pour l'homme[29] ou de faire état de la possibilité d'un second salut par la foi et dans l'obéissance, indépendamment du savoir et de l'amour suprêmes[30].

Mais, loin de constituer un moyen terme suffisant pour l'explication et la déduction, l'idée de participation fait elle-même difficulté, parce qu'elle reste obscure : ainsi, pour prouver l'éternité ou définir la liberté, Spinoza est amené à proposer successivement plusieurs argumentations différentes, aucune ne réussissant à établir d'une manière parfaitement intelligible l'éternité et la liberté de l'esprit individuel[31]. Il lui faut donc *élucider l'idée traditionnelle de participation*, afin que sa philosophie du salut devienne rationnelle et cohérente; il est assez facile de suivre les grandes étapes de cette recherche :

I. — Dans le chapitre du *Court traité* qui est visiblement le plus élaboré quant à la doctrine et à la méthode, il s'efforce d'expliquer pour quelles raisons l'union avec Dieu est éternité et liberté : il montre que cette union est la possession d'une plus grande activité immanente, qu'elle est une unité indestructible de l'effet avec sa cause et qu'elle affranchit de tout ce qui est extériorité, passivité, contingence[32]; sans doute l'idée maîtresse y est-elle encore celle de participation, mais il est évident que les idées de nécessité interne et d'activité immanente apparaissent désormais comme les caractéristiques essentielles de l'éternité et de la liberté, puisque la participation à l'éternité et à la liberté divines ne nous rend éternels et libres que parce qu'elle produit en nous une immanence active.

II. — La *Réforme de l'entendement*, qui a pour fin avouée de résoudre le problème de l'amour et d'indiquer le bien salutaire capable de procurer une joie éternelle, commence par l'exploitation systématique du thème traditionnel de la conversion : aussi ne fait-elle pas état d'une continuité entre la connaissance du dernier genre et celle qui la précède dans l'ordre de perfection croissante[33]. Mais elle ne développe plus le thème de la participation : au contraire, la connaissance et la vérité sont définies par l'activité immanente de la puissance native de l'entendement, conçu comme une partie de l'être pensant[34]; ainsi apparaissent, d'une part, la topographie des parties de l'infini, notamment pour expliquer la nature de l'imagination et de l'entendement et pour analyser les rapports entre l'idée et son objet, et, d'autre part, la conception immanentiste de l'activité nécessaire et adéquate[35] : si nous ne songeons qu'à la doctrine du salut, l'application la plus notable de ces thèmes est l'affirmation selon laquelle la recherche du bien est déjà le bien lui-même, esquisse de la réduction future de la moralité et du salut au simple développement de notre puissance propre[36]; cet ouvrage inachevé contient donc la décou-

29. Cf. 2e partie, chap. 3.
30. Cf. 3e partie, chap. 3.
31. Cf. 1re partie, chap. 2, et 3e partie, chap. 1.
32. *C.T.*, II, 26 (cf. 1re partie, chap. 2, et 3e partie, chap. 1).
33. Cf. 2e partie, chap. 1.
34. Cf. *ibid.* et 1re partie, chap. 2.
35. Cf. 3e partie, chap. 1.
36. Cf. 3e partie, chap. 1 & 2.

verte d'une nouvelle immanence, celle de l'activité affranchie de toute participation extrinsèque[37].

III. — Dans ces ouvrages occasionnels que sont les *Principes de la philosophie de Descartes* et les *Pensées métaphysiques,* Spinoza n'expose pas ses propres conceptions; dans le premier, il expose la pensée de Descartes, en lui imposant la forme rationnelle de la déduction, ce qui permet, d'une part, d'en mieux dégager les principes et, d'autre part, d'en révéler les inconséquences : ainsi s'explique la présence de certains thèmes proprement spinozistes; dans le second, il analyse — en le corrigeant au besoin du point de vue du cartésianisme, tel qu'il vient de l'améliorer — le vocabulaire de la métaphysique scolastique, qui était simplement le langage commun des philosophes de son époque : cela lui permet de mettre au point son propre vocabulaire, afin de pouvoir s'adresser à eux et les convaincre que sa philosophie est la seule conséquence logique des définitions qu'ils admettent. En ce qui concerne le problème du salut et de ses conditions, nous pouvons seulement constater que ces deux ouvrages représentent, après la découverte de la véritable immanence, une réflexion systématique sur les philosophies de la transcendance : en particulier, Spinoza critique la notion de personnalité divine[38] et montre l'impossibilité de l'éternité du fini dans une théorie de la création[39].

IV. — Il peut alors rédiger l'exposé complet de sa doctrine sous une forme déductive : il s'agit du premier texte de l'*Éthique,* dont nous ignorons l'enseignement précis, puisque nous ne disposons que de la seconde rédaction, postérieure d'une dizaine d'années[40]; il est cependant possible d'en connaître certains thèmes, grâce aux *Lettres,* et surtout au *Traité théologico-politique,* celui-ci comprenant des analyses systématiques consacrées à Dieu, à la connaissance naturelle et au salut. Pour ne retenir que ce qui se rapporte à l'objet de la recherche présente, on peut constater l'insistance de Spinoza sur le thème de l'immanence exclusive de toute transcendance, en particulier lorsqu'il identifie la puissance des choses naturelles et la puissance de la Nature ou de Dieu, ce qui suppose que le fini est pleinement conçu comme une partie de l'infini et ce qui élimine tout ce qu'on prétend surnaturel, mystérieux, miraculeux[41]; en conséquence, le salut se trouve identifié à la vertu et à la connaissance[42], et celle-ci est expliquée par le seul développement de la nature de l'esprit, la science suprême étant présentée comme une vision, mais comme une vision constituée seulement par des démonstrations[43]. Mais la liberté n'est pas encore décrite dans sa parfaite

37. Dans l'Introduction de son édition et traduction de cet écrit, Koyré montre fort bien que la découverte de l'immanence explique son inachèvement : en effet, la parfaite immanence suppose que la réalisation de la fin est inscrite dans le développement spontané du sujet, sans qu'il soit nécessaire de recourir à une méthode préalable (cf. 3e partie, chap. 1); j'ajouterai que cette même découverte imposait une reprise totale de l'exposé de la doctrine : la tâche la plus urgente était de rédiger l'*Éthique,* pour remplacer le *Court traité,* désormais dépassé.

38. Cf. 2e partie, chap. 2 & 3.

39. Cf. 1re partie, Introduction & chap. 2.

40. Cf. Delbos : *Spinozisme,* Append. I.

41. *T.T.P.*, I, III & IV, V.L., II, 106, 123 & 134-8, Pl., 689, 709-10 & 722-8.

42. *T.T.P.*, III, V.L., 123, Pl., 709-10, & VI *(in extenso)*.

43. Cf. 2e partie, chap. 1.

immanence : à plusieurs reprises, Spinoza parle d'une sujétion à l'ordre naturel, conçu comme une prédestination[44]; et, surtout, le vocabulaire employé reste celui de la participation, aussi bien dans la définition du conatus, du droit et de la loi[45] que dans la description de la connaissance ou de la liberté[46] : ainsi la perfection du sujet, source de sa béatitude, est-elle pensée comme l'effet de la perfection de l'objet connu et aimé[47]. Peut-être ne s'agit-il que d'un langage habituel, adapté au lecteur, mais il révèle précisément le style de Spinoza à ce moment de sa réflexion : dans une certaine mesure, nous nous en trouvons autorisés à rattacher à cette première rédaction de l'*Éthique* les passages du texte définitif, où ce vocabulaire apparaît, comme le scolie final de la seconde partie et l'Appendice de la quatrième partie[48].

V. — Il est évidemment difficile, pour la même raison, de préciser avec certitude les innovations de la seconde rédaction de l'*Éthique*. Dans le texte que nous possédons, nous pouvons seulement constater le développement plus net et plus précis de certains thèmes antérieurs et même l'apparition de thèmes entièrement nouveaux par rapport au contenu des écrits précédents : le parallélisme conduit Spinoza à attribuer l'éternité à l'esprit en tant qu'idée du corps[49], et la topographie des parties de la Nature infinie lui fait déduire l'existence d'un amour de Dieu pour l'homme et son identité avec l'amour de l'homme pour Dieu[50]; cette même topographie, avec la conception de l'activité immanente qu'elle implique, détermine une théorie détaillée de l'inadéquation et de l'adéquation, de la passion et de l'action, qui permet, d'une part, d'accorder à l'esprit une éternité individuelle proportionnée au développement de son être actif[51] et, d'autre part, grâce à la doctrine des notions communes, de rattacher le troisième genre de connaissance au second[52]. Certes, il est possible que de telles idées aient déjà été présentes dans le premier texte : à propos de la seconde rédaction, nous ne pouvons, en effet, supposer avec quelque probabilité qu'une seule chose, la reprise et l'approfondissement de la théorie du conatus et de l'affectivité[53]; or, nous devons précisément constater, sur ce point, une innovation radicale, cette conception immanentiste et ontologique de l'affectivité, qui voit dans la joie et la tristesse les sentiments fondamentaux, les vécus immédiats de l'accroissement et de la restriction de l'être actif du sujet, sans l'intervention d'aucun jugement antérieur : nous l'avons vu, cette analyse a pour conséquences l'identification de l'amour salutaire et de la béatitude avec la simple activité par laquelle s'affirme l'être de l'esprit[54], et la définition de la connaissance et de l'amour suprêmes comme connaissance

44. Cf. 3e partie, chap. 1.
45. *T.T.P.*, III & IV, V.L., II, 123 & 134-8, Pl., 709-10 & 722-8.
46. *T.T.P.*, I, V.L., II, 93-5, Pl., 673-5.
47. *T.T.P.*, IV, V.L., II, 136-8, Pl., 724-8. — Sur tous ces points, cf. 1re partie, chap. 2.
48. Cf. 1re partie, chap. 2, 2e partie, chap. 1, et 3e partie, chap. 1 & 2.
49. Cf. 1re partie, chap. 1.
50. Cf. 2e partie, chap. 3.
51. Cf. 1re partie, chap. 1 & 3.
52. Cf. 2e partie, chap. 1.
53. Cf. DELBOS : *Spinozisme*, Append. I.
54. Cf. 2e partie, chap. 2, et 3e partie, chap. 2.

et amour ontologiques de soi-même[55]; il est donc permis d'estimer que le perfectionnement de la topographie des parties de l'infini et de l'analyse immanentiste de l'activité de l'esprit, et leur prolongement dans une explication ontologique de l'affectivité et du salut — et nous savons qu'il s'agit là du triple fondement de la rationalité et de l'unité du spinozisme — relèvent de la seconde rédaction de l'*Éthique*.

VI. — A propos du salut et de ses conditions, le *Traité politique* n'introduit pas d'innovations; mais nous avons vu que, pour expliquer l'éternité et définir la liberté, nous devions, en définitive, nous reporter à ses formules[56] : en effet, c'est dans cet ouvrage inachevé que Spinoza exprime avec le plus de netteté et de précision le statut du mode fini, conçu comme une partie de l'infini, de la Nature ou de Dieu, qui est douée d'une activité immanente plus ou moins grande; ce n'est qu'alors qu'il substitue d'une manière parfaitement explicite à la participation traditionnelle, entendue comme le fait de « prendre part à... », ce mode d'existence dans lequel le fini « est partie de... » en fonction du développement de son immanence : nous le savons, c'est là le fondement unique de la cohérence et de l'intelligibilité de la doctrine spinoziste du salut.

La philosophie de Spinoza, telle qu'elle se présente dans les dernières œuvres et telle que j'ai voulu l'analyser et la faire comprendre, est donc le résultat d'une évolution : son point de départ est *l'immanentisme général du panthéisme traditionnel*, qui pose l'identité de Dieu et de la Nature et qui en déduit la possibilité d'un salut situé dans la participation du fini à son principe infini immanent; son terme est *l'immanentisme absolu du pur rationalisme et du simple naturalisme*, qui, à partir de cette même identité entre Dieu et la Nature et de la réduction de la raison à la puissance naturelle de l'esprit, découvrent que le salut réside dans la seule activité immanente du fini pleinement compris comme une partie de l'infini, c'est-à-dire dans l'autonomie et la jouissance de la conscience ontologique de soi-même[57].

55. Cf. 2ᵉ partie, chap. 1 & 2.

56. Cf. 1ʳᵉ partie, chap. 2, et 3ᵉ partie, chap. 1.

57. Dans une certaine mesure, nous retrouvons ce mouvement de l'argumentation à l'intérieur de la cinquième partie de l'*Éthique* : la proposition 22 prouve l'éternité a priori à partir de l'existence de l'idée éternelle en Dieu, alors que le scolie de la proposition 23 montre l'expérience que nous faisons de notre éternité dans la conscience de nous-mêmes. — Je n'ai considéré cette évolution qu'à propos des notions relatives à l'objet de mon étude, la doctrine du salut; mais on pourrait, sans aucun doute, la mettre aussi en évidence à propos d'autres points du système : par exemple, l'approfondissement rigoureux du *parallélisme*, la mise au point de la théorie du *conatus*, pensé comme la simple auto-affirmation de l'essence active de chaque être, la découverte des *notions communes*, etc. — Je me contenterai de signaler ici un thème important en raison de son rapport avec la théorie du salut, *la relation établie entre le désir et le bien* : dans le *Court traité*, le désir est présenté comme une inclination déterminée par l'objet, qui est ou paraît bon, comme un attachement produit par l'expérience ou la connaissance de la bonté d'une chose (cf. II, 3, § 9, 16, §§ 2 & 8, 17, §§ 2 & 4), ce qui correspond exactement à la conception selon laquelle le salut résulte d'une participation à la nature de l'objet connu et aimé, et l'amour, de la reconnaissance d'un objet comme aimable; mais, de même qu'il cherche déjà à rendre compte de cette participation, Spinoza, dès le *Court traité* (II, 19, § 15 note), se demande « d'où vient qu'une chose est connue de nous comme bonne »; dans le chapitre le plus élaboré pour la théorie du salut (II, 26), il répond que le bien n'est que l'utile; il est donc amené à le rapporter au conatus (*T.T.P.*, XVI, V.L., II, 258-62, Pl., 880-6), si bien que, dans l'*Éthique* (III, 9 Sc.) et le *Traité politique* (II, 5), le désir se trouve ramené à l'appétit ou au conatus naturel et spontané, et le bien défini par le seul mouvement d'affirmation de soi-même, antérieur à tout jugement : cela coïncide avec la dernière conception du salut, identifié à l'activité immanente inscrite dans le simple développement de soi-même.

*
* *

Quels sont les facteurs déterminants de cette évolution ? Ils sont nombreux, de nature fort diverse et d'importance inégale, et la certitude que nous pouvons acquérir à ce sujet reste parfois très faible :

A) On doit évidemment songer d'abord aux sources externes, à l'influence des doctrines contemporaines sur le progrès de la réflexion spinoziste :

a) L'importance de la confrontation avec la pensée cartésienne est incontestable : le *Court traité* montre une connaissance très superficielle du cartésianisme, alors que la *Réforme de l'entendement* révèle une méditation profonde sur la distinction entre l'entendement et l'imagination et sur l'immanence de la certitude présente dans la possession d'une première idée vraie, tandis que les *Principes de la philosophie de Descartes* et les *Pensées métaphysiques* prouvent un examen minutieux des concepts et des problèmes d'une philosophie de la transcendance divine; aussi peut-on admettre que l'immanentisme général identifiant Dieu et la Nature se confirme dans son affrontement avec l'affirmation cartésienne de la transcendance de l'infini, et que l'immanentisme particulier de l'activité intrinsèque, grâce à laquelle l'esprit parvient à la certitude et à la possession de soi-même, s'affirme à la faveur de la rencontre avec la découverte cartésienne de l'immanence du Cogito : la connaissance de Descartes renforce le thème antérieur, anti-cartésien, de *l'immanence de l'infini,* mais donne un exemple et une matière pour l'approfondissement du thème rendu indispensable par l'insuffisance des analyses passées, celui de *l'immanence du fini.*

b) Le rôle joué par la lecture de Hobbes est aussi indiscutable et peut-être plus important : la théorie du conatus, qui permet d'analyser la réalité humaine en termes d'activité, de désir et de puissance, et d'expliquer l'affectivité, la moralité et le salut par l'affirmation ontologique de soi-même, est une marque explicite de la dette contractée par Spinoza envers l'un des auteurs les plus célèbres de son temps; évoquée dans le *Traité théologico-politique,* cette théorie est développée avec toutes ses conséquences dans l'*Éthique* et dans le *Traité politique* : nous pouvons donc estimer que la connaissance de Hobbes a permis à Spinoza d'expliciter *l'ontologisme,* qui lui fait concevoir la connaissance, le sentiment et, par suite, le salut comme des actes réalisant l'être de l'homme selon la seule nécessité naturelle, et lui a permis, par conséquent, de dépasser l'idée traditionnelle de participation [58].

c) On ne saurait passer sous silence l'importance possible de la confrontation avec l'enseignement de Geulincx. Sans doute ne peut-on pas prouver l'influence d'une doctrine sur l'autre : la première rédaction de l'*Éthique* de Spinoza est antérieure à la publication de l'*Éthique* de Geulincx [59]; mais le voisinage géographique et la célébrité de celui-ci

58. Cf. F. Toennies : *Studie zur Entwickelungsgeschichte des Spinoza, Vierteljahrschrift für wissenschaftliche Philosophie,* Leipzig, VII, 1883, 158 sq. & 334 sq.

59. L'*Éthique* de Geulincx a été publiée en 1665. — Cf. E. Terraillon : *La morale de Geulincx dans son rapport avec la philosophie de Descartes,* Paris, Alcan, 1912, 193-4 note.

nous autorisent à supposer que Spinoza avait entendu parler de lui. En fait, il y a entre les deux philosophies de nombreux points communs, aussi bien dans le vocabulaire que dans les thèses soutenues : chacun appelle *Éthique* l'exposé de sa pensée [60] et définit le salut par la « conscience de soi [61] »; ils considèrent l'un comme l'autre que tout est en Dieu, tenu pour cause unique, et refusent la finalité et, surtout, l'action transitive entre substances, en sorte qu'ils nient la possibilité d'une action de l'esprit sur le corps, pour n'accorder au premier qu'une activité immanente, celle qui se caractérise par la connaissance de ses propres opérations [62]; tous deux, ils définissent la moralité à partir de la « droite raison », ils insistent sur les vertus du pur amour [63] et ils ne veulent pas voir dans la béatitude une récompense [64]; nous reconnaissons là l'héritage commun de cet aspect immanentiste de la pensée cartésienne, qui, nous venons de le voir, a guidé la réflexion spinoziste et qui a été approfondi par Geulincx jusqu'à son extrême conséquence, jusqu'à la négation de toute transitivité et de toute extériorité. Mais, en même temps, Geulincx tire les dernières conclusions de cet autre aspect du cartésianisme, qui en faisait une philosophie de la transcendance : il soutient un « occasionalisme » selon lequel toute action est de Dieu, d'un Créateur absolument distinct des créatures et expressément opposé à l'étendue et à la matière, purs néants en comparaison de l'esprit; il aboutit ainsi à un théisme spiritualiste et, en particulier, à une morale qui met l'accent sur l'importance de l'impératif, sur le rôle de l'obéissance et sur la valeur de l'humilité [65] : en définitive, il n'est rien de plus contraire au spinozisme. Peut-être Spinoza a-t-il donc connu l'enseignement de Geulincx et a-t-il ressenti le besoin d'affirmer avec plus de vigueur et de netteté son propre immanentisme panthéiste et naturaliste en face de l'immanentisme partiel d'une philosophie théiste et spiritualiste : pour ce faire, il lui fallait développer le thème de l'activité ontologique, par laquelle un être affirme son être et en jouit, et il fallait montrer que c'est là que se trouvent la véritable perfection, la vraie liberté, la pleine béatitude; il fallait poser que la vertu est la force naturelle et que la joie et l'amour sont l'égoïsme ontologique : il fallait tirer profit de l'enseignement de Hobbes. Ainsi est-il permis de penser que Spinoza s'est appuyé sur Hobbes pour se distinguer de Geulincx : nous pouvons au moins constater que l'influence de Hobbes apparaît déterminante à une date assez tardive, dans la rédaction définitive de l'*Éthique* et dans le *Traité politique*,

60. Il faut cependant noter que Spinoza emploie d'abord le mot *Philosophie* pour désigner son ouvrage (Cf. *D.I.E.*, passim) : tardif, le titre *Éthique* pourrait venir de Geulincx ?

61. Cf. 2e partie, chap. 1.

62. Cf. 3e partie, chap. 1. — On connaît l'axiome fondamental de la doctrine de Geulincx : « Quod nescis quomodo fiat, id non facis. »

63. Cf. 2e partie, chap. 2.

64. Cf. 3e partie, chap. 2. — Ces analogies ont déjà été analysées, en particulier dans les études de Samtleben *(Geulincx)* et de Paulinus (*Geulincx*, chap. 3).

65. On peut tenir la critique de l'humilité (*Éth.*, IV, 53), qui vient après son éloge (*C.T.*, II, 8, §§ 7-9), pour un indice du changement de ton dans la pensée spinoziste et pour une marque d'opposition à celle de Geulincx. — De même, la Note marginale XXXIV du *Traité théologico-politique* (V.L., II, 327-8, Pl., 893-4) oppose à ce point l'amour pour Dieu et la connaissance des lois de la nature à l'obéissance à une volonté divine dont nous ignorons la nature, qu'on peut y voir une critique presque explicite de l'*Éthique* de Geulincx. — On peut interpréter dans le même tous les scolies de l'*Éthique* qui posent l'existence d'une étendue infinie en Dieu ou qui critiquent la croyance en une volonté libre.

c'est-à-dire après la publication de l'*Éthique* de Geulincx, dont il a fort bien pu prendre connaissance pour en distinguer les analogies et les contradictions avec sa propre pensée [66].

B) Mais, nous venons de le voir, en face de telle analyse ou de telle conception de Descartes, de Hobbes ou de Geulincx, Spinoza a une double attitude : tantôt il l'approfondit pour la reprendre à son compte, tantôt il la médite pour mieux dégager les caractéristiques de sa doctrine; en effet, pour un philosophe qui a déjà constitué sa vision du monde, les sources externes ne sont jamais que des auxiliaires ou des occasions dans le progrès de sa réflexion : nous devons donc chercher la cause essentielle de l'évolution de Spinoza dans le facteur interne, dans la nécessité intrinsèque de son entreprise, des thèses qu'il soutient et des problèmes posés par les solutions qu'il avait auparavant admises; dans ces conditions, la cohérence du système, la possibilité de satisfaire à la fois à la rigueur et à l'exigence, apparaissent comme l'œuvre personnelle de Spinoza lui-même, comme l'acquisition progressive et parfois difficile de sa propre recherche, attentive, certes, à l'enseignement des autres, mais avant tout soucieuse du problème que constitue pour un penseur sa propre pensée.

Nous avons vu, en effet, que c'est l'insuffisance des thèmes explicatifs du *Court traité*, surtout de celui de la participation, qui a imposé l'introduction de nouvelles analyses permettant de démontrer l'éternité, la liberté et le salut. L'évolution du spinozisme est donc le produit d'une *exigence interne d'intelligibilité :* elle concerne l'explication de la doctrine plutôt que la doctrine elle-même; mais l'appel à de nouvelles explications modifie évidemment la signification et l'orientation de ce qui est expliqué : si l'intention de Spinoza reste constante, l'évolution concerne donc aussi la doctrine soutenue. A propos de l'éternité, de la liberté ou de la Gloire de Dieu, par exemple, nous avons pu ainsi constater que cette exigence d'intelligibilité conduisait à *une nouvelle conception du salut, présentée comme la vérité du salut traditionnel.*

Cette évolution ne porte évidemment par sur le seul problème du salut : cette question est, en effet, trop importante pour qu'on puisse la considérer comme particulière; elle met trop en cause toute l'ontologie et toute l'anthropologie pour qu'il soit possible de l'isoler dans l'ensemble du système : le progrès de la réflexion de Spinoza n'est donc qu'un exemple privilégié de l'évolution générale de la métaphysique. Il serait facile de démontrer à propos de la conception de la substance, de Dieu ou de la relation entre l'esprit et le corps ce que nous avons constaté à propos du thème de la participation dans l'analyse de l'éternité, de la liberté et de la béatitude : Spinoza a l'audace de développer jusqu'à leurs dernières conséquences logiques les principes et les notions de la métaphysique et de la théologie traditionnelles [67]; il en résulte, à la place du théisme de la transcendance et du panthéisme de la participation mystérieuse, le panthéisme naturaliste de la parfaite immanence onto-

66. Cette confrontation du spinozisme avec la doctrine de Geulincx n'est qu'une hypothèse de travail en vue d'une étude, qui restera peut-être malheureusement impossible, faute de documents.

67. Cf. WOLFSON : *Spinoza*, II, 331-9.

logique : il en résulte donc un retournement, à la suite duquel le point d'aboutissement de la réflexion vient s'opposer à son point de départ; c'est pourquoi Spinoza prend la précaution de partir des définitions communément admises et de n'user que de la seule déduction, confirmée, au besoin, par la réduction des thèses adverses à l'absurde [68]. Nous pouvons ainsi comparer le spinozisme à un « *point d'inflexion* », à ce point où, en vertu de la même définition ou de la même équation et du fait de la seule nécessité rationnelle, une courbe ou un mouvement change de sens : poursuivi jusqu'à son développement complet, le principe d'une orientation définie détermine l'orientation inverse. Telle est la situation du spinozisme dans le devenir de la métaphysique : le mouvement, qui conduit du *Court traité* au *Traité politique,* s'inscrit dans le mouvement d'ensemble qui va du panthéisme mystique du XVIe siècle au naturalisme du XVIIIe siècle et, d'une manière plus générale, de la consécration du fini à l'absolu jusqu'à la prise de possession de l'homme par lui-même. Cette philosophie est un point d'inflexion dans une évolution qui la dépasse et dont elle est, peut-être, le « moment » essentiel : cela suffit pour expliquer son intérêt, en même temps que son apparente ambiguïté et la difficulté de son interprétation.

Les perspectives philosophiques

Le sens d'une doctrine se trouve dans sa structure, dans le système qu'elle nous présente, dans l'unité organique de ses thèmes; s'il est légitime de considérer sa genèse, il ne faut pas l'interpréter en fonction de ses sources et de sa première formulation, sous prétexte qu'on pourrait y découvrir la traduction de « l'expérience originaire » ou de « l'intuition fondamentale » qui l'a suscitée : il faut la comprendre à la lumière de son point d'arrivée, de son mouvement vers son état définitif, qui révèle « l'intention » vivante de l'auteur, l'objet de sa recherche et le produit de sa réussite. Par conséquent, c'est dans l'*Éthique,* prise à la lettre et considérée dans sa cohérence interne, qu'il convient de chercher le véritable sens du spinozisme; certes, on peut toujours en donner une autre interprétation, en invoquant ses liens avec la tradition religieuse; mais on est alors obligé de conclure à l'échec de Spinoza, qui prétendait satisfaire toutes les exigences humaines par le moyen de la seule lucidité rationnelle : pour le philosophe qui désire la vérité avec le salut, la justification avec la joie, et qui s'interroge sur l'apport du spinozisme, une telle conclusion prouve suffisamment qu'il ne doit en retenir que ce qu'il est dans la rigueur de ses définitions et de sa déduction.

Avant toute autre chose, peut-être, le spinozisme nous apporte *la découverte de l'autonomie.* Il s'agit d'une découverte métaphysique, due à la seule réflexion logique sur les concepts et les problèmes de l'ontologie et de la religiosité, d'autres voies étant possibles pour le futur, à l'occasion

68. Le raisonnement direct est employé dans les démonstrations et le raisonnement par l'absurde, le plus souvent, dans les scolies.

de la réflexion sur la science, sur l'histoire ou sur l'économie : il est même permis de parler d'une découverte critique, dans la mesure où elle résulte de l'examen des conditions de possibilité du salut. Il s'agit, d'autre part, d'une autonomie naturaliste et, par suite, réellement humaniste et rationaliste : progressivement détachée, dégagée de la traditionnelle soumission à Dieu, elle est, non pas l'autonomie sans Dieu, à laquelle la dimension ontologique risque de faire défaut, mais l'autonomie en Dieu, conçu comme la Nature, l'être infini dont nous sommes chacun l'une des parties. En ce sens, elle est infiniment plus riche, voire plus rigoureuse que l'autonomie qui sera exaltée par l'*Aufklärung* ou le Romantisme; on est même en droit de penser que, de même que Spinoza a été obligé de s'en prendre à l'hétéronomie transcendante pour la concevoir et la défendre, de même il deviendra ensuite nécessaire, pour la maintenir, de s'en prendre à l'un des héritages du spinozisme, au naturalisme, lorsqu'il aura cessé d'être le rationalisme de la liberté pour sombrer dans l'empirisme de l'hétéronomie sensible et sentimentale : on peut comprendre ainsi la tâche assumée par Kant, qui, ne l'oublions pas, ne critique Spinoza que parce qu'il voit en lui le représentant extrême des philosophies dogmatiques de la transcendance et de l'hétéronomie théologique.

De cette manière, Spinoza parvient à *substituer à l'angoisse métaphysique la joie ontologique*. La première, née de la conscience de la distance et de l'absence, développée par l'attente de la présence, de l'acte ou de l'événement surnaturel, du miracle ou de la grâce, renforcée par la crainte d'un absolu qui peut toujours se révéler indifférent ou hostile, qui peut toujours nous délaisser ou nous damner, s'est trouvée éliminée dès la première partie de l'*Éthique* : en effet, l'absolu s'y est montré comme l'être substantiel infini du fini, nullement lointain et entièrement pur de toutes les déterminations qui font que les choses ou les personnes peuvent nous inquiéter, nous attrister et nous affaiblir. La cinquième partie de l'*Éthique* pouvait alors nous enseigner la parfaite joie immanente, extrinsèquement indestructible en raison de sa nécessité interne : cette jouissance de son propre être comme partie de l'être non séparée de l'être, ce vécu affectif immédiat de l'être qui s'affirme et se réalise en nous, ce sentiment de joie et d'amour rassuré et enrichi par la conscience de l'universalité de cette joie et de cet amour, qui sont présents dans toute la Nature et qui constituent son unité vivante au niveau même de l'affectivité.

Il est certain que nous ne pouvons tout retenir de cette doctrine : le statut du corps, notamment dans notre existence éternelle et dans notre salut, reste sans doute quelque peu indécis et ambigu; mais quelle philosophie peut se vanter d'avoir donné une réponse vraie et satisfaisante sur ce point ? L'activité immanente reste surtout une activité de la seule pensée et la liberté, pour l'essentiel, n'est encore qu'une liberté intérieure : mais nous avons vu que Spinoza percevait la nécessité de l'étendre, de l'envisager aussi dans ses effets au niveau de l'activité corporelle et d'une liberté sociale; de toute manière, l'autonomie de la réflexion rationnelle, qui détermine l'action et la vie, est le principe de toute espèce de liberté : c'était déjà beaucoup que d'avoir montré que l'intériorité et la liberté sont du côté de l'activité parfaitement compréhensible et comprise, de la pure réalisation et de la pleine possession de notre être naturel.

En tout cas, on ne saurait reprocher à Spinoza son essentialisme : en effet, selon lui, mon essence n'est pas un être intemporel et figé, extérieur à mon être actuel situé dans le temps; ce n'est pas une réalité par laquelle je serais déterminé et à laquelle je serais assujetti : elle n'a rien de commun avec l'idée de moi-même existant en Dieu, telle que la conçoit Leibniz, ni avec le caractère intelligible des Kantiens, tel qu'on se le représente couramment; ce n'est rien d'autre que ma nature, ce que je suis moi-même, dans mon être actuel et avec l'ensemble de mes propriétés, lorsqu'on ne considère que ce que je suis en moi-même et par moi-même, mon activité immanente[69]. On ne saurait pas plus lui reprocher son naturalisme : Spinoza est loin d'ignorer la spécificité et la grandeur de l'homme, ni la dignité de l'esprit; il les néglige si peu, qu'il place en elles le salut; mais il estime seulement que ce sont là les privilèges d'un être naturel, situé dans la Nature, sans qu'il lui paraisse utile de placer pour cela l'homme en dehors de la Nature : d'ailleurs cette dernière formule a-t-elle seulement un sens ? Ne suffit-il pas d'avoir une conception suffisamment large de la Nature, de la considérer sous tous ses aspects et dans toute sa richesse, comme le permet précisément son identification avec l'infini ou Dieu, pour reconnaître que, quelle que soit la grandeur de l'homme, il s'agit toujours de la grandeur d'une partie de la Nature ? On ne saurait enfin lui reprocher son immanentisme : dans une philosophie qui tient l'individualité, non pour une substantialité absolue et close, mais pour une existence modale, c'est-à-dire relative et solidaire des autres parties de la Nature, et qui voit dans l'esprit, non une substance séparée, enfermée dans le cercle de la conscience de soi, mais une idée du corps, c'est-à-dire une conscience d'une partie de l'étendue dans ses variations relatives aux autres parties de l'étendue, l'immanence n'implique pas l'illusion de l'intériorité substantielle justement dénoncée par la suite; alors, en effet, elle ne signifie rien d'autre que la réflexion, la lucidité et la compréhension qui font que cet ensemble de relations à quelque chose d'autre, c'est bien un être actif et consistant, c'est bien mon être.

69. Cf. 1re partie, chap. 1.

BIBLIOGRAPHIE ET EXPLICATION DES RÉFÉRENCES

Dans les références, la tomaison est indiquée en chiffres romains et la pagination en chiffres arabes; les nombres de quatre chiffres arabes donnent la date de publication, sauf pour les renvois aux pages de la traduction de la *Bibliothèque de la Pléiade*. — Pour alléger la présentation matérielle et distinguer des points de suspension mis par l'auteur, j'ai signalé les coupures faites par moi dans les citations au moyen de quatre points. A chaque fois que le texte cité était souligné par moi, je l'ai fait remarquer en note.

I. — Références aux textes de Spinoza

1) La meilleure édition, dont je suis généralement le texte, est celle de K. Gebhardt : Spinoza, *Opera,* 4 vol., Heidelberg, Akad.-Winter, 1924.

La traduction la plus précise est celle de C. Appuhn : *Œuvres de Spinoza,* Paris, Garnier : I. *Court traité, Traité de la réforme de l'entendement, Principes de la philosophie de Descartes, Pensées métaphysiques,* 1re éd., 1907, 2e éd., 1928; — II. *Traité théologico-politique,* 1re éd., 1914, 2e éd., 1928; — III. *Traité politique, Lettres,* 1re éd., 1929; — *Éthique,* 1re éd., 1908, 2e éd. en 2 vol. et avec texte latin en regard, 1934 (la 1re éd. du tome III et la 2e éd. des autres tomes suivent généralement le texte établi par Gebhardt).

2) Le plus souvent, dans les références, je me suis contenté d'indiquer les subdivisions faites par Spinoza ou adoptées par ses éditeurs et ses traducteurs; pour les textes trop étendus, les chapitres des *Pensées métaphysiques* et du *Traité théologico-politique* et certaines *Lettres,* je renvoie aux pages de l'édition et de la traduction actuellement les plus accessibles :

V.L. = J. Van Vloten et J.-P.-N. Land : Spinoza, *Opera quotquot reperta sunt,* 3e éd. en 4 tomes (2 vol.), La Haye, Nijhoff, 1914 (la 1re éd. en 2 vol. de 1882-3 et la 2e éd. en 3 vol. de 1895, épuisées, comportaient des paginations différentes).

Pl. = R. CAILLOIS, M. FRANCÈS et R. MISRAHI : SPINOZA, *Œuvres complètes*, Introductions, traduction et notes, Paris, Gallimard, *Bibliothèque de la Pléïade*, 1954.

3) Voici la liste des abréviations employées (les chiffres romains indiquent la partie ou le chapitre, les chiffres arabes le chapitre subdivisant la partie ou la proposition; — § = subdivision du chapitre; — Déf., Ax., Post., Dém., Sc., Cor., Append. = Définition, Axiome, Postulat, Démonstration, Scolie, Corollaire, Appendice) :

C.M. = *Cogitata metaphysica : Pensées métaphysiques* (pagination de V.L. et Pl.).

C.T. = *Court traité de Dieu, de l'homme et de sa béatitude* (§§ de la plupart des éditeurs et traducteurs).

D.I.E. = *Tractatus de Intellectus emendatione : Traité de la réforme de l'entendement* (§§ de Bruder repris par Koyré et « La Pléïade »). — A plusieurs reprises, je renvoie aux explications données par A. KOYRÉ : SPINOZA, *Traité de la réforme de l'entendement*, avec Introduction, traduction et notes, Paris, Vrin, 1re éd., 1937, 2e éd., 1951, 3e éd., 1964.

Éth. = *Ethica : Éthique.*

Princ. philos. Descartes = *Principia philosophiæ cartesianæ : Principes de la philosophie de Descartes.*

T.P. = *Tractatus politicus : Traité politique.*

T.T.P. = *Tractatus theologico-politicus : Traité théologico-politique* (pagination de V.L. et Pl.).

II. — PÉRIODIQUES INDIQUÉS AU MOYEN D'ABRÉVIATIONS

Chron. Spin. = *Chronicon Spinozanum*, La Haye, Societas Spinozana, I : 1921; II : 1922; III : 1923; IV : 1924-6; V : 1927.

R.M.M. = *Revue de métaphysique et de morale*, Paris, Colin.

III. — PRINCIPAUX OUVRAGES CITÉS

Je ne signale dans cette liste que les études les plus importantes ou les plus récentes, qui traitent du problème du salut dans le spinozisme et auxquelles j'ai renvoyé le lecteur au moyen d'une abréviation.

OUVRAGES COLLECTIFS.

Deuxième Congrès des Sociétés de Philosophie de langue française, Lyon, 1939.

Kantstudien, Berlin, XXXII, 1927.

Rivista di Filosofia, Turin, XVIII, 1927.

Septimana Spinozana, La Haye, Nijhoff, 1933.

Spinoza Festschrift, Heidelberg, Winter, 1933; 2e éd. améliorée, La Haye, Nijhoff, 1962.

F. ALQUIÉ : *Note sur la vie éternelle selon Spinoza, Archivio di Filosofia,* Rome - Padoue, 1959, 183-6.

O. BAENSCH : *Ewigkeit und Dauer bei Spinoza, Kantstudien,* XXXII, 1927, 44-84.

N. BALTHASAR : *L'existence de Dieu prouvée par la connaissance du deuxième genre, expérimentée par la connaissance du troisième genre, Deuxième Congrès des Sociétés de Philosophie de langue française,* Lyon, 1939, 15 sqq.

— *L'immortalité consciente de l'âme humaine et la mortalité du corps de l'homme chez Spinoza, Tijdschrift voor Philosophie,* Leuven, 1941, 123-42.

G. BASTIDE : *Temps, Durée et Éternité dans la philosophie de Spinoza, Études Philosophiques,* Paris, 1948, 77-8.

H. BERGSON : *La pensée et le mouvant,* Conférence sur *L'intuition philosophique,* faite au *Quatrième Congrès international de Philosophie* de Bologne (1911), Paris, Alcan, 1934, cité suivant la pagination de la réimpression de 1950.

D. BIDNEY : *The Psychology and Ethics of Spinoza,* New-Haven, Yale University Press, et Londres, Oxford University Press, 1940.

J.J. BOASSAN : *Ratio en Beatitudo in Spinoza's Wijsbegeerte,* Leyde, Brill, 1963.

E. BOUTROUX : *Exposition de la doctrine de Spinoza sur la liberté* [Diplôme d'Études Supérieures de 1867-8 (?), avec annotations de J. LACHELIER], *R.M.M.,* 1924, 505-42.

E. BRÉHIER : *Études de philosophie antique,* Paris, P.U.F., 1955.

V. BROCHARD : *Études de philosophie ancienne et moderne,* Paris, Alcan, 1912 (recueil d'articles : *Le Traité des Passions de Descartes et l'Éthique de Spinoza, R.M.M.,* 1896; — *Le Dieu de Spinoza, R.M.M.,* 1896; — *L'éternité des âmes dans la philosophie de Spinoza, R.M.M.,* 1901).

I. BRUCAR : *Spinoza und die Ewigkeit der Seele,* in *Spinoza Festchrift,* 10-4.

L. BRUNSCHVICG : *Spinoza et ses contemporains,* Paris, Alcan, 3e éd., 1923.

— *Écrits philosophiques,* I. *L'humanisme de l'Occident, Descartes, Spinoza, Kant,* Paris, P.U.F., 1951 (recueil d'articles : *Spinoza, Grande Encyclopédie,* 1901; — *Sur l'interprétation du spinozisme, Chron. Spin.,* I. 1921; — *Le Platonisme de Spinoza, Chron. Spin.,* III, 1923; — *Sommes-nous spinozistes ? Chron. Spin.,* V, 1927; — *Préface* à l'*Éthique,* pour la trad. Guérinot, Pelletan, 1930; — *Commémoration du 250*[e] *anniversaire de sa mort, Bulletin de la Société française de Philosophie,* 1927).

L. BUSSE : *Ueber die Bedeutung der Begriffe essentia und existentia bei Spinoza, Vierteljahrschrift für wissenschaftliche Philosophie,* Leipzig, X, 1886, 283-306.

C.G. Calvetti : *Il problema della persona in Spinoza, Rivista di filosofia neoscolastica,* Milan, LIV, 1963, 289-317.

M. Casula : « *L'Amor Dei Intellectualis* » *di Spinoza : Concetto e Deduzione, Studia Patavina,* Padoue, 1959.

J.-R. Charbonnel : *La pensée italienne au XVI*e *siècle et le courant libertin,* Paris, Champion, 1919.

M. Cohen : *Amor Dei Intellectualis, Chron. Spin.,* III, 1923.

P.-L. Couchoud : *B. de Spinoza,* Paris, Alcan, 1re éd., 1902, 2e éd., 1924 (éd. citée).

A. Darbon : *Études spinozistes,* Paris, P.U.F., 1946.

V. Delbos : *Le problème moral dans la philosophie de Spinoza et l'histoire du spinozisme,* Paris, Alcan, 1893.

— *Le Spinozisme,* Paris, Vrin, 1916.

M. Dienstfertig : *Die Menschliche Freiheit nach Spinoza,* I. *Der freie Mensch,* Breslau, 1872.

A. Dyroff : *Zur Enstehungsgeschichte der Lehre Spinozas vom Amor Dei Intellectualis, Archiv für Geschichte der Philosophie,* Berlin, XXXI, 1917, 1-28.

D. Faucci : *Amor Dei Intellectualis e Charitas erga proximum in Spinoza, Giornale critico della filosofia italiana,* Florence, 1954, 461-80.

G.S. Fullerton : *On Spinozistic Immortality,* Philadelphie, Publication for the University, 1899.

S. Gagnebin : *Essai d'interprétation de l'idée de joie dans la philosophie de Spinoza, Studia philosophica,* Bâle, 1961, 16-50.

K. Gebhardt : *Spinozismus und Platonismus, Chron. Spin.,* I, 1921.

S. Grzymisch : *Spinozas Lehre von der Ewigkeit und Unsterblichkeit,* Breslau et Berlin, Calvary & Co, 1898.

A. Guzzo : *Il pensiero di Spinoza,* 2e éd., Turin, Edizioni di Filosofia, 1964 (la 1re éd. est parue en 1924).

H.F. Hallett : *Aeternitas, a Spinozistic study,* Oxford, Univ., 1930.

— *Creation, Emanation and Salvation,* La Haye, Nijhoff, 1962.

M. Henry : *Le bonheur chez Spinoza, Revue d'histoire de la philosophie et d'histoire générale de la civilisation,* Paris, 1944, 187-225 & 1946, 67-100.

S. Hessing : *Die Glückseligkeit des freien Menschen,* in *Spinoza Festschrift,* 73-100.

G. Huan : *Le Dieu de Spinoza,* Paris, Alcan, 1914.

H.G. Hubbeling : *Spinoza's Methodology,* Assen, Van Gorcum, 1964.

W. Kaeser : *Die Bedeutung und Stellung des Begriffs der Menschlichen Freiheit in System Spinozas,* Francfort sur le Main, Werner und Winter, 1926.

P. Kecskes : *Das Problem der sittlichen Freiheit nach Spinoza und Thomas von Aquin,* Budapest, Esztergom, Buzarovits, 1923.

J. Lagneau : *Quelques notes sur Spinoza, R.M.M.,* 1893, 375-416.

A. Léon : *Les éléments cartésiens de la doctrine spinoziste sur les rapports de la pensée et de son objet,* Paris, Alcan, 1907.

E. Leroux : *Qu'est vraiment la science intuitive de Spinoza? Deuxième Congrès des Sociétés de Philosophie de langue française,* Lyon, 1939, 37 sqq.

L.-G. Lévy : *La métaphysique de Maïmonide,* Dijon, Impr. de Barbier-Marilier, 1905.

C. Luelmann : *Ueber den Begriff Amor Dei Intellectualis bei Spinoza,* Iéna, Pohle, 1884.

R. Mac Keon : *The Philosophy of Spinoza, Unity of his thought,* New-York, Longmans-Green, 1928.

P. Malapert : *L'amour intellectuel de Dieu d'après Spinoza, Revue philosophique,* Paris, 1888, 245-58.

A. Malet : *Le Traité théologico-politique de Spinoza et la pensée biblique,* Paris, Les Belles Lettres, 1966.

E. Matthes : *Die Unsterblichkeitslehre der B. Spinoza,* Heidelberg, Hörning, 1892.

C. Mazzantini : *« Laetitia » e « Beatitudo » in alcuni testi, apparentemente contradittori dell' « Ethica » di Spinoza, Atti della Accademia delle Scienze di Torino, Classe di Scienze morale, storiche e filologiche,* Turin, XCV, 1960-1, 99-121.

R. Milhau : *Salut historique ou salut noétique? R.M.M.,* 1955, 136-52.

R. Misrahi : *Spinoza,* Paris, Seghers, 1964.

A. Molthan : *Ueber das normative und das deskriptive Element in der Ethik Spinozas,* Borna-Leipzig, Noske, 1917.

E. Namer : *Les aspects de Dieu dans la philosophie de G. Bruno,* Paris, Alcan, 1926.

M. Paulinus : *Die Sittenlehre Geulincx',* Pirna-Leipzig, Fock, 1892.

F. Rauh : *Quatenus doctrina quam Spinoza de fide exposuit cum tota ejusdem philosophia cohaereat,* Toulouse, Chauvin, 1890.

A. Ricardou : *De humanæ mentis æternitate apud Spinozam,* Paris, Alcan, 1890.

A. Rivaud : *Les notions d'essence et d'existence dans la philosophie de Spinoza,* Paris, Alcan, 1905.

— *La nature des modes selon Spinoza, R.M.M.,* 1933.

L. Robinson : *Kommentar zur Spinozas Ethik,* I, Leipzig, Meiner, 1928.

S. Rubin : *B. d. Spinozas Amor Dei Intellectualis,* Krakau, 1910.

G. Samtleben : *Geulincx, ein Vorgänger Spinozas,* Halle, Schmidt, 1885.

E. Schlesing : *Das Verhältnis zwischen Leidenschaften und Freiheit in der Lehre des Spinozas,* Heidelberg, Hörning, 1899.

E. Schmitt : *Die unendlichen Modi bei Spinoza,* Leipzig, Barth, 1910.

G. Schmitz : *Geulincx und die Bewegung des Pur Amour, Zeitschrift für Religions- und Geistesgeschichte,* Cologne, 1951, 209-19.

A.E. Taylor : *The conception of Immortality in Spinoza's Ethics, Mind,* Londres - Edimbourg, 1896.

P. VERNIÈRE : *Spinoza et la pensée française avant la Révolution,* 2 vol., Paris, P.U.F., 1954.

J. VOLKELT : *Pantheismus und Individualismus in der Lehre Spinozas,* Leipzig, Lorentz, 1872.

R. WAHLE : *Die Glükseligkeitslehre der Ethik des Spinoza, Sitzungsberichte der philologischhistorische Klasse der Kaiserlichen Akademie den Wissenschaften,* Vienne, CXIX, 1889.

K. WIESSNER : *Die Freiheit bei Spinoza,* Osterwieck, Ziekfeld, 1902.

H.A. WOLFSON : *The Philosophy of Spinoza,* 2 vol., Harvard-Cambridge, Univ., 1934.

S. ZAC : *Le problème du Christianisme de Spinoza, Revue de Synthèse,* Paris, 1957, 479-91.

— *Société et communion chez Spinoza, R.M.M.,* 1958, 263-82.

— *La morale de Spinoza,* Paris, P.U.F., 1959.

— *L'idée de vie dans la philosophie de Spinoza,* Paris, P.U.F., 1963.

— *Spinoza et l'interprétation de l'Écriture,* Paris, P.U.F., 1965.

TABLE DES MATIÈRES

Ce livre a été imprimé
en France par **ICN**

Zone Industrielle des Saligues
98, rue Louis Rabier
64300 Orthez

05 59 69 77 80
icn@imprimerie-icn.fr

Dépôt legal : 3e trimestre 1968

What People Are Saying About

Unlocking the Success Puzzle

If you want to achieve more without burning out, *Unlocking the Success Puzzle* is the blueprint you've been waiting for. With clarity and insight, Andres Kuusk distils decades of championship thinking and economic expertise into ten simple, actionable rules. This book doesn't just promise change — it delivers it.
Jordi Alexander, CIO of Selini Capital and WSOP Bracelet winner

Unlocking the Success Puzzle is an inspirational and potentially transformational book. Andres Kuusk's entertaining writing captures the emotion in human endeavour and the barriers that we all inadvertently erect for ourselves that hold us back from being as effective as we could be. Using his experience as a business leader and a mind sports champion, Kuusk presents 10 rules for success. He brings them to life with clear and relatable examples, giving a powerful call to action, not just for games but for careers, relationships and all areas of life.
Natasha Regan, Mind Sports Champion and Award-Winning Chess Author

Unlocking the Success Puzzle is a compelling guide to achieving your goals with clarity and strategy. Andres Kuusk's unique experience as a six-time world champion, PhD, and C-suite executive gives him rare insight into decision-making and success. His blend of personal stories and practical strategies makes this book a must-read for anyone seeking to work smarter, not harder.
Hassan Amini, director of *Decadence and Downfall: The Shah of Iran's Ultimate Party*

What makes *Unlocking the Success Puzzle* so powerful is its ability to turn abstract strategy into clear, actionable steps. For those who love games, strategy, or self-improvement, this book is a rare opportunity to learn from one of the best.
Dario de Toffoli, author of many game strategy books, tournament organizer and two-time Pentamind World Champion

Having witnessed Andres Kuusk dominate the world of mind sports, I can say with certainty that he knows what it takes to win. *Unlocking the Success Puzzle* takes that same winning formula and applies it to life and business. This book is a rare chance to learn from one of the sharpest strategic minds of our time.
Paco Garcia de la Banda, Pentamind Grandmaster and 2010 World Champion

How on earth does one become so successful in so many different fields of mind sport? A rare sneak peek into the mind of a genius (and my long-term bridge partner)!
Tuul Sepp, evolutionary ecologist, renowned author, and avid bridge player